근곡 박동완의 생애와
기독교 민족주의 연구

환·한·말·씀·이·땅·에·가·득·하·길·꿈·꾼·독·립·운·동·가

근곡 박동완의 생애와 기독교 민족주의 연구

박재상 · 임미선 지음

정한책방

일러두기

이 책의 68, 72, 73, 199, 358쪽의 사진 출처는 하와이 한인이민 90주년 기념사업위원회 편. 『Their Footsteps: 그들의 발자취』(서울: Ye Sun Co., 1994)임을 밝힙니다.

별

—애국지사 박동완 목사님께

하늘가에 노래가 붉다
꽃잎 하나
만세처럼
십자가에 걸리니
그대의 꿈인 양
환한 말씀 지상에 가득하다

* 조인선 시인의 박동완 선열에 대한 헌정시

감사의 글

한 소년에게 세 가지 꿈이 있었다.

첫 번째 꿈은 할아버지의 유품인 성경을 가지는 것, 두 번째 꿈은 할아버지의 뒤를 이어 목사가 되는 것이었으며, 세 번째 꿈은 할아버지의 발자취를 밝히는 것이었다. 이러한 꿈을 갖게 된 계기는 소년이 중학교 1학년 때, 미국의 소설가 알렉스 헤일리(Alex Haley) 원작의 드라마 〈뿌리〉를 보고 난 뒤였다. 한 번도 만난 적이 없었고 부친으로부터 조부에 대해 들은 바가 전혀 없었기에 할아버지에 대해 밝혀보고 싶었다. 소년은 어릴 적, 작은아버지 집에 놀러 가서 보게 된, 3 · 1독립운동으로 인해 수감되어 감옥에서 보셨다던 할아버지의 일본어로 된 신약성서를 가지고 싶었다.

20여 년이 지난 어느 날 사촌 형으로부터 할아버지의 유품인 성경과 가방을 생각지도 않게 받게 되었다. 그토록 목사가 되고 싶어 했던 소년은 30여 년이 지나서야 목사 안수(2010년 3월 1일, 기독교 한국침례회)를 받았다. 그리고 소년이 꿈을 꾼 지 40여 년이 흐른 후, 할아버지에 관해 각각 박사학위를 취득한 아내와 함께 책을 쓰게 되었다.

이 책은 2017년 6월과 12월에 평택대학교 피어선신학전문대학원 철학박사(Ph. D.) 학위논문으로 제출한 임미선의 "민족대표 근곡 박동완의 생애와 기독교 민족운동 연구"와 박재상의 "민족대표 근곡 박동완의 기독교 민족주의 연구"를 토대로 한다. 이제 소년의 세 가지 중 마지막 꿈의 첫 결과물을 내놓으려고 한다. 소년의 조부가 바로 민족대표 33인 가운데 1인이었던 박동완 선열이며 소년은 그의 장손인 필자이다.

조부 박동완 선열에 대해 아는 것이 거의 없었음에도 불구하고, 연세대학교 국학자료실, 국사편찬위원회 등에서 조부의 자료를 발굴했을 때의 감격은 평생 잊을 수가 없다. 필자로서는 무에서 유를 창조한 느낌이었다. 무려 100여 년 전에 쓰인 조부의 글을 연구하는 동안 시대를 초월하여 그분과 대화하고 깊은 교감을 하였다. 연구 내내 살아계시는 조부로부터 직접 지도를 받는 듯한 경이로운 경험이었다. 일제강점기 언론인으로, 독립운동가로, 목회자로 고뇌하셨을 조부를 통해 이 시대에도 같은 고민을 해 본다. "글이란 발표되는 순간 글쓴이의 손을 떠난다"는 말이 있다. 이 책으로 인해 조부의 업적에 오히려 누를 끼치지나 않을지 염려스러울 따름이다.

이 책이 나오기까지 지도해주신 김문기 교수님을 비롯한 여러 교수님과 도움을 주신 분들께 감사의 말씀을 드린다. 오늘의 제가 있기까지 기도하고 지속해서 후원해주신, 미국에 계시는 박재수 큰 누님, 승훈 작은 매형과 박재영 작은 누님을 비롯해 사위와 딸을 위해 기도하고 열심히 보살펴 주신 김순득 장모님에게도 감사의 마음을 전한다. 병원을 든든히 지켜준 처남 임재억, 임재경과 사랑하는 세 자녀 경원, 태원, 신명과 이 기쁨을 나누고 싶다.

이 책을 조국 대한민국의 완전한 자주독립과 민주, 통일을 위해, 그리고 이 땅의 천국 건설을 위해 평생을 열심히 살다 가신 조부 박동완 목사님께 헌정한다.

2019년 2월 입춘(立春)

삼일절 100주년을 앞두고 진료실에서

박재상 · 임미선 삼가 씀

서문

외력(外力)을 지양한 생명과 사랑, 희망과 불굴의 기독교 민족주의

산업자본주의와 물질만능주의가 지배하고 있는 이 시대에, 한국교회도 예외는 아니어서 교회의 본질을 망각한 채 세상의 흐름을 뒤쫓고 있다. 개화기와 일제강점 초기에 개신교회는 암울했던 이 세상을 선도하였다. 당시에 교회와 민족은 희망을 노래하며 같은 방향을 향해 나아갔고, 비록 소수의 교인이었으나 세상을 인도할 수 있었다. 그러나 오늘날의 교회는 초창기와 다르게 반역사적, 반이성적이며 심지어 반성서적이기에 교회 안팎에서 비판의 중심에 서 있다.

이러한 현 세태에 근곡(槿谷) 박동완(朴東完)의 삶을 소환하여 그의 생애와 그가 추구한 기독교 민족주의를 살펴보고자 한다. 이는 곧 한국 교회에 올바른 방향성을 제시하는 일이기도 하다. 왜냐하면 박동완의 삶은 위기에 처한 현 시대의 기독교와 분열과 갈등의 늪에 빠진 한국사회에 울림이 있는 가르침을 줄 수 있기 때문이다. 신앙과 역사 앞에 선 개인이 무엇을 위해, 어떻게 행동해야 하느냐에 대한 살아 있는 사료가 되는 셈이다.

따라서 그의 삶을 재조명하는 작업은 상당한 의미가 있다.

이한구는 그의 저서 『역사학의 철학』 서론에서 '역사와 역사가'에 대해 다음과 같이 기술하고 있다.

> 정확한 지도를 그리기가 어렵다고 해서 지도 그리기를 포기하거나, 정확한 지도란 존재하지 않는다고 주장하는 것은 합리적인 태도가 아니다. 아니 그렇게 말하는 것은 지도를 그리는 자의 직무 태만이며, 자신의 본래 임무를 망각한 행위이다. 역사에 있어서도 마찬가지다. 과거의 세계를 제대로 재현하기가 어렵다 해서 주관적으로 역사를 창작하거나 혹은 날조한다면, 그는 이미 역사가가 아니다.[1]

이 글에 나타난 '역사와 역사가의 운명'은 필자가 이 책에서 다루는 박동완의 삶과 사상에 그대로 적용될 수 있다. 쉬운 작업이 아닐지라도 결코 불가능한 일은 아니다. 필자는 3 · 1독립운동[2]을 기획하고 조직하고 실행한 33인 민족대표에게 관심을 가지고 있었다. 특히 그동안 제대로 된 조명을 받고 있지 못하는 박동완이란 인물에 대해 연구하고자 장기간에 걸쳐 자료를 발굴하였다. 올해로 3 · 1독립운동이 일어난 지 100주년이 되었으며, 박동완이 사망한지 78년이 지났다. 시간이 늦춰질수록 그에 대한 기억이나 기록은 역사의 뒤안길로 사라질 것이며 자료 확보 또한 어려워지겠기에 더 늦기 전에 본 연구를 시작하였다.

박동완은 구한말에 태어나 일제강점기에 한국과 하와이에서 일생을 보냈다. 그는 천도교가 선도하고 기독교가 주도한 3 · 1독립운동 당시 민족대표 중 1인이었으며, 신간회 창립 및 초창기 운영에 중추적 역할을 하였다. 전 생애에 걸쳐 기독언론인, 독립운동가, 교육목회자로 여러 가지

사역을 동시에 감당하였다. 조국의 독립을 염원하는 그의 마음은 그가 남긴 시에 온전히 녹아 있다.

> 살을 에이고 저미는 듯하던 율렬(凓烈: 차갑고 세찬, 매서운)하던 겨울 바람도 이제는 부드럽고 온화한 봄바람이 불어온다…동칩(冬蟄)하였던 개구리 소리 지르고 보금자리에 숨었던 종달새 노래 부르며 중천에 높이 떠 펄펄 나른다. 아침 군생만물이 다 기뻐하는 희망의 때가 돌아온다. 인생인들 슬픔에서 기쁨에, 고통에서 쾌락에, 눌림에서 자유에 기쁜 때가 이르지 아니할까 보냐[3]

그는 "일제의 억압 아래에서 자유의 기쁜 때를 희망하며 독립운동의 고삐"[4]를 늦추지 않았다. 이러한 사실은 "삼천리 방방곡곡 무궁화골"을 뜻하는 근곡(槿谷)이라는 그의 아호(雅號)를 통해서도 엿볼 수 있다. 일제는 '대한'과 '무궁화'를 언급하는 것만으로도 '독립'의 의지를 나타내는 것으로 인식하였으며 '대한'과 '무궁화'의 말살을 끊임없이 시도하였다. 따라서 일제는 박동완이 아호에 "무궁화 근(槿)"자를 사용한 것을 노골적인 "독립의지"의 표방으로 받아들였을 것이다.

박정신은 한국의 역사학계가 기독교와 민족운동의 연결을 외면하고 있다고 지적하였다. 국사학자들은 대개 민족운동에 참여한 기독교인이 어떤 신념으로 행동했는가에 관심을 두지 않고, 단지 조선인이 민족운동에 참여한 것으로 치부한다는 지적이다.[5] 그는 기독교가 3·1독립운동까지 민족의 역사에 깊이 관여한 맞물림의 역사를 주장하였다. 3·1독립운동 이후 기독교계 일부 지식인과 민족주의자가 개인 자격으로 민족운동에 참여하여 주도적 역할을 감당하기도 하였지만, 기독교 자체로는 민족운동과 엇물림 현상이 나타났다고 진단하였다.

박동완은 기독교와 민족사의 맞물림과 엇물림의 역사 전환기에 민족운동에 헌신하였으며 신간회 창립 당시 대표적인 기독교계 비타협적 민족주의자로 널리 인식되어 있었다. 민족의 암흑기였던 구한말과 일제강점기 당시 개화와 민주, 독립의 물결을 몰고 온 기독교와 민족주의[6]의 결합으로 생긴 기독교 민족주의에 대한 연구에서, 박동완의 기독교 민족주의는 기독교와 민족운동의 맞물림의 역사 중에 중요한 위치를 가진다. 박동완과 그의 기독교 민족주의는 현재 기독교 및 민족의 엇물림 현상과 일반의 기독교 비판에 대해 의미 있는 울림이 될 수 있다. 당시의 기독교는 대개 실력양성론과 외교론으로 대표되는 온건적, 비폭력적, 타협적 노선을 취하였다. 박동완은 비폭력적 방법을 취하였지만 조선 민족의 절대독립론을 언제나 비타협적으로 고수하였다. 기독교계의 주류적 입장은 아닐지라도 이런 입장이 일제강점기, 해방정국 및 이후와 현재 한국에 있어 중요한 의미와 시사점을 던져주고 있다.

박동완은 집사목사[7] 안수기록이 현재 없고 그의 감리교신학대학교 학적부가 없다. 따라서 국내에서 감리교 목회자로 제대로 인정받지 못하고 있다. 이러한 사실은 감리교 출신 민족대표 9인 중 박동완만 제외한 8인의 흉상이 감리교신학대학교에 있다는 사실만 보아도 알 수 있다. 소위 친일 변절자와 월북자도 흉상이 있지만 그의 흉상은 없다. 당시의 학적부가 불타 없어졌기에 그의 감리교 신학교 졸업 여부가 확실하지 않아 불가피하게 빠지게 되었다고 한다.

3·1독립운동에 참여하여 의거를 준비하고 거족적으로 봉기하는 데 중요한 역할을 담당했음에도 불구하고 열외의 대상이 되었다는 것은 그가 한국독립운동사 뿐만 아니라 한국기독교회사에서도 관심을 받고 있

지 못하다는 사실을 상징적으로 보여준다. 그의 나이가 3·1독립운동 당시 만33세로 다른 민족대표에 비하면 상대적으로 연소한 나이였기에 주목을 덜 받았을 수 있다. 아니면 도중에 하와이로 망명을 갔기에 국내에는 그에 대한 기록들이 적기 때문일 수도 있다. 그러나 대표적인 비타협적 민족주의자로 널리 각인되어 있는 안재홍, 불교계의 대표적인 비타협적 민족주의자로 알려져 있는 한용운과는 달리 그는 잊혀진 인물이 되었다. 독립선언서에 서명했던 민족대표 33인 중 제대로 된 평가를 받지 못하는 분이 박동완 한 사람만은 아닐 것이다. 그들 중 극히 일부가 일제에 협력했다는 이유로 전체적으로 오해받는 경향이 있는 것이 사실이다. 이러한 상황에서 일체의 전향 없이 일제와는 평생 비타협으로 일관했던 박동완에 관한 연구는 분명 가치 있고 흥미로운 작업이 될 수 있다. 게다가 그는 기독교, 천도교, 불교가 연합하여 결성된 민족대표 가운데 기독교계 감리교 대표였기에 천도교나 불교나 장로교에서는 당연히 논외의 대상이었으며, 감리교에서조차 아웃사이더로 취급을 받고 있다. 따라서 사각지대에 놓이게 된 박동완이란 인물에 대한 연구는 근대(近代) 한국독립운동사와 한국교회사에서 의미 있는 일이다.

박동완에 관한 본격적인 연구로는 황민호의 논문 "박동완의 국내민족운동"[8]이 최초이다. 이 논문은 "박동완이 3·1운동을 통해 보여주었던 민족의식과 이후 국내에서의 민족운동의 전개 및 기독교 신앙에 대해" 고찰하고 있다. 그는 박동완을 "민족대표로서 정치적 권위와 확고한 독립의 의지를 천명한 대표적 인물"로 평가한다. 그리고 박동완의 국내 민족운동은 "투철한 기독교 신앙과 일관된 민족의식을 견지하고 있었다"라고 총평하고 있다. 황민호의 글은 박동완의 하와이 망명 이전의 생애와 국내 민족운동만을 다루고 있다. 또한 박동완이 주필로 있던《기독신보》

의 글 중 특히 사설과 그가 주간으로 있던 《한인기독교보》는 다루고 있지 않다.

한편 장규식은 국가보훈처에 의해 2008년 12월 '이달의 독립운동가'로 선정되었던 박동완에 대해 공훈선양학술강연회에서 자신의 연구를 발표하였다. 그러나 이 글은 논문형식을 갖추고 있지 않은 단편적인 연구이다. 글의 제목에서도 알 수 있듯이 박동완을 "비타협 민족운동의 외길을 걸어간 사랑과 정의와 인도의 전도자"라고 본다.[9]

그동안 박동완은 한국독립운동사와 한국교회사의 여러 저서, 논문과 사전 등에서 단편적으로 언급되어 왔다. 1986년 이덕주는 "30분을 늦게 산 박동완(朴東完)"이라는 글을 발표하여, 그동안 묻혀 있던 박동완을 발굴하였지만 이 글 역시 단편적인 연구의 한계를 지닌다. 그는 박동완의 생애를 간략하게 정리하고, 박동완을 "끝까지 지조를 지키며 변절하지 않았던" 기독교 민족주의자로 평가하였다.[10]

이처럼 지금까지 박동완에 관한 기존연구들은 단편적인 연대기와 그의 글을 소개하는 것에 그쳤으며, 그의 삶에 대한 심층적인 분석과 고찰은 잘 다루지 않았다. 특히 초기 생애와 하와이 망명시절의 활동은 누락된 부분이 많다. 본 연구는 그간 기존연구에서 시도하지 않았던 그의 전 생애에 대해 입체적인 접근을 한다. 또한, 심층적인 연구를 통해 그간 논란이 되어왔던 그의 출생지를 명확히 하고 그가 받은 세례, 회심과 목사안수에 대해 밝힌다. 박동완의 출생부터 국내 및 하와이 망명 이후의 행적과 사망까지의 전 생애를 포괄적으로 재구성하고, 지금까지 발굴된 글을 총괄적으로 다루고 있다. 특히, 《기독신보》에서 그의 역할과 초창기 상당 기간 동안 그가 익명의 사설을 썼다는 사실을 논리적으로 증명한다. 또한 그가 여름성경학교를 국내 최초로 정동제일교회에서 개최하여 전국적인 확산에 공헌하였음을 밝힌다. 그가 남긴 글과 행적을 통하여 박동완에 의해 펼쳐진 기독교 민족운동을 도출하고 특히, 그의 3·1독립운동 참여 동기와 의지, 그간 제대로 밝혀지지 않았던 하와이 망명동기를 추론해 보고 하와이에서 교육목회를 중심으로 전력투구하였던 그의 마지막 삶을 재구성한다.

본 연구는 주로 문헌연구방법에 의존한다. 박동완은 업적에 비해 별다른 주목을 받지 못하였기에 그에 대한 역사적 자료가 매우 한정적이다. 이 책에서는 당시에 발간된 신문이나 잡지를 통해 그가 직접 남긴 글, 그의 행적이나 소식이 실린 기사와 그가 몸담았던 교회의 개교회사, 소속하였던 단체의 역사를 근거로 그의 생애와 사상을 재구성하고 있다.

이 책은 다음과 같이 구성되어 있다.

제1부는 박동완의 생애에 대해 다룬다. 먼저 그가 태어나고 활동했던 당시의 조선이 처한 상황과 시대적 배경에 대해 살펴본다. 그리고 박동완의 초기의 삶(1885-1915)을 다루면서 그의 출생과 유년시절을 정리하며 그의 첫 직장인 관직 임용과 사직 그리고 배재학당 재학 중 회심을 재구성한다. 이어서 국내에서 박동완의 민족운동 활동(1915-1928)에 대해 고찰한다. 다음은 망명지 하와이에서 소천(召天)할 때까지 박동완의 민족운동 활동(1928-1941)에 대해 다룬다. 일제의 지속적인 감시로 인해 국내활동에 한계를 느낀 그는 장기간 염두에 두었던 하와이 망명길을 선택하여 하와이 '와히아와 한인기독교회(Wahiawa Korean Christian Church)' 초대 담임목사로 부임하였다. 하와이는 그에게 있어서 조선동포가 있는, 자신의 조국 '조선의 연장(延長)'이며, '독립운동의 전초기지(前哨基地)'였다. 독립운동가에게 있어 만주나 연해주, 중국본토와 같은 의미를 지닌다

고 할 수 있다. 하와이에서 분열된 한인사회를 통합하고자 한 그의 활동을 살펴보고 한글교육을 통해 교포 1세와 2세의 민족의식 고취에 힘썼던 교육중심의 목회에 대해 고찰한다. 그리고 박동완의 기독교 민족운동과 민족주의를 다루기에 앞서 한국 기독교 민족주의에 대해 이론적 고찰을 한다. 먼저 민족, 민족주의와 기독교 민족주의의 기본 개념을 밝히고 그것에 기초하여 구한말과 일제하의 한국 민족주의와 한국 기독교 민족주의를 분석한다. 또한 구한말과 일제강점기 한국 기독교 민족주의를 유형화한다.

제2부는 박동완의 기독교 민족운동을 '기독교 언론사역', '독립운동'과 '교육목회 활동'의 세 영역으로 대별하여 포괄한다. '박동완의 기독교 언론사역'은 다음을 다룬다. 한일합방(1910년 8월 29일) 후 3 · 1독립운동이 발발한 1919년까지 10년 동안 일제는 한국인에게 신문발행을 단 한 건도 허가해 주지 않았다. 이러한 일제의 무단정치는 민족 언론을 완전히 말살시켰으며, 총독부의 기관지가 되어버린 《매일신보》만이 유일한 한글신문이었다. 이러한 암흑기를 찬연히 밝혀준 한글신문이 바로 《기독신보》였다. 《기독신보》 발간 당시부터 관여해온 박동완의 언론활동을 다룬다. 특히 그동안 실질적인 주필(主筆)로서 그의 역할이 제대로 주목받지 못했는데, 3 · 1독립운동 참여 전까지 그의 공식직함은 편집위원과 서기(書記)였으나 익명(匿名)의 사설(社說)을 그가 집필했음을 논증(論證)한다. 또한 《기독신보》에 실린 다양한 장르의 글을 통해 그의 기독교문학을 분석하고 창문사의 《신생명》, 《한인기독교보》, 《청년》과 《별건곤》을 통한 언론활동을 살펴본다.

다음은 '박동완의 독립운동'을 살펴본다. 일제에 의해 작성된 그의 신문조서를 통해 3 · 1독립운동 참여 동기와 독립에 대한 확고하고 타협의 여지가 없는 그의 생각과 의지를 도출한다. 그리고 3 · 1독립운동으로 인한 수감생활 이후의 여러 단체를 통한 사회활동과 그 중 백미(白眉)인 신간회에 있어 그의 주도적 역할에 대해 다룬다. 신간회 참여와 활동은 나라의 독립이란 그에게 있어 절대적 가치였기에, 이것을 위해 그가 철저히 비판해 왔던 사회주의자 및 공산주의자와 손을 잡은 '타협의 정신'을 보여준다. 이는 3 · 1독립운동 당시 타종교인과 연합한 것과 그 궤를 같이 한다. 이러한 정신은 하와이 망명 시절 이승만 계열이었던 그가 분파적, 정치적으로 행동하지 않고 '동지회'와 '국민회'의 통합을 위해 노력하며 동포의 단합을 위해 진력하였던 모습에서도 일관되게 나타난다.

또한 '박동완의 교육목회 활동'을 소개한다. 먼저 그의 주일학교에 관한 저술을 고찰한다. 그는 국내에서 처음으로 주일학교를 시행하였던 정동제일교회에서 역사기록상 최초의 주일학교장으로 명시되어 있다. 그에 의하여 주일학교가 운영되었으며 여름성경학교를 국내 최초로 개최하여 전국적으로 확장시킨 부분을 새롭게 밝힌다. 다음은 망명 후 하와이에서 행한 담임목회와 순회전도사역을 살펴보고 특히 한글학교를 통한 한인교포의 민족의식을 함양시키는 과정을 고찰한다.

제3부는 박동완의 기독교 민족주의를 그의 글을 통해 도출된 신사언행의 구조를 통해 체계화한다. 먼저 그의 신사언행의 사고틀을 밝히고, 이것을 통해 그의 생애를 신사언행으로 구조화한다. '信'에 나타난 기독교 민족주의는 '개인, 민족 및 우주를 초월한 구원자 예수 그리스도', '원시적(原始的) 순결(純潔)한 복음', '사랑과 평화의 복음'과 '철저한 개신교 신앙'으로 포괄된다. '思'에 나타난 기독교 민족주의는 '합리적 사고에 기반한 전인적 품성(品性)', '사회주의와 자본주의에 대한 기독교적 비판 및 변증', '교육과 남녀평등'과 '교역자의 헌신과 자질'로 종합된다. '言'에 나

타난 기독교 민족주의에서는 빅동완의 '언론관(言論觀)', '정론 직필(正論直筆)의 언론'과 '절대독립론에 의한 독립선언'을 살펴본다. 그리고 '行'에 나타난 기독교 민족주의는 '행함의 신학', '자존자립 추구'와 '현실적 낙관주의'로 함축된다.

박동완은 민족대표 중 비교적 젊은 나이인 만33세에 독립선언서에 서명하였다. 죽음의 길이기에 남들은 나아가기를 꺼려하였으나, 그는 자발적이고 적극적으로 참여하였다. 권유에 의해 참여한 것이 아니라 스스로 하였다. 그는 당시 목사가 아니라 전도사였으며, 3 · 1독립운동의 기독교계 주류기관인 YMCA의 멤버이기는 하였지만 전임은 아니었다. 마찬가지로 그가 일하였던 《기독신보》는 기독교 단체이지만 3 · 1독립운동 당시 주류 기관이 아니었다. 그는 개인 자격으로 참여하였다. 민족대표 중 언론인으로서 참여한 것은 그가 유일하다. 그는 3 · 1독립운동 후 창간된 《조선일보》, 《동아일보》와 같은 주류 언론기관의 기자도 아니었다. 이후의 삶에 있어서도 그는 기독언론인의 신분을 10년간 버리고 독립운동가로서 주로 활동하였다.

박동완은 주류이지만 비주류인 삶, 중심인(中心人)이었지만 주변인의 삶을 살았다. 그는 부르주아 출신이지만 소시민의 삶을 살았다. 그는 경계인으로서 특이한 삶을 살았다. 남들이 꺼리는 죽음의 길을 오히려 갔다. 하나님에 대한 절대 신앙인이지만 타종교인과 함께 하였다. 《신생명》 폐간 후 그는 10년간 절필하고 언론활동을 하지 않았는데, 결국 이것은 생업을 버린 것이다. 당시 기독교 교역자들이 직업화 및 계급화 하던 상황과는 전혀 반대의 길을 택한 것이다. 그는 국제 정치, 언론과 학문에 밝았다. 하지만 다수의 기독교인이 시대사조라 할 수 있는 사회진화론에 취해 있었을 때 그는 이것을 정면으로 반박하고 비타협적 절대독립의 길을 걸었다. 이것을 위해 그가 그토록 통렬히 비판하였던 사회주의자와도 연합하여 신간회를 창립하고 운영하는데 주도적 역할을 하였다. 망명하여서도 동지회의 간부로서 전혀 이질적이라 할 수 있는 국민회와의 화합에 앞장섰다. 그는 민족과 교회의 화합을 위해서 환영받지 못했던 제3의 길, 중도의 길인 '비타협적 반개방형'의 외로운 길을 걸었다.

'근곡 박동완의 생애와 기독교 민족운동'은 다음과 같이 요약될 수 있다.

첫째, 그의 생애에 있어 정체성의 시발점은 기독언론인에 있었다. 그는《기독신보》창간 시부터 편집위원으로 활동하였다. 주필 김필수는 실질적인 조선인 사장이었던 것으로 보인다. 창간 당시부터 한글 위주의 글을 표방한《기독신보》에 있어서 한글과 한문에 능통한 박동완이 실질적인 주필 역할을 감당했다. 그는 글로 대한독립을 외칠 수 없었기에 3·1독립운동 당시 민족대표로 참여하여 언론으로 못한 것을 행동으로 표현하였다. 따라서 그는 '행동하는 기독교 언론인의 표상(表象)'이라 볼 수 있다.

둘째, 그의 민족운동은 3·1독립운동 당시 독립선언서에 민족대표로 서명함으로 본격적으로 시작되었다. 그는 수사와 재판과정에서 조선민족대표답게 조선의 절대독립과 비폭력·무저항 정신을 당당하게 밝혔다. 일제의 고문과 협박은 그의 기개를 꺾지 못하였다. 그는 3·1독립운동에 주도적·적극적으로 참여하였다. 제안을 받아서가 아니라 그가 먼저 적극적으로 독립운동에의 참여의사를 밝힘으로 민족대표에 선정되었다.

셋째, 박동완은 철저한 기독교인이었으며 철저한 민족주의자였다. 박동완은 1885년 기독교가 한국에 들어오던 해에 태어났다. 어찌 보면

'한국선교둥이'라고 볼 수 있다. 유학자 집안 출신으로. 유학(儒學)교육과 근대교육을 받았기에 동도서기(東道西器)와 같은 이중적 사고를 지니기 쉬웠지만 무엇보다 복음(福音)을 절대적 우위에 두었다. 그는 확고한 기독교신앙을 바탕으로 민족운동을 전개하였다.

넷째, 그는 '기독교 측의 대표적인 비타협적 민족주의자'였으며, 철저한 원리주의자였다. 그의 원칙은 철저히 고수되었다. 어떠한 상황 가운데서도 세상과 타협하지 않았다. 하지만 그는 폭력적 방법을 지양하였다. 비폭력·무저항으로 일제에 철저히 항거하였다. 고문과 감시가 그의 뜻을 꺾을 수 없었다. 서구문명에도 주눅 들지 않았다.

다섯째, 박동완은 정동제일교회 본처전도사로, 목회자로서의 삶을 시작하였다. 그는 전임목회자가 아니라 파트타임 목회자였다. 기독언론인과 독립운동가로 활동하면서도 그는 목회자의 역할을 게을리 하지 않았다. 그의 삶에서는 항상 이 세 가지 역할이 교차되고 있었다. 그가 목회자로서 가장 중요하게 생각한 것은 '주일학교를 통한 교육목회'였다. 그는 한국 주일학교의 시작인 정동제일교회에서 역사기록상 최초의 주일학교 교장이었다. 주목할 점은 1923년 정동제일교회에서 '국내 최초로 여름성경학교를 개최하여 전국적 확산에 기여'한 것이다. 하와이로 망명한 이후에도 교육목회에 전념하여 1929년에는 그가 운영하던 와히아와 한인기독교회 부설 한글학교를 가장 큰 한글학교로 발전시켰다. 농촌의 작은 교회였지만 그의 교육을 받은 학생들은 하와이 사회에서 중요한 위치를 차지하였다.

여섯째, 그의 구원관은 개인구원을 바탕으로 전인구원(全人救援)과 민족구원으로 확장된다. 예수 그리스도를 통한 마음의 근본적 변화 즉, 개오(改悟)를 인생변화의 출발점으로 보았다. 그는 개인구원에만 멈추지 않고 사회의 변혁과 조국의 독립을 지향하였다. 개인구원을 시작으로 결국은 이 땅에 하나님 나라를 건설하는 것을 궁극적 목표로 삼았다. 그렇지만 그는 물질적 · 가시적인 것을 중요하게 여기지 않았고, 비물질적인 영혼과 영원(永遠)의 비가시적인 것을 현실의 실재(實在)로 여겼다.

일곱째, 박동완은 성서 중심의 기독교신앙을 바탕으로 냉철한 비평의식을 지녔으나 자신과 생각이나 이념이 다른 사람과도 통합하고 소통하였다. 3 · 1독립운동을 통하여 종교가 다른 천도교, 불교 측과 함께 독립운동을 하였다. 신간회를 통해서도 그가 비판하였던 사회주의 인사들과 연합하였다. 그는 이데올로기가 다른 사람들과도 함께 소통하였다. 미주 한국독립운동의 양대 축이라 볼 수 있는 국민회와 동지회의 통합을 위하여 하와이에서 1938년에 있었던 경술국치기념 연합회에 주(主) 연사로 나섰다. 그는 분파적 행동보다는 조국의 독립을 위하여 연합하는데 앞장섰다. 그에게 있어 중요한 것은 복음이었고 대한독립과 조선민족의 화합이었다.

여덟째, 박동완의 민족주의적 기독교정신은 '정의, 사랑과 화합'으로 요약된다. 그는 정의에 기반을 둔 삶을 살았다. 조국의 독립이라는 원칙에서 조금도 물러서지 않았다. 따라서 그는 비원칙과는 철저히 비타협적으로 살아간 대표적인 민족주의자로 세상에 각인되어 있었다. 하지만 이런 원리주의자가 복음과 민족의 독립을 위해서는 자신의 출신, 이념, 종교를 고집하지 않고 사랑의 정신으로 상대편과 화합에 앞장서는 삶을 살았다.

아홉째, 그는 명예, 자리 따위에 연연하지 않았다. 자신의 모든 것을 잃을 각오로 3 · 1독립운동에 참여하였고 하와이 망명길에 올랐다. 그에게는 자신의 목숨과 가족조차 아끼지 않는 결단력이 있었다. 어찌 보면 주목받을 수 있는 자리를 훌훌 박차고 떠날 수 있는 용기가 그에게는 있었다. 기독언론인, 독립운동가, 큰 교회의 목회자라는 화려함을 멀리하고 소박한 목회와 독립운동에 전념하다가 이 세상을 홀연히 떠났다. 그는 죽기 며칠 전까지도 최선을 다해 그의 사명을 감당하였다. 물질화된 교회, 자리에 연연하는 교회, 역사의식이 부족한 교회 그리고 자식에게 대형교회 담임목사직을 세습하는 현 세태에 있어 그의 삶은 우리에게 중요한 교훈과 경종을 울리고 있다.

앞으로 계속될 필요가 있는 연구는 다음과 같다. 한국 기독교 민족주의에 대해 새롭게 제시된 세 가지 유형화 작업이 확장되어야 한다. 박동완을 포함한 민족대표 33인 등 기독교 민족주의자를 유형별로 비교 연구하여 각 유형의 구체적 특징을 밝혀야 한다. 기독교 민족주의자가 친일에 이르는 과정이 연구되기를 바란다. 철저한 개신교 신앙인인 박동완의 사상과 개혁신앙 및 경건주의 등과의 유사성과 차별성을 밝히는 것이 필요하다. 박동완의 생존 당시 세계적 신학 조류 중 하나였던 '예수 생명 및 정신'과 박동완의 사상과의 관계를 밝히는 것을 추후 과제로 남긴다. 또한 1920년대 사회주의와 자본주의의 실체에 대하여 대부분의 기독교인들이 제대로 알지 못하던 시기에 박동완이 이 둘에 대해 제대로 된 실상을 파악할 수 있었던 이유가 밝혀져야 한다. 일제와 서구 열강에 대하여 당당했던 그의 성서적 '자존자립의 정신'을 더 깊게 분석할 필요가 있다.

신간회 창립 당시, 박동완은 기독교계의 대표적인 비타협적 민족주의자로 널리 알려져 있었다. 만약 그가 해방 이후까지 생존하여 귀국하였다면 민족통일을 위하여 중도 우파 성향을 가지고 좌우 합작과 같은 중도의 길을 걸었을 가능성이 높다. 현재 당위적 민족주의의 과제인 '민족통일'과 준비되지 않은 채 맞이한 '다민족 국가' 상황에 있어 그의 기독교적 화합과 포용 정신을 되새겨야 할 필요가 있다. 특히 이러한 박동완의 정신에 대해 깊이 있는 후속 연구를 기대한다.

박동완이 살았던 시대는 사회진화론이 대세였다. 기독교인조차도 사회진화론을 많이 신봉하였다. 사회진화론은 역사에 있어 하나님의 직접적 개입을 부인한다. 따라서 인과응보(因果應報)적 사고가 지배적이기에 일제에 의해 조선이 강점된 것도 지극히 당연하다는 결론에 이르게 된다. 힘이 없는 것이 죄라는 논리에 따르면, 조선을 강탈한 일제는 잘못이 없는 것이다. 다수의 기독교인이 이것을 믿었기에 실력양성론, 외교론을 통한 독립운동을 전개하다가 현실을 인식하고 친일로 전향하였다. 하나님의 뜻이라 그릇되게 믿고 이것을 받아들이게 되는 합리화의 과정을 거치게 된다. 이러한 계몽주의적 진보 사상은 절대로 성서적인 것이 아니다.

박동완은 절망적 현실 속에서도 언제나 희망을 노래한다. 희망을 버릴 수 없었기에 넘어져도 다시 일어나는 불굴의 용기와 기개가 있었다. 고문과 감시 속에서도 타협할 수 없었다. 이스라엘 사람들에게 돌을 맞아 죽어간 스테반 집사는 죽음 넘어 계시는 예수를 보았기에 웃으며 죽을 수 있었다. 죽음만을 바라보는 사람은 타협하거나 공포에 떨지만 진정한 생명과 부활의 주되시는 예수를 바라볼 때 죽음마저도 기쁨으로 다가온다.

다시 말해 '생명과 사랑의 예수정신'을 원동력으로 하여 지언행합일(知言行合一)의 비타협적인 자세로 평생을 일관했다. 절망할 수밖에 없었던 암흑의 일제강점기를 살았지만, 그는 절대적 희망을 가지고 불굴의 삶을 살았다. 결국 박동완의 기독교 민족주의는 '외력(外力)을 지양(止揚)한 생명과 사랑, 희망과 불굴(不屈)의 기독교 민족주의'로 요약될 수 있다.

차례

제2부 박동완의 기독교 민족운동

제3부 박동완의 기독교 민족주의의 특징과 전개

제1부

박동완의 생애와 한국 기독교 민족주의

1
박동완의 생애

박동완(朴東完, 1885-1941)은 1915년 정동제일교회 본처전도사[1]와 《기독신보》 편집위원을 맡으면서 기독교 목회자 및 사역자로 이름이 알려졌다. 이후 기독교 민족운동, 즉 언론활동과 독립운동, 교육목회 등의 본격적인 활동을 시작하였다. 따라서 이 글에서는 1915년 이전 시기를 중심으로 박동완의 생애를 다루고자 한다. 먼저 이해를 돕기 위해 그가 살았던 시대를 간략히 고찰하고 그의 가문을 비롯해 출생과 유년시절을 알아본 후 첫 관직 임용과 사직 그리고 배재학당 재학 중의 회심에 대해 살펴본다.

1) 시대적 배경

(1) 개화기(1876년 이후) 및 구한말(대한제국 시기, 1897-1910)

19세기 중엽은 한국역사에서 중요한 전환기였다. 서구 열강들은 식민지를 개척하기 위해 동북아시아로 진출하였다. 조선은 중국 중심의 세계관을 지니고 있었는데 서양 열강에 의해 청나라가 몰락하는 것을 보고 큰 충격을 받았다. 1863년에 집권한 흥선대원군은 이에 대처하기 위해 쇄국정책을 실시하였다. 초기에는 병인양요(1866년)와 신미양요(1871년)를 통해 서구 열강을 물리쳤다. 한편, 미국에 의해 강제로 통상을 개방한 일본은 서구화를 통한 근대화에 성공하였다. 서구 열강이 중국과 일본에 진출하고자 하는 틈을 노려 일본은 무력으로 조선을 굴복시키고 1876년에 강화도조약을 체결하여 조선을 개방시켰다. 그동안 조선은 정조 이후 유약한 왕을 내세워 실권을 가지게 된 안동김씨와 풍양조씨의 세도정치가 이루어져 왔다. 정치가 제 기능을 하지 못하고 집권층이 부패함으로써 국가경제는 피폐하게 되었으며 지배계층과 피지배계층의 갈등이 심해져 민란이 발생하였다. 밖으로는 일본을 위시하여 열강의 침략이, 안으로는 자체 붕괴의 위험성이 상존하고 있었다.

조선은 강화도조약을 계기로 자본주의 중심인 약육강식의 세계질서에 강제로 편입되었다. 이것은 곧 식민지로 전락할 수밖에 없는 위기상황을 의미하였다. 이를 극복하기 위해 지식인 보수층은 위정척사사상을 내세웠고 지식인 진보층은 개화사상을 앞세웠다. 민중은 동학사상을 통하여 동학농민전쟁을 일으켰으며 고종은 대한제국을 선포하고 근대국가를 건설하려고 몸부림치기도 하였다. 관점과 방식은 달랐지만 열강으로부터 민족자주성을 지키려는 고투였다. 조선은 제대로 된 근대국가가 되든지 아니면 열강의 식민지로 전락하든지 두 가지 갈림길에 놓여 있었다.[2]

한편, 한국은 기독교 선교 초기에 중국과 일본에 비해 특별한 성과를 내지 못하였지만, 일본의 침략이 본격화되면서 기독교 선교가 폭발적으로 이루어졌다. 서양 선교사들의 선의를 보고 일본과는 다른 존재라고 인식하게 된 것이다. 오히려 일본을 이길 수 있는 힘이 서양, 그중에서도 기독교에 있다고 믿게 되었다. 따라서 미국과 미국 출신의 선교사에게 기대하는 마음이 남달랐다.[3]

그러나 근대화를 위한 다양한 노력에도 불구하고 조선은 식민지로 전락하게 되었다. 청일전쟁(1894-1895)과 러일전쟁(1904-1905)을 승리로 이끈 일본은 1904년 군사전략상 필요한 곳을 사용할 수 있는 '한일의정서'를 강제로 체결하였다. 연이어 1905년 외교권을 박탈하고 통감부를 설치하는 '을사보호조약'과 1907년에는 헤이그밀사 사건으로 인해 고종을 강제로 퇴위시킨 후 군대를 해산시키는 등의 '정미7조약'을 체결하였다. 마침내 1910년 8월 29일 일제는 강제로 조선을 병합시켰다. 헐버트는 『대한제국멸망사』에서 을사보호조약 체결 후의 상황에 대하여 다음과 같이 증언하였다.

> 심지어 전 국민들이 일본의 강압적인 태도에 대해 치를 떨고, 조선의 몇몇 고위 관리들은 자살을 함으로써 망국의 설움을 잊으려 하는 동안에 조선 주차 미국 공사 모건(E.V. Morgan)은 서울에서 한민족의 멸망을 초래한 일본인들과 함께 축배를 들고 있었다. 이제까지 조선은 미국의 우의에 의존하여 존립했다는 확신을 가졌던 그 감정이 그와 같은 조약이 종결된 것을 계기로 하여 급격하고도 날카로운 반감으로 바뀔 수도

있었지만 그렇지 못했다는 데에 대하여는 놀라움을 금할 수가 없다.[4]

내가 알고 있는 범위 내에서는 가장 지성인이었으며 대중 의식이 투철했던 민영환(閔泳煥)은 한국의 독립을 찬탈하는 강제 행위를 저지시키려고 갖은 애를 다 쓰다가 결국에는 스스로 목숨을 끊었다. 그의 공적과 그의 뒤를 따라서 자결한 애국자들의 공적은, 그를 비방하는 사람들이 무엇이라고 그들을 험담하든 간에 한민족의 가슴 속에 범할 수 없는 역사의 증언으로 오래오래 남을 것이다. 「조국을 위해 죽는 일보다 더 기꺼운 일은 없다」라는 말이 진리라는 것은 한국이나 그 밖의 어느 나라를 막론하고 다 마찬가지이다.[5]

벽안의 선교사 눈에 비친 망국에 대한 헐버트의 증언은 을사보호조약 이후 주한미국공사와 일본인들의 자축 현장의 분위기를 생생하게 전해준다. 또한 우국지사로서 조국의 자주독립을 위해 애쓰다 민족의 분기를 위해 자신을 제물로 바친 민영환에 대한 숙연함이 드러나 있다.

20세의 젊은 나이에 나라가 망해가는 현장 속에서 박동완은 과연 무엇을 느끼고 무엇을 생각했을지 이 글을 통해 유추해 볼 수 있다. 젊은 시절. 조국의 패망은 그의 사상 형성과 삶에 깊은 영향을 미쳤으리라.

(2) 일제 강점기(1910-1945)

일제의 한반도에 대한 식민통치는 대개 합병부터 3 · 1운동까지의 '무단통치 시기', 3 · 1운동 이후 만주사변(1931)까지의 '문화통치 시기', 그리고 만주사변 이후 일제의 패망까지 '침략전쟁기'로 나누어 볼 수 있다.

일제는 무력으로 한국을 강제 병합하여 식민지로 삼았다. 이들은 사회 · 경제적 수탈과 함께 민족말살정책을 폈는데, 이는 서구 제국주의의 식민지 정책과 근본적인 차이가 있었다. 서구 제국주의는 피지배민족에 대해 민족말살정책까지는 취하지 않았으나 일제는 조선에 대해 민족말살정책을 실시하였다. 조선인을 멸시하고 조선 민족을 이 땅에서 없애버리고자 한 일본의 정책은 세계적으로도 그 유래를 찾아볼 수 없는 악랄한 것이었다. 일본은 조선 민족을 일본제국 내에서 천민층으로 만들어 노예로 삼으려 획책하였으며 조선인에 대한 심각한 차별을 감행하였다. 일제는 조선 민족에게 어떠한 시민적 기본권도 인정하지 않고 박탈하였다. 이러한 차별로 인해 조선 민족은 극심한 고통 속에서 식민통치를 감당해야만 했다.[6]

무단통치(武斷統治) 시기

무력으로 조선을 병합한 일본은 무단통치의 가장 큰 특징이라 할 수 있는 헌병경찰제도를 도입하여 강압적으로 통치하였다. 이들은 조선에 대한 식민지화에 반대하는 의병운동과 애국계몽운동을 탄압하기 위하여 조선인의 거의 모든 활동(언론, 출판, 집회, 결사 등)을 금지시켰다. 신문지법(1907.7.), 신문지규칙(1908.4.), 보안법(1907.7.)과 각종 학교령을 제정하여 여러 민족활동을 근본적으로 말살시켰는데 특히 조선인의 언론활동, 결사활동과 교육활동을 철저히 금지시켰다. 일본은 합병과 함께 한글신문을 모두 폐간시키고 조선 총독부의 기관지만을 남겨두었으며 각종 학교령을 통하여 조선의 근대적 민족교육을 뿌리 뽑고 이를 통하여 애국계몽운동과 의병운동을 근절시키려고 하였다. 또한 이렇게 제정된 법을 통하여 1911년에 안악(安岳)사건과 총독암살미수사건(105인 사건)을 조작하여 다수의 애국지사를 검거하여 탄압하였다. 일제는 의병운동과 애국계몽운동을 철저히 뿌리뽑고자하였으나, 의병운동은 만주지역의 무장독립전쟁으로 계승되었으며, 애국계몽운동은 전 민족적 봉기인 3·1운동으로 이어져 폭발하였다.[7]

김도형은 『한국독립운동지혈사』의 해제 "박은식의 역사학과 『한국독립운동지혈사』"에서 다음과 같이 박은식의 생각을 요약하였다.

> 박은식은 일본의 식민지배에 벗어나는 '독립' 자체를 '혁명운동'의 과정으로 이해하였다. 그는 갑신정변을 독립운동의 기점으로 파악하고, 동학당의 난도 혁명의 기치로 표현하면서 이를 '평민의 혁명'이라고 하였다. 또 의병을 "우리 민족의 國粹(국수)"라고 규정하였다. 이런 점은 3·1운동에서 절정에 달하였는데, 만세시위운동은 '맨손의 혁명'이라고 하였다.[8]
>
> 또한 박은식은 상해를 중심으로 활동하면서 세계정세 변화, 세계 여론의 동향이 민족의 독립에 중요하다는 것을 인식하고, 이런 점에서 많은 분량을 이 서술에 할애하였다. 세계 여론에 호소하기 위해 3·1운동이 평화적·문명적·도덕적 운동이라는 것을 강조하면서 이에 대한 일제의 탄압이 폭력적·야만적이었다는 점을 자세히 기술하고 이를 맹렬하게 비난하였다. 부록에 세계 여론을 첨부한 것 또한 이런 판단에서 그러하였다.[9]

조선병합 이후 일제의 철저한 민족말살정책에도 불구하고 10년이 지나지 않아 거국적(擧國的)으로 민족해방을 위한 비폭력운동인 3·1운동이 일어났다. 민족사에 있어서 심대한 중요성을 지니는 3·1운동에 대해 박은식이 "독립운동의 절정이요 맨손의 혁명이며 평화적·문명적·도덕적 운동"이라고 표현한 것은 주목할 만하다. 또한 일제의 탄압이 폭력적 · 야만적이었다는 사실을 부각시킴으로써 평화적, 문명적이고 도덕적인 조선의 민족성을 대비시켰다. 피지배 민족으로 전락한 조선 민족이지만 민족성만은 일본보다 절대 우위에 있다는 민족 자부심의 표현이라 볼 수 있다.

문화정치(文化政治) 시기

일제는 조선 민족이 거족적으로 일으킨 비폭력혁명인 3 · 1운동 이후 통치정책이 뿌리째 흔들리자 '무단통치'에서 '문화정치'로 방향을 선회하였다. 두드러진 특징은 헌병이 경찰업무를 담당하는 것이 아니라 보통의 경찰을 두는 것이었는데, 이것은 표면상의 변화에 지나지 않았고 오히려 군경의 병력을 상당히 증가시켰다. 이 시기에는 무단통치 시기와 달리 언론, 출판, 집회, 결사의 자유가 제한적으로 허용되었다. 따라서 일본은 일부 조선어 신문을 허용하고 단체의 설립도 허용하였다.

합방 이후 일제는 힘으로만 조선을 통치했으나 10년이 채 안되어 조선 민족은 거족적으로 봉기했다. 이러한 예상치 못한 상황에 접한 일제는 무력으로 이를 제압하였고 민족분열정책을 도입하여 친일파를 양성, 민족분열정책을 통해 민족주의자 중 일부를 회유하여 분열시켰다. 결국 절대독립론이나 독립전쟁론을 외친 민족주의 좌파진영과 실력양성론, 독립준비론, 자치론을 내세우는 민족주의 우파진영으로 분화하게 되었다. 절대적 독립운동 노선에서 벗어난 민족주의 우파계열의 일부는 친일파로 전락할 수밖에 없었다. 민족주의 우파진영은 종교, 생활개선, 농촌계몽 등의 문화운동을 수행하였으며, 일제의 통치 아래에서 자치권을 가지는 것이 최선이라는 타협으로 나아가게 되었다. 따라서 이들을 '타협적 민족주의자'라고 한다. 이에 반하여 일제와 일체의 타협을 거부하고 절대독립을 외친 민족주의자들을 '비타협적 민족주의자'라고 한다.[10]

박동완은 일생에 걸쳐 일관되게 '비타협적 민족주의'를 고수하였다. 그러나 3 · 1운동 당시 박동완과 함께 민족대표로 참여했던 최린, 박희도는 '타협적 민족주의'의 대표적인 인물로 변신하였고 결국 적극적인 친일에까지 이르게 되었다. 박동완은 감리교, 기청형(畿淸形)[11], 양반관료계급에 속하는 기독교인이었는데 이들 중 일부는 3 · 1운동 이후 친일로 전향하는 경우가 상대적으로 많았으며 더 빠르게 전향하였다. 하지만 박동완은 일제와 전혀 타협하지 않은 채 비타협적 민족주의자의 외길을 일관되게 고수하였다.

침략전쟁기

이 시기는 식민지 파쇼체제 강화를 통해 일제가 만주사변(1931), 중일전쟁(1937), 태평양전쟁(1941)으로 침략전쟁의 전선을 확대시켜 나가던 시기로서 일본 본토뿐만 아니라 특히 조선에서 조선 민족을 극악하게 쥐어짠 시기였다. 식민지 파쇼체제는 군사력과 경찰력의 증강으로부터 시작되었다. 한마디로 조선이 전쟁의 병참기지와 전쟁터가 된 것이다.

중일전쟁으로 침략전쟁이 확전되어가면서 일제는 조선 민족말살정책을 본격화하였다. 일제는 조선 민족을 전쟁의 노예, 부품으로 삼기 위해 민족성을 말살시켰다. 창씨개명과 신사참배 강요와 일본어 상용 정책 등이 그것이다. 이 시기에 조선인은 절망에 빠질 수밖에 없었으며 상당수의 조선인, 특히 지식인을 비롯한 사회지도층은 일제에 적극 협력함으로써 침략전쟁에 앞장섰다. 그러나 다른 한편에서는 일제에 대한 독립운동이 지속되고 있었다.[12]

강만길은 그의 저서 『고쳐 쓴 한국 현대사』에서 일제 식민지배의 폐해를 다음과 같이 총평하고 있다.

> 일본의 한반도에 대한 식민지배가 남긴 최대의 정치적 피해는, 바야흐로 근대사회로 접어든 한반도의 주민이 민주주의적 정치경험을 쌓을 기회를 완전히 박탈당하여 8·15 후의 한반도에 민주주의 정치형태가 정착하는 데 큰 타격을 준 한편, 한반도가 남북으로 분단될 소지만을 만들어 놓은 점에 있었다.[13]

강만길의 이러한 일제 식민지배에 대한 평가와 달리, 일제 식민지배를 미화하는 사람들이 아직도 이 땅에 존재한다. 또한 일제에 협력했던 친일파가 대한민국 건국의 공로자로 변신하여 지금까지 사회의 지도세력으로 계승되어 왔음을 부인하기 어렵다.

(3) 하와이(포와, 布哇) 이민사(移民史)

한국 역사상 최초의 본격적인 서구이민은 121명의 한인이 1902년 12월 22일 제물포항에서 미국 하와이를 향해 출발한 것으로 볼 수 있다. 1905년까지 모두 7,226명의 하와이 노동이민이 이루어졌는데, 이는 당시 남겨진 자료에 따라 약간의 차이를 보인다. 이 노동이민은 18세기 말 하와이제도에 백인들이 진출하면서 생긴 사탕수수농장의 발달로 인한 것이었다. 노동력에 의존한 사탕수수재배는 하와이 외부의 인력에 의해 이루어졌다. 처음에는 중국에서, 이후 포르투갈, 일본 등으로 확장되어 갔으며 점차 노동자 중 일본인이 다수를 차지하게 되었다. 백인 농장주

들은 이들을 견제하기 위해 한국에서 노동자를 수입하게 되었다.

하와이로 이주한 한인은 노동이민자였기에 대부분 20-30대의 성인 남자였다. 의외로 그들의 직업적 배경은 주로 도시노동자였으며, 농민은 1/7정도에 불과했다. 특징적으로 이들은 하와이에 이민을 왔던 중국인이나 일본인에 비해 40% 정도의 높은 문자해독률을 가지고 있었다.

하와이로의 이민은 경제적 이유뿐만이 아니라 정치적·교육적 동기도 지니고 있었다. 즉, 정치적 망명, 유학의 목적도 있었다. 한인들은 힘든 상황 가운데서도 교회와 학교 그리고 자치단체를 세워 한인사회를 이루었다. 한인교회는 학교로서의 역할도 했기에 교회는 곧 학교였다. 대개 주일학교와 국어(한글)학교가 교회마다 존재하였다. 이민 1세대는 교회에서 한글과 영어를 배우고 이민사회에 적응하기 위한 정보를 교환했다. 미국에서 출생한 이민 2세대는 한글과 한국의 문화, 역사를 배움으로써 민족정체성을 체득하였다. 이런 교회학교로 인하여 다른 소수민족에 비하여 한인아동의 진학률은 매우 높았다. 또한 한인자치단체도 이민 초기부터 설립되었으며, 한인 교민의 통합적 자치단체인 대한인국민회가 1910년 5월 10일에 발족되었다.[14]

미주 한인사회의 민족운동은 국내, 만주, 중국본토, 연해주, 일본 등지에서 한인 민족운동에 많은 기여를 하였다. 특히 하와이 한인사회는 항일 민족운동의 근거지가 되었다. 그들은 이역만리 타향에서 민족의 국권상실을 외면하지 않고 이에 맞서 조국의 독립을 위해 여러 방면으로 노력하였다.[15]

대표적인 기독교 측 비타협적 민족주의자인 박동완은 지속적인 일제의 감시와 간섭에 시달린 나머지 하와이로의 망명을 계획하였다. 망명을 계획한 후 오랜 시간이 흐른 뒤에야 비로소 하와이로의 망명이 합법적으로 성사되었다. 박동완에게 있어 하와이 망명은 조국을 등지는 것이 아니라 내 겨레, 내 민족이 있는 곳으로 가는 것이었다. 일제의 감시가 없는 곳에서 항일 독립운동을 지속적으로 시행하기 위해 조국의 연장으로서 하와이를 선택한 것이었다. 이는 독립운동가들이 만주, 연해주, 중국 본토에서 독립운동을 지속한 것과 같은 맥락이다.

2) 초기의 삶(1885-1915)

(1) 출생과 유년시절

박동완은 아펜젤러와 언더우드가 한국 땅에 첫 발을 내딛음으로써 기독교 선교가 시작되던 해인 1885년 12월 27일 경기도 포천시 신읍리(일명 호병굴)에서 태어났다. 그는 "민족의식이 강한"[16] 박형순(朴馨淳)[17]의 2남 중 차남이었다. 그는 함양박씨(咸陽朴氏) 지평공파(持平公派) 중 판서공파(判書公派) 26세손이다. 그의 집안은 조선후기 양반관료 가문이었다.[18] 그의 아명(兒名)은 고봉(高峯)이다.[19] 호는 근곡(槿谷)으로 '방방곡곡 무궁화'라는 뜻을 지니고 있어 조국의 자주독립을 염원하는 그의 의지가 담겨 있다.

그간 박동완의 출생지에 관하여 여러 논란이 있어 왔다. 포천(抱川)과 양평(陽平)과 서울, 이 세 곳이 논란의 중심지에 놓여 있었다. 우선 서울은 박동완의 출생지가 아니라 어린 시절(1894년 이전)에 이주하고 주로 성장한 곳이다. 그리고 경기도 양평은 3·1운동 당시 작성된 경찰 신문조서에 따르면 박동완이 출생지를 경기도 양평으로 밝혔기에 출생지로 거론

되었다.[20] 하지만, 다른 모든 근거는 그의 출생지가 경기도 포천임을 나타내 주고 있다. 먼저 박동완의 장남 박대희와 차남 박창희 등 후손들의 일관된 증언과 기록[21]이 있으며, 국가보훈처 공훈전자 사료관의 독립유공자 공적조서에도 박동완의 본적지가 포천이라 명시되어 있다.[22] 또한, 박동완의 부친 박형순의 묘지가 경기도 포천에 위치[23] 하고 있으며 함양박씨 지평공파의 집성촌이 경기도 구리 갈매(九里 葛梅)와 포천에 형성되어 있었다. 그리고 박동완의 장인 현석운(玄昔運)의 출생지가 바로 포천이다.[24] 대개 동향사람들끼리 통혼하는 경향이 있었다는 것으로 보아 그의 출생지가 포천이라는 사실을 뒷받침한다.

그렇다면 왜 박동완은 신문조서에서 자신의 출생지를 포천이 아닌 양평이라 답했는지 의문점이 생긴다. 자신의 출생지를 양평이라 다르게 말함으로써 자신의 고향마을에 가해질 수도 있을 탄압을 미연에 방지하고자 하는 애향심에서 그랬을 수 있겠다. 그러나 만약 박동완의 양평 출생설의 가능성을 완전히 배제할 수 없다고 한다면 일시적으로 모친이 양평에 가서 몸을 풀었을 수도 있겠다. 하지만 그렇다고 해서 박동완의 출생지를 양평이라 말할 수는 없다. 부모가 살고 있던 포천이 바로 그의 출생지라고 보는 편이 타당하다.

그의 부친 박형순은 통훈감목관(通訓監牧官)을 역임하였다.[25] 그의 형 박동원(朴東元)은 고종31년(1894년) 식년생원시(式年生員試)에 3등으로 급제하였고 과거에 급제할 당시 거주지가 서울이었다. 이후 육군 참위를 역임하였다.[26] 그의 조부 박사규(朴思圭)는 광양현감(光陽縣監)을 역임하였다.[27]

박동완은 유복한 가정에서 성장하여 5세부터 독선생을 두고 집에서 한문을 수학하였다.[28] 12세(1897년)에 포천의 명문 집안인 현석운의 차녀 현미리암과 서울에서 결혼하였다.[29] 그의 장인 현석운의 본관은 천녕

(川寧)[30]이며 종일품 중추원 찬의(中樞院 贊議)를 역임하였다.[31] 박동완의 차남 박창희에 의하면, 박동완은 독립선언서를 작성한 육당 최남선(1890-1957)과는 동서지간이다.[32] 최남선의 부인 현영채(玄永採)의 본관이 천녕(川寧)이므로 동서지간이라는 사실은 신빙성이 있다.

박동완의 형 박동원이 1894년 과거에 급제할 당시 서울에 거주하고 있었던 것으로 보아 박동완의 집안은 형 박동원의 과거급제 이전에 경기도 포천에서 서울로 이주한 것으로 보인다.[33] 1894년(박동완의 나이 9세) 이전에 그의 집안은 한성부 북방 누각동(현 종로구 누하동) 214번지에 정착하였다.[34] 이후 그는 양사동소학교[35]에 입학하여 근대식 교육을 받기 시작하였다. 그리고 관립고등소학교[36]와 한성중학교[37]를 거쳐 한성외국어학교[38] 영어과에 입학하여 수학하였다. 이후 그는 관직에 진출하였다. 사직 후에는 배재학당 대학부에서 공부하였다.[39] 박동완은 재판 중에 자신의 학력에 대하여 다음과 같이 진술하였다. "경성 양사동소학교와 관립고등소학교를 졸업하고 한성중학에 입학하여 1년을 수학하였으며, 관립외국어학교 영어과에 입학하여 3년을 수학했다."[40]

(2) 관직 임용과 사직 그리고 배재학당 재학 중 회심

박동완은 고종 43년(1906년) 1월 5일(양력 1월 29일) 농상공부기수에 6품으로 임용되었다.[41] 이것이 그의 첫 직장이다. 지금까지 박동완의 첫 직장은 기독신보사라 알려져 있으나 이는 사실과 다르다. 그는 기독신보사 입사 전에 관직에 임용되었다. 1905년 을사보호조약과 이어서 1907년 정미7조약에 따른 국권상실 앞에 민족 주체성이 강한 그로서는 당연히 좌절감을 느끼고 서구의 근대문명을 배우고 싶었을 것이다. 따라서 근대

문명을 배울 수 있는 배재학당[42]에 입학하는 것은 당연한 수순이었다. 박동완은 양사동소학교부터 시작해서 한성외국어학교를 거치는 동안 근대식 교육을 이미 상당히 받았다. 이런 그가 다시 배재학당에 들어간 것은 외국인이 경영하고 직접 교육하는, 제대로 된 근대교육을 받고자 하는 열망 때문이었던 것으로 보인다. 따라서 서구 선교사가 세운 배재학당에 들어가 수학하기로 작심한 것으로 여겨진다. 그는 농상공부기수 6품의 관직을 사직하고 22세(1907년)에 배재학당에 입학하였다.[43]

이덕주는 『배재학당사 통사』의 "배재학당, 한국 근대화와 민족운동의 요람"이라는 머리글에서 배재학당을 다음과 같이 평가하고 있다.

> 배재학당은 한국 근대교육의 발상지(Birthplace of modern education in Korea)이자 한국 근대문화의 요람(Cradle of modern culture in Korea)이었다. 한 마디로 근대 우리 민족의 신문화와 신문명의 '처음'이 배재학당에서 비롯되었다. 배재가 하면 다른 데서 따라했고, 배재 안에 생겼다 하면 다른 곳에도 생겨났다. 배재는 단순한 학교가 아니었다. 배재는 개항시기 한국 근대문명과 신문화의 요람이자 민주주의 실험과 확산의 구심점이었다. 그 결과 '근대 배재 (近代培材, modern Pai Chai)라는 전통이 세워졌다.[44]
>
> 또한 배재는 한말 애국운동과 일제시대 항일 민족저항운동의 거점이자 그로 인한 수난의 현장이었다. 그래서 배재를 빼놓고 한국의 근대화를 설명할 수 없고 배재를 제외하고 한국 민족운동사를 논할 수 없다. 배재가 우리나라 근현대사에서 민족과 함께, 사회 속에서, 이처럼 선구자로서, 개척자로서 그 사명을 감당한 배재였기에 이곳에서 배출된 배재인(培材人)들은 역경과 시련의 민족역사 속에서 정치와 사회, 경제,

체육, 종교, 문화, 예술 각 분야에서 지도적인 역할을 감당할 수 있었다. 이처럼 배재는 우리 민족 근현대사와 떼어놓을 수 없는 관계를 맺고 있다. '민족 배재' (民族培材, Nationalistic Pai Chai) 전통은 그렇게 해서 이루어졌다.[45]

그런데 배재가 이처럼 근대화와 민족운동의 요람이 될 수 있었던 것은 배재학당을 설립, 운영한 감리교 선교부와 초대 학당장 아펜젤러를 비롯한 선교사 교사들의 헌신적인 교육활동이 있었기에 가능했다. 아펜젤러를 비롯하여 배재에서 교육을 담당했던 선교사와 내외국인 교사들은 배재학당을 단순히 서구학문과 지식, 기술을 가르치는 곳으로 생각하지 않았다. 그들은 이런 지식과 학문, 기술과 정신의 밑바탕이 되는 기독교 신앙을 체득하는 선교의 장이 되기를 바랐다. 배재학당은 처음 출발부터 "크고자 하는 자는 반드시 남을 섬기는 자가 되어야 한다."는 그리스도의 가르침을 배운 배재학생들이 사회에 나가 그것을 실천함으로 자유와 평등, 정의와 평화가 구현된 민족공동체와 인류세계, 즉 '하나님의 나라'(天國)를 이 땅에 건설하는 것으로 건학이념과 목표를 삼았다. 따라서 기독교신앙과 선교정신을 빼놓고 배재학당의 역사와 문화를 이야기할 수 없다. '기독 배재' (基督培材, Christian Pai Chai) 전통은 그렇게 해서 이루어졌다.[46]

박동완은 배재학당에서 근대교육, 민족의식과 함께 기독교 정신을 수용하였다. 그는 배재의 교육이념을 통해 "자유와 평등, 정의와 평화가 구현된 민족공동체와 인류세계, 즉 하나님의 나라를 이 땅에 건설하는 것"에 목적을 두었다. 그렇기에 일본에 의한 조선의 유린과 억압을 그는 받아들이기 어려웠을 것이다.

박동완은 1908년에 존스(G. H. Johns, 조원시(趙元時), 1867-1919)로부터 세례를 받았다.[47] 1907년 존스 장로목사가 전면에 나서고 최병헌 목사가 도와서 감리교단인 정동제일교회에서 세례식이 행해진 것으로 보인다. 토착인 목사 최병헌을 배려하면서 공식적으로는 선교사 목사가 집례하는 형식이었다.[48] 최병헌 목사는 한국인으로서는 최초로 1908년 3월 연회에서 정동제일교회 담임목사로 파송되었다.[49] 따라서 박동완이 세례를 받을 당시에도 존스 장로목사가 집례하고 최병헌 목사가 보조하였을 것이다. 박동완의 개종의 시기나 경위는 명확하지 않다. 이에 대한 기록이 전무하기 때문이다. 하지만, 이후 그가 남긴 여러 글에서 그는 그리스도의 주되심과 하나님에 대한 절대 신앙을 명백하게 밝히고 있다. 회심은 아마도 배재학당 재학 중에 이루어졌으며 배재학당의 채플과도 같은 정동제일교회에 출석하였다. 따라서 정동제일교회에서 세례를 받은 것은 당연한 수순이었다. 1928년 하와이로 망명하기까지 정동제일교회에만 출석하였다.

한국에서 기독교를 주로 수용한 계층은 지도계층이 아니라 민중계층이었다. 지식계층은 옥중에서 1902년 이승만을 비롯하여 1903년 말 다수가 기독교 신앙을 고백하였다.[50] 따라서 1907년 배재학당 입학 이후 1908년 수세 사이에 회심한 것으로 보이는 박동완은 양반관료계층으로는 상당히 빠른 시기에 기독교신앙을 받아들인 셈이다. 그는 22-23세의 젊은 나이에 믿음을 갖게 된 것이다. 다음의 글을 통해서 그의 회심과 수세에 대한 당시의 상황을 유추해 볼 수 있다.

배재는 기독교 학교(Christian School)일 뿐 아니라 교회 학교(Church

School)이다. 배재는 처음도 그러했지만, 언제나 감리교 학생을 양육하는 것과 학생 부모를 감리교인으로 만드는 것이 목적이다. 다른 사람이 와서 우리 예식에 참석하겠다고 하면 우리는 환영하고 기쁜 마음으로 가르친다. 모든 학생은 교회 예배와 매일 기도회에 의무적으로 참석해야만 한다. 성경은 정규과목의 대표적인 교재이며 매일 성경공부를 해야 한다. 우리 학교 학생이 되면 누구나 기독교 교리와 원리를 배우게 된다. 교사나 교인 학생들은 믿지 않는 학생들이 예수 그리스도를 자기 구세주로 받아들이도록 특별한 노력을 기울이고 있다. 우리 학생 모두가 자신을 하나님의 백성으로 간주하고 있음을 기쁘게 생각한다. 정동제일교회 최병헌 목사가 수 주간 동안 세례 준비반을 지도했는데 그 중 여러 명이 참된 그리스도 신앙을 갖게 되어 세례를 받았다.[51]

배재의 전도대상은 학교에 다니고 있는 학생들을 비롯해 그들의 부모까지 확장되어 있었다. 또한 세례식을 일종의 전도의 장으로 삼고 있음을 알 수 있으며 성경을 정규과목으로 편성함으로써 배재학당 학생이라면 누구나 예외 없이 기독교 교리와 원리를 배웠다. 배재의 교사나 학생들은 믿지 않는 학생들이 그리스도를 자신들의 구세주로 받아들일 수 있게 특별히 노력하였다. 따라서 배재에 입학한 박동완도 이러한 환경에 쉽게 노출되어 자연스럽게 기독교신앙을 받아들였을 것이다. 그리고 최병헌 목사의 세례 준비반에서 교육을 받고 회심했을 가능성이 있다.

정동제일교회와 배재학당에서 박동완에게 영향을 준 목회자는 존스(1867-1919) 장로목사, 최병헌(1858-1927) 제2대 담임목사(1903년 5월-1914년 6월 시무), 현순(1879-1968) 제3대 담임목사(1914년 6월-1915년 3월 시무), 손정도(1882-1931) 제4대 담임목사(1915년 4월-1918년 5월 시무),

이필주(1869-1942) 제5대 담임목사(1918년 6월-1919년 2월 시무)[52]를 들 수 있다.

박동완에게 세례를 준 존스 장로목사는 미국 뉴욕에서 태어났다. 대학입학 준비 중에 1887년 선교사로 지원하였다. 그는 1888년에 조선 선교사로 파송 받아 같은 해 5월 17일 21세에 조선에 입국하였다. 존스 장로목사는 최병헌 목사에게 기독교신앙을 전수하였고, 최병헌 목사는 존스 장로목사에게 조선어와 조선에 대한 여러 가지 지식을 가르쳐주었다. 존스 목사는 배재학당 교사를 역임하였고, 아펜젤러가 안식년으로 자리를 비운 1892년 7월부터 1년 간 배재학당 당장으로 일하였다. 또한 그는 제물포지방 감리사로 1892년부터 1903년까지 있었으며, 황성기독교청년회가 1903년 설립되는 데 공헌하였다. 1907년부터 1911년까지 협성신학교 교장으로 재직하기도 했다. 한국 감리교 선교 초기 아펜젤러가 씨를 뿌렸다면 존스는 물을 주어 자라게 했다고 말할 수 있을 정도로 크게 공헌하였다.[53]

최병헌 목사는 개종한 개화지식인으로서 조선의 전통적인 사고와 기독교신앙을 연결시키는 데 공헌하였다. 즉, 기독교의 토착화 작업에 있어 선구자적 역할을 감당하였다.[54] 한말기에 그는 애국계몽운동을 통해 민족운동을 전개하였는데, 항일 민족운동에 있어 소극적이었다는 한계를 지니고 있다.[55]

『정동제일교회 125년사 제1권 통사편』에는 1910년대 정동제일교회의 민족운동을 이끌어간 교역자들에 관하여 다음과 같이 언급하고 있다.

> 한국인 교역자들은 전인적인 인간구원을 향한 선교의 일환으로 민족의 위기를 극복하고 독립과 민족해방을 이루려는 민족운동을 전개하

려 했다. 이들은 성직자의 본분을 지키면서도 민족문제를 한시도 놓치지 않고 있었다. 물론 일제에 합병되기 이전 독립적인 국가의 위상을 알고 있고, 따라서 국권 회복을 염원하는 논리를 지니고 있었다. 이는 '충군애국'의 유교적 실천윤리가 아직도 이들의 의식과 사상 체계의 심저에 흐르고 있음을 보여주었다. 정동교회의 현순 목사와 손정도 목사 그리고 이필주 목사가 그 대표적인 인물이다. 이들에 의해 지도된 정동교회는 그야말로 신앙과 민족사랑을 일치하려는 경향을 보여준다. 현순은 하와이에서 이민 간 동포들의 고난에 동참하며 그들을 돌보는 목회생활을 하였고, 손정도는 만주에서 생활하는 이주동포들의 고난에 동참하면서 나라 잃은 한민족의 슬픔을 극복하기 위한 민족체험을 가졌다. 한말기 군인이었던 이필주는 외세의 침탈과 봉건 모순이 반영된 조선 백성들의 상황을 직접 목도하면서 민족체험을 하기에 이르렀다. 이들은 철저히 국권회복을 염두에 둔 책임 있는 교역자, 지식인으로서의 사명을 다하고자 했다. 이것이 1910년대 정동교회의 민족운동을 이끌어간 교역자들의 논리가 되었다.[56]

박동완은 이들에게서 민족주의적 신앙을 전수받았다. 결국 박동완은 이필주와 함께 3 · 1운동에 33인 민족대표로 참여하였다. 현순과 손정도는 대한민국 임시정부에서 독립운동에 참여하였기에 상해 임시정부에 몸담고 있던 이들과 박동완이 연락을 취한 것은 어찌 보면 당연한 일이었다. 박동완은 하와이 망명 이후에도 현순과 계속 교류하였다.[57]

근대화와 국권회복을 위해 배재학당에 들어간 박동완은 당시 학교 상황에 따라 자연스럽게 회심에 이르게 되었고 이를 통해 유교적 전통을 벗었으리라 생각된다. 그의 생전모습이 담긴 사진은 몇 장 없지만 모두 서양식 단발과 양복차림이다. 양반관료 계급이 연상되는 상투와 한복 차림이 아니다. 아마도 배재학당 시절에 이러한 머리모양과 서양식 복장으로 바뀌었으리라 보인다. 《조선크리스도인회보》의 "배재학당 방학"이라는 다음의 글에서 그의 심경과 외모의 변화를 유추할 수 있다.

> 1897년 7월 8일에 방학식을 거행하였는데 그 장면은 우리 학교 역사상 최고 수준(high water-mark)을 보여주는 것이었다. 새 예배당 건축도 마무리되어 사용하는데 부족함이 없었다. 클리블랜드 대통령이 베네수엘라에 대해 언급하자 미국 사회에 회오리바람이 일어났듯이 그 규모는 작았지만 이곳 배재 학생들도 그동안 애지중지하던 상투를 자르고 한복을 벗어야 함을 알고는 슬픔과 충격에 휩싸였다. 그러나 오래지 않아 새로운 배재 교복을 입은 학생들이 늘어났다. 충격에서 벗어나 새로운 교복에 적응한 학생들은 새로운 열정을 발산하기 시작했는데 방학식에서 그 열정은 최고점에 달했다.[58]

나라의 근대화와 국권 회복을 위해 박동완은 과감히 유교적 전통에서 벗어나 당시에 파격적인 단발을 수용했을 것으로 보인다. 배재에 입학했던 학생들은 처음에는 자신들의 상투를 자르고 한복을 벗어야만 한다는 사실 앞에서 무척 당황하였을 것이다. 하지만 곧 충격적 상황에서 벗어나 새로운 머리모양과 교복에 적응하게 되었다. 박동완도 배재학당을 통하여 비로소 자신의 머리모양과 복식의 변화를 받아들였을 것이다. 비록 외형의 변화이지만 이를 통해 내면의 변화도 함께 일어났을 것으로 추정된다.

1903년에 '기독교 학교'인 배재학당의 정체성과 학생활동에 있어 중요한 역할을 담당하게 되는 배재 학생기독교청년회(Student Association of YMCA)가 설립되었다. YMCA의 세계본부에서 초대 간사로 임명받아 1901년 9월 한국에 온 질레트(P.L Gillett, 1874-1939)는 YMCA 설립을 준비하였다. YMCA 설립에 있어 가장 적극적인 곳이 배재학당이었고, 1903년 10월 27일 한국 최초의 기독교청년회가 배재학당에서 창설되었다.[59] 따라서 박동완도 배재학당을 다니면서 자연스럽게 YMCA에 가입하게 되었다.[60] 3 · 1운동 당시 그는 YMCA 사교부 위원이었다.[61] 이후 그는 YMCA에서 이사, 소년부 위원장, 농촌부 위원 등 간부로서 적극적으로 활동하였다. 배재고등학당(3년제)을 졸업한 학생이 배재학당 대학부(4년제)에 입학하였다. 배재학당 대학부는 1909년 10월에 개교하였고 모든 수업을 영어로 진행하였다. 그러나 개교한지 3년 만인 1912년 말에 배재학당 대학부는 폐쇄되었다.[62] 따라서 졸업생을 배출시키지 못하였다. 박동완은 배재고등학당에서 2-3년을 수학하였던 것으로 추정된다. 배재고등학당 졸업 후에 1909년 10월이나 혹은 1910년 10월에 배재학당 대학부에 입학한 것으로 보이지만 대학부가 폐쇄됨에 따라, 박동완도 졸업하지 못했다. 1912년 말에 배재학당 대학부에서 나와 1913년에 보성전문학교(현 고려대학교)[63]에 입학하여 1-2년간 법률을 공부하였다.[64] 2년간 공부하였다면 1915년 봄에 졸업하였을 것이다. 이후 정동제일교회 본처전도사(Local Preacher)로 일하기 시작하였고 1915년 12월 8일 창간된 기독신보사에 입사하였다. 창간 얼마 전에 입사하였을 것으로 여겨진다.[65]

3) 국내 민족운동 활동(1915-1928)

박동완이 기독교인으로서 사회에 이름을 알리게 된 것은 1915년 기독신보사에 입사하면서부터이다. 이때 그의 나이 만 30세였다. 그의 첫 사회생활은 전술한 바와 같이 1906년 농상공부기수 6품으로 시작하였지만, 그의 생애에 있어《기독신보(基督申報)》는 매우 중요한 위치를 차지하고 있다.

1915년 12월 8일 창간된《기독신보》는 장로교와 감리교의 연합신문으로 일제 치하 가장 수명이 길었던 기독교계 주간신문이었다. 게다가《기독신보》는 일제에 의한 무단통치시절 한글로 발행된 신문이 전무하던 끝에 1915년 창간된 유일한 한글신문이었다. 박동완은 기독신보사에 입사해서 3·1운동 민족대표 33인으로 감옥에 수감되기 직전까지 실질적 주필 겸 편집인으로 활동하였다.[66]

박동완은 자신의 사상과 감정을 언론에 활발하게 풀어내었다. 그는 기독신보사 재직 당시 다양한 장르의 글을 여러 필명으로 게재하였다. 특히 주일학교는 그가 애정을 가지고 직접 관여하였던 교회기관으로《기독신보》에는 "주일학교"라는 고정란이 별도로 마련되어 있어 이곳을 통해 자신의 글을 연재하기도 하였다. 또한《주일학계》라는 잡지를 통해서도 적극적으로 자신의 생각을 표출하였다.

이 무렵, 박동완은 정동제일교회 본처전도사로 시무하면서, 조선중앙 YMCA 위원으로 활발한 사회활동을 전개해 나갔다. 그는 YMCA 간사였던 박희도와도 자연스레 친분을 맺게 되었으며 1919년 2월 20일 그의 사무실을 방문한 박희도에게 "조선도 민족자결에 의해 독립하는 것이 좋겠다"는 자신의 심중을 밝혔다.[67] 이를 계기로 1919년 2월 27일 정동제일교회 담임 이필주 목사 사택에서 있었던 기독교계 민족대표 회의에 참석할 수 있었다.[68] 그는 다음날인 28일 밤 손병희 선생 자택에 모여 다른 민족대표들과 함께 독립선언서의 발표장소 등에 관하여 의논하였다.[69] 이로써 그는 민족대표 33인 중 1인으로서 본격적인 독립운동을 시작하였다.

《기독신보》는 일제강점기 무단통치시기 한글로 발행된 유일한 민족언론지였다. 박동완은 창간 시부터 실질적 주필로서 중추적 역할을 감당하였다.

박동완은 양반관료 가문 출신답게 능통한 한문과 우수한 한글실력으로 비록 나라는 망하였으나 언론활동을 통해 자신의 재능을 나름대로 풀어 나가고 있었다. 하지만 일제의 통제와 감시 속에서 민족의 독립에 대하여 제대로 된 글을 쓸 수 없게 된 상황에서 결국은 붓을 꺾고 행동 즉, 독립운동의 길로 들어서게 되었다. 만약 당시가 태평성대의 조선시대였다면 그는 양반관료로서의 삶을 충실히 살았을 것이고 국가에 불의가 있다면 이에 맞서 상소로 강직하게 맞섰을 것이다. 박동완은 이제 그의 삶에 있어 중심축을 언론활동에서 독립운동으로 바꾸게 되었다. 이와 함께 그의 삶도 격랑 속으로 빠져들게 되었다. 그의 운명 뿐 아니라 그의 가족도 고난 한가운데 놓이게 되었다. 첫 시발점은 조선 민족의 거족적 봉기였던

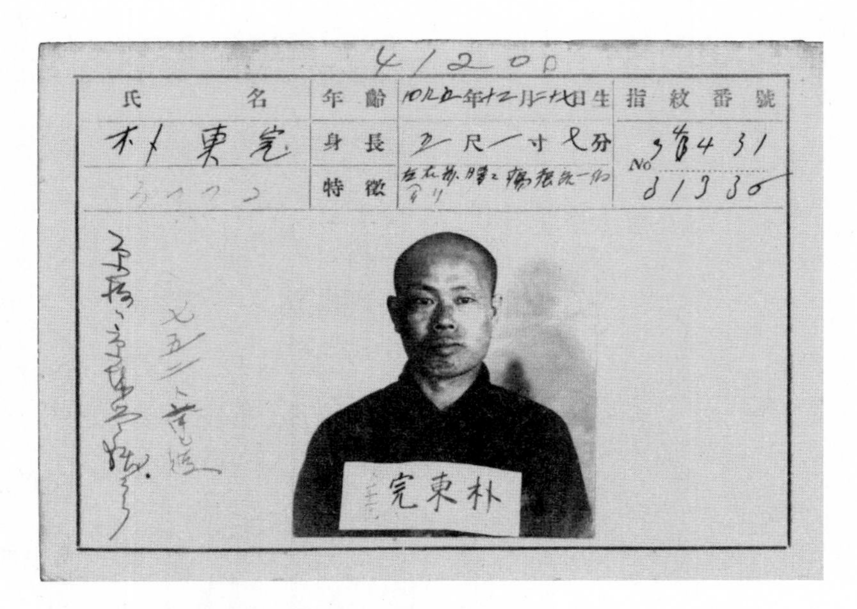

氏名	年齢	[illegible] 生	指紋番號
朴東完	身長	五尺一寸七分	No. [illegible]
	特徴	[illegible]	

완 [illegible] 朴東完

수형카드 전면. 박동완은 1919년 3월 1일 오후 2시경 일경에 체포되었다.

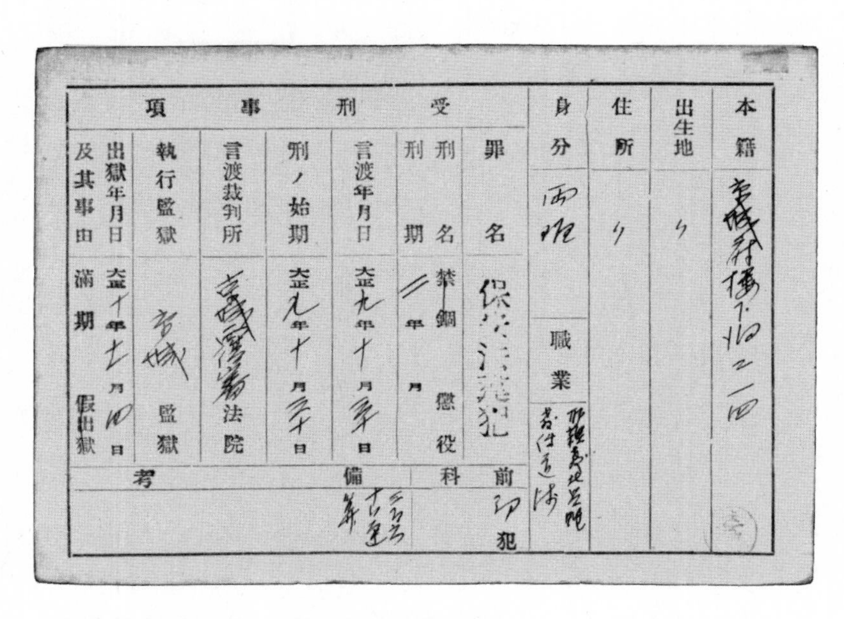

本籍	出生地	住所	身分
[illegible]	〃	〃	両班

職業: [illegible]

受刑事項

罪名	刑名	刑期	言渡年月日	刑ノ始期	言渡裁判所	執行監獄	出獄年月日	及其事由
保安法違犯	禁錮 懲役	二年 月	大正九年十月[illegible]日	大正九年十月[illegible]日	京城覆審法院	京城監獄	大正十一年[illegible]月[illegible]日	滿期 假出獄

前科: [illegible] 犯

備考: [illegible]

수형카드 후면. 박동완에 대한 일제의 수형자료가 적혀 있다.

3·1운동에 민족대표 33인으로 참여함으로써 극적으로 시작되었다.

박동완은 1919년 3월 1일 오후 2시경 손병희를 비롯한 다른 민족대표들과 함께 태화관 지점에서 일경에 체포되었다. 출판법 및 보안법 위반으로 2년형을 선고 받아 옥고를 치렀으며 1921년 11월 4일 서울 마포 공덕동 경성감옥에서 만기 출소하였다.[70] 출소 후 그는 수감 중에 얻은 일제에 의한 고문후유증으로 평생을 병마에 시달렸으나, 《기독신보》 편집인으로 있으면서 자신의 생각을 거침없이 지면에 게재하였다. 그러나 일제의 억압에서 자유로울 수 없었기에 일방적인 기사 삭제와 정간과 신문 압수 등을 수차례 겪었다.[71] 이덕주는 이러한 당시 상황을 "그의 글은 항상 일제의 신경을 거스르는 것이었고 그만큼 일제의 압력은 가중되었다"[72]고 표현하였다.

한편, 박동완의 부인 현미리암은 3·1운동 당시 심히 병약하여 장녀 박한엽이 살림을 도맡아 하였다고 한다. 어머니 대신 살림을 도맡게 된 그녀는 당연히 아버지 수발도 직접 하게 되었는데 3·1운동 당일의 진술을 다음과 같이 하고 있다.

> 아버지는 성격이 워낙 깔끔한 분이라 외출할 때면 항상 손수건을 지니고 다니셨지. 그날 아침에도 어느 날과 다름없이 손수건을 챙겨드렸어. 그런데 밖으로 나가셨던 아버지가 잠시 후 다시 들어오셔서 손수건을 달라고 하시는 거야. 그래서 내가 그랬지. "아버지, 방금 나가실 때 드렸는데요. 안주머니 한 번 살펴보세요"하고…. 그랬는데 안주머니는 살펴보지도 않고 한 장 더 달라고 그러시는 거야. 그래 무심히 오늘은 손수건이 한 장 더 필요하신가 보다 생각하고 마침 세탁해 놓은 게 있어서 한 장 더 드렸거든. 그랬더니만 내 얼굴과 누워계신 어머니 얼굴을 한동안

묵묵히 바라보시다가 아무런 말씀도 없이 그냥 나가버리시는 거야. 2년 동안 옥고를 치르고 집에 돌아오신 아버지께 시간이 어느 정도 지난 후에 내가 "그때, 왜 나가셨다가 다시 집에 돌아오셨나요?" 하고 물어봤지. 그랬더니 그제서야 말씀하시는 거야. "네 얼굴 보는 게 마지막이 될지도 몰라 한 번 더 보고 싶어서 그랬다" 하고…. 아버지가 워낙 말씀이 없으신 줄은 알았지만 그때 더 절실히 깨달았지.[73]

박동완은 거사를 앞두고 집을 나섰다가 손수건을 핑계로 다시 돌아와 딸과 아내의 얼굴을 한 번 더 바라보았다. 자신과 가족의 불행을 예감하였음에도 불구하고 조국의 독립을 위해 평정심을 잃지 않고 태연하게 행동했던 그의 모습 속에서 과묵한 그의 성격을 엿볼 수 있다. 동시에 3·1운동 거사 후 죽음을 각오한 그의 비장한 마음을 느낄 수 있다.

한편, 그가 감옥에 수감되어 있을 당시《기독신보》기자가 박동완의 자택을 방문하고 난 후의 느낌을 기사로 남겼다. 그 일부를 소개하면 아래와 같다.

> 이날은 오월 십팔일 하오 여섯시 반 넘어가ᄂᆞᆫ ᄒᆡ는 셔대문감옥을 등지고 산끗헤 걸첫ᄂᆞᆫᄃᆡ 각 은ᄒᆡᆼ원들은 퇴샤ᄒᆞ야 도라가ᄂᆞᆫ 길에 친구ᄎᆞ져 만찬을 약속ᄒᆞ랴ᄂᆞᆫ지 둘식 셋식 파나마를 뒤젓치고 압숙여 쓰고 자깃도 새구두 ᄊᆡ드득득득득 손잡이 ᄉᆡᆸ으러진 단쟝을 회회두루면셔 이리가고 뎌리가ᄂᆞᆫ 모양 ᄐᆡ평도ᄒᆞ고 유쾌도ᄒᆞ여 보인다 긔쟈ᄂᆞᆫ 어느 친구의 인도를 의뢰ᄒᆞ야 톄부동 一二一번디(體府洞 一二一番地)를 ᄎᆞ저 가셔 여섯간초가 옴막ᄉᆞ리 복향 대문압헤 다다르니 박동완(朴東完)이라 二호 글ᄌᆞ로 넓이ᄂᆞᆫ 한치남짓 길이는 세치남짓ᄒᆞᆫ 얇은 송판쪽에다 써거럿다.

동힝ᄒᆞᆫ 친구는 문간에 썩드러시면셔「이로너라」ᄒᆞᆫ마ᄃᆡ 불넛다 안으로셔 힘업ᄂᆞᆫ 가는 목소ᄅᆡ로 누구 오셧나 보다 나가 보아라 ᄒᆞ더니 닐곱살짐 되ᄂᆞᆫ 남ᄌᆞᄋᆞ희가 나오ᄂᆞᆫᄃᆡ 그 ᄋᆞ희는 박동완의 뎨二남 일다. 그 ᄋᆞ희는 나와셔 우리를 보더니 반기ᄂᆞᆫ 얼골로 빙그레 우셧다. 긔쟈는 그 ᄋᆞ희를 ᄃᆡᄒᆞ야 너의 어머님씌 긔독신보샤에셔 누가 오셧다고 엿주어라ᄒᆞ니 그말이 ᄭᅳᆺ치자마자 한심석긴 목소ᄅᆡ로 드러오십소셔 엿주어라 ᄒᆞ엿다 즁문 드러셔서 안마당곳 건너방 ᄯᅳᆯ아ᄅᆡ에 드러서니 안마루 ᄭᅳᆺ헤 근심석긴 파리ᄒᆞᆫ 얼골로 젓먹이는 자ᄂᆞᆫ 어린 ᄋᆞ기를 가로안고서셔 북그러옴을 이기긔지 못ᄒᆞᄂᆞᆫ 목소ᄅᆡ로 이러케 오서스니 곰압숩이다ᄒᆞ면셔 우리를 영졉ᄒᆞ시ᄂᆞᆫ 녀ᄌᆞᄂᆞᆫ 박동완의 부인일다 긔쟈는 모ᄌᆞ를 버서 들면셔 이샤ᄒᆞ시기에 얼마나 고로 오셧습잇가 ᄋᆞ희들은 다츙실ᄒᆞ오닛가 그 부인「우리야 무슨 고로옴이 잇스릿가 여러분의 근념으로」ᄒᆞ면셔 한숨이 무더 나오더라

집안을 둘너 보니 요ᄉᆞ이에 집에 쪽기여셔 엉터리 업ᄂᆞᆫ 거슬 쳔신만고ᄒᆞ야 그 집을 주션ᄒᆞ야 이샤ᄒᆞᆫ 지가 몃날이 되지못ᄒᆞᆫ지라 만치 아니ᄒᆞᆫ 셰간ᄉᆞ리 부졍등속일만졍 아직 졔ᄌᆞ리에 ᄂᆞᇂ치못ᄒᆞᆫ 터이라 여긔뎌긔 어수션ᄒᆞᆫ것슨 둘지이고 부억을 들여다보니 나무 ᄒᆞᆫ졸 가리업ᄂᆞᆫ 거슬 본즉 솟헤드러갈 것도 업슬거실다….[74]

박동완의 가족은 가장이 감옥에 들어간 후 얼마 안 되어 종로구 체부동 121번지로 이사를 하였고 몹시 궁핍한 상황에 놓이게 되었음을 쉽게 짐작할 수 있다. 3·1 독립선언 이후 감옥에 수감되었을 당시에 작성되었을 것으로 여겨지는 '일제감시대상인물카드'[75]에 나와 있는 박동완의 자료에는 본적, 출생지와 주소가 각각 동일하게 '경성부 누하동 214번지'

로 되어 있는 것으로 보아 그의 가족은 경성부 누하동 214번지에 살다가 1920년 5월 어느 날 종로구 체부동 121번지로 이사했음을 알 수 있다.

동료기자가 찾아갔을 당시 맞아주었던 7살 쯤 되는 남자아이는 박동완의 차남 박창희이다. 박창희는 그때 사실 7살이 아니라 10살이었다. 영양실조로 박창희는 또래에 비해 키나 몸집이 왜소하였다. 그는 당시를 다음과 같이 회상하였다.

> 아버지가 감옥에 계시는 동안 우리 식구는 밥 굶기를 밥 먹듯이 하였지. 며칠을 굶었는지 몰라. 막내가 영 기력이 없는 거야. 그걸 보던 어머니가 끼니를 구하러 나가셨어. 그래 온 가족이 대문 밖에서 어머니가 돌아오시기만을 눈이 빠지게 기다렸지. 해가 뉘엿뉘엿 질 때쯤 외출했다 돌아온 어머니 손에는 어디선가 구해 오신 좁쌀 한 되가 들려있었어. 어머니께서는 그걸로 우리에게 좁쌀죽을 끓여주셨지. 덕분에 그 날 저녁은 온 가족이 모처럼 끼니를 거르지 않았어. 그때 먹었던 좁쌀죽이 정말 맛있었지…. 그러니 끼니를 거르지 않는 것만도 감사하게 생각해야 된다.[76]

출감 후 1924년에도 박동완의 경제적 상황은 좋지 않아 보인다. 그즈음에 일본어로 발행된 《조선신문》에는 경성지방법원에서 올린 "부동산경매공고"[77]가 나오는데 그중 박동완 소유의 건물이 경매대상으로 나와 있기 때문이다. 그리고 "기미년운동과 조선의 48인, 최근 소식"이란 제목의 기사[78]에서 박동완에 관해 다음과 같이 소개하고 있다. "기독신보 주필로 계시다 1924년 7월 창문사에서 발간하는 《신생명》 주간을 맡아 하여왔는데 모든 것이 뜻과 같지 아니 되어 붓을 버리시고 약 일 개월 전

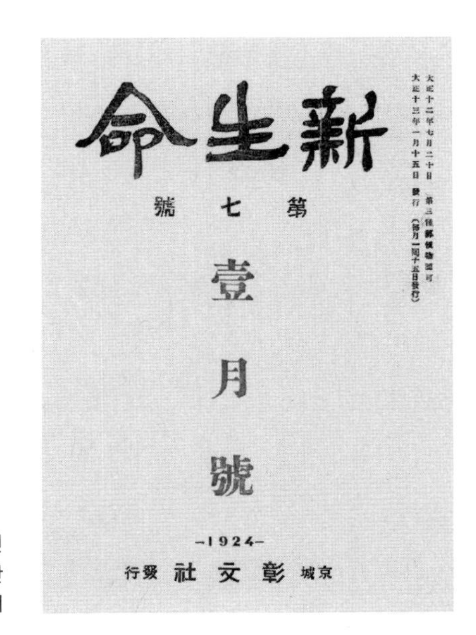

국내 유일한 민족 자본 출판사였던
조선기독교창문사에서 발간한
잡지 《신생명》의 표지

부터 동소문 안 경성공업사에서 일을 하게 되었다"라는 내용과 함께 "바른팔을 일 년 넘게 앓았다"라는 내용이 나와 있다. 그는 고문 후유증으로 인해 바른팔이 아픈 관계로 문필활동도 자유롭게 하지 못했으며, 이러한 육신의 고통과 이직으로 인한 심리적 압박 속에서도 "결혼한 맏딸이 금슬 좋게 잘 살아서 기쁘다"는 기사 내용으로 미루어 무엇보다 가정의 행복을 최고로 여기는 선량한 가장이었음을 짐작할 수 있다.

박동완은 당시 유복한 가정환경에서 자라 한학과 최신학문을 배울 만큼 배운 사람이었기에 좋은 직업과 안정적 삶을 영위할 수 있었다. 그러나 그는 3·1운동에 민족대표로 참여함으로써 본인뿐 아니라 가족들 모두 힘든 삶을 살게 되었다. 그가 소유한 부동산이 경매로 매각되는 불운을 겪을 정도로 경제적으로 어려운 삶을 살았지만 항상 그리스도께 희망을 걸고 비타협적 민족운동가로 기독인의 삶을 사는 데 주저함이 없었다.

출옥 후 6개월 정도 지나서 현재로서는 정확한 시점을 알 수 없지만, 1922년 4월 29일 이전 어느 날 박동완은《기독신보》에 복귀하였다.[79] 재입사한《기독신보》에서 그는 1922년 5월경부터 약 2년 여 동안 편집인으로 근무하였다. 그가 기독신보사의 법적인 한국인 편집인으로 이름을 올리게 된 시점이 1922년 12월 20일이었다. 그러나 그는 약 6개월 전부터(1922년 5월 무렵부터) 이미 전임 주필 최상현의 사임으로 인해 편집인의 역할을 맡았다.[80] 그러던 중, 국내 유일한 민족 자본 출판사였던 조선기독교창문사에서 발간된 잡지《신생명》이 어려움에 빠지자 그는 1924년 5월《기독신보》편집인을 사임하고 1924년 7월부터《신생명》의 주간으로 취임하였다. 하지만 잡지《신생명》은 그의 노력에도 불구하고 일제의 끊임없는 간섭과 재정적인 이유로 인해 다음 해인 1925년 4월 3일을 끝으로 폐간되었다. 잡지《신생명》의 폐간 이후 그는 10년 동안 절필하였다. 이후 박동완은 일체의 언론활동을 접고 사회활동을 통한 민족운동에 전념하였다.

3·1운동 이전부터 소속하였던 YMCA를 시작으로 다양한 사회단체에 참여한 박동완은 조선물산장려회, 무명회 등에 가입하여 활동하였고 흥업구락부의 창설멤버로도 활약하면서 흥업구락부를 통하여 기독교연구회에서도 활동하였다.

그의 사회활동을 통한 민족운동 중에 백미(白眉)는 무엇보다 신간회라 할 수 있다. 또한 신간회와 연계되었던 재만동포옹호동맹에서의 활동은 조선의 민족운동 전반에 있어 그의 역할과 위상을 나타낸다. 그는 조국의 독립과 세상의 변혁을 하나님이 주신 사명으로 알고 적극적인 그리스도인으로서 사회와 끊임없이 소통하고 행동하였다. 이를 위해 비기독교인과도 적극적으로 연합하였다.

한편, 경제적 자립을 목적으로 하는 "조선물산장려회" 발기총회가 1923년 1월 20일 서울에서 열렸는데 이 때 그는 창립준비위원으로 선출되어 이틀에 걸쳐 800명의 회원을 모집하는 등 초창기에 매우 활발한 활동을 펼쳤다. 그는 무명회(無名會)라는 조선인 기자로 조직된 단체에서 간사로도 활약하였다.

1925년 조선중앙YMCA 연합회에서는 농촌사업을 착수하기 위해 농촌부를 신설하였는데 박동완은 농촌부 위원으로도 활동하였으며, 1926년 2월 28일 조선중앙YMCA 회관에서 신흥우의 주도하에 기독교연구회가 조직되어 훗날 전국적인 YMCA 사업으로 구체화 되었을 때 7인의 중앙위원 중 한 명에 선정되었다.[81]

박동완은 대표적인 기독교계 비타협 민족주의자로 홍명희, 안재홍, 신석우 등이 주도한 '완전독립', '절대독립'을 추구하는 신간회에도 관여하였다. 신간회는 당시 국내독립운동을 주도하였던 민족주의 좌파와 사회주의 양대 계열과 그 외 모든 정파가 연합하여 형성된 단일민족협동전선이었다. 따라서 신간회(新幹會)[82]의 창립은 한국 근현대사에 있어서 획기적인 것이었다. 박동완은 신간회 창립 시 재무부 총무간사를 맡아 회의 실무를 관장하며 신간회 조직이 전국적으로 확산되는 데 일조하였다.[83]

이 무렵 만주에서는 이주 조선인들을 대상으로 만주군벌 당국의 핍박이 심해지고 있었는데 이는 만주에서 한국 독립운동가를 제거하기 위한 일제 당국의 간계에 의한 결과였다. 절박한 위기에 빠진 만주동포들의 소식을 접하게 된 국내에서는 1927년 12월 9일 신간회가 중심이 되어 '재만동포옹호동맹'을 창립하였다. 박동완은 윤치호와 더불어 중앙상무위원을 맡는 등 깊게 관여하였다. 그는 1928년 1월 17일 만주특파원으로서 이도원과 함께 약 3주간에 걸쳐 봉천 등에 살고 있는 재만동포를 방문하여 조사한 후 2월 7일 귀경하였다.[84] 만주에서 돌아온 지 4개월 후 그 해 6월 '조선교육협회'의 정기총회에 참석하였던 그는 평의원에 선출되어 야학교재의 편찬이나 정기강연회 실시 등의 사업 내용을 결의하기도 하였다.[85]

이 무렵의 박동완은 언론활동을 전혀 하지 않고 사회단체에 가입하여 활동함으로써 민족운동에 전력을 기울였다. 그는 사회단체에 소속되어 활발한 활동을 펼치다가 돌연히 망명의 길을 떠났다. 망명지는 독립운동의 전초기지 역할을 주도하였던 미국의 하와이였다. 하와이 망명의 이유를 정확히 알 수는 없지만, 다음의 신문 기행문, 잡지의 글과 일제 관헌의 감시기록을 통하여 이를 추론해 보고자 한다.

박동완은《기독신보》에 1923년 11월 14일부터 1924년 1월 23일까지 "복주행"이란 제목의 기행문을 11회에 걸쳐 연재하였다. 이 글은 1923년 11월에 개최된 기독교 동아총회에 대표로 참석하기 위해 중국 복주에 다녀온 기록이다. 이 기행문을 보면 고문의 후유증으로 보이는 팔의 통증 등이 수차례에 걸쳐 세밀하게 묘사되어 있다. 아래는 이에 관해 기록한 "복주행"의 일부 내용이다.

…九時半(9시반)이 되매 ᄲᅢ이샹이 빙 ᄒᆞᆫ 박휘를 一週(일주)ᄒᆞ며 징을 울리더니 닷을 감어 進行(진행)ᄒᆞ기를 始作(시작)ᄒᆞ엿습니다. 나는 홀로 寢臺(침대)에 누워 轉轉反側(전전반측)ᄒᆞ야 잠을 일우지 못ᄒᆞᄂᆞᆫ 中(중) 외인 손은 前(전)보다 더 쑤시기를 始作(시작)ᄒᆞ여 좀 괴롭게 지내엿스나….[86]

…第一信(제1신)을 쓰고 나니 夕飯(석반)을 가져 오더이다. 조곰 먹

> 은 후 아직도 낫지 아니훈 손이 쑤시고 압하셔 藥(약)을 가라붓친 후 누엇스니 압흐기도 ᄒᆞ고 一行(일행)의 일이 엇지되엿ᄂᆞᆫ지 勿論(물론) 도라가게ᄂᆞᆫ 아니 될 줄 아나 時日(시일)이 虛費(허비)될가 ᄒᆞ야 念慮(염려)ᄒᆞ며 잇ᄂᆞᆫ 中(중) 下女(하녀)가 와셔 客(객)이 왓다 흡듸다….[87]

박동완은 어디를 가나 고문 후유증으로 인한 고통에서 자유로울 수 없었다. 고문으로 인한 흉터가 얼굴뿐만 아니라 몸 여러 곳에 남겨져 있었다. 그의 흉터가 어떠한지를 유추해 볼 수 있는 글이 그가 하와이로 망명한 이후 국내에서 발간된《별건곤》에 나와 있다.[88] 그를 자유롭게 놓아두지 않았던 것은 고문 후유증뿐만이 아니었다. 일제 경찰의 지속적인 감시로 인한 수치심이 "복주행" 제11신에 구체적으로 표현되어 있다. 그 원문은 아래와 같다.

> 우리ᄂᆞᆫ 歸國(귀국)ᄒᆞ게 됨에 對(대)ᄒᆞ야 四五萬信徒(사오만신도)의 擇(택)흠을 닙은 代表者(대표자)의 使命(사명)을 成就(성취)ᄒᆞ지 못ᄒᆞ고 도라섬은 비록 船員(선원)들의 同盟罷業(동맹파업)의 不幸(불행)을 當(당)ᄒᆞ엿슴이 原因(원인)이나…(중략)…팔ᄌᆞ의 긔구한 朝鮮(조선)사룸이라 어ᄃᆡ를 가면 무엇이 自由(자유)로오리오마ᄂᆞᆫ 이번에 더욱 自由(자유)에 對(대)ᄒᆞ야 切實(절실)히 늣겻습니다. 船票(선표)를 사려 郵船會社(우선회사)에 가니 일본영사관경찰서(日本領事館警察署)의 證明(증명)이 잇서야 船票(선표)를 팔겟다ᄒᆞ야 그 要求(요구)대로 ᄒᆞ엿습니다…(중략)…二十二日上午八時(22일 상오8시)에 釜山棧橋(부산잔교)에 到着(도착)ᄒᆞ니 하관(下關)에셔브터 同行(동행)ᄒᆞ던 水上(수상)0000[89]가 巡査派出所(순사파출소)ᄭᆞ지 가자ᄒᆞ기에 샹말 노삭기에 민 돌멍이모양으로 붓들녀 간즉 水上

(수상)000까지 가셔 調査(조사)ᄒᆞ여야 ᄒᆞᆫ다ᄒᆞᆸ니다 그릐 우리ᄂᆞᆫ 九時特急列車(9시 특급열차)로 오겟다 ᄒᆞᆫ즉 몬져 筆者(필자)를 불너드려 審問(심문)ᄒᆞ더니 「요시」ᄒᆞ면서 그러면 出發(출발)ᄒᆞ라 ᄒᆞ기에 五分(5분)만 남은 時間(시간)에 車票(차표)를 사가지고 막 車(차)를 ᄐᆞ려ᄒᆞᆫ즉 더 調査(조사)ᄒᆞᆯ 일이 잇스니 未安(미안)ᄒᆞ나 다음 車(차)를 ᄐᆞ기로 ᄒᆞ고 暫間(잠간) 派出所(파출소)로 가자 ᄒᆞᆸ니다. 나ᄂᆞᆫ 苦(고)롭게 구ᄂᆞᆫ 것슨 姑捨(고사)ᄒᆞ고 時間(시간)을 空然(공연)히 虛費(허비)케ᄒᆞᆷ에 甚(심)히 不快(불쾌)ᄒᆞ엿습니다. ᄒᆞᆯ 수 업시 特急(특급)은 ᄐᆞ지 못ᄒᆞ고 다음 車(차)를 ᄐᆞ고 尹君(윤군)은 鳥致院(조치원)에서 金韓兩牧師(김한양 목사)ᄂᆞᆫ 天安(천안)에서 作別(작별)ᄒᆞ고 ᄒᆞᆯ노 京城驛(경성역)에 到着(도착)ᄒᆞ야 驛前(역전)에 나서니 또 00가 派出所(파출소)로 붓들어다가 짐을 뒤져 보더이다 往來(왕래)에 처음 當(당)ᄒᆞᆫ 昌皮(창피)엿습니다. 모든 것의 調査(조사)를 當(당)ᄒᆞᆫ 後(후) 義州通電車(의주통전차)에 올으니 00도 同車(동차)ᄒᆞ야 우리집 문압ᄭᆞ지 왓다가 가노라 人事(인사)ᄒᆞ고 가더이다.

나ᄂᆞᆫ 이번 旅行(여행)에 使命(사명)을 일우지 못ᄒᆞᆷ은 上述(상술)ᄒᆞᆫ 바와 ᄀᆞᆺ치 크게 遺憾(유감)으로 生覺(생각)ᄒᆞᄂᆞᆫ 同時(동시) 金錢(금전)업시ᄂᆞᆫ 旅行(여행)을 말 것이오 무엇에 던지 代表(대표)라ᄂᆞᆫ 名色(명색)을 派送(파송)ᄒᆞ려거든 相當(상당)한 人物(인물)을 擇(택)ᄒᆞᆷ은 勿論(물론)이오 또ᄒᆞᆫ 相當(상당)ᄒᆞᆫ 旅費(여비)를 주어 代表者(대표자)의 體面(체면)을 維持(유지)ᄒᆞᆷ과 ᄒᆞᆷᄭᅴ 敎會(교회)의 體面(체면)ᄭᆞ지 維持(유지)케 ᄒᆞᆷ이 맛당ᄒᆞ다 ᄒᆞ노라.[90]

박동완은 선원들의 동맹파업으로 인하여 여행의 목적지에 도달하지 못하였다. 여행경비 또한 부족하여 갖은 고생을 하였다. 그는 생각지도 못한 곳에서 일제 경찰의 심문을 받고 열차를 놓치는 등 우여곡절 끝에 도착한 경성역에서 또 한 차례의 수모를 겪었다. 파출소까지 연행하여 여행 짐을 수색하였고 심지어 집에까지 쫓아와 감시하였다.

같은 시기에 작성된 일제 관헌의 감시 기록이 있는데 이를 소개하면 아래와 같다.

> 기독신보 편집인 박동완 38년
>
> 상기인[91]은 11월 15일부터 중국 복주에서 개최한 동아총회에 평신도 대표로서 列席(열석)함에 이번 달 6일 오전 10시 경성 발 하관 상해 경유 복주로 향하나 본 인물은 다이쇼 8년 조선의 독립을 선언하여 징역 3년에 내려져 다이쇼 10년 가출옥한 자로 그 후 구체적인 불온한 언동이 나오지 않음에도 그 동정은 상당한 주의가 필요하다고 봄 (복주 상해에서는) 체재 중의 언동이 통보(통고)된 상태임. 더하여 소할경찰서 발급의 여행증명서 소유함.
>
> 다이쇼 12년(서기 1923년) 11월 8일 조선총독부경무국
>
> 발송 앞 외무대신. 주지공사. 복주영사. 상해 파견원[92]

위의 글은 1923년 11월 8일에 조선총독부 경무국에 의해 작성된 박동완에 관한 감시보고서이다. 그는 당시 38세 《기독신보》 편집인으로 보고되어 있다. "구체적인 불온한 언동이 나오지 않음에도 그 동정은 상당한 주의가 필요하다"는 일제의 감시보고서가 남아 있는 것으로 보아 그는 일제 경찰의 주된 감시 대상이었음을 알 수 있다. 이렇듯 여행도 마음 놓고 다니지 못하는 신분이었기에 운신하는 데 있어서 여러 가지 제약이

따랐다. 이것이 그가 하와이 망명길을 선택한 이유의 일부일 가능성이 있다.

한편, 박동완은 1928년 하와이로 망명한 후 1931년 잠시 귀국하여 국내에서 3개월 정도 머물다 하와이로 돌아간 적이 있다.[93] 간혹, 박동완의 망명년도가 1928년이 아닌 1931년으로 표기되는 경우가 있는데 이는 망명 후에 잠시 귀국하였다 도미한 당시의 기사 내용을 오인한 것이라 여겨진다. 당시 국내에 있는 동안 《기독신보》에 "하와이가 락원이란다"라는 제목의 글을 기고하였는데 아래의 글을 보면 그가 하와이로 떠나게 된 계기가 잘 나타나 있다.

> 일즉이 하와이가 세계의 「락원」이라 하는 말을 들었다. 나는 호긔심이 나서 백번 듯난 것이 한번 보난 것만 못하다는 말을 생각하고 그 락원을 밟아 볼 긔회를 엿보고 잇섯다. 그리하엿더니 뜻밧게 그 긔회는 내게 닥처왓다. 그 긔회를 놋치지 안코 붓든 다음에는 모든 일을 젯처 바리고 봇짐을 싸가지고 「락원행」 먼길을 떠낫섯다. 뜻잇난 자는 맛참내 일을 일운다는 녯말을 변중하난것갓흔 늣김도 업지 안엇다. 이것은 一九二八년 八월경의 일이엇다.[94]

박동완은 하와이를 동경하고 있었으며, 그에게 있어서 하와이는 전혀 낯선 곳은 아니었다. 동포들이 살고 있는 곳이기에 제2의 고국이 될 수 있었던 것이다. 고문의 후유증으로 만성 통증에 시달렸던 그에게 추운 지역인 만주보다는 따뜻한 기후의 하와이가 낙원으로 여겨졌을 터이다.

4) 하와이 민족운동 활동(1928-1941)

국내에서 활발한 활동을 전개해 나가던 박동완은 1928년 8월 25일 목회자로 초청되어 미국 하와이를 향해 떠났다.[95] 그로부터 약 45일이 지난 10월 8일에 배편으로 하와이에 도착하였다.[96] 당시에 다수 동지들의 송별을 받으며 경성역에서 출발했다는 기사가 나온 것으로 보아 그는 일제의 눈을 피해 몰래 떠났던 것이 아니라 정당하게 합법적인 절차를 밟아 떠났던 것임을 알 수 있다. 그의 하와이 이주는 어느 날 갑자기 충동적으로 된 것이 아니라 오래전부터 소망해 왔던 결과였다. 그에게 있어서 하와이는 머나먼 '미국의 한 영지'라기 보다 '조선의 일부'로 인식될 만큼 친근한 지역이었다. 그가 하와이로 떠나기 5년 전 하와이 재류 학생이 고국에 방문한 적이 있었다. 그 같은 계획이 실행되기 전에 발간된 《기독신보》 사설에는 그의 이러한 심정이 잘 나타나 있다. 제목은 "하와이 在留(재류) 우리 學生(학생)의 故國來觀(고국래근)홈에 대(對)ᄒᆞ야"이며 내용은 아래와 같다.

> 하와이라 ᄒᆞ면 이는 美國(미국)의 ᄒᆞᆫ 領地(영지)라는 觀念(관념)이 니러 나기 前(전)에 몬져 우리 同族(동족)을 連想(연상)케 되여 意識(의식) 업시는 朝鮮(조선)의 一分(일분)으로 生覺(생각)이 나다가 다시 意識的(의식적)으로 生覺(생각)ᄒᆞ면 하와이란 소릐를 드를 ᄯᅢ에는 우리 同胞(동포)가 그 곳에 移住(이주)ᄒᆞᆫ 動機(동기)가 生覺(생각)되며 ᄯᅡ라셔 멕시코(墨西哥, 묵서가)ᄭᆞ지가 連想(연상)이 되도다. 이곳으로 移住(이주)ᄒᆞᆫ 당시 同胞(동포)들의 當(당)ᄒᆞ는 苦痛(고통)과 虐待(학대)를 듯는 우리들은 크게 놀나여 이 同胞(동포)를 救出(구출)ᄒᆞ자는 有志(유지)들의 ᄯᅥ드러내던 그 音

하와이 한인기독학원 고국방문단 야구단 학생 기념사진 (1923년).

響(음향)이 아직ᄭᅡ지 우리들 耳膜(이막)에 振動(진동)홈이 긋치지 아니ᄒᆞ엿도다….(중략)…그 學生(학생)들 中(중)에셔 二十餘名(이십여명)이 故國(고국)을 訪問(방문)홈에 對(대)하야…(중략)…그 團體一行(단체일행)은 朝鮮各大都處(조선각대도처)를 巡訪(순방)ᄒᆞ랴 ᄒᆞᆫ다ᄂᆞᆫᄃᆡ 그 費用(비용)은 自己(자기)들이 音樂會(음악회)나 或(혹) 野球(야구) 等(등)의 收入(수입)으로 充當(충당)코져ᄒᆞᆫ다 ᄒᆞ니 이와ᄀᆞᆺ흔 것을 우리가 後援(후원)하며 贊助(찬조)ᄒᆞ지 아니ᄒᆞ면 그 누가 잇셔 同情(동정)ᄒᆞ여 주며 贊助(찬조)ᄒᆞ여 주리오 오직 그이들의 同族(동족)인 우리 ᄲᅮᆫ이오 ᄯᅩᄒᆞᆫ ᄒᆞᆫ 가지 그리스도의 일홈을 불너 그 ᄉᆞ랑의 ᄂᆞ릐아래셔 ᄒᆞᆫ 하ᄂᆞ님을 셤기ᄂᆞᆫ 우리 그리스도 信者(신자)라 ᄒᆞ노라….[97]

박동완은 이렇듯 하와이에 살고 있는 우리 동포들의 고통과 처지에 가슴아파하며 도움을 주고 싶어 하였다. 그에게 있어서 하와이는 머나먼 이국이 아닌 동포가 살고 있는 조국의 연장선상에 있었다. 재만동포의 실상을 조사할 목적으로 만주지역을 방문했을 때 느꼈던 연민의 정을 똑같이 하와이교포에게도 느꼈던 것이다.

마침내 좋은 기회가 찾아왔다. 1919년에 세워졌으나 9년 넘게 전임목사 없이 시간제 목사가 시무를 대신하고 있던 하와이 와히아와 한인기독교회(Wahiawa Korean Christian Church)[98]에 초대 담임목사로 부임하게 된 것이다. 당시 하와이의 민찬호 목사와 한국의 임두화 목사의 주선에 힘입은 바가 컸다.[99] 하와이 동포를 대상으로 목회를 하고자 했던 것은 그의 오래된 숙원이기도 하였다.

당시의 상황을 유추해 볼 수 있는 내용이 이덕희의 저서 『한인기독교회 · 한인기독학원 · 대한동지회』의 82쪽 각주 145번에 나와 있다. 각주의 내용은 하와이 지방의 감리교 사무국에 소장되어 있는 편지에 관한 내용이다. 하와이 감리교 사무국에 소장되어 있는 자료들 중에는 박동완이 하와이로 부임하기 전인 1922년 2월 20일에 서울에 있는 유니온 감리교신학교(현 감리교신학대학의 전신)의 선교사 케이블(E.M. Cable)이 하와이에 있는 하와이 감리교 감리사 프라이(William H. Fry)에게 보낸 편지가 있다.

편지의 내용은 당시 정동제일교회 전도사로 있던 박동완을 호놀룰루 감리교회에 파송하고자 한다는 추천사였다. 그러나 케이블의 편지를 받은 프라이 감리사는 거절한다는 내용의 답장을 같은 해 8월 10일에 보냈다. 일전에 웰치(Herbert Welch) 감독에게서도 같은 내용의 편지를 받았다는 내용을 전하면서 박동완 전도사를 왜 거절할 수밖에 없는지에 관하여 다음과 같은 이유를 들었다. 첫째, 호놀룰루 교회는 안수 받은 목사를 원하며 둘째, 박 전도사의 정치경력으로 인해 일제당국이 여권을 발행해 줄지 의문이라는 이유였다.[100]

이와 같은 전후 사정으로 미루어 보면 박동완은 1928년 하와이의 와히아와 교회 담임목사로 부임하기 6년 전인 1922년 2월에도 (그가 만기 출소한지 약 3개월 후) 하와이 부임을 원했던 듯하다. 와히아와 교회는 1919년에 약 20명의 한인들에 의해 시작되었는데, 호놀룰루 한인기독교회(Korean Christian Church) 소속의 분교회 성격을 띠고 있었다. 한인기독교회(K.C.C.)는 엄밀히 말하면 어느 교파에도 소속되지 않은 독립교회였다. 한인기독교회 교인들은 원래 호놀룰루의 한인감리교회 소속이었는데 이들은 당시 항일 독립투쟁을 위한 기금 마련과 한국학교 설립 등에 힘을 기울였으나 교회의 시설이나 재산, 기금 등이 미 감리교 교단의 관할에 있었기에 교회 측에서는 제재를 가하였다.

따라서 애국심이 투철한 몇몇 교인들은 감리교와의 관계는 끊고 싶지 않았지만 교단의 간섭을 피하고자 기존 감리교회에서 이탈하였다. 이들은 그 전에 이미 교회와의 갈등(주원인은 마찬가지로 독립운동에 관한 제약)으로 교회를 떠나있던 이승만 박사에게 독립교회의 설립을 제안하였다. 이러한 정치적 동기로 인하여 1918년 호놀룰루 한인기독교회(K.C.C.)가 설립되었다. 그로부터 얼마 지나지 않아 오아후 섬의 와히아와, 하와이 섬의 힐로, 마우이 섬의 파이아에 분교회가 설립되었다.[101] 결국 한인기독교회(K.C.C.)는 재하와이 조선인 감리교 독립교단이라 할 수 있다.

한편, 박동완은 와히아와 교회에서 초대 담임목사로 시무한 지 6년이 지나 1934년 1월 14일에 호놀룰루에 있는 호항 한인기독교회에서 민찬호 목사의 설교가 있은 후 리종관 목사와 함께 목사안수를 받았다.[102]

이미 한국에서부터 목사가 되어 와히아와 교회에 부임하였는데[103] 다시 목사안수를 받은 것은 독특한 감리교회의 강례 때문이었다.[104] 한인기독교회(K.C.C.)는 독립자금 및 민족주체성을 명분으로 한인감리교회에서 갈라져 나온 독립교회이지만, 교리와 교회행정제도는 감리교회의 것을 준용하였을 것으로 보인다. 교인들도 스스로를 감리교인으로 인식하는 경향이 있었다. 따라서 그는 감리교회 법에 의거하여 한국에서는 집사목사가, 하와이에서는 장로목사가 되었다.

1922년 11월 17일 자 『정동교회 구역회록』에는 같은 해 6월에 개최된 경성지방회에서 정동교회에 파송된 사역자 명단 중에 박동완이 언급되어 있는데 주목할 점은 그를 "준허장 취득 전도사"라 명시한 부분이다.[105] 감리회에서는 선교 초기에 토착 교역자 양성프로그램을 시행하고 있었는데 속장 과정 1년, 권사 과정 2년 등 3년을 수업시킨 후 평신도 지도자로 삼았다. 이와 함께 전문적인 4년 과정의 본처 전도사반을 위한 신학과정 전문 커리큘럼이 구성되어 있었다.[106] 본처전도사 4년 신학반 과정을 수료한 전도사에게는 준허장을 수여한 것으로 여겨진다. 준허장을 취득한 본처전도사는 목사안수를 받을 수 있었다. 이러한 초기 신학교육과정에 참여한 한국인 사역자 중 1901년 김창식과 김기범이 한국 감리교 역사상 최초로 목사안수를 받았다. 뒤이어 최병헌이 1902년 목사 안수를 받아 1903년 정동제일교회 최초의 한국인 담임목사가 되었다.[107] 따라서 박동완도 국내에 있을 때 적어도 소정의 감리교 신학교육과정을 이수하여 목사안수를 받을 수 있는 자격을 갖추었던 것으로 보인다. 현재 감리교 신학대학에 박동완의 학적부가 존재하지 않는다. 그러나 신학교 정규 신학과정을 공부하지는 않았다 하더라도 비정규 신학과정을 이수하지 않았다고 단정할 수는 없다.

하와이 와히아와 한인기독교회에 초대 담임목사로 부임했을 당시의 시무식 사진(1928). 난간 뒤 왼쪽에서 네 번째가 박동완 목사.

박동완은 부임한 지 일 년 정도 지나서 와히아와 교회 부설 한글학교를 오하우 섬에서 가장 큰 국어학교로 발전시켰다.[108] 『와히아와 한인교회 역사 1919-1987년』의 저자인 바바라에 따르면 당시 박동완의 행적은 다음과 같이 요약할 수 있다. 즉 그는 한글학교를 통하여 한국의 역사와 문화 등을 가르치며 교포 2세들에게 민족의식을 고양시켰다. 실제로 그의 교육을 받은 와히아와 교회 부설 한글학교 출신들은 대학 진학률이 높았으며 사회 각계각층의 지도자가 많이 배출되었다. 그는 부임하자마자 근처 부락들을 직접 방문하여 전도에 전념하였다. 1929년 최초의 성가대를 조직하고 매주 새로운 얼굴이 교회에 등록하였다. 부임한 지 만 2년이 지난 어느 날, 박동완은 뇌경색에 걸렸다. 이는 열악한 환경에서 목사 월급도 없이 끼니도 거른 채 오직 목회에만 전념하였던 그의 건강에 대한 적신호였다. 이러한 힘든 와중 속에서도 그는 교회에서 성도들과 함께 고국에 보낼 독립운동 자금을 마련하였다. 그의 재직 기간 전반을 통하여 항상 교인들의 십일조 중 일부는 한인 선교회에 보내져 한국의 미자립 교회에 후원금으로 쓰였다. 당시 와히아와 교회 교인들은

1938년 하와이 한인기독교회 선교부 이사원 명단. 상단 왼쪽에 제1 부이사장 박동완의 사진이 보인다.

어렵게 살았기에 그들의 헌금은 예산에 못 미쳐 들어 올 때가 많았다. 이런 경우 목사월급은 후순위로 밀려나고는 하였다. 고문 후유증과 이러한 자기희생의 결과, 원래 안 좋았던 그의 건강은 날로 악화되었다.[109]

박동완은 휴양 차 1931년 6월 4일 하와이학생 모국방문단을 이끌고 잠시 귀국하였다.[110] 귀국하자마자 YMCA(조선기독청년회)에서 "재류 재규동포의 근황"이란 연제로 목요강좌에서 연설하였다.[111] 목요강좌뿐만 아니라 "재규조선인의 신앙생활"이란 주제로 일요강화도 맡아 하였다.[112] 계속하여 정동교회에서 행해지는 일요강화에도 참석하여 "인생생활의 3요소"란 제목으로 강연하였다.[113] 이 시기에 그는 자신이 주필로 있었던 《기독신보》에 "하와이는 락원이란다"라는 제목의 글을 총 12회에 걸쳐 연재하였다.[114] 그러던 중 그는 귀국한지 3개월 되던 날 그해 9월 4일 경성

에서 하와이로 떠났다.[115]

하와이로 돌아간 그는 목회와 병행하면서 1934년 7월《한인기독교보》를 편집 겸 발행인으로서 재창간하였다. 이로써 고국에서《신생명》의 주간을 끝으로 절필하였던 그는 10년간의 절필생활을 청산하고《한인기독교보》의 지면을 통해 자신의 글을 발표하였다.[116] 이 무렵 박동완은 한인기독교회 중앙이사로 활동하였는데 1935년 1월 중앙이사국장에 취임하여 이승만 등 당시 민족 지도자들과 함께 한인기독교회를 이끌었다. 그는 동지회의 와히아와 지방 대표로도 활동하였다.[117] 기록에 따르면 박동완은 1938년 하와이 '한인기독교회 선교부 이사원' 명단에 제1 부이사장으로 나와 있는데 당시 선교부장은 리승만이 맡고 있었다.[118] 이로 보아 박동완과 리승만은 한인기독교회 선교부에서 활발한 활동을 펼쳤음을 알 수 있다. 한편, 당시 하와이 한인사회는 동지회와 국민회로 분열되어 갈등이 심했다.[119] 그리스도의 화합과 평화를 강조하였던 그는 1938년 8월 오랜 대립관계에 있던 국민회와 동지회가 합동으로 제28주년 국치기념대회를 거행하는 데 있어서 주(主) 연사로 나섰다.[120]

동지회에서 국민회와의 통합을 위하여 열심히 활동하던 박동완은 1940년 와히아와 교회 담임목사에서 카우아이(Kauai) 미 감리교 목사로 전출되었다.[121] 10여 년 넘게 와히아와 한인기독교회에서 초대 담임목사로 시무했던 그가 왜 갑자기 사임하고 카우아이 미 감리교회로 교단을 바꿔서 전출했는지 그 연유를 알 수 없다. 그러나 1941년 3월 1일《태평양주보》의 표지에 실린 글에 "선생은 와히아와 교회를 위하여 10년 동안 봉사하는 중 온갖 곤란과 오해를 당해 가면서…"라고 언급되어 있는 것으로 보아 다음을 추정해 볼 수 있지 않을까? 즉 동지회 소속인 박동완은 동지회와 국민회의 통합을 위해 죽을 때까지 최선을 다했지만 동지회는

감옥에서 보던 일본어 신약성경.
일제 강점기 당시 감옥에서는
일본어로 된 책만 읽을 수 있었다.

분파적이며 조직 충성도가 높은 집단으로 보였기에, 박동완은 여러 곤란과 오해를 당했을 가능성이 높았던 것은 아닐까 여겨진다. 어쨌든, 와히아와 교회 교인들은 초대 담임목사와의 이별을 아쉬워 하며 금시계를 비롯하여 가방과 각종 기념품을 전달하며 전별회를 열어주었다. 그러나 그는 카우아이 감리교회에 부임한 지 세 달도 지나지 않아 시시때때로 그를 괴롭혔던 종기로 인해 병원에 입원[122] 하였다가 두 달 만에 퇴원하였다.[123] 퇴원 후 그는 한인교포로 구성된 각 단체 연합 임시대표회에서 위원장을 맡는 등 활발한 활동을 다시금 전개해 나갔다. 당시 각 단체 연합 임시대표회의에 참석한 한인단체와 참석자 명단은《태평양주보》의 소식란에 기술되어 있다.[124]

각 단체 연합 임시대표회는 기독교, 불교, 천주교, 천도교를 총망라한 초교파 단체였으며, 동지회와 국민회를 비롯하여 독립단까지 아우르는 연합단체였다. 주목할 점은 참석한 단체 중 부인구제회, 영남부인회, 부인호상회 등의 단체가 있는 것으로 보아 당시 하와이에서는 여자가 중심이 되어 활동했던 단체가 많았음을 알 수 있다. 이처럼 교파와 노선과 남녀의 구분 없이 연합단체를 구성하여 전체 한인 사회의 화합을 위해 의욕적인 활동을 펼치던 박동완은 그로부터 일주일 뒤 뜻밖에도 1941년 2월 23일 이 땅에서의 삶을 마감하였다.[125] 그의 장례는 3월 1일 교민 700여 명이 모여 사회장으로 치러졌다.[126] 3 · 1기념 준비위원회의 주도로 이루어진 그의 장례식은 사회장으로 거행되었을 만큼 그는 하와이에서 상당한 비중을 차지하였다. 하와이 교민 사회는 진심으로 그의 죽음을 애도하였다. 아래에 나와 있는 두 개의 글은 그의 죽음에 관하여 전체 교민이 느꼈을 심정과 당시의 장례식 상황을 잘 나타내 주고 있다.

박동완션생 서셰

독립선언 三十三현즁 一위이신 박동완 션생끠셔는 의외에 서셰ᄒᆞ시와 직포동포는 애도ᄒᆞ며 선생의 유족에게 츙경으로 조의를 표ᄒᆞ노라. 션생의 서셰는 한국민족의 손실이오 직포 한인샤회 인도에 대불힝이다. 션생은 광복운동으로 왜옥싱활을 ᄒᆞ는 즁 악형을 밧아 그 여독으로 병근이 되여셔 하와이에셔 객혼이 되엿다. 션생은 와히아와교회를 위ᄒᆞ야 十년 동안 봉샤ᄒᆞ는 즁 온갓 곤란과 오히를 당히 가면셔 一인의 충원이 업시 지ᄂᆡ올 ᄯᅢ에 압흐고 쓰림이 한 두번이 안이엇슬 것이다. 한참 봉샤할 ᄆᆞᆫ흔 츈추에 동포를 영별ᄒᆞ신 것 직류동포샤회의 손실뿐 안이오 한국민족의 손실노 녁이노라. 션생은 영결ᄒᆞ셨스되 션생의 감화, 지식, 인격은 하와이 한인 샤회에 영영 보존ᄒᆞᆯ 것이오 션생의 명셩은 한국독립샤에 혁혁ᄒᆞᆯ 것이다. 三十三 현의 독립졍신으로 우리는 갱싱ᄒᆞᆫ 민족이 되여 션생의 못맛친 대업을 완성ᄒᆞ도록 힘쓰는 것이 진정으로 션생을 추억하며 애도ᄒᆞ는 것인 줄 밋노라[127]

박동완목사 장례

긔보흔 바 갓치 박동완목ᄉᆞ는 거 二월 二十三일에 별세ᄒᆞ시와 한인 샤교회는 련합ᄒᆞ야 누아누아가니장의소에셔 二十八일 경야흔 후 三월 一일 하오 시에 국민총회관에셔 샤회장례를 갓초아 누아누장지에셔 화장하엿다. 박목ᄉᆞ 호샹위원장 림두화목ᄉᆞ 사회 하에 최창덕목ᄉᆞ의 추도 샤와 마창호목ᄉᆞ의 박동완 션생의 략샤가 잇셧으며 미경 리승만박ᄉᆞ의 조뎐과 리니이감리교회의 조문이 잇셧다. 二월 二十八일 밤에 수百남녀 동포는 마즈막 박션생에게 경의를 표ᄒᆞ기로 뜻을 보니엿고 각 단톄의 화환이 잇셧스며 박씨 가족을 위흔 동졍금이 三百六十원에 달ᄒᆞ엿다. 와히아와 긔독교회에셔 긔왕 박션생 환국홀 려비로 수봉ᄒᆞ엿든 三百六十원을 동졍금과 합ᄒᆞ야 장비를 제ᄒᆞ고는 본가에 환젼홀 터이라더라.[128]

그의 죽음 앞에 수백 남녀 동포가 경의를 표했다는 사실은 하와이 한인 사회에서의 그의 위치를 대변하여 주는 것이다. 위의 둘째 글에서 "와히아와 기독교회에서 기왕 박선생 환국할 려비를 수봉하였든"이란 표현이 나오는 것으로 보아 박동완은 아마도 본국으로의 환국을 계획했던 것으로 보인다. 《태평양주보》는 2주에 걸쳐 박동완의 서거 소식을 접한 하와이 교민들의 애도의 글을 추모특집으로 실었다.[129]

당시 《태평양주보》에 실린 추모의 글을 통하여 몇 가지 사실을 유추해 볼 수 있다. 박동완은 갑자기 유언도 못하고 운명하였다. 하와이 교민들은 그가 가족이나 죽음도 염두에 두지 않고 독립선언서에 서명한 것을 민족적 정신상(精神像)으로 여겼다. 또한 그의 철저한 애족심을 높게 평가하고 있었으며 갑작스런 죽음을 애통해 하였다. 그리고 살아계실 때 잘해 드리지 못한 것에 대해 미안한 마음을 표현하였다. 그래서인지 교민들은 장례식 직후 임치해 두었던 돈과 장례식을 치르고 남은 돈을 합하여 본국에 있는 박동완의 가족에게 송금하였다. 아래는 이러한 내용을 알리는 글로《태평양주보》에 "감사의 말"이란 제목으로 실린 글이다.

> 감사의 말
>
> 박동완목사 별세 후에 장례지니고 남은 돈과 림두화목사에게 임치되엿든 돈과 합ᄒᆞ여 미화 三百五十三원 六十젼을 박창희(고 박동완목사의 차자)군에게 부송ᄒᆞ엿든 바 수일 전에 온 편지에 의ᄒᆞ면 조선돈으로 一千四百九十六원 四十三젼을 밧앗다ᄒᆞ며 박창희군은 그 가족을 대표ᄒᆞ야 동정의 표를 ᄒᆞ여주신 여러 동포들에게 감사의 말을 전ᄒᆞ여 달라 ᄒᆞ엿다더라[130]

당시 하와이 교민들의 삶이 결코 풍족한 편이 아니었음에도 불구하고 남은 장례비용에 임치되었던 돈을 합하여 본국에 있는 유족에게 보냈던 것을 보면 한국인의 인정을 알 수 있다. 또한 박동완이 살아생전에 하와이 교민들에게 신망을 잃지 않았었다는 사실을 깨닫게 해 준다. 그는 이역만리 하와이에서 마지막 순간까지도 자신의 건강을 돌보지 않은 채 조국의 독립을 염원하며 하와이 한인 교포들의 화합을 위해 애쓰다 죽음을 맞았다. 1941년 2월 23일 소천 당시 그의 나이는 만 55세로 애석하게도 광복을 4년 앞둔 시점이었다.

1941년 4월에 유골이 우편물 취급으로 무언의 환국을 하였고 망우리 공동묘지에 3·1운동 당시 동지였던 함태영 목사의 집례로 안장되었다. 이후 1966년 6월 서울시 동작동에 있는 국립서울현충원 애국지사 묘역에 이장되었다. 1962년 3·1절 경축식에서 건국공로훈장 대통령장을 추서 받았다.[131] 이제 박동완의 기독교 민족운동과 기독교 민족주의를 살펴보기에 앞서 한국 기독교 민족주의를 이론적으로 고찰해 보자.

2
한국 기독교 민족주의 이해

1) 기독교 민족주의의 기본 개념

(1) 민족과 민족주의

근대적 의미의 민족주의[132]는 서유럽에서 일어난 시민혁명(대표적 시민혁명은 1789년에 일어난 프랑스 대혁명임)을 통하여 시작되었다.[133] 그것은 서유럽의 세력 확장에 따라 유럽의 다른 지역과 세계로 퍼져나갔다. 하지만 시대와 지역에 따라 매우 다른 양상을 띠었다. 민족주의는 19세기 전반, 근대 민족국가 통일의 원리가 되었고, 19세기 후반, 소수 민족의 해방의 논리로 기능하였다. 즉 민족주의는 20세기 식민지 국가에 있어서 침략의 정당화에 대한 반박의 논리이자 피식민지 국가에 있어서는 저항의 근원이 되었다.[134] 1차 세계대전 이후 민족자결주의는 대규모 전쟁 방지의 근거가 되었으며 인간평등의 원칙은 국가의 평등에서 민족평등의 원칙으로 확대되어 나타나게 되었다. 이렇게 민족자결주의는 20세기 초 식민 제국 열강의 식민지들을 강타하며 지대한 영향을 끼치면서 소수 민족의 문제는 정치적 · 도의적 문제가 되었다. 이러한 과정을 통하여 민족이 역사의 동인(動因)으로 등장하기 시작하였다.[135] 민족주의는 19세기 중반이 지나서야 당대 학자들의 관심을 받게 되었고 그것에 대한 연구가 세계적으로 확장된 것은 1960년대 이후이다.[136]

민족주의를 정확히 개념화하기는 쉽지 않다. 민족주의는 시대상황과 그 추진세력에 따라 매우 다양한 역할을 하였고 쓰는 이에 따라 용어상의 혼란이 많을 뿐만 아니라 통일되어 있지 않다.[137] 가령 장문석은 '민족'과 '민족주의'를 정확하게 구별하여 사용해야 한다고 주장한다. 민족과 민족주의를 둘러싼 논쟁이 그 둘을 혼동함으로써 무의미하게 진행되어 왔기 때문이다. 민족주의의 해악을 말하는 것이 민족의 현실을 인정하지 않는 것으로 오인되거나 민족의 실체를 강조하면 민족주의를 무조건적으로 찬양하는 것으로 잘못 이해하는 것은 이런 이유가 내재되어 있을 수 있기 때문이다.[138]

벨러(Hans-Ulrich Wehler)에 따르면, "민족은 우선 종족에 기반한 통치체제의 전통에 근거해 발전하고, 서서히 민족주의와 그 추종자들에 의해 독립된 행위주체로 만들어진 '고안된 질서'다."[139] 그에 의하면 민족주의가 민족을 창조하는 것이 된다. 그러나 민족주의와 민족 가운데 어느 것이 먼저인가에 대하여 현재 일치된 견해는 없다.

'nation'은 국가, 국민과 민족으로 번역할 수 있는 다의적 용어이다. 국가의 3요소는 주권, 영토, 국민이다. 국가는 정치적으로 타(他)와 구별해서 구성되고 자연적인 것이 아니다. 국가는 지배자와 피지배자의 관계에 기초한 정치체(政治體)이며 권력기구이다. 국민은 국가 내부에서 주권을 행사하는 사람의 집단으로 민족과 달리 인종이라는 제약보다 정치적으로 편성된 사람의 집단이다. 민족은 특정한 인종 가운데 언어를 비롯한 기본적 생활양식을 공유하는 사람의 집단이다. 따라서 자연적, 역사적, 사회적 성격을 함께 가지는 점에서 국민과 비교되는 집단이다.[140] 민족의 본질적 요소는 다음과 같이 정의할 수 있다. "민족이란 혈연, 지연, 언어, 종교, 정치, 경제 등의 공동이라는 자연적 · 문화적 조건 밑에 공동생활을 영위하고 공동의 역사적 운명을 거치는 가운데 독자적인 민족의식을 갖게 된 인간집단이다."[141]

'nationalism'도 국가주의, 국민주의, 민족주의로 번역할 수 있는 다의적 용어이다. 국가주의는 국가를 최고로 여기며 그 권위에 절대적 우위를 두는 가운데 국가의 부강을 꾀하는 사상과 운동이다. 차기벽에 따르면, 국민주의는 국민의 권리를 지키고 세우고자 하는 것을 목적으로 근대국가의 성립을 목표로 하는 사상과 운동이다. 민족주의는 민족을 최우선으로 고려하며 민족의 독립, 통일과 근대화를 도모하려는 사상과 운동을 의미한다.[142] 결국 민족주의는 사상과 운동의 두 가지 측면에서 정의할 수 있다.

임지현은 민족주의를 고정불변의 이념의 틀을 가진 이데올로기로 보지 않고 사회적 총관계의 변동에 따라 쉼 없이 자기를 교정해 나가는 정치 · 사회운동으로 파악하는 운동사적 접근방법을 취한다.[143] 민족주의는 이데올로기로서 자기 완결적인 논리구조를 가지고 있지 않다. 민족주의는 흔히 다른 이데올로기와 결합되기에 '이차적 이데올로기'로 간주된다. 결국 시대와 지역에 따라 끊임없이 변화하기에 천의 얼굴을 가진다. 민족주의를 제대로 이해하기 위해서는 사상사 및 운동사, 두 가지 관점이 필요하다.[144] 차기벽은 민족주의를 독자적인 이데올로기로 인정한다면 결정의 내용 또는 방법은 다른 이데올로기로부터 빌려온 것이고 민족주의의 이데올로기적 특성을 다른 이데올로기와 다른 민족주의가 되게 하는 본질적 속성이라고 본다.[145] 민족주의는 이차적 이데올로기의 특성을 가지기에 민족주의 운동은 다른 정치력이나 이데올로기에 의해 '이용' 당할 확률이 크다. 민족의 독립, 통일을 추구하는 경우에는 민족주의 운동은 비교적 독자적인 역할을 담당한다. 그러나 일단 목적이 완수되고 난 후에는 대부분 외부의 정치력 또는 운동의 영향을 복잡하게 받게 된다.[146]

벨러는 '정치적 종교'로서의 민족주의를 정의한다. 민족주의는 기독교적 전통이 세속화하면서 민족주의 속에 침투하였기에 기독교와 매우 밀접한 관계가 있고, 정치적 종교(세속종교)로 변신하였다. 민족주의는 종교와 같은 커다란 문화체계를 구축하고 있기 때문이다. 이러한 이해는 민족주의의 영향력을 제대로 보여준다.[147]

서양의 민족주의는 유대-기독교 전통을 이념적 토대로 삼았다. 유럽에 있어 그 전통이 수천 년 동안 사고를 지배하였기 때문이다. 서구의 민족주의는 구약성서의 요소를 도입하여 선민의식, 약속의 땅 또는 성지라는 개념과 우리 민족이 아니면 적(이방인)이 되는 이분법적 구분을 받아들였다. 결국 서양의 민족주의는 역사적 사명을 외치는 메시아주의 전통과 관련되었다. 그런가 하면 신약성경에 바탕을 둔 한 공동체라는 형제애 사상과 유대-기독교 전통으로부터 종말론적 의미를 도입함으로써 자기 민족이 세계 속에서 최고의 자리를 차지한다는 민족적 소명을 갖게 하였다.[148] 벨러는 위대한 문필가들이 오래 전에 민족주의의 종교적 특성을 간파했다고 하면서 그것의 한 예로 인용하기를, "민족들은 더 이상 교회에 가지 않는다. 새로운 종교는 민족주의다."[149] 결국 서양의 민족주의는 자유주의 신학과 유사한 면이 있는 변질된 기독교라고 할 수 있다.

민족주의의 의미는 다음과 같이 요약된다.

첫째, 민족주의의 본질은 독특한 개성을 가지는 민족이 민족의 생존과 발전을 꾀하기 위해 민족의 경계와 국가의 경계를 일치시키고 '1민족·1국가의 원칙'을 고수하면서 이를 실행하려는 것이다.

둘째, 민족주의의 기본성격은 민족의 자생력 여부, 즉 근대적 기반의 형성 여부에 따라 달라진다.

셋째, 제3세계에서 민족주의가 당면한 고충은 불리한 세계 환경 가운데 근대적 기반이 형성되지 않은 채, 민족의 통일, 자유민주주의 확립과 국민복지 등의 과제를 한꺼번에 완수해야 하는 데 있다.[150]

넷째, 민족주의는 특정 사회계급의 이해를 대변하지만 계급을 초월하는 이데올로기라는 변증법적 특성을 가진다. 언어와 문화 등을 통해 민족의 자기정체성을 지속적으로 확증하려는 원초적인 요구가 계속되는 한 민족주의는 언제나 계급을 초월한 공동체라는 외피를 쓰게 된다. 특히, 보수적 민족주의에 있어서는 역사를 조작하거나 허구적 신화를 만드는 한이 있어도 민족적 정체성을 강조하는 것이 큰 특징 중의 하나이다.[151] 민족적 정체성을 강화하기 위하여 민족문화(국어, 관습, 예술 등)의 발굴 및 발전, 민족적 영웅의 찬양, 신화 등 '일체화의 상징'으로 발현된다.

다섯째, 민족주의는 긍정적 측면과 부정적 측면의 양면성을 가지며 추진세력에 따라 보수적이거나 진보적인 성격, 또는 호전적이거나 평화적, 민주적이거나 전체주의적인 성격을 띨 수 있다.[152] 민족주의는 자기도취적일 수 있어 이분법적 관점을 취하기도 한다. 즉 나의 민족주의는 옳고, 남의 민족주의는 그르다고 생각하기 쉽다. 따라서 방어적·호전적 경향을 지닌다. 대표적인 사례는 독일의 나치즘, 이탈리아의 파시즘과 일본의 군국주의이다.

1990년대 이후 냉전 시대가 종식되고 세계화 시대가 본격적으로 도래하면서 민족주의는 시대착오적인 이념 또는 반동적인 이념으로 간주되는 경향이 있다. 근래 포스트모더니즘의 일부인 탈민족주의가 더욱 각광 받고 있는 이유이기도 하다.[153] 하지만 최근 미국 트럼프의 미국 우선주의, 영국의 브렉시트(Brexit) 사태, 영국으로부터의 스코틀랜드의 분리 독립 움직임과 스페인으로부터의 카탈루냐의 분리 독립 시도 등에서 나타나듯이 세계화 시대에서 민족주의 시대로 회귀하는 현상이 나타나고 있다.

(2) 기독교 민족주의

보편 종교인 기독교가 주로 개별성에 근거한 민족주의를 포용할 수 있는가에 대한 질문을 가질 수 있다. 성경은 민족에 대하여 다음과 같이 표현하고 있다. "인류의 모든 족속(nation)을 한 혈통으로 만드사 온 땅에 살게 하시고 그들의 연대를 정하시며 거주의 경계를 한정하셨으니 이는 사람으로 혹 하나님을 더듬어 찾아 발견하게 하려 하심이로되 그는 우리 각 사람에게서 멀리 계시지 아니하도다."(사도행전 17:26-27) 하나님이 인류의 모든 족속으로 하여금 하나님을 더듬어 찾도록 하시려고 하셨다는 것이다. 즉, 민족은 인간이 하나님을 만나기 위한 수단이 되며, 일반 은혜의 영역이라 할 수 있다. 거주의 경계를 한정하셨다는 것은 하나님이 정하신 민족의 경계를 뛰어넘어 침략하는 것이 하나님의 뜻을 거역하는 것을 뜻한다. 따라서 기독교인은 민족지상주의자일 수는 없지만 하나님이 창조한 민족의 정체성과 기독교의 보편성을 기본으로 추구하여야 한다.[154] 또한 다른 민족도 존중하는 민족평등주의를 위배하면 안 된다. 민족이 하나님보다 앞서고 하나님을 민족을 위해 이용하면 그것은 진정한 기독교가 아니라 기독교를 빙자한 정치 종교가 된다. 민족의 경계를 넘어 침략을 하거나 이러한 침략에 순응하는 것이 결코 정당화 될 수 없다. 사회진화론은 이것을 정당화하겠지만 하나님의 창조 질서와 거리가 멀다.

민족주의는 2차적 이데올로기의 특성을 가지기에 자본주의, 자유주의, 사회주의 등과 결합하여 각각 다른 양상의 민족주의로 발현된다. 기독교[155]와 결합되면 기독교 민족주의가 된다. 따라서 기독교 민족주의의 내용과 방법은 추진세력이 바라보는 기독교가 과연 무엇인가에 따라 결정된다. 이는 기독교 세계관과 역사관, 신론과 종말론 등에 의해 파악될 수 있다. 홈즈(Arthor F. Holmes)는 세계관에 대하여 말하기를, "세계관은 철학적인 수준에서부터 시작된다. 아직 체계적인 설명이나 이론적인 의도는 없다 할지라도 세계관은 '사람들의 행동' 근거가 되는 신념이나 태도, 가치로부터 시작하는 것이다."[156] 세계관은 사람의 행동을 결정하는 기본적인 시각이다. 또한 세계관은 개념의 틀로서 이를 통해 실재를 해석하고 판단한다.[157] 인간의 생각은 인간의 삶에 직접적으로 영향을 끼친다. 즉 인간의 신념은 인간의 행동을 결정짓는다.[158] 세계관은 단순히 한 인간의 세계에 대한 관점을 뛰어넘어 세계가 어떤 곳이 되어야 한다는 믿음을 좌우한다.[159] 따라서 세계관은 행동을 좌우하고 믿음의 성격을 규정하는 데 있어 결정적인 영향을 미친다.

기독교 초대교회는 이원론과 단일론, 즉 두 가지 형태의 그리스 세계관에 직면했었다. 이 두 세계관에는 공통적으로 이 세상에서 선이 궁극적으로 승리할 것이라는 낙관적 기대가 없었다. 선이 궁극적으로 승리한다는 희망은 기독교에만 있는 것이다. 유대-기독교 유신론은 모든 것을 무로부터 창조하신, 전적으로 선하신 하나님에 대한 확신을 갖기 때문이다. 하나님은 항상 주권적으로 자신이 원하는 대로 행하시며 어떠한 제한도 받지 않으신다. 결국 기독교 세계관은 모든 것을 현세에서 활동하시는, 내재하시지만 이 세상을 초월해 계시는 하나님의 창조적 활동으로 본다. 즉 '유신론의 창조교리'가 모든 것을 바라보는 데 있어 '준거틀'로써 작용한다.[160] 서양 사상은 성서의 신 중심적 세계관과 그리스의 인간 중심적 세계관 사이에 뚜렷한 대립으로 시작되었다. 하지만 두 세계관은 기본 전제부터 완전히 다르다. 오늘날까지 이 두 세계관은 서로 대립하기도 하고 통합되기도 한다.[161]

르네상스 휴머니즘에 끼친 종교개혁의 영향은 교회나 국가의 절대적 권위에 반하여 개인주의를 강조하였다. 18세기의 사상은 이러한 개인주의를 기계론적인 과학의 인과율(因果律; 결정론 determinism)이나 계몽주의적 합리주의의 이성의 지배를 과신케 하여 이신론(理神論, Deism)에 이르렀다. 이것은 하나님이 고정된 자연법칙에 따라 피조세계를 통치하기에 초자연적 또는 구속적 개입을 하지 않는다는 믿음이다. 인간이 이성을 통해 이 땅에 유토피아를 건설할 수 있다고 믿는다. 19세기 진화론에 기반을 둔 낙관론은 이러한 구상을 더욱 확장시켜 자연과 사회가 인간의 장래를 이끄는 법칙과 동일하게 지배받는다고 결론짓는다.[162]

낭만주의가 부상하면서 이신론의 이성과 법으로 다스리는 초월적 신은 내재적 신으로 대치되었다. 주권적, 초월적인 하나님에 대한 믿음은 없어지고 인간과 역사에 대한 낙관론이 성행하게 되었다. 인간의 인격도 자연의 일부로 간주되어 인간의 의미와 희망도 초월적 하나님이 아니라 자연에서 찾을 수 있다고 믿는다.[163]

신학적 다양성은 성경 완성 이후에 생겼고 여러 다른 기독교 전통에서 나타났다. 니이버(Richard Niebuhr)는 그의 저서 『그리스도와 문화』

에서 문화에 대한 접근 방식을 다섯 가지 유형으로 제시하여 신학적인 다원론의 고전적인 준거틀을 제시하였다.[164] 한편 홈즈는 기독교 세계관이 다양한 유형의 신학자들에 의해 다르게 생성되었기 때문에 자신이 속하지 않은 유형에 대해서도 열린 자세로 대하여야 한다고 주장한다.[165]

첫째 유형은 그리스도와 문화가 서로 대립(The Christ against Culture: Contrast Model)된 것으로 본다. 기독교인이 살고 있는 사회의 관습이 어떠하든지 그리스도는 그것에 반대하는 것으로 보아 둘 중 하나를 고르라고 강요한다. 오늘날 기독교 신앙을 자본주의, 공산주의 등의 이데올로기와 대립되는 구조로 보기도 한다.[166]

둘째 유형은 그리스도와 문화 간에 근본적인 일치(The Christ of Culture: Identify Model)가 있다고 본다. 흔히 그리스도를 인간 문화사의 위대한 영웅으로 보며 그의 생활과 교훈이 인간 최대의 업적이라고 간주한다. 그리스도 자신도 문화의 일부로 본다.[167] 이 전통은 첫 번째 유형과 반대 극단에 서게 하며 인간과 죄에 대한 낙관적인 신학과 철저하지 못한 복음에 대한 이해를 기반으로 한다. 초대교회의 영지주의 운동과 19세기의 자유주의 신학, 현대 자본주의 또는 사회주의와 기독교를 동일시하기도 한다.[168] 다음 세 유형은 양 극단인 첫째와 둘째 유형의 중간에 위치하며 그리스도와 문화의 두 큰 원칙 간에 존재하는 뚜렷한 차이점을 유지하지만 양자를 통합해 보려고 노력한다.[169]

셋째 유형은 둘째 유형과 유사하지만 그리스도를 문화적 열망을 완수하고 참된 사회 기구를 회복한 분으로 본다. 하지만 그리스도는 문화에서 나온 분이 아니며 그분에게는 문화에 직접 공헌하지 않는 무엇이 있다는 것이다.[170] 이러한 종합형(The Christ above Culture: Synthesis Model)은 이성만으로 인지할 수 있는 것에 계시를 더하며 자연만으로 가능한 것에 하나님의 은혜의 조력을 더하는 토마스 아퀴나스(Thomas Aquinas)의 접근을 따름으로써 이는 자연과 이성의 능력을 강조한다. 이 유형은 죄에 의한 피조세계의 전적 타락과 그리스도 안에서 변화한 의인과 궁극적 하나님 나라의 근본적 변화를 평가절하하고 있다.[171]

넷째 유형은 문화에 대립하는 그리스도로서 그리스도와 문화를 역설적 관계(The Christ and Culture in Paradox, Paradox Model)로 보고 그리스도와 문화의 권위를 모두 인정한다. 하지만 동시에 양자의 상반성도 인정된다. 기독교인은 평생 서로 합의될 수 없는 양자의 권위에 복종하며 살 수 밖에 없다는 것이다. 이 유형의 대표자는 루터이며 이원론적 신학으로 볼 수 있다.[172]

다섯째 유형은 문화의 변혁자인 그리스도로서 변혁 모델(Christ the Transformer of Culture, Transform Model)이다. 이것은 첫째와 넷째 유형에 동의하여 인간 본성의 타락으로 문화가 타락했으며 따라서 그리스도와 문화가 서로 대립되는 것으로 본다. 하지만 첫째 유형처럼 기독교인을 세상에서 분리시키려고 하지 않으며 넷째 유형과 같이 오로지 초자연적 구원만을 바라고 인내하라는 입장도 아니다. 그리스도는 문화와 사회 안에 있는 인간을 변혁시킨다. 이 유형은 세상의 변혁을 위한 기독교인의 현실 참여를 명한다. 이 유형은 어거스틴에서 시작되었고 칼뱅이 이 유형을 명확하게 하였다.[173]

역사 연구에 있어 역사가의 관점에 대한 평가가 중요하다. 역사철학, 즉 역사의 넓은 유형에 관한 이론은 개인, 국가, 문명의 이해에 커다란 영향력을 끼칠 수 있다. 베빙톤(David Bebbington)은 역사철학을 다섯 가지 유형으로 분류하였다. 역사가의 관점은 혼합되어 있지만 그들에게 미친 영향력은 다섯 사상 조류 중 하나로 분류될 수 있다.[174]

첫째, 순환론적 관점이다. 이것은 동양과 고대 사회의 전형적인 관점으로 역사를 자연의 계절순환과 비슷한 순환의 한 유형으로 이해한다. 또한 이 관점은 영원회귀의 사상을 표방한 니체, 도전과 응전의 문명사를 주장한 토인비 등의 근대학자에서도 나타난다.[175] 하지만 역사가 '과거의 황금시대'로부터 계속 쇠퇴하고 타락했다는 것에 대한 증거는 없으며, 우주는 발전할 수 없고 결국 멸망하고 말 것이라는 신념은 미래를 염세적으로 바라보게 만든다. 그러나 기독교 역사관은 서구 문명에 있어 미래에 대한 희망의 믿음을 심어 주었다.[176]

둘째, 유대-기독교적 전통의 관점이다. 이에 따르면 역사는 순환하는 것이 아니라 직선이다. 역사 과정은 창조주에 의한 창조라는 특별한 시점에서 시작하며 계시적인 인도 하에 신이 계획한 종말까지 지속된다. 창조와 종말 사이의 역사에 신의 간섭은 계속 된다. 가장 중요한 것은 예수 그리스도가 이 땅에 오신 것이다. 무조건적은 아니지만 하나님에 의하여 약속된 미래가 있기에 이 역사관은 낙관적이다.[177] 하지만 기독교인들의 소망은 현실에 근거하였기에 미래에 관한 어떠한 비현실적인 안일한 낙관론은 배격된다.[178] 하나님이 역사 과정에 개입한다는 기독교 역사관의 가장 중요한 요소 중의 하나가 진보 사상가에 의해 무시되거나 역사주의자에 의해 개조되었다. 진보 사상의 발전에 초석을 놓은 18세기의 신학자들은 역사 전반에 대한 신의 지배를 인정하였으나 하나님이 역사의 특별한 부분에 역사하였다는 것은 배제하였다. 낭만주의자들은 신을 특별한 사건에서 발견하지 않고 보편적인 자연, 민중과 제도 안에서 찾았다.[179]

셋째, 18세기 계몽주의가 낳은 진보 사상이다. 기독교 전통의 직선적 역사관은 유지하지만 신학적 합리성을 거부한다. 이 부류의 사상가들은 하나님을 역사의 주관자로 보지 않고 인간을 역사의 유일한 행위자로 본다. 낙관적인 이 신념은 물질적인 면에서 진보를 보인 19세기에 널리 확산되었다.[180] 이 진보 사상은 기독교 역사관의 세속화에서 비롯한 것으로 역사에 대한 하나님의 개입을 부정한다. 직선적 역사에 있어 진보를 말하지만 창조를 출발점으로 보지 않고 심판을 종점으로 보지 않으며, 미래에 대한 무한한 기대를 갖고 진보의 내용을 평가할 수 있는 기준을 제시한다. 이 기준은 인간의 행복이나 합리성과 같은 것이다.[181]

넷째, 18세기에 등장하기 시작한 역사주의이다. 넓은 의미로 보면 역사주의는 프랑스와 영국에서 성행한 진보 사상에 대한 독일의 반작용으로 생겼다. 역사주의는 직선적 역사관을 거부한다. 각 민족이 각 민족 특유의 문화를 향유하고 있다는 것을 중심주제로 하고 있다. 역사가는 스스로의 문화와 다른 문화를 감정이입을 통해 이해하는 것을 임무로 한다. 이 사상은 낭만주의가 1780년경부터 독일을 지배하기 시작했을 무렵 완성되었다. 랑케(Leopold von Ranke, 1795-1886)가 이 방법론을 더욱 세련되게 하였다. 그것은 20세기 후반까지 독일 지성사회의 전반에 영향을 미쳤다.[182]

역사주의의 중심 사상은 모든 문화가 역사에 의해 형성되며 과거와 분리시켜 이해 할 수 있는 것은 아무 것도 없다는 것이다. 또한 역사주의는 특수한 가치가 착근될 수 있는 기반으로 민족을 강조한다. 역사주의는 19세기에 있어 민족주의의 핵심이었고 이탈리아와 독일 통일의 이념적 원동력이 되었다. 역사란 목적지향적인 것이 아니며 인간 역사의 각 단계는 고유한 내재적인 가치를 포함하고 있다. 계몽주의에서 이성은 문명의 척도이지만 역사주의는 그것을 부정한다. 이성으로는 인간 행위의 의미를 알 수 없고 단지 특수한 재능만이 할 수 있다는 것이다. 이성은 인간을 제외한 것만을 연구할 수 있다. 하지만 인간을 연구하는 역사과학에 있어서는 이성을 초월한 감정이입, 직관이라는 천부적인 재능이 가장 핵심적인 방법이다.[183] 역사주의는 역사 자체가 바로 인간의 신념에 장애가 되는 것으로 본다. 역사주의는 지배적 원리를 부정하는 지적 다원론이라는 종교에 의존하였기에, 역설적으로 근거나 원리가 희박하다. 따라서 역사주의는 다른 세계관보다 나은 것이라는 근거가 없는 역사적 상대주의로 전락하였다.[184]

다섯째, 마르크스주의이다. 이 사상의 전제는 역사 과정이 기본 욕구를 만족시키기 위해 노동자들에 의해 이루어진다는 확신이다. 마르크스주의의 본질은 역사적 유물론에 있다. 마르크스는 헤겔의 관점과 밀접한 관련을 갖는데, 헤겔은 계몽주의와 역사주의를 조화시켰다. 마르크스주의는 고정적, 안정적 사상체계로 확실하게 남아 있지 않았으며, 이 두 전통 가운데 어느 한편으로 흡수, 통합되는 경향이 있다.[185]

기독교 역사관은 목적 지향적인 역사관으로 종말을 향해 나아가며 기본적으로 종말을 낙관적으로 본다. 하지만 그것은 현실에 기반을 둔 종말론이고 일방적으로 미래를 낙관적으로 보지는 않는다. 기독교의 종말론은 다원론적이다. 즉 전천년설(역사적, 세대주의적), 후천년설, 무천년설로 대별할 수 있다. 어떤 종말론을 신봉하느냐에 따라 미래에 대한 낙관의 정도가 달라지고 그에 따라 세상에 대한 태도와 기대가 다양하게 나타난다.

후천년설은 이 땅의 황금시대 이후 종말에 그리스도께서 다시 오신다고 믿는다. 이것은 이 세상과 황금시대가 연속적으로 일어나는 것으로 본다. 그리고 천년왕국의 시작에 인간이 참여할 것으로 전망한다. 황금시대는 성령과 인간의 협동사역에 의한 것이다. 따라서 하나님의 계획 달성에 있어 인간의 역할 및 역사에 대해 기본적으로 낙관적으로 바라본다. 세계에 대한 인간의 적극적 참여를 강조하고 미래를 낙관적으로 그린다.[186]

전천년설은 후천년설의 낙관주의와 대조적으로 역사 및 역사의 완성에서 인간의 역할에 대하여 기본적으로 비관론을 주장한다. 세상의 변혁을 위한 인간의 노력에도 불구하고 종말 이전에는 적그리스도가 인간사를 주관하는 것이 불가피하다고 본다. 그리스도께서 재림하셔서 적그리스도를 결박하셔야만 하나님의 통치가 완결되는 시대가 열린다고 전망한다. 따라서 이 세상과 하나님 나라 사이의 불연속성, 상호대립성을 주장한다. 하나님 나라는 하나님께서 주권적으로 행하실 근본적으로 차원이 다른 새로운 것으로 예견한다. 황금시대는 오직 하나님의 은혜로운 선물로 본다. 전천년설의 비관주의는 세상에 대한 소망은 인간이 아니라 오직 하나님께만 있다고 여긴다.[187]

무천년설은 전천년설과 후천년설의 진리에 일부 동의하지만 역사적 맥락은 결여하고 있다. 결국은 양자를 모두 거부하고 중도적인 입장에서 현실적인 특징을 지니게 된다. 승리와 패배, 선과 악은 종말의 완성 시기까지 함께 존재할 것이다. 방종에 이르기 쉬운 후천년설의 낙관주의와 절망적인 전천년설의 비관주의는 둘 다 배격된다. 무천년설은 교회로 하여금 세상 가운데 현실적으로 가능한 활동을 요구한다. 성령의 인도에 따라 교회는 위임령을 성공적으로 실천할 것이지만 궁극적인 성공은 오직 하나님의 은혜로만 오게 된다고 믿는다. 인간의 협력도 결정적이지 않지만, 의미 있는 부차적 결과를 도출한다. 하나님 나라는 역사 속에서 결코 완벽하게 이루어지지 않을 것이기에 항상 현실적인 자세로 세상을 바라봐야 한다.[188] 무천년설은 과도하게 상징적으로 성경을 해석함으로써 천년왕국의 실재성과 역사성이 약화된다.[189]

2) 구한말과 일제하 한국 민족주의

한국 근현대사는 19세기 외세에 의해 개항된 후 구체제를 지속하려는 봉건세력과 외세 침략세력, 일제 식민세력과 해방 후 분단과 군부독재에 맞서 끊임없이 분투하여 온 저항의 역사라고 할 수 있다.[190] 세계사에서 19세기가 민족주의 시대라고 할 수 있지만, 한국에서는 20세기가 민족주의 시대이다.[191]

(1) '민족' 개념의 발현과 도입

조선 초기부터 조선은 중국 종족과 다른 종족이라는 의식이 있었고 '동국'이라는 이름의 별개 국가를 오랜 기간 동안 유지했다는 자각이 있었다. 이것을 대변하는 단어가 '족류(族類)' 또는 '동포(同胞)'였다. '족류'는 '족'이 같은 무리 즉, '동족(同族)'을 뜻한다. 조선시대에 있어서 '조선 사람'이라는, 즉 '동족'이라는 뜻으로 사용되었다.[192] '동포'는 조선시대 전기에 애휼의 대상인 백성이라는 뜻으로 사용되었다. 시간이 지남에 따라 수평적 동포, 곧 내부적 동질성을 갖는 백성이라는 뜻으로 쓰이게 되었다. '족류'가 외족(外族)과의 경계를 나누기 위한 단어라면, '동포'는 내부의 동질성 확인을 위한 단어였다고 할 수 있다. '동포'라는 단어를 통한 내부 동질성의 확인은 신분제의 장애를 넘기 어려운 일이었지만 왕을 중심으로 차츰 신분을 초월하여 동질성을 확인하는 데 사용되었다.

근대에 있어 독립협회 운동기에 '동포'라는 단어는 확산되었다. 《독립신문》은 '전국 동포 형제'라는 어구를 자주 사용하였다. 이 경우 '동포'에는 평등 개념이 포함되어 있었다. '동포'라는 단어는 점차적으로 일반화되었다.[193] '민족'의 선구적 개념이라 할 수 있는 조선시대의 '족류'라는 단어가 조선 후기를 지나 '동포'라는 용어로 변화하고 20세기 초에 '민족'이라는 단어로 바뀌었다.[194] 따라서 한국인은 조선시대부터 민족의식을 이미 내재하고 있었다고 볼 수 있다.

한국에서 '민족'이라는 용어는 1900년경 처음 도입되어 1906년경부터 본격적으로 사용되기 시작하였다. 1919년 3 · 1독립운동과 1920년대 문화 운동을 통하여 '민족' 개념이 확산되었다. 한국인들이 많이 신봉하고 있는 '단일민족설'은 해방 이후에 분단의 위기에서 처음 나타났으며 이후 분단이 지속되는 가운데 더욱 확장되었다.[195]

(2) 구한말 한국 민족주의

19세기 중엽부터 1910년의 한일합방까지 조선 사회는 역사의 커다란 전환기였다. 다른 면으로 보면 중국 중심의 화이론(華夷論)적 세계질서에서 이탈하여 근대적 국제질서에 강제로 편입된 시기였다. 조선은 서구 열강과 일제의 침략에 항거하고 국내의 봉건적 계급 질서를 타파함으로써 근대적 민족국가를 형성하여야 할 시기였지만 결국 이에 실패하고 나라를 잃고 일제 식민지로 전락하였다.[196] 이 시기 지도 계층과 민중은 위정척사사상, 개화사상, 동학사상 등을 통하여 위기에서 벗어나려고 하였다.

위정척사사상은 사상 존재의 기반인 화이론으로 인해 서양을 거부하고 봉건체제를 보존하려 했기에 민족적 위기를 벗어나는 데 근본적 한계가 있었다.[197] 하지만 위기 상황에서 자주의식을 강하게 고양하였기에 폭넓은 사회 계층으로부터 지지를 받았다. 청일전쟁 이후 일제의 침략이

본격화하는 시기에 의병항쟁의 이념적 기반을 제공하여 민족운동에 있어 큰 영향을 미쳤다.[198]

개화사상은 외세에 문호를 개방하는 데 영향을 끼쳤고 개항 이후 개화정책의 이념적 토대를 제공하였다. 개화사상은 조선 사회의 봉건체제와 화이론을 부정하고 자본주의를 도입하려 하였기에 위정척사사상과 명확하게 구별되는 혁신사상이었다. 그러나 개화사상은 백성의 적극적 지지를 얻지 못했고 외세 의존의 근본적 한계에서 벗어나지 못했다.[199]

동학사상은 반봉건적이고 반외세적인 사상으로, 지도계층 중심의 위정척사사상 및 개화사상과 달리 민중중심적이다. 조선의 지배 이념인 성리학과 화이론적 세계관을 부정하였다. 하지만 전통적 가치를 고수하여 근대적 문물에 거부적 태도를 보인 점에서 위정척사사상과 비슷한 한계를 보였다.[200]

이처럼 분열된 사상적 조류 속에서 국가 패망이라는 절대 절명의 위기를 타파할 수 있는, 연합된 민족운동을 전개할 수는 없었다. 이것이 국가의 큰 불행이었다. 민족 내부의 통합을 이룰 수 있을 만큼 민족적 역량이 부족하였기에 자주, 근대화, 통일의 당위적 민족 과제를 성취할 수 없었다.

통합적 민족운동을 추동하지 못한 조선의 사상적 흐름은 을사조약 이후에 둘로 합류되었다. 첫째는 위정척사사상과 농민의 결합에 의한 의병투쟁이다. 둘째는 개화사상과 도시민의 연합에 의한 애국계몽운동이다.[201] 의병투쟁은 결국 실패했으나 한일합방 전후 만주 등으로 투쟁지를 옮겨 무장투쟁을 계속하였다.[202] 도시를 중심으로 전개된 애국계몽운동은 근대적 민족의식과 근대국가의 건립을 추구하였다. 하지만 일제의 침략성을 철저히 분석하지 못하고 민족의 실력을 양성하면 나라도 자연히 되찾을 수 있다는 비현실적인 '선실력 후독립' 즉 '실력양성론'이라는 근본적 이념의 한계가 있었다.[203] 이 두 운동은 공통점을 찾기 어렵고 대립하고 갈등하기도 하였다. 하지만 국권 상실 후 민족운동을 위한 원동력으로 작용하였다.[204]

(3) 일제하 한국 민족주의

1910년 국권을 완전히 상실한 후 국권 회복운동은 본격적인 독립 투쟁의 길로 접어들었다. 독립운동은 무장투쟁, 외교독립운동, 의열투쟁, 문화운동 등 다양하게 전개되었다. 청년, 학생, 노동자, 농민 등을 포함한 모든 계층으로 확장되었다. 하지만 공유하는 3대 개념이 있었는데 그것은 반제국주의, 민족자결, 절대독립이었다. 이와 같은 개념에서 벗어나는 경우 그 운동은 독립운동으로 간주되지 않았다.

한편 민족주의는 이차적 이데올로기의 특성을 가지기에 다양한 이데올로기와 결합한다. 한국의 근대 민족주의는 부르주아 민족주의뿐만 아니라 사회주의, 진보적 민족주의, 심지어 아나키즘과도 결합하였다.[205]

1910년대 소수의 민족주의자들은 사회진화론에서 차츰 벗어나 민족평등주의에 입각한 민족자결론을 제기하였다.[206] 1919년 3 · 1독립운동과 임시정부가 수립되는 과정에서 공화주의는 대세가 되었다. 국외의 민족운동가들과 국내 기독교나 천도교 계통의 독립운동가들도 공화주의에 입각한 정부 수립을 당연시하였다.[207] 독립운동가들의 반제국주의론은 대개 일제의 침략 행위가 동양의 평화와 단결을 파괴하였으며 인류 보편의 가치관을 침해했다고 지적하였다.[208] 또한 한국 독립운동은 근대 시민혁명의 결과물인 민주 · 자유 · 평등의 가치를 적극적으로 수용하여 새로운

나라를 건국할 계획을 갖고 있었다.[209]

을사조약 이후 의병투쟁과 애국계몽운동이 민족운동의 두 갈래로 전개되었는데 3·1독립운동에 이르러 하나로 통합되었고 한국 독립운동이 민중적 기반을 가지게 되었다. 3·1독립운동을 통하여 민족적 일체감이 일차적으로 완성되었다. 3·1독립선언에 이르러 비로소 자유민, 즉 근대적 민족인 한민족이 선언되었고 한민족의 적으로서 일제가 정의되었다.[210] 따라서 3·1독립운동은 근대적 시민혁명의 성격을 가지고 있다고 볼 수 있다.

박영신은 "삼일 운동이 실패하였다면 그것은 전적으로 명예스러운 실패이었으며, 삼일 운동이 성공하였다면 그것은 전적으로 고난에 찬 성공이었다"[211]라고 평가하였다. 그에 따르면, 3·1독립운동은 현상적으로 실패하였지만 명예로운 실패였다. 그것으로부터 민족의 좌절과 고난이 왔지만, 궁극적으로는 성공한 운동이었던 셈이다.

3·1독립운동 이후 타협적 민족주의자들 중 일부는 자치운동론을 제기하여 민족운동에 혼란을 초래하였다. 민족주의 좌파와 사회주의자를 포괄하는 비타협론자들은 자치론을 결사적으로 반대하였다. 독립운동은 오로지 절대 독립으로만 가능하다고 믿었기 때문이다. 절대 독립만을 주장하는 것은 민족자존과 조선 민족의 실력에 대한 믿음 때문이었다.[212]

비타협론자들은 1927년 2월 15일 신간회를 창립하였다. 신간회는 민족주의 좌파와 사회주의자들, 나아가 기타의 모든 정파를 망라하여 연합한 민족적 대표기관 또는 민족협동전선을 구축한 것으로 한국 근현대사에서 매우 중요한 의미를 가진다.[213] 창립 당시 민족주의 좌파의 주축 세력은 조선일보계와 천도교 구파였다. 기독교계 인사들은 다수가 개인 자격으로 참여하였다. 창립 당시 회장을 이상재, 실질적인 책임자였던

7인의 총무간사 중 재무부 총무간사를 박동완이 맡았다.[214]

1930년대 한국의 민족주의는 세계적인 파시즘 발흥에 영향을 받아 민족주의자 중 일부는 파시즘을 긍정적으로 수용하였다. 한국인이 받아들인 일제강점기 민족주의는 독립을 위한 이념이었고 해방 후 분단 시대의 민족주의는 통일을 위한 이념이었다.[215] 박찬승은 한국 민족주의를 다음과 같이 요약하였다. 즉 "독립운동과 함께 형성되고 성장하였던 '한국 근대 민족주의'는 반제국주의 · 민족자결론 · 절대독립론이라는 질료로 만들어진 그릇으로서, 그 그릇 안에 민주 · 자유 · 평등과 같은 가치를 그 내용물로 담고 있었다고 할 수 있다."[216]

요컨대, 한국 민족주의는 자주와 근대화를 동시에 추구하기 위해 악전고투를 경험하지 않을 수 없었으며, 스스로의 힘으로 쟁취한 민족주의가 아니라 외세에 의해 주어진 민족주의였고, 따라서 민족의 독립도 외세에 의해 가능하였다. 결국 민족주의의 당위적 과제인 통일을 이루지 못한 채 남한 내부에서조차 민족적 단합과 구성원 간의 평등을 제대로 이루어내지 못한 미완성의 민족주의였다.

3) 구한말과 일제하 한국 기독교 민족주의

(1) 구한말 한국 기독교 민족주의

기독교가 한국의 구한말 어떤 경로로, 어떤 계층에게 전해졌고, 그 파생물이 어떻게 변화되었는지는 한국 기독교 민족주의의 특성을 규명하는데 필요하다. 한국에서 최초로 기독교를 받아들인 계층은 중국과 국경인 압록강을 수시로 드나들며 청나라와 국제무역을 하던 자립적 중산층인 의주상인이었다. 그들은 개방적이고 독립적이었으며 한문과 만주어에 능통하였다.

최초의 선교는 1884년 한국에 공식적인 선교사가 입국하기 전, 만주에 주재하였던 스코틀랜드 장로회 선교사 존 로스(John Ross)에 의해 이루어졌다.[217] 1884년 미국 의료선교사 알렌의 입국으로 공식적인 선교가 시작되었다. 하지만 그것에 앞서 만주와 일본에서 신약성경의 일부가 한글로 번역되어 출간되었다. 번역 사업에 참여한 한국인들은 회심하여 세례를 받았다. 이들은 주체적이고 적극적인 태도로 복음을 받아들였다. 만주를 드나들며 주로 무역업에 종사하던 사람들은 이후 한국인에 의한 전도와 교회 설립 과정에서 자주적인 역할을 담당하였다. 그들은 성경과 기독교 소책자를 통해 회심하였고 기독교를 개인 구원의 종교로 받아들였다. 사회문제는 별다른 관심의 대상이 아니었으며 성경의 문자적 해석과 경건성을 강조하는 근본주의적 신앙을 가졌다. 그들은 서북형으로 보수적 성향을 띠고 개인적 신앙을 보이는 한국교회의 주류세력이 되었다. 또한 국권상실의 위기와 국가패망 가운데 피안적, 경건주의적, 신비주의적 신앙의 경향을 보였다.[218]

한편 관서지방 기독교는 빠르게 성장하였으며 일차적으로 신흥 중간계급에 의해 주도되었다. 이 지역의 평민적 자치 질서와 인격적 개인주의에 기초한 청교도적 신앙이 합쳐져 폭발적인 선교가 이루어졌다.[219]

개화파를 통한 기독교는 주로 미국과 일본을 통해 도입되었고 미국과 일본의 문화도 함께 수입되었다. 19세기 말 척양척왜(斥洋斥倭)의 사조 가운데 기독교는 배척될 수밖에 없었다. 따라서 1880년대 개화파가 기독교를 근대화의 도구로 도입하는 데 한계가 있었다. 따라서 개화파 인사

박동완은 배재학당 재학 당시 기독교 신앙을 받아들였으며, 기독교 민족주의의 사상적 토대를 마련한다.

들이 기독교로 개종한 것은 상대적으로 늦은 시기인 1890년대 말에서 1900년대 초였다.[220] 서울의 경우, 타 지역보다 상대적으로 많은 선교사와 자금이 투입되었지만 서북지방에 비하여 선교의 성과가 매우 부진하였다.

배재학당을 통해 배출된 신지식층과 개혁적 양반관료층이 1900년 전후에 기독교에 입교하였고, 비록 교세는 서북지방과 비교가 되지 않았지만 수도가 갖는 기독교적 영향력은 서북지방을 뛰어넘었다. 상류층에 대한 기독교 선교는 개인적인 복음전도의 방식보다 서구식 신교육을 통한 간접선교 방식이 주로 시행되었고 그 중심에 배재학당이 있었다.[221]

사람들은 개화를 위하여 기독교를 수용하였다. 개화파 출신의 개종자들은 개화, 부국강병, 사회개혁을 주장하고 이를 실제화하는 데 애썼다.[222] 이들은 결국 계몽주의적 경향을 가졌다고 볼 수 있으며 기청형으로 불렸다.

대한제국 말 등장한 국권회복을 위한 기독교 민족운동은 황성기독교청년회(YMCA)와 신민회가 중요한 중추적 역할을 하였다. 신민회는 감리교 상동청년회 계열과 관서지방의 기독교 세력이 주축이었다.[223] 이 운동은 문화계몽운동의 한 지류로서 운동의 주체는 기독교를 통한 종교입국을 내세웠다. 즉 기독교를 통해 국민의식을 제고하고 일제로부터 자유로운 교회를 기반으로 국권 회복을 목적으로 삼아 청년 애국자들이 교회를 찾게 되었다.[224]

종교입국론의 이론적 근거는 사회진화론이다. 민족 사이의 경쟁에서 생존하려면 스스로 힘을 키워야 한다는 자강(自强)에 대한 동기부여가 강했다. 하지만 힘의 논리로 상대를 이기지 못하면 굴복할 수밖에 없기에 현실을 받아들이고, 결국 친일에 이르게 되는 치명적인 약점을 갖는다.[225]

(2) 일제하 한국 기독교 민족주의

1910년 한일합방 후 일제는 무단통치를 실시하였고 1911년 '안악사건'을 앞세워 '105인 사건'을 조작하여 국내 독립운동의 중요한 축이었던 기독교 세력을 탄압하였다. 이를 통해 신민회가 발각되고 조직이 무너지면서 기독교 민족운동은 중요한 기반을 상실하였다.[226] 이후 1910년대 기독교 민족운동은 큰 성과를 내지 못한 상태에서 3·1독립운동을 준비하였다.

근대적 시민혁명이라 할 수 있는 3·1독립운동에서 기독교는 다른 종교보다 매우 큰 역할을 감당하였다. 초기 조직화 단계에서부터 기독교인들이 관여했고 민중운동화 단계에서도 기독교인들은 큰 희생을 감수하면서 주도적 역할을 하였다. 기독교의 조직적 참여가 없었다면 신속하게 전국으로 확산되고 장기간 지속되는 것은 불가능하였다. 민족대표

33인 중 16인의 기독교계 대표가 참여하였고 전국의 시위에서도 중심적 역할을 감당하였다. 이것 때문에 교회는 일제의 집중적인 탄압을 받아 전국적으로 큰 피해를 입었다.[227]

한국 기독교 민족주의는 3·1독립운동에 주도적으로 참여하면서 '민족종교'로 뚜렷하게 부상하였다. 3·1독립운동의 중심 이념은 정의와 인도, 즉 인도주의로서 이를 통해 1910년대 일제 무단통치의 이론적 틀이었던 사회진화론을 논리적·이념적으로 지양할 수 있었다. 기독교인은 대부분 무저항주의를 신봉하였다. 1919년 3·1독립운동 이후 기독교 민족주의는 주로 인도주의에 따라 외교론과 실력양성론을 운동노선으로 삼았고 민족해방과 신(新)국가건설을 목표로 하였다.[228]

장규식에 의하면, 한국 기독교 민족주의의 이념적 유형은 3·1독립운동 이후 뚜렷한 경향성을 나타낸다. 첫째 유형은 기독교계의 부르주아 민족주의 세력으로서 크게 안창호 계열과 이승만 계열로 대별된다. 이승만을 중심으로 하는 동지회 계열은 국내에서 흥업구락부와 적극신앙단을 중심조직으로 운영하였고 국내 중심인물은 신흥우였다. 그는 조선 YMCA연합회와 중앙YMCA 그리고 기호지방의 감리교회와 일부의 장로교회에 영향력을 행사하였다. 안창호를 중심으로 하는 흥사단 계열은 국내에 수양동우회를 중심조직으로 하여 장로회총회와 장로회 계열의 기독청년면려회 조선연합회, 서북지방의 장로교와 YMCA, 일부의 감리교에 영향력을 끼쳤다. 이 유형은 독립협회운동을 시발로 정치 및 사회 세력화하였으며 대한제국 말 문화계몽운동을 통하여 국권회복을 기도하였다. 또한 청교도적 신앙과 사회진화론을 기반으로 서구 자본주의를 도입하고 민주주의와 민족의식을 고양하였다. 일제강점기에는 민족주의의 개량주의 노선을 주로 주도하며 사회주의 계열과 이념투쟁을 이끌기도 했다. 결국 이 유형은 해방 후 남한 자본주의와 자유민주주의 국가 건국에 중심역할을 수행하였고 분단 체제의 고착화에 있어 중요한 축이 될 터였다.[229]

둘째 유형은 기독교계의 사회주의 세력으로서 일제하 부르주아 민족주의 세력과 뚜렷하게 구별되지는 않았지만 일정한 경향성을 보인다. 기독교 민족운동에서 중요한 역할을 감당하다가 사회주의로 전향한 이동휘, 여운형 등이 대표적 인물이다. 1920년대 중반 사회주의적 기독교에 대한 재조명에 기반을 둔, 기독교와 사회주의를 통합시키려 한 청년 학생들도 있었다.[230]

셋째 유형은 기독교 내 친일파로서 일제강점기 후기로 갈수록 기독교의 다수파가 된다. 중일전쟁(1931년) 이후 침략전쟁기에 수양동우회와 흥업구락부의 다수의 기독교 세력이 친일로 변절하였다. 장로교회와 감리교회가 일제 군국주의에 굴복하여 신사참배를 공식화하였고 일본적 기독교로 변질하였다. 이러한 친일 행각은 한국 기독교의 대세가 된다. 국권회복 후 교단이나 개인 차원에서 의미 있는 회개가 이루어지지 않았다.[231]

신기영은 한국 '기독교회'와 '기독교인'이 행한 집단행동을 사회학적으로 정량화하여 연구하였다. 그는 기독교회의 민족주의 노선은 기독교인을 대상으로 하여 종교적인 민족주의를 생성시켰고 기독교인의 민족주의는 민족의 독립을 목표로 일제에 대항하는 정치적인 민족주의를 형성하였다고 결론지었다.[232] 기독교 민족주의 세력의 주 무대는 교회와 사회의 교섭지대였던 기독교 사회단체와 기독교계 학교였다.[233] 따라서 한국 기독교인은 교회 차원이라기보다 개인적으로 또는 기독교 단체나 학교를 통하여 기독교 민족주의를 실행했다. 박동완도 개인 자격으로 독립운동에 참여하였다.

(3) 한국 기독교 민족주의의 세 가지 유형

그동안 한국 기독교 신앙 유형은 대개 두 유형으로 분류되어 왔다. 민경배는 구한말과 일제하 한국 기독교를 지역을 중심으로 '기청형'과 '서북형'으로 구분한다.[234] 이만열은 한국 기독교를 개인 구원 중심의 초월주의적 보수와 사회 구원 중심의 내재주의적 진보의 두 큰 사상적 유형으로 나누고 이런 유형이 기독교 수용 초기부터 이미 드러났다고 주장한다.[235] 이덕주는 3 · 1독립운동 이후의 기독교를 김익두, 길선주, 이용도 등 주로 부흥운동가로 대표되는 민중 계층의 초월적 신비주의 신앙과 박동완, 이상재, 박희도로 대표되는 지식인 계층의 현실적 계몽주의 신앙으로 구분한다.[236] 하지만 박동완은 계몽주의 신앙을 가진 것이 아니라 하나님에 대한 절대 신앙을 가진 철저한 기독교인이다. 그는 절대 신앙을 기반으로 하여 합리적 사고를 추구하였다. 언제나 신앙이 이성보다 먼저였다. 그는 초월적 신비주의와 현실적 계몽주의를 통합한 제3의 신앙을 가졌다.[237]

대개 어떤 특정한 집단이나 범주에 대한 유형화는 제대로 의식하지 못한 채 사물이나 현상을 바라보는 선입견이나 편견으로 작용하기 쉽다. 반면에, 문제나 해법을 도출하는 데 있어 단순화시키기에 유용한 면도 있다. 따라서 유형화에 따르는 한계점을 늘 인식하여야 한다.

위와 같은 양극단적 유형화는 이해하기는 쉽지만 모든 신앙군을 담기에는 한계가 있으며 이원론의 위험성을 내포한다. 이러한 양극단 사이에 수많은 스펙트럼이 있지만 적어도 하나의 중간 유형을 상정하는 것이 필요하다. 민경배, 이만열, 이덕주 등의 유형화는 지나친 단순화라 할 수 있다. 왜냐하면 양극단의 혼합과 혼재도 분명히 있기 때문이다. 니이버(Richard Niebuhr)는 기독교와 문화의 관계를 다섯 가지 유형으로 나누었다. 하지만 세 유형이 이해하기에도 쉽고 수많은 사례를 포괄하기에도 용이하다.

기독교와 세상의 관계는 결국 기독교인의 대인관계에 함축된다. 인간의 대인관계 유형은 폐쇄형, 반(半)개방형, 개방형으로 대별할 수 있다. 세상을 어떤 시각으로 바라보는가에 따라 내세 지향, 즉 이상 추구와 현상 지향, 즉 외력 추구로 나눌 수 있다. 이 땅에 희망을 두는가 또는 두지 않는가에 따라 또한 이 세상이 외력에 의해 지배되는가 또는 지배되지 않는가에 따라 지향점이 달라진다. 언급한 양극단의 분류는 이러한 것만을 다루었다. 하지만 한국 기독교 역사상 소수의 제3의 길, 중도의 길이 분명히 있었다. 이러한 관점으로 한국 기독교 민족주의를 다음과 같은 세 가지 유형으로 포괄할 수 있다.

첫째, '이상 추구 폐쇄형'이다. 대개 근본주의나 신비주의 신앙군은 이 세상에 희망을 두지 않고 내세만을 주로 바라본다. 그것은 개인 구원 중심의 초월적 보수신앙을 가진다. 따라서 현실을 떠나 이상을 바라보며 폐쇄적으로 살아간다. 이 유형은 기독교인의 정체성을 고수할 수 있지만 세상을 향한 기독교인의 빛과 소금의 역할을 감당할 수 없다. 길선주가 이 유형의 대표적인 한국 기독교 민족주의자라고 할 수 있다. 니이버의 첫째 대립 유형에 해당한다.

둘째, '외력(外力) 추구 개방형'이다. 대개 합리주의, 계몽주의 신앙군은 이 세상에 전적인 희망을 품는다. 사회 구원 중심의 내재적 진보신앙을 가진다. 따라서 세상에 대하여 매우 개방적 태도를 보인다. 따라서 기독교인의 정체성을 상실하기가 쉽다. 그리고 세상의 질서로 보이는 외력을 하나님의 뜻과 혼동한다. 처음에는 민족의 독립을 위해 민족의 힘을 기르려고 하지만 사회진화론에 경도되어 결국에는 힘의 논리에 굴복하여 친일에 이르기도 하였다. 민족대표로서 적극적 친일로 돌아선 박희도를 이 유형을 대표하는 한국 기독교 민족주의자로 볼 수 있다. 또한 친일에 이르지는 않았지만 이승만과 안창호도 여기에 해당한다고 할 수 있다. 니이버의 둘째 일치 유형이 이에 해당하며 셋째 종합 유형은 개방형과 반개방형의 중간에 위치한다고 할 수 있다.

셋째, 중간 유형인 '비타협적 반(半)개방형'이다. 절대 신앙에 기반하여 합리적 사고를 한다. 하지만 하나님의 섭리를 믿기에 사회진화론을 초지일관 신봉하지 않는다. 기독교인의 정체성을 유지한 채 세상의 기독교적 변혁을 위해 힘쓴다. 따라서 세상에 대하여 반개방적 태도를 가진다. 내세의 영원한 천국을 궁극적으로 지향하지만 이 땅의 하나님 나라 건설에도 애쓴다. 민족의 독립과 민주화를 이루기 위해 힘쓰고 현실과 타협하지 않는다. 이 유형의 대표자로 이상재[238], 이승훈[239], 박동완을 들 수 있다. 니이버의 다섯째 변혁 유형이 이에 해당하며, 넷째 역설 유형은 폐쇄형과 반개방형의 중간에 위치한다고 볼 수 있다.

한국 기독교는 개인 구원 중심의 초월적 · 보수적인 '이상 추구 폐쇄형'의 주류적 흐름과 사회 구원 중심의 내재적 · 진보적인 '외력 추구 개방형'의 비주류적 흐름을 선교 초기부터 현재까지 일관되게 견지했다. 두 흐름의 갈등을 극복하려면 하나님 중심의 기독교적 정체성을 확고히 한 채 기독교적 세계관 · 역사관 · 종말론에 입각하여 세상의 변혁을 추구하기 위해 두 흐름이 통합적 · 변증법적으로 만나 '비타협적 반개방형'이 되어야 한다. 한국 기독교 역사상 중도의 길이 소수이지만 분명히 있었다.

대표적인 비타협적 민족주의자로 각인된 안재홍과 대표적인 불교계 비타협적 민족주의자로 인정된 한용운에 비해 기독교계 비타협적 민족주의자로서 현재 주목 받는 인물이 없다. 박동완은 1920년대 대표적 기독교계 비타협적 민족주의자로 널리 인식되어 있었다. 민족의 암흑기인 일제강점기에 기독교는 내세 지향적, 신비주의적, 근본주의적 신앙과 현실 타협적 계몽주의 신앙 양극단이 대세였으나, 박동완은 이를 통합하여 외로운 중도(中道)의 길을 갔다. 그는 예수의 생명과 사랑의 정신을 가지고 자신과 가족의 안위보다 민족의 아픔에 동참한 제사장적 자기희생과 시대사조를 꿰뚫어 보고 비판한 예언자적 역사의식이 있었다. 박동완은 이러한 중도의 길을 간 기독교 민족주의자 중 대표적 인물이다. 이런 인물인 박동완이 일생에 걸쳐 펼쳤던 기독교 민족운동을 살펴보자.

제2부

박동완의 기독교 민족운동

1
박동완의 기독교 언론사역

박동완은 초기의 삶을 지나 사망하기까지 기독교 민족운동, 즉 언론활동, 독립운동과 교육목회에 평생을 헌신하였다. 그의 삶은 언론활동을 기반으로, 독립운동에서 절정에 이르렀고, 교육목회를 통하여 마무리 되었다. 요컨대, 그의 생애를 한마디로 정리하자면 '기독교 민족운동에 헌신한 삶'이다. 그는 '기독언론인'으로서, '독립운동가'로서 그리고 '교육목회자'로서 민족운동을 전개해 나갔다. 그의 기독교신앙과 민족운동은 동전의 양면과 같아 기독교신앙의 자연스럽고도 당연한 표출(表出)로써 민족운동을 전개하였던 것이다.

1) 《기독신보》를 통한 언론활동

(1) 편집인으로서의 저술활동

1915년 12월 8일 창간되었던 《기독신보》는 경영 부진을 이유로 1937년 8월 1일 2개월 기간으로 휴간계를 제출하였다. 그러나 기일 내에 발간하지 못하자, 일제 당국에 의해 동년 12월 1일 허가가 취소되어 폐간된 신문으로 장로교와 감리교가 합동하여 두 번째로 발간한 신문이다.[1]

《기독신보》는 일제치하 교회신문 역사상 가장 수명이 길었던 주간 신문이었다. 또한 감리교의 《그리스도회보》와 장로교의 《예수교회보》를 통합하여 연합정신에 골조를 둔 한국교회의 연합기관지였다. 《기독신보》의 발행 체제와 내용은 전신인 양대 신문의 형식과 유사하였고, 처음의 편집책임은 선교사에게 맡겼으나, 실제적인 업무는 한국인이 담당하였다. 《기독신보》는 창간사에서 교회 연합, 정치성 배제, 그리스도 사랑의 실천, 교회성장 등의 편집방향을 제시하였다.[2] 서굉일은 《기독신보》의 사료적 가치를 다음과 같이 표현하고 있다.

> 조선 전후기 연구의 기본 사료를 〈조선왕조실록〉, 〈일성록〉이라 한다면 기독신보는 한국 교회사 연구에 일차 사료가 되며 한국 기독교 100년의 뿌리를 확인하는데 필수 자료가 될 것이다…(중략)… 아무튼 기독신보는 일제하에 가장 오랜 기간 동안 한국 교회가 발간한 주간 신문으로 이 신문을 자료로서 이용하지 않고서는 당시의 한국 사회, 기독교 교회의 상황에 대한 인식은 불가능하리라 생각된다. 기독신보는 당시 한국 교회에 대한 실상과 기독교 지식인들이 처한 고민과 시각을 아울러 파악

할 수 있는 유일한 자료라 믿어지며….[3]

《예수교회보》의 최종호[4]가 나온 후 약 1년 뒤 장로회 측은 총회를 열어 "예수교회보의 폐간을 결의한 후 그 발행권을 장·감 선교사통합공의회에 이양하고 다시 감리회와 교섭하여 연합 신문을 발행키로 결의"[5]하였다. 한편, 장로회 선교부로부터 연합신문의 발간을 제의 받은 감리회 선교부는 이를 수락하게 되었다. 그리하여 조선예수교장로회 총회로부터 예수교회보의 발행권을 이양 받은 재한복음주의선교사 통합공의회(The General Council of Evangelical Missions in Korea)에서는 장·감의 연합신문의 발행을 위해 장로교 대표로는 게일(J.S. Gale; 奇一)과 김필수를, 감리교 대표로는 크램(W.G. Cram; 奇義男)과 박동완을, 그리고 조선예수교서회[6] 총무인 본윅(G. Bonwick)을 선출하여 신문 발행의 일체 권한을 부여하게 되었다.[7] 책임을 맡게 된 5명의 위원은 여러 가지 상황을 고려[8]하여 본윅을 발행인으로 하였고, 사장 겸 편집인은 크램(감리교), 주필은 김필수(장로교), 편집위원으로는 게일(장로교)과 박동완(감리교) 2명이 맡게 되었다.

기독신보사는 사무실을 조선예수교서회 내에 두었다. 창간 시부터 조선예수교서회에서는 기독신보사를 재한복음주의선교사 통합공의회로부터 위탁받아 운영하다가 1920년 1월 1일부터 기독신보사의 발행권과 운영권을 넘겨받아 운영하게 되었다.[9] 사장은 곧 게일로 바뀌고 뒤를 이어 밀러(H. Miller, 閔休) 하디(R.A. Hardie, 河鯉泳), 로드스(H. A. Rhodes, 魯解理) 등이 맡았으며, 역대 주필로는 김필수의 뒤를 이어 박동완, 조상옥(趙尙玉), 박연서(朴淵瑞), 전필순(全弼淳) 등이 있었다.[10]

일제는 한반도 강탈에 앞서 1907년 7월 24일 이완용 내각을 출범시켜 법률 제1호를 제정 공포했는데, 신문지법이 그것이다. 이 법에 따라 신문 발행은 정부의 허가를 받아야 했고, 같은 달 27일에는 법률 제2호로 보안법을 공포해 반일적 언론보도를 통제할 법적 근거를 마련하였다. 1910년 한반도 식민지 강점을 시작하면서부터는 모두 22종의 출판물을 정간 또는 폐간시켰다. 이는 식민지 지배의 걸림돌이 될 수 있는 한국인 언론을 말살하여 한국인의 모든 정치적 발언을 원천 봉쇄하려는 조치였다.[11]

《기독신보》가 창간되었던 1915년 당시에는 일제에 의해 억압과 탄압이 자행되던 시기였기에 언론에 대해서도 예외는 아니었다. 한국인에게 위에서 언급한 신문지법, 보안법을 비롯한 각종 악법들을 통해서 신문, 잡지와 같은 출판물의 발행을 어렵게 만들었던 것이다. 결국 한일합방이 있었던 1910년부터 1915년까지 민족지가 전혀 없던 시기에 비록 "장·감 두 교파 선교사 중심의 선교사연합공의회의 주도 아래 발간된 것"[12]이기는 하나 《기독신보》는 "한국인들이 신문을 발행하지 못하도록 억제하는 정책"[13]에 맞서 선교사들을 전면에 내세워 합법적으로 발간된 유일한 한글신문이었다.

이런 점에서 《기독신보》는 당시 "한국인에 의한 언로가 막힌 상황에서"[14] "한글의 암흑기에 한글을 지키고 한글을 널리 보급하는 역할"[15]을 감당하였다. 물론 《매일신보》[16]가 한글로 발행되었지만 그것은 국한문 혼용이면서 한자 위주로 발간이 되었고 또한 총독부 기관지로 이미 전락해 버린 후였다. 그러므로 《기독신보》는 일제의 '무단통치'시절 특정한 소수 집단인 "기독교인들을 대상으로 하는 신문이기는 했으나 한국인들에게는 매일신보를 제외하면 유일한 민간신문인 셈"[17]인 것이다. 따라서 "교회 계통의 신문으로만 평가할 것이 아니라 일제하 한국 언론의 일부로 볼 수도 있을 것"[18]이라는 대표적 언론학자인 정진석[19]의 주장에는 일리가 있다.

《기독신보》 창간 당시 박동완은 편집위원으로 있으면서 1915년 창간호에 실린 "긔독신보 발간ᄉᆞ"를 시작으로 1919년 민족대표 33인으로 투옥될 때까지 저자명이 명기 되지 않은 사설의 대부분을 작성하였다. 또한 만기출옥 후 재입사 한 뒤에 1922년 5월경부터 6개월 동안 비공식적 편집인으로, 동년 12월 20일부터 1924년 5월 14일까지 법적인 편집인으로 근무하면서 발간한 《기독신보》의 이름을 밝히지 않은 사설은 거의 그가 썼다고 볼 수 있다. 그 근거는 다음과 같다.

《기독신보》에서 편집부 일을 맡았던 김춘배[20]의 회고록에는 "사설에는 이름을 밝히지 않는 것이 그때나 오늘의 상례이지만 편집의 실무자라고는 두 사람뿐이었으며 으레 내가 집필자로 지목되었다"[21]라는 부분이 있다. 김춘배의 회상대로 박동완은 《기독신보》에 사설을 썼지만 실명을 밝히지 않았다. 1921년 11월 1일부로 《기독신보》 주필로 입사했다가 1922년 5월경 주필을 사임한 최상현[22]의 경우에도 사설에 자신의 이름을 명시하지 않았다. 공식적인 직함이 주필이든, 편집장이든, 사장이든 그 어떤 직책이었든지 간에 지속적으로 사설을 쓴 실질적인 주필(조상옥, 박연서, 전필순 등)은 자신의 이름을 사설에서 밝히지 않았다. 하지만 어쩌다 간혹 사설을 쓴 공식적인 주필(김필수)이나 사장(기일, 민휴, 노해리, 하리영 등), 혹은 편집위원(오웅천)과 외부 필진(선교사, 목사 등)은 사설에 자신의 필명을 밝혔다.

창간 초기부터 3 · 1운동 전까지 공식적으로 편집위원, 서기로 일한 박동완은 사설에 한 번도 자신의 이름을 올리지 않았다. 공식적인 편집자 시절에도 사설에 이름을 명시하지 않았다. 1915년 《기독신보》 창간 당시에 한국인 편집 실무자로는 김필수와 박동완 둘뿐이었고, 김필수는 조선인 사장으로 글을 쓰기 보다는 주로 대외적인 일에 힘썼다고 여겨진다. 《기독신보》의 '광고', '사고', 혹은 '여행담'에 보면 김필수가 전국에서 《기독신보》의 독자 확충을 위하여 활동했다고 나온다. 또한 김필수는 한국인 최초의 장로회 총회장이었으며 한국인 최초로 장감연합회 회장을 맡았던 인물이기도 하다. 그런 그가 매주 발행되는 《기독신보》의 사설을 매번 집필하기엔 상당한 무리가 따랐으리라고 여겨진다. 어쩌다 사설에 김필수가 글을 올릴 때면 자신의 이름을 밝혔다. 김필수 뿐만이 아니라 게일이나 밀러, 하디 등도 그랬다.

이처럼 사설 대부분의 글에는 이름이 없지만 간혹 이름이 명시되어 있는 사설을 발견할 수가 있는데 이러한 사실로 미루어보아 사설은 주로 박동완이 썼으며 어쩌다 다른 이가 사설을 썼을 경우에만 이름을 명시했다는 것을 알 수 있다. 박동완의 이름으로 된 사설을 단 한 차례도 발견할 수 없다는 것은 반대로 대부분의 사설을 박동완이 썼다는 사실을 증명해 주는 근거자료가 된다.

박동완이 투옥된 후 박동완을 대신해서 실질적으로 사설을 집필했을 것으로 여겨지는 장락도(당시 편집위원)와 김필수 다음으로 주필을 맡았던 최상현, 조상옥, 박연서 등은 사설에 자신의 이름을 명시하지 않았다. 이들 뿐만 아니라 나중에 사장, 편집인 겸 발행인을 맡게 된 전필순과 편집국장 최석주의 이름도 사설에서는 발견할 수가 없다. 이러한 사실은 《기독신보》에서 사설을 주로 쓴 실질적인 주필은 자신의 이름을 명시하지 않았다는 것을 보여준다.

특히, 《기독신보》가 창간되었던 초창기 1915년부터 1920년 초까지는 일제에 의한 '문화정치'가 표방되기 전이기에 한국인 이름으로는 신문을 발간할 수가 없었다. 한글신문으로는 유일하게 허가받아 나온《기독신보》도 사장이나 편집인이 외국인 선교사였기에 가능했던 것이다. 이러한 당시 상황에서 김필수가 실질적으로 신문사의 사장이나 발행인 역할을 하였다 하더라도 정식으로 사장이나 발행인으로 나서기는 어려웠을 것이다. 다음은 김필수를 '조선인 사장'으로 언급한 조선예수교장로회 총회록의 내용이다.

> 감사홀거슨 전라로회에셔 목ᄉ 김필슈시를 죠션샤쟝으로 주신 일이오며 죠션사쟝 김필슈시가 신문광고 ᄎ로 평양과 션쳔 등디에 츌장ᄒ야 셜명홈으로 젼 예수교회보에 대ᄒ야 의혹ᄒᆫ 바를 깨다르시고 각 교회에셔 찬셩ᄒ야 주심으로 四千장 츌판에 경영ᄒ게 되얏ᄉ오며…[23]

전라노회 소속이었던 김필수가《기독신보》에 '조선인 사장'으로 왔으며, 그가 신문광고를 위해 평양과 선천 등지로 출장하여 설명함으로써 과거에 발간되었던《예수교회보》를 환기시켜 각 교회로 하여금 구독케 하여 4천 장을 출판하게 되었다는 것이다.

이렇듯 김필수는 사무실에 앉아 신문의 사설 등을 쓰는 주필 역할을 하였다기보다는 대외적으로 직접 나서서 신문의 발행 부수를 높이는 등의 사장 역할에 주력했음을 알 수 있다. 김필수 만이 유일하게 공식적으로 주필로서 사설에 명시가 되어 있다는 것은 그가 공식적으로는 주필이지만 실질적인 조선인 사장으로서 간혹 사설을 썼다는 의미가 된다. 왜냐하면 계속적으로 사설을 쓰는 주필은 오히려 자신의 이름을 명시하지 않기 때문이다. 이는 편집위원인 박동완이 오히려 주필의 역할을 감당하여 사설을 썼다는 증거가 된다.

이만열은 『한국기독교 문화운동사』에서 "편집장으로 있던 박동완이 민족대표 33인에 가담"[24]하였다고 언급하였다. 그리고 이장식은 『대한기독교서회 백년사』에서 "《기독신보》 주필이었던 박동완씨가 기미년 독립운동 독립선언서 서명자 33인 중의 한 사람으로서 1년 반 옥고를 치르는 동안 일손이 부족하였다"라고 당시의 상황을 밝히고 있다. 《기독신보》를 창간 시부터 실제적으로 발행 및 운영하였던 '대한기독교서회'의 역사서에 이런 내용이 언급된 것은 중요한 근거이다.[25] 따라서 박동완은 창간 시부터 3·1운동으로 인해 투옥될 때까지 실질적인 주필이나 편집장의 역할을 하였던 것으로 보인다.

《기독신보》는 비록 외국인 선교사 이름으로 발간된 신문이기는 하나 실질적인 편집은 한국인이 주도하였다고 해도 과언이 아니다. 이는 "실제로 서양선교사가 한국어에 능숙해졌다고 하더라도, 매주 6면 또는 8면 분량의 신문을 한글로 편집하는 업무를 전적으로 소화하기에는 한계가 있었기 때문"[26]이기도 하고 또 《기독신보》의 지면을 채우는 내용들은 주로 "독자들의 기고문을 적극 활용하였던 만큼 한국인 편집자의 역할은 절대적일 수밖에 없었"[27]을 것이기 때문이다. 이런 의미에서 박동완은 공식적으로는 편집위원이었지만 편집과 주필 업무에 있어서 절대적인 역할을 감당했을 것으로 보인다. 반면, 신문의 부수 확장, 장감 양교파와의 관계 및 선교사와의 외부적인 일들은 김필수가 절대적인 역할을 감당했을 것으로 보인다.

《기독신보》는 1930년, 창간 15주년을 맞아 1면 사설 "창간 15주년을 당하야"에서 《기독신보》의 간략한 연혁을 밝혔다. 창간 당시 감리회 측의 크램(기의남) 박사와 박동완 목사 그리고 장로회 편의 게일(기일) 박사와 김필수 목사를 산파역으로 기록하며 4인의 사진을 기재하면서 창간에 있어 중요한 역할을 감당하였다고 치하하고 있다.[28] 또한 박동완이 1922년 12월 20일에 '다시' 편집인에 취임하였다고 기록하고 있다.[29] 따라서 《기독신보》의 자체 기록에 의해서도 3 · 1운동을 주도하여 투옥되기 이전에 편집인으로 일하였다는 것이 된다.

한편, 기독신보사의 사장을 역임하였던 전필순은 "기독신보 창간 시 김필수, 박동완 양씨(兩氏)가 집무하였고 그 내용은 기독교계 보도와 신도 교도에 관한 것이며 경영 모체는 선교부 연합경영단체인 기독교서회이었습니다"라며 '반민족행위 특별조사위원회'에서 진술하였다.[30] 종합하면, 창간 당시부터 3 · 1운동까지 김필수는 《기독신보》의 운영을, 박동완은 편집 및 집필에서 절대적인 역할을 감당하였다고 정리할 수 있다. 이렇게 두 사람은 《기독신보》 초기의 양대 축이었다고 볼 수 있다.

그리고 편집비평의 관점에서 보더라도 김필수의 글과 이름이 밝혀지지 않은 대부분의 사설에서는 확연한 차이를 보인다. 우선 한학을 공부한 김필수의 글은 한문 위주의 글로 한글은 조사 정도로만 사용되어진 반면 박동완이 썼다고 여겨지는 대부분의 사설은 한글 위주로 작성되었다. 그 차이를 알아보기 위하여 김필수의 이름으로 나와 있는 사설 한 편과 이름이 명시되지 않은 사설 한 편 그리고 박동완이 자신의 이름을 밝히고 《기독신보》에 기재한 다른 글 한 편을 비교해보자.

김필수가 주필로 있던 1915년 12월 8일 창간 시부터 1921년 6월 8일까지 《기독신보》에 김필수란 이름으로 기재되어져 있는 사설로는 "원죠(元旦)의 신감(新感)"[31]과 "합일(合一),"[32] "희망(希望)과 성공(成功),"[33] "오응천(吳應千) 씨(氏)를 환영(歡迎)하노라"[34]가 있으며, 추강이란 그의 호로 씌어진 "신년마지"[35]와 추강주필이라 명시되어 있는 "삼죠빅감(三朝百感)"[36]이 있다. 그리고 권두언으로 실린 "ᄋᆞ동에 ᄃᆡᄒᆞ야"[37]가 있다. 이중에서 아래 글은 '주필 김필수'라 명시되어 있는《기독신보》1918년 1월 16일자 사설 "원죠(元旦)의 신감(新感)"이다.

(사설) 元旦의 新感 주필 김필수

多事(다ᄉᆞ)ᄒᆞ던 舊曆(구력)을 餞送(전송)ᄒᆞ며 有望(유망)ᄒᆞᆫ 新年(신년)을 公州旅館(공쥬려관) 第二號室(뎨二호실)에셔 一點旅燈(일뎜려등)으로써 賀迎(하영)ᄒᆞ고 보니 夢如(몽여, ᄭᅮᆷᄀᆞᆺ)치 經過(경과)한 一千九白十七年(년)은 맛치 熟讀(숙독, 닉히 닑)지 못ᄒᆞ고 그냥 슬적 넘긴 書冊(셔칙)의 一頁(엽, 폐지)ᄀᆞᆺ치 回想(회샹)이 업지 못고 惟(유, 오직) 南帆北輪(남범북륜, 남편돗ᄃᆡ 북편박휘)에셔 努力(로력)홈으로 顯大(현대)ᄒᆞᆫ 愆過(건과)ᄂᆞᆫ 無(무, 업)시職責(직칙)에셔 從事(죵ᄉᆞ)ᄒᆞᆫ 中(즁)에 身體(신톄)의 建强(건강)을 得(득, 엇)음과 峻坂(준판)할 ᄀᆞᆺ흔 世路(세로, 셰샹길)과 急灘(급탄)잇ᄂᆞᆫ 海面(ᄒᆡ면)에셔도 平坦(평탄)에 履(리, 신)를 曳(예, ᄭᅳ을)고 安靜(안정)에 心(심, ᄆᆞᄋᆞᆷ)을 寄(기, 붓친)거슨 眞實(진실)노 吾主(오주, 우리 쥬)ᄭᅴ셔 余(여, 나)를 棄(기,ᄇᆞ리)지 아니ᄒᆞ심인줄노 銘感(명감)되ᄂᆞᆫ 바인ᄃᆡ…[38]

이 글은 한자를 알아야만 글의 내용을 제대로 파악할 수 있는 문장으로 당시 한학을 공부한 식자층들이 즐겨 사용했던 문체란 것을 쉽게 알 수 있다.

다음 소개할 글은 이름이 명시되지 않은 "긔독신보 발간ᄉᆞ"란 제목의 창간호에 실린 사설과 박동완이 자신의 필명을 "ㅂㄷㅇ싱"[39]으로 표기해서 1916년 6월 21일에 기재한 감상록 "인왕산에서"의 일부이다. 두 글을 연속해서 소개한다.

뎌 만권셔칙 써 밧게 이샹ᄒᆞᆫ 글ᄌᆞ를 긔ᄌᆡᄒᆞ야 오관감각(五官感覺)에 감촉(感觸)ᄒᆞᄂᆞᆫ 힘이 쥬샤침(注射針)ᄀᆞᆺ치 ᄲᅡ른 죠회 쇽이 나러가고 나리 오ᄂᆞᆫ거시 잇스니 이ᄂᆞᆫ 곳 신문이라 대뎌 신문이라 ᄒᆞᄂᆞᆫ거ᄉᆞᆫ 세계의 공공뎍 통보(公共的 通報)요 인류의 교환뎍 지선(交換的 智線)이라 ᄒᆞ겟도다 하ᄂᆞ님ᄭᅴ셔 각 나라 ᄇᆡᆨ셩을 ᄒᆞᆫ 혈ᄆᆡᆨ으로 지으샤 왼 ᄯᅡ에 거ᄒᆞ게 ᄒᆞ시고 뎌의 년ᄃᆡ를 뎡ᄒᆞ시고 거ᄒᆞᄂᆞᆫ 디경을 한뎡ᄒᆞ셧스니 남북에 산쳔이 ᄆᆡᆨ히고 동셔에 도로가 먼 동시에 내가 나의 ᄒᆞᄂᆞᆫ 일만 알고 ᄂᆞᆷ의 형편과 쥬의를 듯고 알지 못ᄒᆞᆯ진ᄃᆡ 고루(孤陋)ᄒᆞᆷ을 면치 못ᄒᆞᆯᄲᅮᆫ 아니라 교통ᄒᆞᄂᆞᆫ ᄉᆞ랑이 ᄭᅳᆫ혀질지로다 고로 신문이 디구샹에 통ᄒᆡᆼᄒᆞ며 문명가(文明家) 이목에 환영을 밧ᄂᆞᆫ거시로다 죠선반도샹으로만 말ᄒᆞᆯ거시면 샤회에는 각종신문 잡지가 경셩은 물론ᄒᆞ고 각도와 각부에셔도 발행ᄒᆞᄂᆞᆫ거시오….[40]

감상록(感想錄)　　인왕산에셔　　ㅂㄷㅇ싱

아츰마다 곤ᄒᆞᆫ 잠을 겨우 ᄭᆡ여 두눈을 부비면셔 강잉히 자리에 니러 셰슈를 부ᄌᆞ런히 ᄒᆞ고 인왕산에 올나가셔 쟝안대도 굽어보니 남으로 한강이 둘여 흐르고 북에는 三각산 세봉오리가 웃둑이 흘립(屹立)ᄒᆞᆫ 틈에 즐비히 벌여잇ᄂᆞᆫ 집들과 됴밀히 살어잇ᄂᆞᆫ 뎌사ᄅᆞᆷ들의 형편을 ᄉᆞᆯ펴보니 맛치 녜젼에 바울ᄉᆞ도가 실나와 듸모데를 기ᄃᆞ려 아덴셩에 잇슬�에 그 셩에 우샹이 ᄀᆞ득ᄒᆞᆫ 것을 보고 ᄆᆞ음에 분ᄒᆞ야 유대 사ᄅᆞᆷ과 쳘학ᄉᆞ와 변론ᄒᆞ야 구쥬의 부활 ᄒᆞ심을 증거ᄒᆞ며 ᄯᅩ 아지못ᄒᆞᄂᆞᆫ 신을 위ᄒᆞᄂᆞᆫ 것을 보고 ᄀᆞᄅᆞ쳐 준 것이 감샹되여 내 뇌쇽에셔 복잡히 니러나ᄂᆞᆫ 바 ᄉᆞ샹을 다 긔록ᄒᆞᆯ수 업스며 ᄯᅩᄒᆞᆫ 그 샹ᄐᆡ를 판뎡ᄒᆞ며 말ᄒᆞ기 어려오나 그러나 대개 각 사ᄅᆞᆷ의 ᄉᆞ샹과 ᄉᆡᆼ활샹ᄐᆡ를 두 방면으로 관찰ᄒᆞᆯ수 잇스니 곳 선악이 이것이라 대개 선이라 ᄒᆞᆷ은 녜로브터 사ᄅᆞᆷ마다 됴화ᄒᆞ고 맛당히 힝홀 것으로 알되 오늘날ㅅ지 이것을 실힝흔 사룸은 심히 적고 악이라 홈은 사룸마다 뮈워ᄒ야 당연히 힝치아니 홀것으로 알되….[41]

위의 두 글에서 알 수 있듯이 박동완의 글은 한문이 사용되어 있긴 하나 한글 위주로 되어 있어 오늘날 한자를 모르는 세대가 읽어도 의미의 전달에 문제가 없다. 박동완은 제1부에서 다루었다시피 양반 관료 가문 출신으로 유년시절에 한학을 공부하였으며 한글과 영어교육으로 유명하였던 배재학당 고등부와 대학부에서 수학하였다. 당시 배재학당에서는 한글의 우수성을 깨닫게 된 선교사들에 의해서 체계적인 한글교육이 영어와 더불어 이루어졌다. 김필수 또한 한학을 공부한 사람[42]이기에 《기독신보》에 실명으로 씌어진 사설이나 기사, 또는 그가 주간으로 있었던 YMCA의 잡지《청년》의 권두언이나 다른 글들을 보면 한자어의 사용이 빈번하다. 따라서 창간 당시부터 씌여진 사설은 한글어투에 가깝기에 박동완의 글이며 박동완이 직접 작성한《신생명》과《한인기독교보》 그리고《기독신보》 사설 이외의 글 등에서 보이는 한글어투의 문맥과도 유사하기에 그의 글로 보는 것이 합당하다.

황우선 논문에 나오는 초기 집필진에 박동완이 누락된 것은 잘못이다. 당시 회의록에 언급되어 있는 내용만을 가지고 집필진을 명기한다는 것은 심각한 오류에 빠질 수 있다. 회의록에 나와 있는 내용[43]에 박동완의 이름이 언급되어 있지 않다고 해서 당시《기독신보》에서 근무하지 않았던 것은 아니다. 그의 역할이 종전과 같다면 회의 할 때 굳이 거론할 필요가 없기 때문에 회의록을 기록할 때 언급되지 않았을 뿐이다.

또한, 오웅천 입사 당시 김필수가《기독신보》에 기고한 환영사설에 보면 "재작년 3월1일 편집의 동무(同務) 박동완씨의 조선독립선언에 참가

입감(入監) 이후로 기후임(其後任)을 미득(未得)하야 다소간 곤란과 비난이 잇섯슴은 사실이더니"[44]란 구절이 나오는 것으로 보아 박동완이 입감되기 직전까지 《기독신보》에서 편집인으로 근무했었다는 사실을 알 수 있다. 또한, 3·1운동 이후 여러 신문조서와 각종 신문기사에 박동완의 직업은 "기독신보사 서기(書記)"로 언급되어 있다. 이로 미루어 보아 《기독신보》 창간 시부터 3·1운동 직전까지 박동완은 기독신보사에서 계속 일하고 있었음을 부인할 수 없다. 윤춘병의 《기독신보》 해제에 나온 "초기의 경영진" 명단 중 박동완은 창간 시를 제외하고 경영진에서 누락되어 있는데 이런 잘못된 자료가 계속해서 지금까지 여러 논문에서 무비판적으로 인용되어 왔다.

종합하면, 《기독신보》 초기에는 공식적 직책과 실질적 직책이 대체로 일치하지 않는 것으로 보인다. 이것은 일제의 신문지법에 의해 외국인 선교사 명의로 신문이 발행되었기 때문이다. 외국인 선교사는 신문의 방향성과 같은 큰 틀과 재정을 담당하였다. 선교사가 제시한 틀 안에서 실질적인 운영과 편집, 집필은 한국인이 담당하였다. 창간 초기 김필수는 공식적인 직책은 주필이었지만 실질적인 직책은 사장이란 중책을 맡았다. 박동완의 공식적인 직책은 편집위원, 서기였지만 실질적으로는 주필이나 편집인의 역할을 감당하였다. 공식적 직책과 실질적 직책이 다르기에 여러 저서와 논문에서 한 사람의 직책이 다르게 언급되어 왔다. 그러나 위에서 제시한 바와 같이 종합적으로 정리한다면 이러한 모순이 해결된다.

(2) 기독교문학 활동

박동완은《기독신보》에 본인의 실명과 필명으로 시조와 산문, 감상록과 취재기사에 이르기까지 다양한 장르의 글을 자유자재로 소화했음을 알 수 있다. 아래는 그가 "ㅂㄷㅇ싱"이란 필명으로 쓴 "추색(가을빗)"이라는 글의 일부분이다.

秋色 (가을빗)

…ᄭᅩᆺ과ᄀᆞᆺ치 ᄉᆞ랑을 밧을 쳥년들아 그ᄃᆡ들은 이 우쥬ᄉᆞ이에셔 그ᄃᆡ들을 ᄎᆞᆷ으로 ᄉᆞ랑ᄒᆞᄂᆞᆫ 쟈와 거짓 ᄉᆞ랑ᄒᆞᄂᆞᆫ쟈가 잇ᄂᆞᆫ 것을 ᄭᆡᄃᆞ럿ᄂᆞᆫ가? ᄭᅬᄭᅬ리ᄀᆞᆺ치 벗 찻ᄂᆞᆫ 쟈의 소ᄅᆡ가 잇ᄂᆞᆫ 것을 드럿ᄂᆞᆫ가? 머리에 기름을 반지를ᄒᆞ게 바르고 얼골에 분을 횟바가지 ᄀᆞᆺ치 닙히고 쳥루에 놉히 안져 먹고 ᄆᆞ시기를 권ᄒᆞᄂᆞᆫ 것이 그ᄃᆡ들을 ᄃᆞᆺ허히 ᄉᆞ랑ᄒᆞᄂᆞᆫ 듯 ᄒᆞ나 이것이 ᄎᆞᆷᄉᆞ랑이 아니라 ᄑᆡ가망신 식히ᄂᆞᆫ ᄉᆞ랑이며…(중략)… 그런즉 이 셰샹에 우리를 ᄎᆞᆷ으로 ᄉᆞ랑ᄒᆞ며 ᄎᆞᆷ으로 불으ᄂᆞᆫ 쟈가 누구인가 곳 우리의 죄를 ᄃᆡ신ᄒᆞ야 ᄌᆞ긔몸을 희싱삼은 예수가 아닌가…(중략)…

우리가 ᄎᆞᆷᄉᆞ랑을 밧고 참불으심을 닙으려 ᄒᆞ면 그 지나가ᄂᆞᆫ 길이 심히 험ᄒᆞ고 그 칙임이 ᄆᆡ우 즁ᄒᆞ여 능히 감당ᄒᆞ기가 어려우나 그러나 만일 예수ᄭᅴ셔 ᄌᆞ긔의 싱명을 ᄇᆞ리도록 우리를 ᄉᆞ랑ᄒᆞ신 것을 싱각ᄒᆞ면 엇지 어려움이 잇스리오 그런즉 우리가 그 ᄉᆞ랑을 밧고 그 불으심을 닙고 이 셰샹을 지나가려면 三복의 고열보다도 더 괴로올 것이며 엄동의 ᄆᆡᆼ렬ᄒᆞᆫ 바ᄅᆞᆷ보다도 더 견ᄃᆡ기 어려운 시험을 당ᄒᆞᆯ지나 가을ᄀᆞᆺ치 셔늘ᄒᆞᆫ ᄯᆡ를 맛날수가 잇스며 봄ᄀᆞᆺ치 화려ᄒᆞᆫ 동산에셔 깃분 날을 당ᄒᆞᆯ ᄯᆡ가 멀지 아니 ᄒᆞ리니 졔군은 이 셰샹 헛된 ᄉᆞ랑에 ᄲᅡ져셔 허영심을 좃지 말고…

(중략)… ᄉᆞ랑의 쥬시니 ᄭᅳᆺᄭᆞ지 밋고 나아가셔 이 셰샹의 어두움을 면ᄒᆞ고 광명ᄒᆞᆫ 쥬의 빗 아래 평안ᄒᆞᆫ 복을 누릴 지어다[45]

박동완은 청년들에게 참사랑과 거짓 사랑을 구분할 것을 간절히 바라고 있다. 글에 따르면 머리에 기름을 바르고 얼굴에 분을 횟바가지 같이 바르고 청루에 높이 앉아 유혹하는 행위는 참사랑이 아니라 패가망신시키는 사랑이다. 동시에 예수님의 희생을 상기시키면서 예수님의 사랑을 받아 부르심을 입고 이 세상을 지나려면 삼복의 고열보다도 더 괴롭고 엄동의 맹렬한 바람보다 더 견디기 어려운 시험을 당할 것이라고 예견하였다. 그러나 참고 견디면 가을 같이 서늘하고 봄 같이 화려한 좋은 때가 머지 않아 올 것이라 하였다. 이렇게 이 세상 헛된 사랑에 빠져서 허영심을 쫓지 말라며 권면하였다. 이 글에서 알 수 있듯이 박동완은 향락에 빠지기 쉬운 청년에게 엄중하면서도 단호하게 청년의 앞날을 밝힐 수 있는 믿음의 길을 제시하고 있다. 그는 실제로 YMCA에서 소년부 위원장, 이사를 맡는 등 청년사역에도 깊숙이 개입하였다.

다음의 글은 "위로"라는 제목의 사조로 일본 식민지 하에서도 꺾이지 않는 그의 굳건한 의지와 미래를 향한 소망과 기독교인으로서의 확고한 신념을 나타내고 있다.

위로 ㅂㄷㅇ싱 사조

一. 연연히 픠여 샹밧던

붉은ᄭᅩᆺ도 가는비 부ᄂᆞᆫ동풍

ᄉᆞ졍업시 부듸쳐 니르닛가

불과 열흘다 못되여

분분히 써러 젓고나

불지 말아

二. 솔노문의 영화 로도

들에핀 빅합쏫만 못ᄒᆞ엿고

골니앗의 ᄌᆞ랑ᄒᆞ던 용밍도

다윗의 물ᄆᆡ돌 ᄒᆞ나로

쳐이긔여 멸힛도다

ᄌᆞ긍 말아

三. 부유ᄀᆞᆺ흔 인싱 으로

이셰샹을 츈몽속에 보내여

쓴구름과 흐르ᄂᆞᆫ 물ᄀᆞᆺ흔

셰ᄉᆞ에 츔깁히 취ᄒᆞ야

ᄭᆡ지못ᄒᆞᄂᆞᆫ 인싱 들아

목뎍 ᄒᆞ라

四. 검은 구름이 아모리

붉은히빗츨 가리울 지라도

광풍이 니러나 밍렬히불면

검은구름 쫏겨 가고

붉은히빗 다시 온다

락심 말아

五. 육졍이 비록 령혼을

유혹ᄒᆞ야 해롭게 홀지라도

셩신이 광풍ᄀᆞᆺ치 림ᄒᆞ샤

ᄆᆞ음을 씨셔 졍케ᄒᆞ면

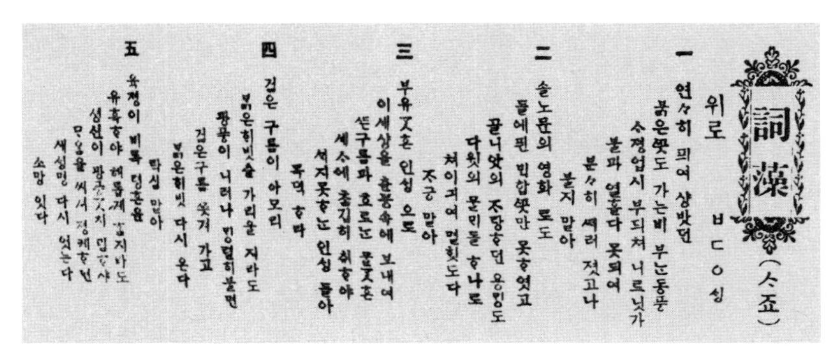

詞藻(ᄉᆞ조)

위로 ㅂㄷㅇ싱

一
연々히 픠여 상밧던
붉은쏫도 가ᄂᆞᆫ비 부ᄂᆞᆫ동풍
수졍업시 부듸쳐 나르닛가
불파 열흘다 못되여
분々히 ᄯᅥ러 젓고나
볼지 말아

二
솔노몬의 영화 로도
들에핀 빅합쏫만 못ᄒᆞ엿고
골니앗의 자랑ᄒᆞ던 용밍도
다윗의 물미돌 ᄒᆞ나로
쳐이기여 멸힛도다
ᄌᆞ긍 말아

三
부유ᄒᆞᆫ 인싱 으로
이세상을 츈몽속에 보내여
ᄯᅳᆫ구름파 흐르ᄂᆞᆫ 물ᄀᆞᆺᄒᆞᆫ
세ᄉᆞ에 츄진히 취ᄒᆞ야
ᄭᆡ지못ᄒᆞᄂᆞᆫ 인싱 들아
목며 ᄒᆞ따

四
검은 구름이 아모리
붉은히빗슬 가리울 지라도
광풍이 니러나 방렬히불면
검은구름 쏫겨 가고
붉은히빗 다시 온다
락심 말아

五
육졍이 비록 뎡혼을
유혹ᄒᆞ야 해롭게 ᄒᆞᆯ지라도
성신이 광ᄎᆞᆫ빗치 림ᄒᆞ샤
므옴을 ᄊᆡ서 정케ᄒᆞ면
새싱명 다시 엇는다
소망 잇다

《기독신보》에 실린 박동완의 시 "위로"(1916년)
글자를 화살표 모양으로 배열하여 미래 지향적인 시각적 메시지를 준다. 디자인의 요소가 가미된 당시로서는 매우 획기적인 편집 방법이다.

새싱명 다시 엇는다

소망 잇다[46]

위의 사조는 내용도 인상적이지만 본 사조를 《기독신보》에 실을 때 글자의 배열 방식을 종횡으로만 배열한 것이 아니라 조합된 글자들이 위로 향하는 화살표 모양으로 배열함으로써 소망을 가지고 미래를 향해 나아가고자 하는 의미를 함축적으로 표현하고 있다.[47] 시각적으로도 디자인의 요소가 가미된 이러한 표현 방식은 당시에도 획기적인 편집이라 볼 수 있다. 절대적 절망의 시기였던 일제강점기 1916년 그는 '위로'라는 시에서 자연과 인생을 대비함으로써 기독교 세계관에 입각하여 민족의 희망을 노래하였다. 그는 일제를 가는 비, 부는 동풍, 솔로몬의 영화, 골리앗의 자랑하던 용맹, 춘몽, 뜬구름과 흐르는 물 같은 세사(世事), 검은 구름, 광풍에 비유하였다. 하지만 그는 들에 핀 백합꽃, 다윗의 물맷돌과 같이 연약한 것이 강한 것을 이긴다면서 낙심하지 말라고 위로하였다. 붉은 햇빛인 성령을 받아 새 생명을 다시 얻어, 목적을 가지고 나아가면 소망이 있다고, 조선과 조선 민족에게 시의 형식을 빌려 권유하였다. 명시적으로 일제를 거론하지 않았지만 당대에 있어 누구라도 이것을 일제의 통치에서 벗어날 것이라는 예언으로 받아들였을 것이다. 다음은 "인왕산에서"라는 감상록의 일부이다.

> 인왕산에서　　ㅂㄷㅇᄉᆡᆼ
>
> 아춤마다 곤ᄒᆞᆫ 잠을 겨우 ᄭᅵ여 두눈을 부비면셔 강잉히 자리에 니러 셰슈를 부ᄌᆞ런히 ᄒᆞ고 인왕산에 올나가셔 쟝안대도 굽어보니 남으로 한강이 둘여 흐르고 북에는 三각산 세봉오리가 웃둑이 흘립(屹立)ᄒᆞᆫ 틈에 즐비히 벌여잇ᄂᆞᆫ 집들과 됴밀히 살어잇ᄂᆞᆫ 뎌사ᄅᆞᆷ들의 형편을 ᄉᆞᆯ펴보니 맛치 녜젼에 바울ᄉᆞ도가 실나와 듸모데를 기ᄃᆞ려 아덴셩에 잇슬 ᄯᅢ에 그 셩에 우샹이 ᄀᆞ득ᄒᆞᆫ 것을 보고 ᄆᆞ음에 분ᄒᆞ야 유대 사ᄅᆞᆷ과 쳘학ᄉᆞ와 변론ᄒᆞ야 구쥬의 부활 ᄒᆞ심을 증거ᄒᆞ며 ᄯᅩ 아지못ᄒᆞᄂᆞᆫ 신을 위ᄒᆞᄂᆞᆫ 것을 보고 ᄀᆞᄅᆞ쳐 준 것이 감샹되여 내 뇌쇽에셔 복잡히 니러나ᄂᆞᆫ 바 ᄉᆞ샹을 다 긔록ᄒᆞᆯ수 업스며 ᄯᅩᄒᆞᆫ 그 샹틔를 판뎡ᄒᆞ며 말ᄒᆞ기 어려오나 그러나 대개 각 사ᄅᆞᆷ의 ᄉᆞ샹과 ᄉᆡᆼ활샹틔를 두 방면으로 관찰ᄒᆞᆯ수 잇스니 곳 선악이 이것이라 대개 선이라 ᄒᆞᆷ은 녜로브터 사ᄅᆞᆷ마다 됴화ᄒᆞ고 맛당히 ᄒᆡᆼᄒᆞᆯ 것으로 알되 오늘날ᄭᆞ지 이것을 실ᄒᆡᆼᄒᆞᆫ 사ᄅᆞᆷ은 심히 적고 악이라 ᄒᆞᆷ은 사ᄅᆞᆷ마다 뮈워ᄒᆞ야 당연히 ᄒᆡᆼ치아니 ᄒᆞᆯ것으로 알되…(중략)…바라노니 나의 ᄉᆞ랑ᄒᆞ고 소망을 깁히 두ᄂᆞᆫ 남녀청년 들이여 이 셰샹 것은 보통사ᄅᆞᆷ의 취ᄒᆞᆯ바이니 오직 우리ᄂᆞᆫ 어렵고 좁은길노 드러가 능히 견ᄃᆡᆯ수 업ᄂᆞᆫ 모든 곤난을 ᄎᆞᆷ고이긔며 ᄂᆞᆷ을 위ᄒᆞ야 살만ᄒᆞᆫ 새정신을 길러봅세다.[48]

이 글에 의하면 박동완의 집은 인왕산에서 매우 가까운 거리에 위치했음을 알 수 있다. 글은 아침에 세수를 하고 인왕산에 올라 내려다보이는 서울의 풍경을 보고 느낀 감상이다. 그의 눈에 비치는 오밀조밀한 경치들이 마치 성경에 나오는 아덴(Athens)과 같은 분위기를 연출했던 듯하다. 바울사도의 심정이 되어 머릿속이 복잡하였으나 선과 악에 대하여 생각하다가 당시 남녀 청년들에게 "이 세상 것은 보통사람이 취할 바이니 오직 우리는 어렵고 좁은 길로 들어가 모든 곤란을 참고 이기어 남을 위하여 살만한 새 정신을 길러보자"고 힘주어 말하고 있다.

이렇듯이 박동완은 평범한 일상생활에서조차도 온전한 그리스도인의 삶을 끊임없이 추구하며 살았다. 그리고 그리스도를 통한 청년의 삶의 태도의 변화와 이로 인한 조국의 독립을 염원하였다. 그의 글은 초지일관, 삶의 근본적 변화는 오로지 예수를 통하여서만이 이루어질 수 있다고 강조하고 있으며 특히, 젊은이들에게 희망을 걸고 있다.

다음은 크리스마스를 맞이하여 자신의 기쁜 감정을 표현한 "성탄에 깃븜"이란 시의 전문이다.

聖誕에 깃븜　　ㅂ싱

上帝의 크신 恩惠여

獨生聖子를 塵世에 보내시려고

天使 가부열[49]을 부리샤

童貞女가마리아의게 나타나셔

救世主의 誕生ᄒᆞ심을

傳ᄒᆞ엿도다

馬廏에 누신 耶蘇여

東方博士들 禮物드려 敬拜ᄒᆞ네

牧者들 羊群을 직히다

天軍天使들의 노래듯고 놀나셔

빨니와 ᄋᆞ기 뵙고 깃븜을

傳ᄒᆞ엿도다

聖誕을 際ᄒᆞᆫ 우리여

그 恩惠를 感謝ᄒᆞ며 讚揚ᄒᆞ세

生命의 근원 우리쥬라

ᄆᆞ음과 셩픔과 뜻을 다밧쳐셔

榮光의 救主 우리예수를

讚頌ᄒᆸ세다[50]

간결하지만 성경의 흐름을 일목요연하게 꿰뚫고 있는 것으로 보아 성경을 체계적으로 알고 있었다고 판단된다. 배재학당의 커리큘럼을 통해 이러한 지식을 습득하였을 것이다. 또한《기독신보》서기로 있으면서 동시에 정동제일교회에서 본처전도사로도 시무하고 있었기에 당시에 이미 체계적으로 성서 및 신학교육을 받았다고 여겨진다.

다음은 박동완이 취재기자로 작성한 "박명쇼녀의 젼도셔광"이란 기사 내용 일부이다.

박명쇼녀의 젼도셔광 ㅂㄷㅇ싱.

사ᄅᆞᆷ은 감졍뎍 동물이라 그런고로 ᄂᆞᆷ의 희로와 ᄋᆡ락간 무엇이던지 당ᄒᆞᄂᆞᆫ 것을 볼때에ᄂᆞᆫ 반ᄃᆞ시 동감심이 니러나ᄂᆞᆫ 것이라 그러나 동감심은 니러 날지라도 그 동졍을 표ᄒᆞᄂᆞᆫ 사ᄅᆞᆷ이 드믄 것은 춤으로 사ᄅᆞᆷ의 표샹

이라 홀 수밧게 업겟더라

엇던날 ᄆᆡ일 신보 뎨三면에 「돌아래셔 서로 우ᄂᆞᆫ 박명의 두 미인이라」ᄒᆞᆫ 긔ᄉᆞ사 잇셧ᄂᆞᆫ데 이 긔ᄉᆞ를 본 사ᄅᆞᆷ은 몃만명이엿겟지마ᄂᆞᆫ 춤으로 동졍의 쓰거운 눈물을 ᄲᅮ려 구원ᄒᆞ여 주기를 혈심으로 긔도ᄒᆞ고 활동ᄒᆞᆫ 사ᄅᆞᆷ은 불과 몃十명이로다 이에 그 ᄉᆞ실을 간략히 긔록ᄒᆞ건데 이ᄉᆞ실에 쥬태되ᄂᆞᆫ 류샹옥은 본시 셔울 ᄐᆡ싱으로 五년전에 부모의계 잇글이여 ᄒᆡ쥬로 이샤ᄒᆞ야 三년간 사ᄂᆞᆫ동안 공립보통학교에 ᄃᆞᆫ닐 ᄯᅢ에 ᄒᆞᆫ반 싱도 문응슌이와 ᄌᆞ연 친밀ᄒᆞ여 져셔 졍이 드럿더니 응슌이ᄂᆞᆫ 가셰로인ᄒᆞ야 부득이 퇴교ᄒᆞ야 기싱노릇 ᄒᆞᄂᆞᆫ 비경에 니르매 샹옥은 응슌의 가련ᄒᆞᆫ 졍샹에 동졍을 표ᄒᆞ야 여러 모양으로 구츌코리ᄒᆞ엿스나 맛ᄎᆞᆷᄂᆡ ᄯᅳᆺ대로 일우지 못ᄒᆞ고 말엇더라 …(중략)…

이에 두녀ᄌᆞ는 손목을 마조잡고 길히 탄식ᄒᆞ며 우ᄂᆞᆫ 것을 엇던 긔쟈가 보고 그 ᄉᆞ실을 드러셔 ᄆᆡ일신보에 긔ᄌᆡᄒᆞᆫ 것이더라 이 긔ᄉᆞ를 보ᄂᆞᆫ 사ᄅᆞᆷ즁에 ᄒᆞᆫ사ᄅᆞᆷ 되ᄂᆞᆫ 영신학교 교감 박희도씨는 ᄆᆞᄋᆞᆷ이 압흐고 가슴이 쓰러셔 내 엇지ᄒᆞ엿던지 이 녀ᄌᆞ를 구ᄒᆞ지아니ᄒᆞ면 마지아니ᄒᆞ겟다 ᄒᆞᄂᆞᆫ 결심으로 죵용ᄒᆞ게 긔도ᄒᆞ야 하ᄂᆞ님씌 근구ᄒᆞ고 즁앙 례ᄇᆡ당ᄂᆡ 쳥년 녀ᄌᆞ 강연회에셔 샹옥의 가련ᄒᆞᆫ 졍샹을 말ᄒᆞ엿더니 이회에 참예ᄒᆞ엿던 모든 녀ᄌᆞ들은 동졍의 쓰거운 눈물을 먹음고 구원ᄒᆞ기로 결심을 ᄒᆞ야…(중략)…

박씨ᄂᆞᆫ 즉시 그 금익을 주고 샹옥을 ᄃᆞ려다가 ᄌᆞ긔집에 류슉케 ᄒᆞ고 영신학교 四년급에셔 공부케ᄒᆞ엿ᄂᆞᆫᄃᆡ 샹옥은 총명ᄒᆞ고 영민ᄒᆞᆫ 즁에 부지런히 공부 홈으르 그 셩젹이 ᄆᆡ우 량호ᄒᆞ야 쟝ᄅᆡ의 희망잇ᄂᆞᆫ 녀ᄌᆞ가 되겟다고 박씨ᄂᆞᆫ 깃븜으로 말ᄒᆞ더라 긔쟈는 샹옥의 령육을 구원ᄒᆞ려고 열졍의 눈물을 흘니여 쥬션ᄒᆞᆫ 박씨와 동졍의 슯흔눈물을 ᄲᅮ리며 ᄌᆞ긔의

잇ᄂᆞᆫ 것을 앗기지 아니ᄒᆞ고 내여노며 도읍던 여러 청년녀ᄌᆞ의게 치하홈을 마지아니ᄒᆞᄂᆞᆫ 동시에 샹옥의 젼졍에 광명ᄒᆞᆫ빗치 비최인 것은 다 우리 쥬예수 그리스도의 ᄉᆞ랑의 권능으로 된 것인고로 하ᄂᆞ님씌 감샤ᄒᆞ고 영광을 돌니ᄂᆞ이다[51]

본 기사의 전개 방식은 물 흐르듯이 자연스러워 흡사 옛날이야기를 읽는 듯한 느낌을 준다. 게다가 해피엔딩의 결말을 지니고 있어 훈훈한 미담으로 손색이 없다. 본 기사의 저변에 깔려 있는 기독교인의 긍휼한 마음은 바로 박동완의 심정을 대변하고 있는 듯하다. 불쌍한 처지에 놓여 있는 사람을 외면하지 않고 도움의 손길을 내미는 사람이야 말로 진정한 기독교인이라 할 수 있다. 어느 날《매일신보》에 나와 있던 "달 아래 서로 우는 박명의 두 미인이라"는 제목의 기사가 모티브가 되어 영신학교 교감 박희도의 도움의 손길로 결국엔 하나님께 영광을 돌린다는 내용의 기사는 한 편의 휴먼 드라마와도 같다. 박동완의 유려한 글 솜씨와 그의 다정다감한 성품을 엿볼 수 있는 글이다.

다음은 수필로 여겨지는 "미물보고 감상됨"이라는 글로 "잡감"(雜感)이라는 부제가 붙어있다.

미물보고 감상됨　　雜感 (잡감)　　ㅂㄷㅇ싱.

녀름 하늘 저녁 볏헤 잠시낫다 업셔지ᄂᆞᆫ 하로살이를 보고 엄동에 빅셜이 흔놀녀 산쳔을 덥흐면 은세계를 일운다ᄒᆞᆫ들 엇지 밋으리오 이와ᄀᆞᆺ치 셰샹사ᄅᆞᆷᄃᆞ려 예수를 밋고 그의 피로써 죄를 씨셔 눈ᄀᆞᆺ치 희계되라ᄒᆞ면 링쇼ᄒᆞ고 비방ᄒᆞ니 엇지 이 하로살이의게 겨을 눈을 니야기홈과 다름이 잇스리오 쎡은 집융 속에셔 둥싯둥싯 ᄒᆞ며 숢질거리ᄂᆞᆫ 굼벵이를 보면 어나 사ᄅᆞᆷ이 어엿비 녁이리오마는 ᄒᆞᆫ번 그 몸을 변화ᄒᆞ야 ᄆᆡ암이가 된 후에는 맑고 시원ᄒᆞᆫ 공긔 중에 ᄂᆞᆯ어ᄃᆞᆫ니며 이나무와 뎌나무로 옴겨안져 맑은 이슬을 ᄆᆞ시고 방초록음 수풀속에셔 료량(嘹亮)ᄒᆞᆫ 목소ᄅᆡ를 내여 ᄆᆡ암~ᄆᆡ암 울 ᄶᆡᆼ에 듯ᄂᆞᆫ쟈위 귀를 깃브게 ᄒᆞᄂᆞ니 세샹사ᄅᆞᆷ이 비록 죄구렁에 ᄲᅡ져잇셔 취ᄒᆞᆯ것이 업스나 쥬의 복음을 듯고 셩신으로 거듭나셔 신령ᄒᆞᆫ 령계의 신셩ᄒᆞᆫ 새ᄉᆡᆼ활을 엇으면 엇지 이 ᄆᆡ암이와 ᄀᆞᆺ치 하ᄂᆞ님의 ᄉᆞ랑ᄒᆞ심을 밧지 아니ᄒᆞ리오

느리고 게으른 달핑이가 놉흔나무에 올나갈 ᄯᅢ에 ᄒᆞᆫ시동안 올나 가ᄂᆞᆫ 것이 몃치가 되지못ᄒᆞ나 쉬이지안코 기여올나감으로 팔경 그 나무 ᄭᆞᆺᄭᆞ지 올나가ᄂᆞ니 이와ᄀᆞᆺ치 우리 밋ᄂᆞᆫ쟈의 비록 촌(寸)만ᄒᆞᆫ 션ᄒᆡᆼ이라도 날노 신앙샹 진보를 쉬이지안코 행ᄒᆞ면 필경은 ᄒᆞᆫ 신셩ᄒᆞᆫ 디경에 니르ᄂᆞᆫ 것이 이 달핑이와 다름이 업스리니 이ᄂᆞᆫ 동양말에 악ᄒᆞᆫ 것이 적다고 ᄒᆡᆼᄒᆞ지말며 션ᄒᆞᆫ 것이 적다고 ᄒᆡᆼᄒᆞ지 아니치말나ᄒᆞᆷ이 과연 사ᄅᆞᆷ으로 ᄒᆞ여곰 향샹뎍 젼진의 ᄉᆞ샹을 발흥케ᄒᆞᆷ이니 이우헤 말ᄒᆞᆫ바 세가지를 ᄉᆡᆼ각ᄒᆞ고 쥬의ᄒᆞ면 우리 인ᄉᆡᆼ의 신셩ᄒᆞᆫ ᄉᆡᆼ활의 도음이 젹지 아니 ᄒᆞᆯ 듯ᄒᆞ도다…[52]

박동완은 한낱 미물인 하루살이와 굼벵이와 달팽이를 빗대어 세상 사람들과 믿는 자들의 행동거지를 비유적으로 설명하고 있다. 그는 '여름 저녁에 잠시 날다 사라지는 하루살이한테 아무리 추운 겨울 백설로 뒤덮인 은세계를 설명한다 한들 어찌 믿으리오'라고 하면서 이를 마치 세상 사람들한테 아무리 예수 믿고 죄를 씻어 눈 같이 희게 되라 얘기해 준들 냉소하고 비방할 것이니 하루살이에게 겨울눈을 이야기함과 같다고 생각하였다. 이어서 그는 썩은 지붕 속에서 꿈질대는 굼벵이를 아무

도 어여삐 여기지 않으나 그 몸을 변화시켜 매미가 된 이후에 맑고 시원한 공기 중에 날아다니며 우거진 수풀 속에서 맑은 소리로 울 때면 듣는 자의 귀를 기쁘게 한다고 하였다. 이는 세상 사람들이 비록 죄 구렁에 빠져 있다 하더라도 주님의 복음을 듣고 성신으로 거듭나 신령한 영계의 신성한 새 생활을 얻으면 매미와 같이 하나님의 사랑을 받는다는 의미다. 현재 아무리 볼품없고 초라한 존재라 할지라도 주님의 복음의 능력은 굼벵이가 매미로 변하듯이 새로운 삶을 살 수 있으리라 확신하였다.

또한 그는 느리고 게으른 달팽이가 높은 나무를 올라갈 때 당장은 얼마 못 가는 것 같지만 쉬지 않고 올라감으로 필경 나무 끝까지 도달한다고 강조하였다. 우리 믿는 자가 작은 선행일지라도 신앙의 진보를 쉬지 않고 행한다면 신성한 지경에 이르는 것이 이 달팽이와 같다는 말이다. 동양 말에 악한 것이 적다고 행하지 말고 선한 것이 적다고 행하지 아니치 말라는 말로 요약함으로써 사람들로 하여금 하루살이나 굼벵이나 달팽이와 같은 미물을 보면서 주의하면 인생의 신성한 생활에 도움이 될 것이라며 권면하였다. 작은 미물이라 할지라도 허투로 보지 않고 그 속에서 세상의 이치와 신앙인의 생활 자세를 유추해 내는 박동완의 지혜를 엿볼 수 있다.

2) 창문사의 《신생명》을 통한 언론활동

1920년대 초반인 1921년 8월 31일 윤치호, 이상재, 유성준, 이승훈, 최병헌 등이 중심이 되어 기독교 전문 서적을 출판하는 광문사(廣文社)가 주식회사 형태로 창립되었다. 광문사는 1923년 1월 30일에 창문사(彰文社)

로 이름을 바꾸고 사장으로 이상재, 전무로 박봉서가 취임하면서 월간 《신생명》을 1923년 7월 6일 처음으로 출간하였다. 외국인 선교사들의 재정으로 운영되던 한국성교서회(현 대한기독교서회)에 반해 기독교 창문사는 순수 국내자본으로 이루어진 출판사였다.[53]

창문사에서 발간된 《신생명》은 소설가 전영택이 주간으로 있으면서 종교, 철학, 문학 등의 글을 비중 있게 다루었다. 당시 최고의 지식인들은 《신생명》의 지면을 통해 글을 발표하였다. 박동완도 예외는 아니어서 근(槿), 근곡(槿谷), 근생(槿生), 근곡생(槿谷生) 등의 필명을 사용하여 "그리스도 종교와 우리의 사명", "나의 맞고자 하는 예수" 등의 글을 발표했다. 또한 높은 수준의 영어 실력을 근간으로 "영혼의 경매"라는 제목의 번역물을 연재하거나 "신을 사랑하여"라는 번역시를 발표하였다. 《기독신보》에서 주필로 활동하면서도 《신생명》에 자신의 글을 틈틈이 발표하였다. 창간 후 1년이 지나 《신생명》은 전영택이 편집 겸 주간의 자리를 떠나면서 어려움에 처하자 박동완은 1924년 5월 《기독신보》를 그만두고 1924년 7월부터 《신생명》의 주간으로 있으면서 제13호부터 발행하였다. 그는 어려움에 처한 《신생명》의 회생을 위해 애썼으나 1년도 되지 않아 1925년 4월 3일, 제21호를 끝으로 결국 폐간되었다.

다음은 박동완이 《기독신보》 사설에 발표한 창문사 창립에 관한 심정이다.

> 이 會社(회사)의 趣旨(취지)와 目的(목적)에 對(대)ᄒᆞ야는 一次 本報(1차 본보)에 紹介(소개)ᄒᆞᆫ 바도 잇섯거니와 또 그 會社(회사)에서 直接(직접)으로 宣傳(선전) ᄒᆞᆫ바에 依(의)ᄒᆞ야 우리 敎人(교인)뿐 만아니라 一般(일반)이 다 아는 바 오늘날 우리 朝鮮(조선)에 各方面(각 방면)의 各事業

(각 사업)이 慰興(위흥)ᄒᆞ야 發展(발전)됨을 ᄯᅡ라 文化事業(문화사업)도 長足(장족)의 세(勢)로 進步(진보)ᄒᆞ는 이 ᄯᅢ에 獨(독)히 그리스도教會(교회)에만 時代(시대)를 順應(순응)ᄒᆞ야 니러나는 事業(사업)이 업는 즁 더욱 宗教的 文化事業(종교적 문화 사업)의 새로온 創始(창시)가 업슴을 慨嘆(개탄)히 녁여 邇來數年(이래 수년)을 두고 教會(교회)의 重鎭(중진)이라 홀만ᄒᆞᆫ 諸氏(제씨)가 勞心(노심)ᄒᆞ고 焦思(초사)ᄒᆞ던 結果(결과) 萬難(만난)을 排除(배제)ᄒᆞ며 經濟恐慌(경제공황)을 무릅쓰고 드ᄃᆡ여 完全(완전)히 創立(창립)ᄒᆞ는 幸運(행운)에 至(지)케 ᄒᆞᆫ 諸氏(제씨)의 勞力(노력)홈에 하례홈을 마지아니ᄒᆞ는 同時(동시)에 이 事業(사업)의 必要(필요)를 覺醒(각성)ᄒᆞ고 同聲(동성)으로 相應(상응)ᄒᆞᆫ 株主諸氏(주주 제씨)의 誠意(성의)를 感賀(감하)ᄒᆞ노라….(중략)…

이러ᄒᆞᆫ 時期(시기)를 際(제)ᄒᆞᆫ 이 彰文社(창문사)가 設立(설립)되여 勿論(물론) 一般文化事業(일반문화사업)에 貢獻(공헌)홈도 多大(다대)ᄒᆞ려니와 特(특)히 基督教文化(기독교문화)의 普及(보급)과 發展(발전)을 爲(위)ᄒᆞ야 全責任(전책임)으로써 半島(반도) 그리스도教(교)의 要求(요구)되는바 宗教的文化書類(종교적 문화서류)를 紹介(소개)ᄒᆞ며 ᄯᅩ는 創作(창작)ᄒᆞ야 우리 그리스도教(교)를 爲(위)ᄒᆞ야 주림을 免(면)케 ᄒᆞ며 목말음을 解渴(해갈)케ᄒᆞ되 誠心(성심)과 勞力(노력)으로써 ᄒᆞ야 一般社會(일반사회)의 進步(진보)와 發展(발전)함보다 優等(우등)ᄒᆞ며 超越(초월)ᄒᆞ야 始終(시종)이 一貫(일관)ᄒᆞ게 됨이 或人(혹인)의 懷疑(회의)ᄒᆞ던 바를 一掃(일소)ᄒᆞ고 우리의 囑望(촉망)ᄒᆞ는 바를 져ᄇᆞ리지 안케 될지니 重役諸氏(중역 제씨)는 勤勉(근면)에 誠(성)을 더ᄒᆞ며 勞心(노심)에 정(精)을 加(가)ᄒᆞ야 彰文社(창문사)로 ᄒᆞ여곰 完全(완전)ᄒᆞᆫ 成功(성공)에 域(역)에 達(달)케 ᄒᆞ기를 愼重(신중)히 옹망(顒望)ᄒᆞ노라[54]

이 글을 보면 그가 기독교 민족언론 창달에 지대한 관심을 표방하였음을 알 수 있다. 이랬던 그였기에 《신생명》이 어려움에 처하자 외면할 수 없어 《기독신보》를 그만두고 《신생명》으로 자리를 옮긴 것이다. 그가 이직을 해야만 했던 이유를 위의 글로 유추해 볼 수 있다. 즉 이 땅의 하나님 나라 건설과 이를 통한 민족의 독립과 진보가 그의 목적이었음을 알 수 있다.

3) 《한인기독교보》를 통한 언론활동

1934년 한인기독교회 대표회에서는 《한인기독교보》 편집의 책임을 박동완에게 맡기기로 결정하였으며 그는 이를 흔쾌히 수락한 것으로 보인다. 그는 자신이 비록 재주와 지능이 없으나 대표회에 참석한 사람들의 열정을 알기에 그 성의의 일부를 자신이 지겠다고 겸손하게 받아들였다. 당시의 시대 상황을 나라와 나라 사이의 관계가 복잡하여 흡사 흐트러진 실을 보는 것과 같다고 혹평했으며, 어찌할 줄 모르는 사람들을 구원해 내는 것이 이 시대의 당면 과제라 인식하였다. 그는 이러한 상황에서 벗어나게 할 수 있는 길은 그리스도의 진리를 철저하게 이해시켜 확실히 믿게 하는 것에 있다고 보았다. 그리스도교의 진리가 최후 승리를 얻을 것임을 믿어 의심치 않았던 것이다. 1934년 7월 1일에 발행된 《한인기독교보》의 '발간사'에는 이러한 그의 심정이 잘 나타나 있다.

> 현대는 엇더ᄒᆞᆫ 시ᄃᆡ인가 나라와 나라사이의 관계가 복잡ᄒᆞ고 갈대가 만하셔 얼는 보면 허트러진 실과 갓히셔 엇지 ᄒᆞᆯ 줄을 모른다 이것을

구원ᄒᆡ 내는 것이 당연ᄒᆞᆫ 큰일이겟다 그런 것을 구원ᄒᆡ 내려면 그리스도의 진리를 철져ᄒᆞ게 리ᄒᆡ식히며 확실히 밋게ᄒᆞ며 ᄯᅩᄒᆞᆫ 현시ᄃᆡ의 각 방면에 ᄃᆡᄒᆞᆫ 식견과 열정을 가지도록 교양과 훈련을 식히지 안이 ᄒᆞ면 안이 될 것이다 우리 교회에셔 교회보를 발행ᄒᆞᆷ은 이 시ᄃᆡ 사람의 마음에 공헌ᄒᆞ는 바가 잇기를 긔도ᄒᆞ며 ᄯᅩᄒᆞᆫ 그리스도교의 진리가 최후 승리엇을 것음 의심치 안코 밋ᄂᆞᆫ 고로 이제 움지기고져 ᄒᆞ는 바이다.

금년 ᄃᆡ표회에셔 여러분들 렬렬ᄒᆞ게도 이회보 발ᄒᆡᆼ을 결뎡ᄒᆞ시고 이 사람으로 ᄒᆞ여곰 편집의친임을 지게 ᄒᆞ시매 비록 재죠와 지능이 업스나 여러분의 열정을 몸밧아 그 셩의의 일분을 지고져ᄒᆞᆷ이니 선배여러분들은 ᄣᅢᄣᅢ로 편달을 더ᄒᆞ시고 지도ᄒᆞ셔셔 이 시ᄃᆡ에 지고 나가는 큰 칙임을 셩취ᄒᆞ도록 긔도ᄒᆞ여 주시기를 바라는 바이의다.[55]

그는 계속하여 '편집 뒤의 말'[56]을 통해 10년 만에 글을 쓰게 된 감회를 진솔하게 밝히고 그동안 정간되었던 《한인기독교보》의 속간을 진심으로 기뻐하였다. 그는 《한인기독교보》는 신앙생활의 발전을 목적으로 하기 때문에 이를 위해 독자들에게 종교에 관한 정치, 경제, 문예, 철학, 사상교육과 연구, 전기, 논단, 통신 등에 관한 원고를 보내주기를 부탁하였다. 아울러 본보에 대한 소감과 비판을 환영한다고 밝히면서 미비한 점은 다음에 충실히 보완하겠노라 다짐하였다. 무려 10년 만에 다시 신문의 편집을 맡게 된 그의 기대와 각오가 엿보이는 글이다.

계속하여 그는 《한인기독교보》의 논단을 통해 "생명은 힘이다"라는 다음의 글을 발표하였다.

우리 조션 사람은 개인적으로던지 민족적으로던지 이 사망을 이기고 니러 나신 예수그리스도의 생명의 힘이 아니고는 도저히 우리를 구원홀 힘이 잇지 안타. 사람마다 나라마다 다 국가의 힘 정치의 힘 경제의 힘이 힘만을 부러워하고 의하여셔 의지하며 쏠녀간다. 을타 그러하다 육체에 잇셔셔는 절대로 필요셩을 씐 것이다 그럴지라도 이 힘이 육체의 생활은 보장할 수 잇스되 령혼의 생명을 개척발젼식히는데는 추호의 가치가 업다. 그러나 이 령흔의 생명의 힘은 육체적 힘싸지라도 보장할 수 잇다. 이스라엘민족이 하나님의 힘을 의지할 씨에는 강대하고 번영하셧스나 그 힘을 써나 다른데서 무삼 힘을 엇고저 할쎄에는 쇠망하여 남의 종이 되고 말엇슴을 력사가 증명하는 확실한 사실이다.[57]

그는 조선 사람은 개인이나 민족이나 예수 그리스도의 생명의 힘을 통해서만 구원 받을 수 있다고 강조하였다. 이스라엘 민족을 예로 들면서 하나님을 의지할 때는 강대하고 번영하였으나 다른 데서 힘을 얻고자 할 때는 남의 종이 되고 말았음을 상기시켰다. 그는 사람이나 나라마다 국가, 정치, 경제의 힘만을 부러워하고 의지하고자 하는데, 이것은 육체의 생활은 보장하나 영혼의 생명에는 가치가 없다고 보았다. 그는 조선 민족이 다른 무엇보다도 예수 그리스도의 생명의 힘만을 의지해서 독립을 성취하기를 바랐던 것이다.

4) 《청년》과 《별건곤》을 통한 언론활동

박동완은 때때로 잡지 《청년》과 《별건곤》에도 글을 기고하였다. '결혼'에 관한 자신의 견해를 밝힘으로써 합리적 사고를 표출한 글의 일부를 소개하면 다음과 같다.

> 時代(시대)의 變遷(변천)과 思潮(사조)의 趨移(추이)를 싸라 結婚(결혼)의 要件(요건)과 形式(형식)도 時代(시대)의 適宜(적의)하게 變(변)하지 아니치 못할지니 上述(상술)함과 갓치 結婚(결혼)의 根本(근본) 쯧과 目的(목적)을 徹底(철저)히 認識(인식)하난 者(자)는 往古(왕고)와 갓치 아됴 理想(이상)이 업시 다만 慣習的(관습적)으로 依例(의례)히 男女(남녀)난 結婚(결혼)할 것이라 하난 單純(단순)한 意味下(의미 하)에서 結婚(결혼)치 아니한 것은 當然(당연)한 事(사)라 그런고로 子女(자녀)를 둔 父母(부모)는 子女婚姻(자녀혼인)에 對(대)하야 너무 由來(유래)의 古風(고풍)을 因執(인집)하고 父母(부모)의 權利(권리)를 主張(주장)하야 當事者(당사자)의 意思(의사)를 無視(무시)하야 專橫的 强制結婚(전횡적 강제결혼)을 할 것이 아닌 즉 現社會(현사회)의 形便(형편)과 時代思潮(시대사조)의 如何(여하)를 考察(고찰)하야 當事者(당사자)의 意思(의사)를 尊重(존중)히 하야 協議的(협의적)으로 各自(각자)의 滿足(만족)을 엇지 道德上(도덕상)으로던지 精神上 結合(정신상 결합)에 不足(부족)한 것이 업게 할 것이라 하노니…[58]

그는 당시의 결혼풍습의 문제점을 제대로 인식하여 시대의 변천과 사조에 따라 결혼의 요건과 형식도 변한다고 본다. 자녀를 둔 부모는 혼인에 대하여 풍습에 따라 부모의 권리만을 주장하지 말라고 지적하였다. 이는 결혼이란 당사자 간의 결합이기보다는 가문과 집안의 결합으로 보던 당시의 전통적 사고에 정면으로 도전하는 말이었다. 그는 시대를 초월하는 합리적, 진보적, 비판적 사고를 가진 지식인이었다.

한편, 《별건곤》에서는 현재 조선의 생활 개선안을 독자에게 제시하고자 이에 관한 명사의 의견을 특집으로 다루었는데 아래는 당시에 실린 "개선(改善)보다도 개오(改悟)"라는 박동완의 글 전문이다.

改善(개선)보다도 改悟(개오)

근래에 우리 朝鮮(조선) 사람은 表面(표면)으로 보면 生活(생활)이 매우 向上(향상)되고 改善(개선)된 것 갈습니다. 상투를 짯던 사람이 모도 머리를 싹것스니 그것도 한 改善(개선)이요 道袍(도포), 창의에 之字步(지자보)를 것던 사람이 하이카라 양복을 입고 경첩하게 도라 다니니 그것도 쏘한 改善(개선)이오 방울당나구나 그럿치 안으면 교군을 타던 사람들이 自動車(자동차)를 타고 도라 다니며 납작草家(초가)에 살던 사람이 洋制(양제) 日制(일제)의 조흔집을 짓고 살고 女子(여자)로 말하야도 門(문)밧 출입도 잘못하던 女子(여자)들이 洋裝(양장), 斷髮(단발)싸지하고 활발하게 다니니 그것도 모도 改善(개선)이라 하겟습니다. 그러나 이 裏面(이면)을 살펴보면 하도 寒心(한심)한 일이 만습니다. 自動車(자동차)를 타는 사람이 무슨 일 밧버서 타는 것이 안이라 대개는 부랑청년들이 妓生(기생) 갈보를 실고 行樂(행락)하기 爲(위)하야 타고 朝鮮(조선)호텔이나 明月館(명월관), 食道園(식도원)가튼 料理(요리)집에 가는 것은 무슨 일을 議論(의논)하러가는 것이 아이라 妓生(기생)과 遊興(유흥)하기 위하야 가고 머리를 싹고 양복을 입는 것은 일을 하는데 便利(편리)를 爲(위)하야 하는 것이 안이라 그 可憎(가증)스럽고 비열(鄙劣)한 모양을 내기 爲(위)하야 하는 것입니다. 그 外(외)에 家庭(가정)이라던지 奢侈品(사치품)이 해마다 늘어가는 것은 무슨 生産(생산)이 늘어가서 그런 것이 안이라 다만 時代虛榮(시대허영)에 씌워서 自己(자기)의 논을 팔고 山林(산림)을 팔아서 過分(과분)의 浪費(낭비)를 하는 것이 올시다. 이와 가티한다면 우리 조선사람이 현재 이만한 生活(생활)이나마 그 몃칠이나 維持(유지)하겟슴닛가 나의 생각가터서는 現在(현재)의 우리 朝鮮(조선) 사람은 生活(생활)의 改善(개선)보다도 거긔에 對(대)하야 크게 改悟(개오)를 하여야 될 줄로 암니다. 우리의 實力(실력)으로 말하면 男女(남녀)가 다 양복이구 무엇이고 奢侈品(사치품)은 一切(일절) 버서 바리고 그저 쇠코삽뱅이나 도랑치마 가튼 것을 입고서라도 작고 부질런하게 활동을 하며 洋屋(양옥)과 洋食(양식)도 다 거더치고 우리의 實力(실력)이 생기기까지에는 한 푼 돈이나 한 粒(립)의 糧食(양식)이라도 節約(절약)하지 안으면 안이 될 줄 암니다. 現在(현재)에 自己(자기) 돈푼이 잇는 사람이라도 남은 밥을 먹지 못하고 죽네 사네 하는데 혼자 엇지 安心(안심)하고 享樂(향락)의 生活(생활)을 하겟슴닛가. 當分間(당분간)은 改善(개선)도 改善(개선)이지만은 特別(특별)히 勤儉節約(근검절약)을 하지 안으면 안이 될 줄로 암니다.[59]

박동완은 당시의 사회상을 정확히 진단하였다. 당시 조선은 필요에 의해 단발을 한다거나 양복을 착용하는 것이 아니라 단지 타인의 이목을 중시해 자신의 외모를 가꾸었다. 그는 이러한 행위에 대해 한심하다는 표현을 쓸 정도로 탐탁지 않게 여겼다. 게다가 바빠서 자동차를 이용하는 것이 아니라 단지 자신들의 유흥을 위하여 그리 한다는 것에는 환멸감을 표현하였다. 형식만 본다면 생활이 향상되어 개선된 것으로 보이지만, 속 내용은 허영을 쫒아 낭비가 심하다고 파악하였다. 그는 우리의 실력이 생기기 전까지는 남녀가 모두 근검절약 할 것을 강조하였다. 또한 생활의 개선보다 먼저 생각의 개오가 더 중요하다고 보았다. 즉 눈에 보이는 가시적인 행동보다는 보이지 않는 내면이 먼저 바뀌어야 한다는 것이 그의 논지였다. 그는 이렇듯 실용적이며 합리적인 사고의 소유자였다.

당시 일제 식민지 상황 아래에서 피지배 민족으로 자부심을 지니기란 결코 쉬운 일은 아니었다. 하지만, 박동완은 자신이 조선 민족임을 자랑스러워하였다. 그리스도인으로서의 확고한 정체성과 냉철한 판단력이 있기에 가능했다. 그의 조선 민족에 대한 자부심은 "내가 자랑하고 싶은 조선 것"이란 제목의 다음 글에 잘 드러나 있다. 이 글에는 "특히 애정이 풍부"란 부제가 붙어 있다. 그 전문을 소개하면 아래와 같다.

> 내가 자랑하고 싶은 朝鮮(조선) 것—特(특)히 愛情(애정)이 豐富(풍부)
>
> 다른 方面(방면)으로는 내가 별로 硏究(연구)하야 본 것이 업스닛가 무엇이 우리의 자랑거리라고 말슴할 수가 업습니다만은 多年間(다년간) 基督敎會(기독교회)에서 體驗(체험)하야 본 것으로 말슴하면 우리 朝鮮(조선) 사람처럼 眞實(진실)한 사랑심(愛心)이 만흔 사람은 못보왓습니다. 例(예)를 들어 말슴하자면 敎會(교회)에서 무슨 救濟事業(구제사업)을 하자고 發起(발기)하면 發起(발기)할 째에는 朝鮮(조선) 사람이나 中國(중국) 사람이나 西洋(서양) 사람이나 다가티 贊同(찬동)하고 發起(발기)합니다. 그러나 實際(실제)로 金錢(금전)을 내는 것을 보면 外國(외국) 사람들은 대개가 自己(자기)의 利害打算(이해타산)을 먼저 하는데 우리 朝鮮(조선) 사람은 아모 利害打算(이해타산)이 업시 그 赤裸裸(적나라)하게 한 푼이 잇스면 한 푼을 내고 두 푼이 잇스면 두 푼을 내여 自己(자기)의 힘이 잇는 데까지 誠力(성력)을 다하랴 하며 또 西洋(서양) 사람의 宣敎師(선교사)나 其他敎會(기타교회)에 有功者(유공자)가 오면 우리 朝鮮(조선) 사람은 誠心誠意(성심성의)로 그들을 歡迎(환영)하고 또 紀念品(기념품) 가튼 것도 잘 하야 줍니다.
>
> 그러나 그러한 사람들이 中國(중국)이나 日本(일본)을 가거나 또

朝鮮(조선) 사람의 敎會有力者(교회유력자)가 西洋(서양)이나 其他外國(기타외국)을 가면 그곳 敎會(교회)에서도 勿論(물론) 歡迎(환영)이야 하지만은 우리 朝鮮(조선) 사람들이 그들에게 對(대)하듯이 그다지 쌋듯하지도 못하고 또 紀念品(기념품) 가튼 것은 問題(문제)도 업습니다. 그러면 우리 朝鮮(조선) 사람이 무슨 依賴的 思想(의뢰적 사상)이 잇서서 그러하거나 또는 拜外的 思想(배외적 사상)이 잇서서 그러냐 하면 決(결)코 그러한 것이 안이라 純然(순연)한 人類愛(인류애)라는 그것을 잘 發揮(발휘)하는 그 까닭임니다. 여러 가지의 例(예)를 들지 안코도 朝鮮(조선) 사람의 愛心(애심)이 만타는 것은 짐작할 수 잇습니다. 朝鮮(조선) 사람된 나뿐이 안이라 朝鮮(조선)을 다녀간 여러 外國(외국) 사람에게 그러한 말을 드럿습니다.[60]

그는 이 글에서 자신이 다녀간 교회에서 체험해 본 결과 우리 조선 사람들이 일본이나 중국이나 다른 서양 사람들에 비해 애정이 풍부하다는 사실을 깨달았다고 밝히고 있다. 그리고 자신이 깨닫게 된 이러한 사실들을 소개하면서 독자들의 공감을 이끌어 내고 있다. 교회에서 구제사업을 할 때면 다른 민족들은 이해타산적으로 나오나, 조선 사람들은 있으면 있는 대로, 없으면 없는 대로 진심을 다해 구제금을 낸다는 사실에 주목하고 있다. 조선인에게 무슨 사상 따위가 있어서 그러는 것이 아니라 순전히 인류애에 기반하여 그러는 것이라고 설명하고 있다. 그는 조선인이 애정이 풍부하다는 사실을 자기만 깨닫는 것이 아니라 조선을 다녀간 여러 외국 사람한테도 들었다면서 자신의 주장을 객관적으로 증명하고 있다. 이처럼 박동완은 자신이 '애정이 풍부한 조선인'임을 자랑스러워하였다. 그에게는 조선 민족에 대한 뿌리 깊은 자부심이 있었다.

2
박동완의 독립운동

박동완은 언론활동만으로는 조국의 독립을 성취하는 데 있어 한계를 깨닫고 조국의 독립을 위하여 행동으로 나아갈 길을 찾고 있었다. 이러한 모색 끝에 민족대표로 합류하게 되었다. 그의 언행일치의 삶은 결국 목숨을 건 독립운동가로의 변신을 이끌었다.

1) 민족대표로 3 · 1독립운동에 참여

대한민국 헌법 제1장 총강의 제1조 제1항 "대한민국은 민주공화국이다"는 대한민국 국민이라면 대개 알고 있다. 그 위에 수록되어 있는 헌법제정의 목적, 헌법의 지도이념이나 원리, 역사적 과정 등을 규정한 공포문(公布文)인 대한민국 헌법 전문은 아래와 같다.

유구한 역사와 전통에 빛나는 우리 대한국민은 3·1운동으로 건립된 대한민국임시정부의 법통과 불의에 항거한 4·19민주이념을 계승하고, 조국의 민주개혁과 평화적 통일의 사명에 입각하여 정의·인도와 동포애로써 민족의 단결을 공고히 하고, 모든 사회적 폐습과 불의를 타파하며, 자율과 조화를 바탕으로 자유민주적 기본질서를 더욱 확고히 하여 정치·경제·사회·문화의 모든 영역에 있어서 각인의 기회를 균등히 하고, 능력을 최고도로 발휘하게 하며, 자유와 권리에 따르는 책임과 의무를 완수하게 하여, 안으로는 국민생활의 균등한 향상을 기하고 밖으로는 항구적인 세계평화와 인류공영에 이바지함으로써 우리들과 우리들의 자손의 안전과 자유와 행복을 영원히 확보할 것을 다짐하면서 1948년 7월 12일에 제정되고 8차에 걸쳐 개정된 헌법을 이제 국회의 의결을 거쳐 국민투표에 의하여 개정한다.[61]

대한민국 헌법은 1948년 제정 시부터 3·1운동을 건국의 기초로 삼고 있다. 3·1운동에 있어 민족대표 33인의 역할에 대하여 여러 견해가 있지만 최소한 도화선(導火線)의 역할을 한 것은 어느 누구도 부인할 수 없다. 박동완은 기독교 감리교 측 민족대표로 3·1운동에 참여하였다. 그는 목회자로서가 아니라 기독교 언론사역기관인《기독신보》의 서기의 자격으로 참여한 것으로 보인다.《기독신보》의 서기로 활동하면서 기독교계의 인사들과 교류하면서 인맥을 넓혀갔을 것이다.

3·1운동 당시의 박동완의 활동과 독립사상에 대해서는 경찰, 검찰과 판사에 의해 작성된 신문조서와 법원의 재판기록 그리고 이에 대한 신문기사를 통해 알 수 있다. 일제관헌이 기록한 신문조서가 여러 건이 보존되어 있어 이를 통해 그의 활동과 항일사상을 재구성해보고자 한다.

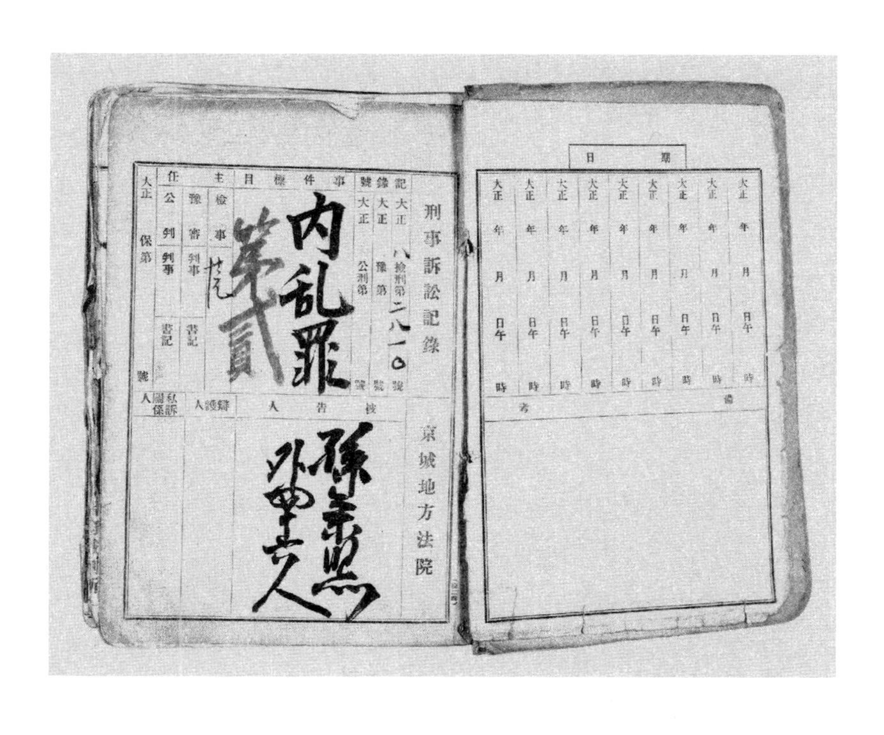

刑事訴訟記錄

八檢刑第二八一〇號

内乱罪

第貳

孫秉熙外四十七人

京城地方法院

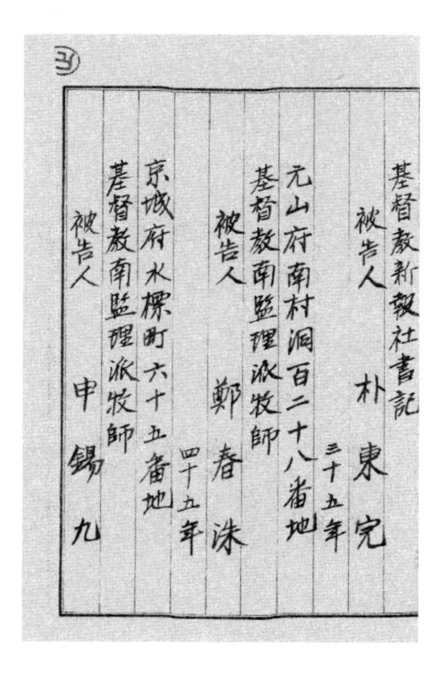

基督教新報社書記
被告人 朴東完
三十五年

元山府南村洞百二十八番地
基督教南監理派牧師
被告人 鄭春洙
四十五年

京城府水標町六十五番地
基督教南監理派牧師
被告人 申錫九

3·1운동재판 기록철.
박동완은 재판 중 "오늘날 조선민족은 자존자립의 정신이 있고 조선독립에 대하여 시기만 기다리고 10년 사이를 경과하여 온 결과로 이와 같이 된 것이니 다시 말할 것 없지요" 라고 기개 있게 말하였다.

다음은 대정 8년(1919년) 8월 26일 고등법원에서 작성된 신문조서의 일부이다.

문 피고는 二월 二七일에 李弼柱의 집에서 다른 동지와 회합했는가.

답 그렇다.

문 그 장소에서 선언서, 청원서 등의 원고를 보고, 선언서 발표의 방법에 대해서도 상의하지 않았는가.

답 나는 그 곳으로 가는 것이 늦었기 때문에 원고 등을 보지 못했으나 선언서를 인쇄하여 배포한다는 것은 말하는 것을 들었었다.

문 그 선언서를 각 지방에 배부하는 일은 누가 지휘하고 누가 배부를 담당하게 되었는가.

답 그 분담의 일에 대해서 그 곳에서는 듣지 못했으나 그 다음날 밤 孫秉熙의 집에서 모였을 때 李甲成이 그것을 맡았다는 것을 들었었다.

문 李甲成 뿐만 아니라 다른 사람도 담당하지 않았는가.

답 별로 듣지 못했다.

문 각 지방에서도 三월 一일에 서울의 파고다 공원에서 하는 것과 마찬가지로 그 날 발표하기로 되어 있었던 것이 아닌가.

답 각 지방에서도 선언서를 배포한다는 것만으로 그 방법에 대해서는 아무것도 듣지 못했다.

문 李昇薰 또는 咸台永이 三월 一일 서울에서 발표하는 것과 같이 하도록 하게 하기 위하여 다시 사람을 지방으로 보냈다는 것을 모르는가.

답 李昇薰에게서 선언서의 배부는 李甲成이 한다는 것을 들었을 뿐이다.[62]

1919년 3월 1일 당일 경무 총감부에서 작성된 경찰 신문조서의 일부는 다음과 같다.

문 인쇄는 어떻게 하였는가.

답 이종일이가 보성사에서 인쇄하였다고 들었다. 어제 밤 손병희 집에 갔을 때 벌써 인쇄가 되었다는 말을 들었다.

문 그대는 어느 때 명월관 지점에 갔는가.

답 오후 한 시 사십 분경이다.

문 그대가 갔을 때 벌써 많이 왔던가.

답 전부가 왔었다.

문 선언서는 누가 가지고 왔는가.

답 내가 가니까 벌써 갔다 놓았었다.

문 몇 매나 인쇄하였는가.

답 2만 매 인쇄하였다고 하였다.

문 어떻게 배포하였는가.

답 명월관에 오기 전에 이미 각처에 배포하였다는 말을 들었다.

문 어디에다 분배 하였는가.

답 손병희 댁에 갔을 때 이미 배포하였다는 말을 들었으나 그 사람의 성명은 알지 못한다.

문 그러면 종래 본건에 대하여 회합한 일은 없는가.

답 손병희 집에서 28일에 집합한 것이 처음이다.

문 금후는 어떤 곳에 집합하려고 하였는가.

답 그런 일은 없다.

문 조선 민족의 독립은 어떠한 수속을 하려고 하였는가.

답 별로 수속할 방법 등은 생각한 일이 없고 우리들은 배일을 하면서도 독립할 생각은 없었다가 단지 정의인도를 중히 하여 민족의 독립을 희망하고 있었고 특히 구주(歐洲)에서 인종차별을 철폐하라는 것은 구미인의 귀를 기울이게 하고 있으므로 장래에는 백인종과 황인종 문제가 평등한 원칙에서 해결 되리라고 생각하였다 그때는 조선도 독립될 것이라는 것을 생각하였다.

문 회합할 때 독립의 수단 등은 연구하였는가.

답 그러한 것을 의논한 일은 없다.

문 독립운동에 필요한 돈은 준비가 되었으며 장래 어찌할 것을 생각하였는가.

답 금전에 대하여서는 알지 못 한다 나는 단지 가담한 것뿐이다.

문 주모자는 누구인가.

답 선언서에 연명한 사람은 전부 찬성한 사람들이다. 그 안에 누가 주모자라고 말하거나 역할 등을 정하지는 않았다.

문 그러면 장래의 행동에 대하여도 정한 일이 없고 단지 선언서를 살포하는 것뿐인가.

답 그렇다.

문 그대들은 단체로 총독부에 건의서를 제출하려고 하였는가.

답 대표자 33명의 이름으로 제출하였다.

문 누가 가지고 갔는가.

답 이갑성을 지명했는데, 동인이 누구를 시켜서 오늘 오후 2시에 제출할 것이라고 하였다.[63]

다음은 대정 8년 5월 2일 경성지방법원 예심괘에서 예심판사 일본인 영도웅장(永島雄藏)의 신문(訊問)에 박동완은 다음과 같이 답변하였다.

문 2월 28일 피고는 손병희 집에서 회합하였는가.

답 그렇다. 2월 28일 정오에 박희도를 만났는데 그날 밤 손병희 집에 동지들이 집합한다는 것을 듣고 나는 동일 오후 8시경 손병희 집에 갔더니 여럿이 집합하였는데 선언서 발표를 빠고다 공원에서 하려 고 하였으나 동소는 다수한 사람이 집합하여 소요를 일으킬 염려가 있으므로 명월관 지점으로 변경하는 것이 좋다고 결정하였다.[64]

아래는 1920년 9월 24일자《동아일보》기사 "제3일 오후의 기록 독립선언사건의 공소(控訴: 항소의 과거 용어)공판"의 일부는 다음과 같다.

문 그 후 이십칠일에 박희도가 피고의게 하는 말에 전에 말하든 계획을 실디에 착수함에 대하야는 리필주의 집에서 모이기로 하얏지.

답 네. 그러케 하얏소.

문 그때에는 박희도, 최성모, 함태영, 정춘수, 리갑성 등이 회집 하야가지고 선언서를 인쇄하야 각디에 비포하야 조선 민족의 독립의견을 널니 발포케하고 또 총독부와 일본 정부에 독립선언서와 의견서, 청원서를 보내기로 하고 미국대통령과 강화회의에 렬국 대표자에 보내어 조선독립을 청원하자 하고 그때 그 즉석에 선언서에는 서명 나인하겠다고 승낙하얏지.

답 그때에는 구톄뎍의 의론은 되지 못하얏고 다만 초안과 미국 대통령의게 보내기로 한 초안을 보앗슬 뿐이지, 그 외에는 아모 것도 보지 안이

하얏스며, 오즉 함태영의게 도장을 주며 승낙한다는 뜻을 말하얏을 ᄲᅮᆫ이오.

문 그 선언서의 취지는 오화영이가 말한 바와 가튼가.

답 네. 갈튼가 봅듸다.

다음에는 손병희의 집에 모혀서 선언서의 발표의 처소를 의론한 것과 삼월 일일에 태화당에서 비포식을 하자고 한 시말을 뭇고 태화당 비포식의 광경을 무러 세밀한 피고의 대답이 잇섯스며[65]

1920년 9월 25일 매일신보에 나와 있는 "손병희 외 47인 공소불수리 사건 제4일의 공소공판 22일 오전 중 공판 계속 속기 박동완 신문 자존자립(自存自立)의 정신(精神)"이란 기사 중 일부이다.

문 이월 이십칠일에 박희도가 피고를 만나 선언의 날의 기회를 어더셔 됴션 독립운동실힝에 챡수ᄒᆞᆯ 터임이 피고더러 뎡동 리필쥬 집으로 오라고 ᄒᆞ얏지.

답 그럿소이다.

문 그ᄅᆡ셔 함ᄐᆡ영 리필쥬 박희도 리갑셩 최셩모 리승훈등이 모혀셔 션언셔와 기타의 셔면을 외국ᄭᆞ지 보ᄂᆡ자ᄂᆞᆫ 말을 듯고 승낙ᄒᆞ얏던가.

답 구톄뎍 션언셔난 업고 단지 쥬의건 ᄲᅮᆫ이며 긔타 셔면도 잇셧스나 모다 초본(草本)임으로 ᄂᆡ용은 안이 보고 함ᄐᆡ영에게 인장을 쥬엇소이다. ᄃᆡ톄 상사00취지ᄂᆞᆫ 오하영의 말과 갓치 00이다.

문 이십팔일에 손병희 집에 모힌 것과 삼월일일 두시에 ᄐᆡ화관에 모힌 일이며 한룡운의 츅사가 잇셧ᄂᆞᆫᄃᆡ 한룡운의 말은 좌우간 독립에 관ᄒᆞᆫ 말이엿셧지.

답 그렇소이다.[66]

위의 내용을 종합하면 다음과 같다. 박동완은 1919년 2월 27일에 박희도로부터 이전에 말하였던 계획을 실제로 착수함에 있어 당일 이필주의 집에서 모이기로 하였다는 말을 듣게 되었다. 박동완은 이를 통하여 정식으로 3 · 1운동에 합류하도록 권유 받았다. 그날 박동완은 이필주의 집에서 있었던 회의에 참석하였다. 자신이 소속된 정동제일교회의 이필주 담임목사와는 서로 가담 여부를 알지 못한 채 3 · 1운동에 참여하게 되었다. 그날 회의에는 박희도, 최성모, 함태영, 정춘수, 리갑성 등이 참여하였다. 구체적인 의논은 되지 않았으나 독립선언서를 인쇄하여 각지에 배포하여 조선 민족의 독립에 대한 의견을 널리 발표하기로 결의하였다. 일부 문서는 초본이기에 보지 않았고 문서가 완성되면 날인하는 것을 승낙하고 함태영에게 도장을 맡겼다. 3 · 1운동 거사의 핵심적, 구체적 내용은 33인 중에서도 핵심부만이 알고 있었던 것으로 보인다. 거사를 완수하기 위하여 기밀유지를 위하여 상세한 내용을 알려고 애쓰지도 않았던 것으로 보인다. 이것은 일제 당국에 발각될 경우 내용의 전부가 탄로되어 일을 그르치지 않으려는 의도였던 것이다. 박동완 등은 구체적인 내용도 잘 알지 못하였지만 민족의 독립이라는 목적을 향해 자신의 목숨을 걸고 인장을 맡긴 것이다.

1919년 2월 28일 정오에 박희도에게서 당일 밤 손병희의 집에서 회의가 있다는 말을 듣고 박동완은 그날 오후 8시경 손병희의 집에서 열린 회의에 참석하였다. 이 회의에서는 독립선언서 반포식에 대한 일정이 논의되었다. 원래는 파고다공원에서 하려고 하였으나 군중에 의한 소요사태가 우려되어 명월관 지점(태화관)으로 장소를 변경하였다. 그리고 독립선언서가 2만매 인쇄되었으며 각지에 배포되었다는 말을 듣게 되었다.

박동완이 3 · 1운동에 참여하는 데 있어서 그의 의지가 어떠하였는지 다음의 신문조서들을 통하여 확인할 수 있다. 먼저 1919년(대정 8년) 5월 2일에 열린 경성지방법원 예심괘의 일부 기록은 다음과 같다.

문 피고가 최초 박희도에게 희망을 말한 것은 박희도가 이승훈과 같이 조선 독립운동을 하고 있는 것을 알고 있음으로 참가하겠다고 한 것이 아닌가.

답 그런 것이 아니고 나는 박희도가 그런 것을 계획하고 있는 것은 알지 못하였다.

문 그런 것을 획책하고 있다는 것을 알지 못하였다고 하나 돌연히 그러한 것을 말한 것이 아니고 누구에게 그런 일을 듣고 그런 것이 아닌가.

답 나는 신문지상에서 「윌-슨」이가 민족자결을 주창함을 알고 본년 1월 상순경 조선도 민족자결을 하는 것이 좋다고 생각하였으므로 박 희도를 만나서 그 의사를 말하였다.

문 어떤 신문에서 민족자결을 주창한 것을 보았는가.

답 본년 1월상순경 대판매일신문을 보고 알았다.[67]

1919년 3월 1일 독립선언식 후 경찰에 체포된 직후 경무 총감부에서 작성된 경찰신문조서의 일부는 다음과 같다.

문 그대는 조선 민족대표자로써 선언서에 연명하고 독립을 계획한 것은 어느 날부터 발단하였으며, 최초 어떤 사람과 의논 하였는가.

답 10일 전에 나는 박희도에 대하여 먼저 말한 것과 같이 민족의 독립을 말해 두었고 그때 이 일을 계획할 때는 나도 명의를 내달라 고 하였는데 27일에 박희도가 와서 그렇게 하였다고 하였다.[68]

1919년 3월 13일 경무총감부에서 검사 하촌정영(河村靜永)의 신문에 박동완이 답변한 내용이다.

문 피고가 이번 조선독립운동을 하게 된 전말을 자세히 말하라.

답 올 2월 20일경 기독교신보사인 내 사무소에 박희도가 와서, 나는 조선도 민족자결에 의해 독립하는 것이 좋겠다하니 박희도도 찬성 했다. 그 후 2월 27일 다시 박희도가 왔길래, 나는 누구든지 독립 운동을 한다면 찬성하니 참여하게 해달라고 의뢰했다. 그날 정오, 총독부에 청원할 서류에 날인해야 하니 정동 이필주 집으로 오라고 해서 가니 이갑성, 박희도, 최성모, 오화영, 함태영 등이 모여 총독 부에 제출한 건의서에 서명 날인을 요구하여 날인했다. 28일 청년 회관에서 박희도가 오늘밤 손병희의 집에서 집합한다고 해서 오후 8시경 손병희 집에 갔다. 거기에는 건의서에 연명한 20여 명이 모 여 3월 1일 파고다 공원에서 독립선언서를 발표하면 소동이 일어나 기 쉬우므로 오후 2시 명월관 지점으로 모이는 것이 좋겠다고 논의 했다. 3월 1일 명월관 지점으로 가서 음식이 나오자 경찰에 체포되 었다.[69]

다음은 《동아일보》 1920년 9월 24일 기사 "제3일 오후의 기록 독립선언사건의 공소공판"의 일부이다.

문 그러면 이월 십오일과 동 이십일 사이에 김필수의 긔독신보사 안에서 박희도와 맛나서 엇더한 이야기를 하얏는가.

답 네. 조선독립운동에 관한 말을 하얏소.

문 그때에 엇더한 방법을 의론하얏는가.

답 방법이 안이오. 의견을 말하얏을 뿐인데 그 의견이라 하야도 「민족자결」을 긔초로 하야 운동을 이르키자는 것이 안이라 민족자결을 떠드는 때이니가 민족운동을 이르키자한 것이오.

문 그러니가 박희도가 무슨 말을 하얏서.

답 자긔도 그러한 운동을 계획한다고 합듸다.[70]

다음은 1920년 9월 25일자《매일신보》에 게재되었던 "손병희 외 47인 공소불수리 사건 제4일의 공소공판 22일 오전 중 공판계속 속기 박동완 신문 자존자립(自存自立)의 정신"이란 기사 내용 중 일부이다.

문 이월 십오일이나 이십일에 박희도와 만나셔 말훈 일이 잇셧지.

답 독립운동ᄒᆞ자는 말을ᄒᆞ얏소..

문 방법은 엇더ᄒᆞ다고 말ᄒᆞ얏는가.

답 방법 여부 업시 단지 사상만 말ᄒᆞ얏지오.

문 민족자결쥬의를 쥬챵삼어서 독립운동을 ᄒᆞ자고.

답 그것을 쥬쟝삼어셔 훔이 안이라 긔회를 삼어셔 ᄒᆞ자고 ᄒᆞ얏소 .

문 박희도가 무엇이라고 말ᄒᆞ얏나.

답 자긔도 경영ᄒᆞ는 바이잇다고 훕듸다.[71]

박동완은 1919년 1월 상순경《대판매일신문》을 보고 윌슨의 민족자결주의를 알게 되고 이에 따라 조선독립에 대한 의지를 다지게 되었다. 1919년 2월 15일과 20일 사이에 기독교측 민족대표 선정에 있어 중요한 역할을 하던 박희도를 만나게 되었다. 박동완은 박희도에게 민족의 독립을 먼저 표명하였고 민족독립을 계획하게 될 때 자신도 명의를 내달라고 하였다. 2월 27일 박동완의 기독신보사 사무실에 온 박희도에게 그는 누구든지 독립운동을 한다면 찬성할 것이니 참여하게 해달라고 의뢰하였다. 이에 박희도가 당일 저녁에 이필주의 집에서 회의가 있다고 알려주어 박동완은 민족대표 33인에 합류하게 되었다. 박동완은 단순히 박희도의 권유에 의하여 민족대표가 된 것이 아니라 적극적, 주도적 태도로 민족대표가 되었다. 평소 조선독립에 대한 의식이 확고하고 이를 확실히 표명함으로써 민족대표가 되었다.

1919년 3월 18일 서대문감옥에서 검사 하촌정영(河村靜永)의 신문에 대한 답변이다. 박동완은 조선독립에 관한 일본인 검사의 질문에 확고하고 명확한, 신념에 찬 답변을 하였다.

문 피고는 조선독립이 꼭 될 줄로 생각하는가.

답 그렇다. 일본과 열국들이 허락할 줄로 생각하고 있다.

문 금후도 또 독립운동을 할 것인가.

답 물론 그렇다.[72]

아래는《동아일보》1920년 9월 24일자 기사인 "제3일 오후의 기록 독립선언사건의 공소공판"의 일부이다.

문 일한합병에 대한 감상과 조선독립에 대한 감상은?

답 그것은 합병에 반대라고 하기 전에 먼저 조선 민족의 자존(自存) 자립(自立)의 정신으로써 그를 대하게 되얏고 조선독립에는 언제든지 긔회와 동긔가 잇스면 민족뎍 운동을 하고자 하얏소.[73]

아래는 1920년 9월 25일자 《매일신보》의 "손병희 외 47인 공소불수리 사건 제4일의 공소공판 22일 오전 중 공판계속 속기 박동완 신문 자존자립(自存自立)의 정신(精神)" 기사 중 일부이다.

문 ᄒᆞᆸ병에 ᄃᆡᄒᆞᆫ 반ᄃᆡ와 독립에 ᄃᆡᄒᆞᆫ 감상을 무르ᄆᆡ

답 피고ᄂᆞᆫ ᄃᆡ답ᄒᆞ되 오날놀 됴션민족은 자존(自存) 자립(自立)의 졍신이 잇고 됴션독립에 ᄃᆡ하야 시긔만 긔ᄃᆡ리고 십년 사이를 경과ᄒᆞ야 온 결과로 이와 갓치된 것이니 다시 말ᄒᆞᆯ 것 업지요.

문 그러면 량방이 모다 절ᄃᆡ로 반ᄃᆡ요 절ᄃᆡ로 희망이란 말이지?

답 그럿소.[74]

박동완은 조선 민족에게 자존자립(自存自立)의 정신이 있기에 조선 민족은 독립할 수 있는데 십년이란 세월이 흐른 것에 대하여 안타까움을 강하게 드러내고 있다. 즉 일제에 의한 조선의 망국 자체를 인정할 수 없다는 말이다. 그러면서 독립을 선언함으로써 자주민이 되었다고 당당히 표현하고 있다. 독립은 일제의 허락을 받아야 할 것이 아니라 조선 민족이 선언하면 되는 것이라고 분명히 말하고 있다. 세계 각국에 청원서를 보내는 것은 단지 조선이 독립을 선언했다는 것을 알리는 통고에 지나지 않는다고 표명하고 조선 민족이 조선의 정치를 하는 것이 민족자결이라고 밝히고 있다. 또한 최후의 1인까지 최후의 1각까지 분기할 그만한 각오가 없어서는 안 된다고 함으로써 강력한 독립의지를 표현하고 있다.[75] 한편 "금후에도 또 독립운동을 할 것인가"라는 검사의 신문에 "물론 그렇다"고 대답하는 기개를 나타내고 있다. 박동완의 이러한 불굴의 절대독립 정신은 이후에도 변하지 않고 그의 비타협적 민족운동에서 지속되었다.

다음은 대정 8년 7월 26일 서대문감옥에서 예심계 조선총독부 판사 일본인 영도웅장(永島雄藏)에 의해 행해진 신문(訊問)에서 박동완은 아래와 같이 답변하였다.

문 三월 一일 선언서를 발표하면 폭동이 일어날 것으로 생각했는가.

답 폭동이 일어날 것까지는 생각하지 않았으나, 수많은 군중이 모이면 자연 소요가 일어날 것으로 생각했었다.

문 피고 등이 독립선언을 했기 때문에 황해도·평안도·함경도· 경기도 각지에서 폭동이 일어났는데, 그것은 예상하고 것이 아닌가.

답 그런 예상은 하지 않았었다.

문 각 지방으로 선언서를 보내어 발표하게 한 것은 알고 있었으므로 자연 폭동이 일어날 것으로 생각하고 있었던 것이 아닌가.

답 서울에서는 선언서를 낭독 발표한다는 것이었으므로 소요가 일어날 것으로 생각했으나, 각 지방에서는 다만 선언서를 보낸다는 것뿐이어서 폭동이 일어날 것으로는 생각하지 않았었다.[76]

1919년 8월 26일 고등법원에서 행해진 예심계 조선총독부 판사 남상장(楠常藏)의 신문 내용이다.

문 현재 平安北道 義州郡 玉尙面, 京畿道 安城郡 陽城面, 元谷面, 黃海道 遂安郡 遂安面 등지에서 조선의 독립을 목적으로 하는 폭동이 일어나 있는데 어떤가.

답 그것은 한 사람이 나쁜 것이지 우리들에게 아무런 책임이 없다.[77]

다음은 1919년 5월 2일 경성지방법원 예심괘(豫審掛) 예심판사 일본인 영도웅장(永島雄藏)의 "선언서를 배포한 목적이 무엇인가"란 신문(訊問)에 관한 박동완의 답변이다.

문 이 선언서를 배포한 목적은 무엇인가.

답 그것은 우리의 행동을 일반에게 알리기 위하여서이다.

문 이 선언서를 배포해서 독립운동의 사상을 고취하고 일반에게 운동을 시키기 위하여서가 아닌가.

답 그런 것은 아니고 우리의 운동을 알리기 위하여 배포한 것이다

문 그런 것이 아니고 각종 운동을 선동하기 위하여 배포한 것이 아닌가.

답 그런 것이 아니다.

문 선언서를 배포하면 일반 인민은 그것에 자극되어 과격한 자는 폭동을 일으키리라고 생각하고 있지 않았는가.

답 폭동이 일어나지 않도록 노력하여도 자연 일어날 것으로 생각은 하였다.

문 소요는 어떤 정도일 것인가.

답 그것은 이곳저곳에 사람이 모여서 연설을 한 것으로 안다.

문 그런 일이 있으면 경찰관이 그것을 제지할 때 이에 반항하여 폭동이 있을 것이라고는 생각하지 않았는가.

답 자연 그러한 것쯤은 있을 줄로 생각한다.[78]

박동완은 독립운동에 있어 폭력적 방법을 지양하고 비폭력적 · 무저항적 방법을 사용해야 한다는 생각을 명백하게 가지고 있었고 이를 표명하고 있다. 그는 기독교인으로 폭력이 아니라 비폭력으로, 복수가 아니라 사랑으로 독립을 쟁취해야한다는 생각을 확고히 품고 있었다. 이후에도 그는 비폭력적 독립운동을 비타협적으로 변함없이 전개하였다.

박동완은 1919년 3월 1일 경성기독교청년회관 앞에서 기독교인 김재형에게 경고문 500매를 주었고 김재형은 이것을 가지고 연기군으로 귀향하였다. 이 경고문에 의해 연기, 청주, 보은의 만세운동이 일어나게 되었다.[79]

『한국기독교의 역사 II』에서는 3 · 1독립운동의 한계점의 하나로 "장로교와 감리교 신문 《기독신보》가 3 · 1운동과 한국교회의 수난에 대해 아무런 기사도 싣지 않은 점"[80]을 지적하고 있다. 《기독신보》가 3 · 1운동 이전과 당시에 민족의 현실에 침묵하였던 것은 사실이다. 하지만 실질적 주필이었던 박동완은 글로 표현할 수 없었기에 행동으로 그의 항일정신을 표현하였다. 언론인은 글로 말하지만, 글로 말할 수 없어 행동으로 말하였다.

3 · 1독립운동으로 인해 일제는 문화정치를 도입하게 되어 부분적으로나마 언론의 자유를 허용하게 된다. 박동완은 자신의 행동으로 언론의 자유를 성취하는 데 기여했다고 볼 수 있다. 만기출소 후 그는 《기독신보》의 주필로서 항일기사를 쓰고 편집하였다. 따라서 민족의 현실에 대하여 아무런 기사를 싣지 않았다는 비판은 현상만을 본 잘못된 판단에 불과하다.

2) 사회활동을 통한 독립운동

(1) YMCA

박동완이 일찍부터 몸담아 활동했던 YMCA는 초대 회장과 총무, 그리고 12명의 이사 중 대부분이 외국인 선교사였음에도 불구하고 그 설립 정신과 사업 취지는 독립협회 출신 지도자들과 청년들에 의해 영위되었다.[81] 33인 민족대표 중 기독교 측 대표 16명 가운데, YMCA에 직·간접적으로 연루되어 있던 인물이 무려 9명이나 된다는 사실은 당시 YMCA의 위상이 어떤지를 시사해 주고 있다.

그러나 민경배가 『서울YMCA운동 100년사』에서 지적했듯이 "3·1운동이 어떤 국내 조직기관의 공적 개입이란 차원에서 수행 될 수 없었다는 사실을 아는 것"[82]은 중요하다. 왜냐하면 3·1운동의 특성상 그 준비나 진행 과정이 점조직으로 은밀하게 이루어졌기 때문이다. 조직이나 기관의 전체적인 공개 결의 과정이 일어나는 순간 비밀은 유지될 수 없기 마련이다. 따라서 "YMCA 역시 어떤 인사가 참여하였든지 그것은 다 개인적인 양심과 판단에 따라"[83]했던 것임을 분명히 알아야 한다. YMCA의 총무를 역임하였던 전택부는 박동완에 대해 "YMCA에 이갑성과 함께 무시로 드나드는 열성회원 또는 위원"[84]이었다고 기술하였다. 박동완은 3·1운동 이전이나 이후나 일관되게 YMCA에 소속되어 지속적인 활동을 하였다. 특히, 그는 3·1운동 이후 YMCA의 소년부 위원장과 이사로 활약하였다.[85] 한편, 1925년 2월을 기점[86]으로 YMCA는 대대적인 기구개편을 단행하였는데, 11월에는 농촌부와 도시부를 신설하고 각 위원회에 5명씩의 위원을 선임하였다. 박동완은 농촌부 위원으로 선출되었다.

그는 또한 1926년 12월 27일부터 29일 사이에 있었던 제5회 조선기독교청년회 연합회 정기대회에서 "교화(敎化) 진흥의 건"[87]이란 주제 아래 선정된 교화진흥(敎化振興)연구 중앙위원으로 선출되기도 하였다.[88] 이렇듯 박동완은 YMCA에서 중요한 역할을 감당하며 민족계몽운동과 한국교회의 연합운동에 앞장섰다.

다음은 박동완의 《기독신보》 사설 "기독청년회와 그 사업" 중 일부이다.

> 基督敎靑年會(기독교청년회)는 智德體(지덕체) 及(급) 社會(사회)의 幸福(행복)을 增進(증진)케 홀 目的(목적)으로써 福音主義(복음주의)에 基(기)ᄒᆞ야 엇더ᄒᆞᆫ 敎派以外(교파 이외)에 獨立(독립)ᄒᆞᆫ 靑年團體(청년단체)라 그 事業(사업)은 個人(개인)으로ᄂᆞᆫ 日常生活範圍(일상생활범위)에 各各(각각) 相當(상당)ᄒᆞᆫ 事業(사업)을 經營(경영)ᄒᆞ며 團體(단체)로ᄂᆞᆫ 選定(선정)ᄒᆞᆫ 職員(직원) 或(혹) 任員(임원)이 圖書室(도서실), 閱覽室(열람실), 運動室(운동실), 學校(학교), 講演(강연), 祈禱會(기도회), 聖經硏究會(성경연구회) 等(등)과 其他(기타) 寄宿舍(기숙사), 職業紹介(직업소개) 及(급) 一般社會(일반사회)에 有益(유익)ᄒᆞᆫ 일이면 무엇이던지 奉仕(봉사)의 目的(목적)으로써 敎會(교회)의 精神(정신)을 發揮(발휘)ᄒᆞ야 福音(복음)을 播(파)ᄒᆞᄂᆞᆫ 傳道機關(전도기관)이라…(중략)…
>
> 우리 朝鮮(조선)에도 이 機關(기관)이 組織(조직)된지 以來十餘星霜(이래 십여 성상)에 宗敎(종교), 敎育(교육), 社交(사교), 體育(체육) 급(及) 一般社會事業(일반사회사업)에 莫大(막대)ᄒᆞᆫ 貢獻(공헌)이 잇슴은 우리가 다 詳知(상지)ᄒᆞᄂᆞᆫ 바인즉 贅論(췌론)홀 바 아니여니와 그리스도敎會(교회)가 朝鮮(조선)에 傳播(전파)되ᄂᆞᆫ 同時(동시) 文化(문화)의 發達(발달)이 可

驚(가경)홈에 至(지)ᄒ엿고 靑年會(청년회)의 機關(기관)이 組織(조직)됨으로브터 社會運動(사회운동)에 큰 影響(영향)을 씻쳐주어 已往(기왕)에는 社會運動(사회운동)에 孤獨(고독)히 闊步(활보)를 步(보)ᄒ더니 現今(현금)에는 外他(외타)의 여러 團體(단체)가 組織(조직) 되어 잇슴으로 或時(혹시)로는 共同協力(공동협력)의 運動(운동)을 試(시)함이 不無(불무)하니…(중략)…

이ᄀᆺ치 그 靑年會(청년회)가 敎會(교회)에서 直接(직접)으로 社會事業(사회사업)에 活動(활동)ᄒᆯ 餘暇(여가)가 업스며 또는 一般社會(일반사회)에셔 着手(착수)ᄒ기 前(전) 몬져 先着手(선착수)로써 홈은 決(결)코 무숨 稱譽(칭예)를 밧고져 ᄒ는 功名心(공명심)이 아니라 다만 하ᄂ님씌 밧은 社會奉仕(사회봉사)의 의로온 精神(정신)의 所發(소발)노 하ᄂ님과 사롬 압헤 사롬된 者(자)의 使命(사명)과 義務(의무)를 行(행)ᄒ여야만 ᄒᆯ 切實(절실)ᄒᆫ 覺悟(각오)로 좃차 努力(노력)ᄒ는 것임으로 世上(세상)에 誇張的 稱譽(과장적 칭예)로써 報紙上(보지 상)에 宣傳(선전)을 要(요)ᄒ지 아니ᄒ도다 그러홈으로 世人(세인)은 或(혹) 靑年會(청년회)는 社會(사회)를 爲(위)ᄒ야 무숨 貢獻(공헌)이 잇나 ᄒ는 質問(질문)도 업지아니ᄒ나 그러나 隱密中(은밀 중)에셔 報(보)ᄒ시는 하ᄂ님의 ᄯᅳᆺ에 合(합)ᄒ게 ᄒᆯ 것 ᄲᅮᆫ임을 自覺(자각)ᄒ고 努力(노력)ᄒ는 機關(기관)인 故(고)로 世人(세인)의 稱譽(칭예)보다 하ᄂ님의 稱譽(칭예)를 밧도록 더욱 活動(활동)ᄒᆯ ᄲᅮᆫ이라 ᄒ노라[89]

박동완이 기독교청년회를 바라보는 시각은 사회의 행복을 증진케 할 목적으로 복음을 기초로 하여 독립된 청년단체 또는 봉사를 목적으로 복음을 전하는 전도기관으로 생각하였다. 그러기에 사람들의 칭찬을 의식하기 보다는 은밀한 중에 갚으시는 하나님의 뜻에 합하여 활동하기를 바랐다. 그는 공명심이 아닌 하나님께 받은 의로운 사회봉사정신의 사명으로 행하기를 권면하고 있다. 이 글을 통해 당시 기독교의 전파가 문화의 발달을 가져왔으며 청년기관의 조직을 통해 사회운동이 이루어졌음을 알 수 있다.

박동완은 조선기독청년회 일요강화회[90]에서도 활발한 강연활동을 하였다. "천국이 근(近)하리라"와 "의로운 청년"이란 제목의 강연을 1922년 4월과 동년 10월에 각각 하였다. 그로부터 2년 뒤인 1924년에 "우리의 준비"와 "우리의 자랑"을 주제로도 강연하였다. 매주 일요일 오후 2시에 있었던 일요강화는 중앙기독청년회 종교부에서 주관하였는데 당시의 청년들은 일요강화를 통해 정신적 영향을 받아 생활에 많은 변화를 일으켰다.[91] 박동완은 이 땅의 청년들에게 희망을 주는 강연을 하였던 것이다. 또한, 중앙예배당 설교회에서 "새 생명"과 "새 사람"이란 주제로 2회 강연을 하였다. 그는 직접 33인 민족대표가 되어 독립운동에 뛰어들었으나 한계가 있음을 더욱 깨닫게 되었고 민족의 독립을 기독교적으로 접근해서 풀어보고자 하였다. 그에게 있어서 민족의 독립은 민족의 구원과도 같은 맥락이므로 비참한 현 상태는 예수만이 유일한 해결책이라 여겼던 것이다.

한편, 《동아일보》로 촉발된 미국 북감리교 감독 웰치 박사의 친일적 언사[92]는 조선 청년들을 분노케 하였는데 이의 해결방안으로 경성에 있는 북감리교 각 교회 청년회 대표자들이 회의를 하였다. 그 결과 청년회 대표로 박동완이 미국에 있는 웰치씨에게 직접 전보를 쳐서 이 사건의 진위여부를 들어보기로 하였으며 그에 대한 웰치씨의 답변은 "신문은 거짓말이다 나중에 편지로 자세한 것을 기별하겠다"라는 의미의 답이 왔다는 기사[93]를 시대일보에서 다루고 있다.

(2) 조선물산장려회

경제적 자립을 목적으로 일어난 조선물산장려운동의 일환으로 1923년 1월 20일 서울에서 조선물산장려회 발기총회가 개최되었다. 이 때 박동완은 창립준비위원으로 선출되고 이어서 집행기관인 20인의 이사 중 한 명으로도 선출되었다.[94] 당시 이사진에는 민족주의자와 사회주의자가 함께 했으며, 친일적인 인물도 들어가 있었다.

조선물산장려회는 임시사무소를 조선청년연합회(YMCA) 회관 내에 두었는데 회관 건립 시(1930년)까지 여러 차례 이전하였다. 조선물산장려회는 일제강점기 당시 합법적인 조직으로 가장 많은 회원을 보유한 단일단체였다. 1923년 초반 회원 수가 약 3,000명에 이르는 등 번성하기도 하였으나 애석하게도 1923년 여름 이후 별다른 활동 없이 침체되고 말았다. 그러나 이후 서너 차례의 임원진 보강과 함께 회원 확보를 통하여 1930년 4월경에는 5천여 명의 회원 수를 확보하게 되었다.

중일 전쟁이후 1937년 2월 조선물산장려회는 일제의 선산장려정책과 사상통제의 강화로 인해 해체되었다.[95] 박동완은 창립 초기에 회원공개모집 행사에서 발기인 중 제4대(隊) 소속으로 활약하였는데 이틀 동안에 1대부터 4대까지의 전체 발기인[96]을 통해서 무려 800명의 회원을 모집할 수 있었다.[97]

(3) 무명회와 전조선기자대회

박동완은 기자모임에도 활발히 참석하였다. 그는 조선인 신문잡지기자로 조직된 '무명회(無名會)'라는 단체에서 간사로 활약하였다.[98] 1925년 4월 경성에서 있을 예정이었던 전조선기자대회 준비위원회 서무부 위원으로 선출되어[99] 활동하였다. 당시 상황의 일단에 대해《동아일보》에 자세히 언급되어 있는데 그 전문을 소개하면 아래와 같다.

> 신문사와 잡지사 등 언론긔관에 재직한 조선인 긔자로써 조직된 무명회(無名會)에서는 재작일 오후 일곱 시 반부터 시내 돈의동 명월관에서 다수한 회원이 모히여 간친회에 겸하야 림시 총회를 개최하고 림시 석장 리종린씨 사회로 회록 랑독 경과보고 회계보고 등을 맛치고 신사항의뎨에 들어 갓는데 금후로부터는 회무를 더욱 충실히 하기 위하야 간사를 두자는 뎨의가 잇서 석장의 추천으로 리을씨가 피선되고 재래의 위원 열 사람 중에서 책임을 써나게 된 리재갑, 오삼주, 량씨의 대신으로 보선하자는 뎨의가 잇서 전형위원 안재홍, 박동완 량씨의 추천으로 김형원, 설의식 량씨가 피선되얏스며 최원순씨의 뎨의로 오는 삼월경에 전조선에 잇는 각종 언론 긔관의 본사나 지분국 조선인 긔자가 모히여 전조선 긔자대회를 개최하자는 의견을 수납한 후 모든 절차와 대회 내용에 대한 일톄의 연구와 준비를 위원회에 일임하기로 하고 금후로 부터는 실디 방면의 사업을 조금조금씩이라도 잘하여 나가자는 희망으로써 동 열두 시경에 회는 맛치고 식탁에 나아갓다더라.[100]

당시 신문사와 잡지사 등 언론기관에 재직한 조선인 기자들은 '무명회'란 단체를 구성하고 있었으며 이 단체에 의해 전조선기자대회가 개최되었음을 알 수 있다. 박동완은 전형위원으로서 《조선일보》 주필인 안재홍과 어깨를 나란히 하며 자신의 의견을 표방하였다. 그는 당시에 언론인이자 기자라는 정체성이 명확했으며 기독교에만 한정되지 않고 사회 전반에 걸쳐 활동했다.

(4) 흥업구락부와 기독교연구회

박동완은 흥업구락부에 가입하였는데 이 단체는 이승만의 친위조직인 미주 대한인동지회[101]의 자매단체로 1925년 3월 국내에서 조직된 기독교계 비밀결사 조직이며 실업인 위장단체였다.[102] 이 무렵 박동완도 실업인으로 신분을 위장할 필요가 있었을 것이다. 그는 1925년 4월에 《신생명》이 폐간되어 절필하고 있는 상태였다. 따라서 그는 표면적으로 1925년 9월경부터 경성공업사에서 일하는 것으로 하지 않았을까 추정된다.[103] 흥업구락부의 구성 회원 및 사회활동 등은 비밀로 유지되어왔으나 1938년 5월 조선기독교연합회 총무인 구자옥의 자택이 총독부 경찰 당국에 의해 수색 당하던 중 '흥업구락부 일기'가 발견됨으로 그 실체가 드러나게 되었다.[104] 그 당시 1938년 5월 20일 경기도 경찰부장 명의로 작성된 '연희전문학교 동지회 흥업구락부 관계보고'에 의하면 박동완은 창립 당시 집회자 명단에 이름이 나와 있으며 운동자금으로 20원의 기부금을 냈다고 기록되어 있다. 동 보고서에 의하면 "이승만의 지령에 의하여 운동 모체인 혁명동지회의 조선 지부는 어디까지나 비밀결사로 만일 검거된다고 하여도 단순한 상업단체인 것처럼 가장하여 거짓 명칭을 흥업구락부(일명 실업동지회)라고 할 것"[105]이란 내용이 있는 것으로 보아 흥업구락부는 민족의 독립을 염두에 두고 조직된 비밀단체이며 일제의 감시를 피해 실업인 단체로 위장하여 조직적으로 운영된 항일단체였음을 알 수 있다.

신흥우를 비롯한 흥업구락부 계열은 1926년 2월 중앙YMCA회관에 모여 박동완, 박희도, 유각경, 김활란, 홍병덕, 홍종숙 등을 중앙위원으로 하여 기독교연구회(基督教研究會)를 출범시켰다. 본 연구회의 연구 목표는 첫째, 기독교의 민중적 표준. 둘째, 실제 생활의 간이화. 셋째, 산업기관의 시설. 넷째, 조선적 교회 등에 두었다. 이후 흥업구락부 계열은 조직적으로 신간회에도 참여하여 기독교뿐만이 아니라 일반사회로까지 그 영향력을 확장해 나갔다.[106]

박동완은 흥업구락부를 통하여 여러 사회활동에 참여하였고 기독교연구회에서처럼 기독교와 실제의 삶을 일치시키기 위하여 노력하였다. 그의 전인적 구원은 개인뿐만 아니라 민족까지 이르는 포괄적인 것이었다.

(5) 신간회

박동완은 신간회에 참여하여 적극적인 활동을 펼쳤다. 1926년 12월에 들어서자 일제에 대하여 비타협적 태도를 보인 홍명희, 안재홍, 신석우가 신간회의 창립을 가장 먼저 주도하였다. 이들은 기독교의 박동완을 비롯하여 불교의 한용운, 유교의 최익환, 천도교의 권동진, 박래홍을 섭외하고 북경에 있는 신채호까지 포함시켜 발기인을 구성하였다. 그러니까 이들이 최초의 발기인단이 되는 셈이다.[107] 이들은 하나같이 모두 완고한 비타협적 민족주의자들이었으며, 박동완은 '기독교계의 대표적인 비타협적 민족주의자'로 널리 인식되었다.

당시 신간회의 창립은 국내의 민족주의와 사회주의 계열의 독립운동세력과 그 외의 모든 정파를 통합하여 수립한 민족적 대표기관으로써 '민족협동전선'을 이루어 낸 것이기에 그 의미가 매우 크다.[108]

창립 당시 신간회는 일제의 인가를 얻기 위하여 비교적 온건하고 애매모호한 표현의 강령[109]을 내세워야만 했다. 창립 후 1년 뒤에는 제1회 전국대회를 금지시킨 일제의 탄압에 맞서 민족운동의 당면과제로 6가지 항목[110]을 안재홍이 《조선일보》 사설에 발표하는 등 민족운동의 고삐를 늦추지 않았다. 강령과 운동 내용은 표면적으로는 온건하였지만 그 속뜻은 일제의 통치에 정면으로 도전하는 것들이었다.[111]

당시 발간된 《조선일보》에는 28명의 발기인 명단[112]이 명시되어 있다. 이들은 절대다수가 비타협 민족주의자들로서 '완전독립', '절대독립'을 주장하였다. 신간회의 발기에는 조선일보사를 중심축으로 하여 각계 대표가 참여하였는데 《조선일보》는 신간회의 기관지로서의 역할을 하였다.[113] 1927년 2월 15일 창립 당시 신간회 중앙본부의 최고임원은 회장에 이상재, 부회장에 권동진이었으며, 7인(人)의 총무간사로 권태석, 박동완, 신석우, 안재홍, 최선익, 홍명희, 이승복을 2월 27일에 선정하였다.[114] 이 중 박동완은 재무부의 총무간사였다. 창립 시에 회장이나 부회장은 상징적인 의미였으며 각부서 책임자인 총무간사 7인의 영향력이 매우 컸다. 이는 신간회 초기의 조직적 특징이기도 하다.

신간회 회장을 맡았던 이상재는 불과 1개월 만에 별세하여 홍명희가 후임회장이 되었다. 창립 후 1년도 못 되어 100개 이상의 지회와 회원수 2만 여 명이 되어 성대한 기념식을 할 정도로 급속한 성장을 거두었으나 일제의 탄압책동에 의해 중앙본부의 활동은 심각한 제약을 받았다.[115]

하지만, 일제 당국의 각종 탄압에도 굴하지 않고 신간회는 민족세력을 집결시키는 데 성공하였으며 박동완은 신간회의 조직 정비와 확대에 심혈을 기울여 지부를 결성하는데 있어서도 중요한 역할을 감당하였다. 특히 지부 설립 당시 대개 각 지회에서는 본부에 특파원 파견을 요청하였는데 박동완은 신석우, 안재홍, 홍명희와 더불어 본부 특파원으로 자주 파견되었다.[116]

그는 우선, 1927년 8월 8일에 있었던 신간회 개성지회 창립대회에 참석하여 신간회 취지에 관한 연설을 하였고,[117] 이어서 1927년 10월 29일에 있었던 광주지회 창립대회에 참석하여 취지 설명 및 신간회의 현황과 각 지회 분포상황을 보고하였다.[118] 뿐만 아니라 1927년 12월 10일에는 경성지회 정기대회에서 임시집행부의 부의장 및 전형위원으로 선출[119]되어 중요한 일정을 소화하였다. 또한 같은 달 20일에는 신간회 평양지회 창립대회에도 참석하여 본부 대표로써 신간회의 취지연설을 하였다.[120] 이렇듯 박동완은 신간회 창립 당시부터 조직, 운영과 핵심지부 설립에 있어 중추적 역할을 감당하였다.

(6) 재만동포옹호동맹(在滿同胞擁護同盟)

만주에서는 한국인 이주민들을 대상으로 만주군벌 당국의 박해가 가중되고 있었다. 이는 1925년 6월 일제 조선총독부 경무국장과 만주 봉천성 경찰청장 사이에 체결된 '삼시협정(三矢協定, 미쓰야협정)'[121]에 따른 것으로 한국인 민족독립운동가에 대한 만주 군벌정권의 탄압이 본궤도(本軌道)에 다다른 결과였다. 이것은 일제의 식민지 수탈정책을 피해 만주로 떠나서 자리를 잡은 일백만 한국 이민자에 관한 지독한 핍박에 의해 초래된 절박한 위기상황이었다. 1927년 12월 1일을 기해 만주 길림성의 관내 경찰서에는 첫째, 중국에 미입적(未入籍)한 조선인은 15일 안으로 추방시킬 것. 둘째, 조선복(朝鮮服) 착용을 금지시킬 것. 셋째, 관내의 천가장, 백가장은 모두 조선인을 추방시킬 것이란 내용의 명령이 하달된 상황이었다.[122] 실제로 당시 《조선일보》에는 만주에서 갖은 박해로 고생하는 한국 동포의 참혹한 실상이 여러 차례 보도되었다.[123]

이러한 소식을 접한 국내에서는 마침내 1927년 12월 9일 조선교육회관에서 신간회가 중심이 되어 각 사회단체 대표들이 모여 안재홍을 위원장으로 한 '재만동포옹호동맹'을 창립하였다. 박동완은 윤치호와 더불어 중앙상무위원을 맡았다.[124] 이후 박동완은 1928년 1월 17일 만주특파원의 자격으로 이도원과 함께 봉천으로 파견되어 1월 19일에 봉천에 도착하여 재만동포에 대한 핍박의 실상을 파악하였다. 한편으로는 한국에서의 중국인 압박설은 허위임을 설명하고자 중국 각 신문사와 상무총회 등을 방문하여 해명하였다.[125] 2백만 동포가 산재해 있는 안동현, 봉천, 장춘, 길림, 하얼빈, 해림 등 각 지방을 일일이 방문 조사한 후 약 3주간의 일정을 마치고 2월 7일 서울로 돌아왔다.[126]

박동완은 봉천에서 돌아온 후 1928년 6월 '조선교육협회'의 정기총회에 참석하여 야학교재의 편찬간행과 정기강연회 실시 등을 금년사업으로 결의한 후 평의원에 선출되었다[127] 그는 1925년 《신생명》의 주간을 사임한 이후 언론활동을 전혀 하지 않고 주로 사회단체를 통한 독립운동에 전력을 다하였다. 그러던 중 현상적으로는 갑작스럽게 보이는 미국 하와이 망명길을 떠났다.

3) 하와이에서 한 독립운동

박동완은 1930년 하와이 한인협회 창립 시 50인의 발기인 중 1인으로 참여하여 "하와이 한인에 정치기관을 세우고 독립운동을 위하여 우리의 힘을 상해 임시정부로 집중하자"라는 모임의 취지를 설명하였다. 그리고 "인심을 임시정부로 집중시키는 것이 곧 독립의 정신이며 민족통일의 경로"라고 독립운동의 방향을 말하는 등 하와이 교포들 중 핵심급의 독립운동 멤버로 활약하였다.[128] 그는 국내에서와 마찬가지로 하와이에서도 목회에 열정을 쏟으며 한편으로는 독립운동에 관여하였다.

1938년 제28주년 국치기념일은 동지회와 국민회가 연합하여 주관하였는데 이 자리에서 박동완은 연사로 참석하여 민족의 화합을 위해 애썼다.

그는 하와이에서도 많이 아팠던 것으로 보인다. 당시 그의 입원내용이 《태평양주보》[129] 와 《국민보》[130]에 기사로 나와 있다. 그의 입원 소식을 《태평양주보》와 《국민보》 양쪽 모두에서 앞 다투어 보도했던 것을 보면 그가 비록 이승만 계열의 동지회 주관으로 하와이에 오게 되었으나 어느 한 쪽에 치우치지 않고 신망을 얻었던 그의 인품을 유추해 볼 수 있다. 실질적으로 그는 양쪽으로 분열되어 뚜렷한 편 가르기를 하고 있던 동지회와 국민회의 연합을 위한 행사에서 연설을 맡았다. 1938년에 있었던 제28주년 국치기념절은 동지회와 국민회가 연합하여 주관하였는데 이 자리에서 그는 주(主) 연사로 참석하여 민족의 화합을 위하여 애썼다. 이에 관한 당시의 소식이 동지회 계열의 《태평양주보》에서 기사로 다루어졌다.[131]

기사내용 중 눈에 띄는 대목은 "합동문제가 있는 이때에 합동이 성공되어서 합동기념식을 행하는 것이 아니오, 합동문제는 대표회의에서 해결할 것이라"하는 부분이다. 이를 미루어 본다면 당시 하와이 한인 사회에서는 동지회와 국민회 간의 합동 문제가 논란의 중심에 있었으며 합동으로 마련된 국치기념일 당일에도 이 문제는 여전히 해결되지 않았던 것으로 보인다.

한편, 국민회 계열의 《국민보》에서도 당시 거행되었던 국치기념일에 대하여 좀 더 자세히 소개하였다.[132] 《국민보》에 실린 기사 내용을 참고한다면, 일제강점기 당시 하와이에 살고 있는 동포들은 '소화'란 일본 연호를 사용하지 않고 '민국 20년'이란 연호를 사용함으로써 상해 임시정부가 출범한 1919년을 건국의 원년으로 삼고 있었음을 알 수 있다. 연설의 첫 시작은 박동완이 하였으며, 국민회 총회장 조병요와 동지회 중앙부장 김이제가 각각 양쪽의 대표자로 연설하였다.

이렇듯 국치기념절을 맞이하여 다함께 힘을 모아 광복을 이루어낼

한인기독교회 '민국18년 3·1절' 연례 피크닉 사진. 연호 '민국 18년'(1936년)이라는 표기가 선명하다. 이 날은 태극기를 손에 들고 먼 타국에서 망국의 한을 달랬다.

화합과 협동의 자리에서 첫 연설을 박동완이 맡아 하였다는 것은 그가 양쪽에서 인정받는 원만한 인물임을 증명한다. 그러나 화합과 협동의 자리였음에도 불구하고 양쪽의 대표는 연설하는 것을 서로에게 양보하지 않고 각각 시행했던 것으로 보아 팽팽한 힘겨루기를 하지 않았나 생각된다. 또한, 1938년 이미 하와이 동포 사이에서는 태극기와 애국가가 널리 퍼져 각종 공식 행사에서 사용되었다. 이러한 당시의 기사 내용은 광복을 염원하던 하와이 한인들의 심정과 아울러 분열된 하와이 한인교포를 화합시키고자 했던 박동완의 노력을 깨닫게 해 준다.

그 후 동지회 특별대회에 출참하기 위한 각 지방의 대표를 거명하는 기사가 있는데 박동완은 '와히아와'가 아닌 '고나(코나)'지방의 대표로 언급되어있다.[133] 《태평양주보》에서 언급한 동지회 특별대회는 바로 '국민회와의 합동을 의논하기 위한 연합의회 준비'였다. 이와 같은 내용이 《국민보》에 기사화되어 있다[134] 그로부터 일주일 후 《국민보》에는 "국민회 동지회 연합의회 개최"라는 제목으로 당시의 상황이 자세하게 언급되어 있다.[135]

당시 《국민보》의 기사에 의하면, 박동완은 국민회와 동지회의 연합 집회에서 투표한 결과 다수의 표를 얻어 통신서기로 임명되었다. 이러한 투표 결과는 앞장에서도 언급했듯이 박동완이 국민회와 동지회 양쪽진영 모두에서 인정을 받았다고 볼 수 있다. 또한, 동지회에서는 하와이 지역 대표만 참석했던 것이 아니라 뉴욕, 시카고 지역의 대표까지도 참석했던 것으로 미루어 볼 때, 당시 하와이뿐만이 아닌 미국 각지에 퍼져 있던 동지회의 확장 범위를 짐작할 수 있다.

이렇듯 동지회와 국민회는 민족의 연합을 위해 끊임없이 화합과 통합의 길을 모색하였으며 조국의 독립을 염두에 두고 함께 일할 것을 고심하였다. 그 중심에 박동완이 있었다. 박동완이 동지회와 국민회 간의 연합에 깊이 관여했던 만큼 그는 동지회에서도 상당한 영향력을 발휘할 수 있는 회장의 자리에 올라 있었다. 그는 동지회 중앙부장 김리제 씨의 사면 청원서의 수리 여부를 묻는 질문을 동지회 각 지방 대표들을 대상으로 《태평양주보》에 공문으로 발송하였다.[136] 동지회의 연례대표회 대표회장으로서 박동완은 1939년 10월 16일에 연례회의를 주관하였다.[137]

박동완은 하와이 한인교포들의 화합과 연합을 위해 끊임없이 노력하였다. 또한 한인을 대상으로 한인협회를 조직하는 데 앞장섰으며 이를 정치기관으로 삼아 상해 임시정부를 위해 힘을 집중시킬 것을 강조하였다. 그는 한시도 민족의 해방과 조국의 독립을 마음속에서 놓은 적이 없었다. 또한 그의 생각은 동포의 연합에 있었다. 정의에 기반한 사랑과 화합만이 그의 주된 관심사였으며 그가 평생을 추구해 왔던 민족주의적 기독교정신이었다.

3

박동완의 교육목회 활동

박동완의 삶은 기독언론인이나 독립운동가로 주로 알려져 왔으나 결국 목회자로 귀결되었다. 그는 목회자로서 국내 및 하와이에서 중요한 업적을 남겼으며 목회자로서 생을 마감하였다.

1) 주일학교 관련 저술

은준관은 "주일교회학교 교육에 관한 연구"에서 한국 주일학교의 시작에 대하여 다음과 같이 언급하고 있다.

> 물론 한국의 주일학교운동보다 기독교 학교가 앞서서 문화화의 기틀을 만들기 시작한 것은 황실로부터 받은 선교사업의 윤허가 '교육과 의료'에만 제한되어 있었던 데 기인한다. 더욱이 주일학교는 교회운동의

일환이었으며, 그것은 '전도행위'로 간주되었기 때문이다. 그러나 한국의 주일학교운동은 이미 먼저 시작한 기독교학교들의 충격적인 문화화과정에 힘입은 바도 크지만, 오히려 정동교회와 새문안교회의 등장과 함께 비공식적인 조직으로 태동하기 시작한 주일학교에서 그 기원을 찾을 수 있다.[138]

정동교회는 한국주일학교에 있어서 효시의 역할을 하였다. 개척자의 역할을 감당하였던 정동제일교회의 전도사였던 박동완이 주일학교교육에 관심을 갖고 애정을 쏟았던 것은 자연스러운 일이었다. 특히, 조국의 독립에 있어서 아동과 청년에게 희망을 가지고 있었기에 당연한 것이었다.

《기독신보》는 창간 시부터 "주일학교(主日學校)"를 위한 고정란이 있어 매회 시리즈물로 글을 올릴 수 있도록 하였다. 박동완은 주일학교 교육에 관해 지대한 관심을 지니고 있었기에, 이 난을 통해 주일학교에 관한 자신의 의견을 총 7회[139]에 걸쳐 체계적으로 피력하였다. 그는 "근셰쥬일학교의 목뎍, 리샹 급(及) 급무"란 큰 제목 하에 이를 다시 첫 번째 목적, 두 번째 이상, 세 번째 급무(急務: 급히 처리해야 할 일, 시급한 일)라는 소제목으로 3회에 걸쳐 발표하였으며, 그 후 4회부터 7회까지는 "쥬일학교 학싱"이라는 제목으로 아동을 나이별로 구분하여 해당 나이에 관한 아동의 특징을 소개하고 그에 따른 교육의 방향성을 제시하였다. 이 "주일학교" 시리즈물을 통해서 그가 주일학교를 통한 아동의 교육에 얼마나 큰 애정을 갖고 있는지를 알 수 있다.

다음은 "근셰쥬일학교의 목뎍 리샹 급(及) 급무"란 제목 아래 세 번째로 실린 글 "급무"이다.

근셰 쥬일학교의 목뎍 리샹 급(及) 급무 - 급무

쥬일학교ᄂᆞᆫ 인류의 ᄀᆞ장 크고 긴요ᄒᆞᆫ ᄌᆞ원(資源) 즉 ᄋᆞ동의 보호의 췩임을 다ᄒᆞᄂᆞᆫ 긔관이라 현금 우리 죠션에는 모든 결핍ᄒᆞᆫ 것이 심히 만혼즁 그 즁에 ᄌᆞ원이 부죡ᄒᆞᆷ으로 실업을 쟝려ᄒᆞᆷ은 一반이 아ᄂᆞᆫ바라 그러나 ᄋᆞ동이나 쳥년을 보호ᄒᆞᆷ은 이보다 더 즁요ᄒᆞ다 ᄒᆞᆯ지니 대개 一국의 건젼ᄒᆞᆫ 쳥년은 ᄎᆞᆷ으로 그 나라의 ᄀᆞ쟝 귀ᄒᆞᆫ 보물이 됨이라 고로 죄악의 구렁에 빠지려ᄒᆞᄂᆞᆫ ᄋᆞ동을 슌결ᄒᆞᆫ 디경으로 옴겨 주어 고결ᄒᆞ고 쾌활ᄒᆞᆫ 인격을 화ᄒᆞ야 최고최선케 ᄒᆞᆷ이니 곳 그리스도ᄂᆞᆫ 오인들이 엇더ᄒᆞᆫ 인물이 되며 엇더ᄒᆞᆫ 샤회를 일움에 ᄃᆡᄒᆞ야 ᄇᆞ라시ᄂᆞᆫ바를 ᄀᆞᄅᆞ쳐줌이 우리 쥬일학교의 ᄉᆞ명이로다….[140]

이 글은 주일학교와 자라나는 아동들에 대한 박동완의 평소의 생각이 드러나는 글로 그가 일제강점기 당시 주일학교에 대해서 어떠한 기대를 지녔는지를 알 수 있다. 그는 인류의 가장 크고 긴요한 자원(資源)을 아동으로 여겼으며 주일학교를 아동보호의 책임을 다하는 기관이라 보았다. 그는 우리 조선에는 모든 결핍한 것이 매우 많은데 그 중에 자원이 부족함으로 실업을 장려함은 일반이 알고 있는 사실이라 치부하였다. 그러나 아동이나 청년을 보호함은 이보다 더 중요하다고 강조하면서 대개 한 나라의 건전한 청년은 참으로 그 국가의 가장 귀한 보물이 된다고 보았다. 그렇기 때문에 죄악의 구렁텅이에 빠지려는 아동을 순결한 지경으로 옮겨주어 고결하고 쾌활한 인격으로 변화시키는 일을 최고, 최선의 일이라 생각했다. 따라서 우리들이 어떠한 인물이 되어 어떠한 사회를 이루는지에 대해서 그리스도가 바라는 바를 가르쳐 주는 일이야 말로 주일학교의 사명이라 보았다. 이 글을 발표하고 나서 계속해서 그는 4회에 걸쳐 주일학교 란에 "주일학교 학생"이라는 글을 연재하였다.

> 쥬일학교 학싱
>
> 젼호에는 종교교육의 목뎍을 말ᄒᆞ엿스나 이번호브터ᄂᆞᆫ 종교교육 문제에 관ᄒᆞᆫ 다른 요소(要素)를 말ᄒᆞ고져 ᄒᆞ노라
>
> 이 요소ᄂᆞᆫ 一학싱 二교ᄌᆡ(教材) 三교ᄉᆞ 四교슈법 五학교 급 셜비 六학교의 ᄒᆡᆼ졍급 관리 七이샹됴건에 ᄃᆡᄒᆞᆫ 보츙 등이니 몬져 쥬일학싱에 ᄃᆡᄒᆞ야 론슐ᄒᆞ노라
>
> 학싱은 교육의 즁심뎜이라 학교던지 학과던지 교ᄉᆞ던지 기타 모든 것이 다 학싱을 위ᄒᆞ야 잇ᄂᆞᆫ 요소가 되ᄂᆞ니 고로 학싱은 교육의 ᄃᆡ샹(對象)이 되ᄂᆞ니라 완젼ᄒᆞᆫ 싱활을 위ᄒᆞ야 쥰비ᄒᆞᄂᆞᆫ 것은 학싱의 싱명이라 ᄒᆞᆯ지니 그 쥬위에 ᄃᆡᄒᆞ여셔던지 하ᄂᆞ님씌 ᄃᆡᄒᆞ여셔던지 순응(順應)케 ᄒᆞᆯ것은 학싱뿐이니 학싱은 이 셰샹 령뎍 유산의 샹쇽쟈가 될 ᄉᆞᄅᆞᆷ을 인ᄒᆞᆷ인즉 교ᄉᆞ된 쟈ᄂᆞᆫ 반ᄃᆞ시 이 ᄉᆞ실을 ᄒᆞᆼ샹 ᄆᆞ음에 긔억ᄒᆞ야 쥬의와 긔도로써 학싱을 연구ᄒᆞᆯ 의무가 잇ᄂᆞ니 고로 학싱은 엇더ᄒᆞᆫ 것이며 엇더ᄒᆞᆫ 사ᄅᆞᆷ이 될가 엇더ᄒᆞᆫ 일에 능력이 잇스며 엇더ᄒᆞᆫ 셩질이 잇스면 그 방면을 ᄯᆞ라 엇더캐 도아 줄가ᄒᆞᄂᆞᆫ 열심잇ᄂᆞᆫ 교ᄉᆞᄂᆞᆫ 학싱의게 ᄃᆡᄒᆞ야 츙실히 ᄒᆡ결ᄒᆞ기를 노력ᄒᆞ지 아니ᄒᆞ면 아니될 문뎨가 만히 잇도다….[141]

박동완은 먼저 전 호에서 종교교육의 목적을 말하였으나 이번 호부터는 종교교육의 문제에 관한 다른 요소를 말하고자 한다며 앞으로 전개하여 나갈 글의 방향성을 제시하고 있다. 이 요소란 1. 학생, 2. 교재, 3. 교사, 4. 교수법, 5. 학교와 설비, 6. 학교의 행정과 관리, 7. 이상 조건에 대한 보충 등으로 먼저 주일학생에 대하여 논술하고자 한다며 글이 실릴

순서까지도 상세히 밝히고 있다. 그는 학생을 교육의 중심점으로 보고 학교나 학과나 교사나 기타 모든 것이 전부 학생을 위해 있는 요소로 보았다. 따라서 학생은 교육의 대상이 되기 때문에 완전한 생활을 위해 준비하는 것은 학생의 생명이라 할 것인데 그 주위에 대하여서든지 하나님께 대하여서든지 순응케 할 것은 학생뿐이니, 학생은 이 세상에서 영적 유산의 상속자 될 까닭이라고 여겼다. 이로 인해 교사된 자는 반드시 이 사실을 항상 마음에 기억하여 주의와 기도로써 학생을 연구할 의무가 있다고 보았다. 또한, 학생이 어떤 사람이 될지, 어떤 일에 능력이 있을지, 재능이 있다면 그 방면을 따라 어떻게 도와줄 것인지 열심히 노력해야 된다고 보았다. 그는 각 학생의 특성, 즉 적성, 장래 희망, 재능과 성격에 따라 개별화된 맞춤교육이 필요하다면서 이에 대한 교사 역할의 중요성을 강조하였다. 현대 한국의 교육은 학생 위주가 아닌 교사 위주로 권위적이며 일방적으로 행해지고 있는데, 약 100년 전 박동완은 시대를 앞서서 학생 위주의 창의적 교육을 표방하고 있었다.

주일학교에 관한 그의 생각은 아래에 소개하는 "주일학교의 조직"이란 글에 체계적으로 나타나 있다. 그는 이 글을 3 · 1운동이 있기 바로 전인 1919년 1월에 기독교 잡지 《주일학계》[142]에 기고하였다.

쥬일학교는 一반학교와 ᄀᆞᆺ지 아니ᄒᆞ야 특별히 ᄋᆞ희들 의게

됴뎍 교육을 베프ᄂᆞᆫ 곳인고로 명칭브터 다르나 그러나 학리뎍과 심리뎍 교육학(教育學)의 원리로써 터를 삼어 ᄀᆞᄅᆞ치지 아니ᄒᆞ면 도져히 셩공ᄒᆞ지 못ᄒᆞᆯ것이라 이러 ᄒᆞᆷ으로써 쥬일 학교의 조직이나 관리법도 一반학교에셔 쓰ᄂᆞᆫ 방법의 원리와 조곰도 다를거이 업슬 것은 의심ᄒᆞᆯ 여디가 업도다[143]

박동완은 주일학교가 아이들에게 종교적 교육을 베푸는 곳이므로 일반학교와 명칭부터 다르다고 보았다. 그러나 학리적, 심리적 교육학의 원리로 기준을 삼아 가르치지 않으면 도저히 성공치 못할 것으로 여겨 주일학교의 조직이나 관리법에 있어서는 일반학교와 조금도 다를 것이 없다고 생각하였다. 계속해서 그의 글을 소개한다.

> 오늘날 우리 죠션 그리스도교회 안에셔 쥬일학교의 필요ᄒᆞᆷ을 ᄭᆡᄃᆞ러 가ᄂᆞᆫ 경향(傾向)이 잇서 쥬일학교를 조직ᄒᆞ려 ᄒᆞ되 엇더케 조직ᄒᆞᆯ 방법을 아지못ᄒᆞ야 비록 뜻은 잇스되 챡슈ᄒᆞ지 못ᄒᆞ며 ᄯᅩ는 임의 착슈ᄒᆞ야 조직 ᄒᆞ엿다 ᄒᆞᆯ지라도 방침을 알지못ᄒᆞ야 전톄뎍은 고샤ᄒᆞ고 부분뎍이라도 완젼히 조직ᄒᆞ지 못ᄒᆞᆫ지라 고로 긔쟈는 전톄뎍 완젼ᄒᆞᆫ 조직방법을 쇼ᄀᆡᄒᆞᄂᆞᆫ 동시에 부분뎍 션미(善美)ᄒᆞᆫ 조직방법을 써셔 알고도 실ᄒᆡᆼᄒᆞ기 어려운 리론(理論)만 긔록ᄒᆞᄂᆞᆫ 편벽됨을 피코져ᄒᆞ노라[144]
>
> 쥬일학교 조직이라 ᄒᆞ면 교쟝, 교ᄉᆞ, 셔긔, 회계, 공과 둥만 잇스면 다 되ᄂᆞᆫ줄 아나 그러나 그 외에도 ᄎᆞᆷ으로 조직의 요건되ᄂᆞᆫ 것을 말ᄒᆞ자면 이 아래와 ᄀᆞᆺᄒᆞ니 一규측 二교샤(校舍) 三긔구(器具) 四경비 五학ᄉᆡᆼ 六급별 七공과 八쥬일학교집회순셔 九헌금(獻金) 十샹벌 十一챵가 十二교쟝 十三교ᄉᆞ 十四직원 十五직원회 十六도셔 十七집회(集會) 등이니 이 즁에셔 필요ᄒᆞ고 ᄯᅩᄂᆞᆫ 몬져 실시ᄒᆞ면 됴흘줄노 ᄉᆡᆼ각ᄒᆞᄂᆞᆫ 요건을 긔록ᄒᆞ노라[145]

박동완은 당시 조선 그리스도교회 안에서 주일학교의 필요성을 깨달아 이를 조직하려는 경향이 있다고 보았다. 그러나 어떻게 조직할지 방법을 알지 못하거나 혹은 이미 조직했다 하더라도 방침을 알지 못하여 부분적으로도 조직하지 못하고 있다고 파악하고 있다. 따라서 기자인 본인이 전체적으로 완전한 조직방법을 소개하고 동시에 부분적으로 선미한 조직방법을 써서 알고도 실행하기 어려운 이론만 기록하는 편벽됨을 피하겠다며 자신의 심경을 밝히고 있다. 그는 계속하여 주일학교 조직에는 교장, 교사, 서기, 회계, 공과 등만 있으면 다 되는 줄 아나 그 외에도 조직의 요건 되는 것들이 있는데, 1.규칙, 2. 교사, 3. 기구, 4. 경비, 5. 학생, 6. 반별, 7. 공과, 8. 주일학교 집회순서, 9. 헌금, 10. 상벌, 11. 창가, 12. 교장, 13. 교사, 14. 직원, 15. 직원회, 16. 도서 17. 집회 등이 있다고 소개하면서 이 중에서 먼저 실시하면 좋은 요건들을 기록하였다. 특히 그는 아래와 같은 기준으로 각각의 반을 편성하라고 권하고 있다.

> 급별ᄒᆞᄂᆞᆫ 표쥰
>
> ᄌᆞ연은 ᄋᆞ동의 본능(本能)을 분별ᄒᆞᄂᆞᆫ지라 고로 급별ᄒᆞᄂᆞᆫᄃᆡ 두가지 표쥰이 잇스니 一은 년령을 ᄯᆞ라 ᄂᆞᆫ호며 二는 학력을 의지ᄒᆞ야 ᄂᆞᆫ호ᄃᆡ 형편을 ᄯᆞ라 ᄂᆞᆫ호며 표쥰대로 못될 경우도 업지 아니ᄒᆞ니 례컨ᄃᆡ 十三셰 된 학ᄉᆡᆼ이 년령으로ᄂᆞᆫ 고등반에 편입(編入)될만ᄒᆞ나 그러나 학력으로ᄂᆞᆫ 언문 ᄒᆞᆫᄌᆞ도 알지 못ᄒᆞ면 불가불 언문ᄇᆡ호ᄂᆞᆫ 적은 학ᄉᆡᆼ반에 편입될 수 밧게 업슬 것이며 ᄯᅩᄂᆞᆫ 七셰된 학ᄉᆡᆼ이 능히 언문을 알면 초등반에 편입 식힐 수가 잇ᄂᆞᆫ것이라 고로 년령과 학력으로써 반조직ᄒᆞᄂᆞᆫ 표쥰을 삼ᄂᆞᆫ 것이니라.[146]

아동의 본능을 분별하여 반을 나누는 데 두 가지 표준이 있으니 첫째로는 연령을 따라 나누며, 둘째로는 학력을 의지하여 나누는데, 표준이 아닌 형편에 따라 나눌 필요도 있다면서 예를 들어 설명하고 있다.

가령 13세 된 학생이 연령으로는 고등반에 편입될 만하나 학력으로는 한글도 모른다면, 한글을 배우는 학생반에 편입될 수밖에 없으며, 반대로 7세 된 학생이 능히 한글을 알면 초등반에 편입시킬 수 있다는 것이 그의 취지이다. 이러한 발상을 보면 그가 획일적이지 않고 합리적이고 융통성이 있게 주일학교를 운영한 것을 알 수 있다. 그는 이어서 구체적으로 각각의 연령을 구별하여 조직함으로 체계적인 주일학교 반 편성표를 제시하고 있다. 아래는 이를 설명하는 그의 글과 도표로 나와 있는 주일학교 급별표이다.

급별ᄒᆞᄂᆞᆫ 방법

혹은 쥬일학교를 四급에 분ᄒᆞ야 뎨一 유년반은 三셰로브터 七 八셰ᄭᆞ지 ᄒᆞ되 四五셰 미만의 ᄋᆞ히와 그 이샹의 ᄋᆞ히 두 반으로 ᄂᆞᆫ호고 뎨二 쇼년반은 九셰로 十二셰ᄭᆞ지 ᄒᆞ며 뎨三 쳥년반은 十三셰로 十五셰ᄭᆞ지와 十六셰로 十八셰ᄭᆞ지의 두 반으로 ᄂᆞᆫ호고 뎨四 쟝년반은 十八셰 이샹으로 조직ᄒᆞᄂᆞᆫ 것이 ᄀᆞ쟝 필요ᄒᆞ다ᄒᆞ며 혹은 뎨一 유치부에는 一영ᄋᆞ과 三셰ᄭᆞ지 二초학과 六셰ᄭᆞ지 三유치부 본과 九셰ᄭᆞ지 뎨二 쇼년부 九셰로 十二셰ᄭᆞ지 뎨三 즁학과 十二셰로 十六셰ᄭᆞ지 뎨四 고등부에는 一셩경강의과 二교ᄉᆞ양셩과 뎨五 가뎡부 이와 ᄀᆞᆺ치 급별ᄒᆞ엿ᄂᆞᆫᄃᆡ 긔쟈는 나죵 것을 ᄎᆔ용ᄒᆞᄂᆞᆫ 즁 급별을 좌와 ᄀᆞᆺ치[147] ᄂᆞᆫ호ᄂᆞᆫ 것이 편리ᄒᆞ며 ᄯᅩᄂᆞᆫ 졍당ᄒᆞ겟다고 ᄉᆡᆼ각ᄒᆞ야 나의 관할ᄒᆞᄂᆞᆫ 쥬일학교는 아래와 ᄀᆞᆺ치 급별ᄒᆞ엿노라[148]

쥬일학교 급별표[149]

ᄉᆞ범반	쟝년부

회심긔(回心期) 누출긔(漏出期)	十五 셰	三년급	고등과(高等科)
	十四 셰	二년급	
	十三 셰	一년급	
정체긔(靜滯期)	十二 셰	三년급	즁등과(中等科)
	十一 셰	二년급	
	十 셰	一년급	
	九 셰	三년급	초등과(初等科)
	八 셰	二년급	
	七 셰	一년급	
원시긔(源時期)	六셰ᄭᆞ지	유치반	유치과(幼稚科)
	三셰ᄭᆞ지	영ᄋᆞ부	

박동완이 편성한 주일학교 급별표를 기준으로 본다면 3세까지를 영아부로 하고 6세까지를 유치부로 하여 이를 원시기(源時期)로 구분하였으며, 7,8,9세는 초등과, 10,11,12세는 중등과로 나누어 이를 다시 하나로 묶어서 정체기(靜滯期)로 구분하였다. 그 위에 13,14,15세를 고등과로 묶어 이 시기를 다시 회심기(回心期) 혹은 누출기(漏出期)로 구분하였다. 고등과 다음 단계로는 사범반과 장년부로 나누어 주일학교를 편성한 것을 볼 수 있는데, 이러한 주일학교 반 편성법은 오늘날의 반 편성 기준과 크게 차이가 나지 않는다. 그는 주일학교의 대상 범위를 아동이나 청소년들로만 국한한 것이 아니라 장년부 전체로까지 확대시키고 있음을 알 수 있다. 이러한 반편성표로 미루어 볼 때 당시 교회에서의 교육은 나이가 들어감에 따라 단계별로 체계적으로 진행되었다고 보인다.

박동완이 그의 글 말미에 "나의 관할하는 주일학교는 아래와 같이 급별하였노라"고 소개하는 것으로 볼 때, 이 글을 발표할 당시 1919년 1월(3·1운동 이전)에 이미 정동제일교회에서 주일학교 교육에 깊이 관여하고 있었음을 알 수 있다. 그는 이 글이 발표되기 훨씬 전부터 주일학교 교장이었을 가능성이 높다. 박동완은 심리학, 특히 발달심리학과 교육학 등의 최신학문을 수용하여 아동의 발달단계에 맞는 교육을 주일학교에 적용시킴으로 가히 선구자적 역할을 감당하였다고 볼 수 있다.

따라서 정동제일교회역사 기록상 그가 주일학교 교장으로서 처음으로 명시[150]되어 있다는 사실은 당연하다. 그는 계속하여 주일학교 교육에 힘썼으며, 하와이 망명 후에는 국어(한글)학교를 통하여 교포 2세에게 기독교신앙과 민족의식을 중점적으로 심어주었다. 계속적으로 그는 교육 중심의 목회에 진력하였으며 목회의 핵심은 예수그리스도를 통한 인간의 근본적인 변화와 이를 통한 인류의 변화 그리고 조국의 독립에 있었다.

2) 주일학교와 여름성경학교 사역

정동제일교회는 교회 초창기부터 주일학교 교육에 열의를 보였다. 1886년에 처음으로 주일학교 운영에 대한 기록이 있다. 정동제일교회에서 한국 주일학교 교육운동에 힘쓴 대표적인 인물은 현순 목사와 박동완 전도사였다.

기록을 보면 1920년대 들어 정동제일교회 주일학교 조직이 대대적으로 정비되었다. 박동완은 정동제일교회 주일학교 교장으로서 처음으로 기록되어 있다. 1922년 11월 17일에 작성된 「정동구역회 회의록」에 따르면 박동완이 교장이었으며, 당시 주일학교 학생이 398명, 직원 및 교사가 34명이 있었다. 그 후 1926년 5월 17일 주일학교장으로 신천권사 조병옥, 엡윗청년회[151] 회장으로 박동완이 선출되었다.[152] 따라서 박동완은 1926년에 주일학교장을 사임함으로써 최소한 4년 이상 정동제일교회 주일학교장으로 시무한 것으로 보인다.

정동제일교회 주일학교 교장으로 박동완이 재임하던 시절 다른 교회에 모델이 될 만한 주일학교 프로그램이 도입되었는데, 가장 특기할 만한 것은 최초의 '하기아동성경학교(이하 여름성경학교)'를 개최한 것이다. 이는 1923년 주일학교 교장이었던 박동완이 시작한 것이다. 이 성경학교는 매일 평균 출석 학생이 200명에 달할 정도로 매우 성공적이었다. 이를 효시로 하여 타 교단을 막론하고 다음 해부터 경쟁적으로 여름성경학교를 개최하였다.[153]

손원영은 그의 논문 "한국 초기 주일학교의 특성에 대한 연구"에서 다음과 같이 주장하고 있다. 1923년 한국 최초의 하기아동성경학교가 정동제일교회에서 개최된 것으로 알려져 왔는데, 1922년 선천에서 미국 북장로교 선교사 마펫 목사 부인이 최초로 시도한 것으로 밝히고 있다.[154]

손원영에 따르면 결국 박동완 전도사가 최초로 여름성경학교를 개최한 것이 아니다. 그러나 국내에서 최초로 마펫 선교사 부인에 의하여 여름성경학교가 개최되었다 하더라도, 박동완에 의하여 본격적이고 규모 있게 여름성경학교가 시작되었고, 이를 계기로 전국교회에 확산되었다고 할 수 있다. 따라서 한국의 여름성경학교가 한국교회의 전통으로 자리 잡게 한 최초의 교회와 목회자는 정동제일교회와 박동완 전도사라고 보는 것이 타당하다. 박동완은 교회 주일학교와 여름성경학교의 이론 및 실제에서 선구자적 역할을 감당하였다 그럼에도 불구하고 그동안 제대로 된 조명을 받지 못하였다.

손원영의 말을 그대로 수용하여 장로교의 중요한 선교기지였던 평안도 선천에서 마펫 선교사의 부인이 한국인 선생 5-6명을 두고 여름성경학교를 시도했다 하더라도 전국적으로 확산되는 시발점이 되었다고 보기에는 무리가 따른다. 하지만 정동제일교회는 전국적 조직망을 가진 감리교의 대표적 교회로서 수도인 경성에 위치한 연유로 박동완 전도사에 의해 1923년에 시행된 여름성경학교의 파급효과는 놀라운 결과를 도출하였다. 선천에서 마펫 선교사 부인에 의해 행해졌던 여름성경학교와는 그 규모나 참가인원에서 차원이 다르다. 박동완은 1923년 8월 1일자 《기독신보》에 실린 "하기휴가를 이용ᄒᆞᄂᆞᆫ 아동성경학교의 창시"라는 제목의 사설에서 여름성경학교를 개최하게 되는 경위를 소상히 밝히고 있다. 아래의 글은 그 중 일부이다.

…現今(현금) 世界列國(세계열국)의 社會事業(사회사업)에 對(대)ᄒᆞᆫ 活動(활동)은 精神上(정신 상)으로나 物質上(물질 상) 어나 方面(방면)을 勿論(물론)ᄒᆞ고 社會改造運動(사회개조운동)을 爲(위)ᄒᆞ야 禁酒禁煙公娼廢止(금주금연공창폐지) 其他慈善事業(기타자선사업)을 唱道(창도)ᄒᆞ야 人類生活(인류생활)의 思想(사상)을 高尙(고상)케하며 幸福(행복)의 增進(증진)을 圖謀(도모)ᄒᆞᄂᆞᆫ 者(자)들이 實(실)노 그 數(수)를 헤일 수 업스나 그러나 그 ᄀᆞ쟝 根本的(근본적)이오 不可缺(불가결)ᄒᆞᆯ 要件(요건)인 것은 敎育(교육)이니 사ᄅᆞᆷ이 敎育(교육)이 업스면 禽獸(금수)에 갓가움은 文明(문명)이 업ᄂᆞᆫ 者(자)를 未開人(미개인)이라 ᄒᆞ야 野蠻(야만) 云(운)ᄒᆞ며 動物視(동물 시)ᄒᆞᄂᆞᆫ 現代現狀(현대현상)으로써 足(족)히 自證(자증)되ᄂᆞᆫ 事實(사실)이라 自來(자래)로 朝鮮(조선)에 敎育(교육)이 업슴이 아니로되 오

직 班者富漢(반자부한)이 自家(자가)의 兒童(아동)의게 中國史類(중국사류)의 漢文(한문)을 敎(교)ᄒᆞ엿슬 ᄲᅮᆫ이오 庠序學校(상서학교)를 세워 班常(반상)과 貧富(빈부)의 別(별)이 업시 一般兒童(일반아동)의게 敎育(교육)을 베풀지 아니ᄒᆞ엿도다 千萬多幸(천만다행)으로 그리스도福音(복음)이 暗黑(암흑)ᄒᆞᆫ 半島江山(반도강산)에 빗최임을 ᄯᆞ라 學校(학교)를 세우고 敎育(교육)을 힘쓰게 됨으로브터 오ᄂᆞᆯ날 朝鮮人(조선인)의 敎育(교육)에 對(대)ᄒᆞᆫ 큰 覺醒(각성)이 잇슴으로 이제ᄂᆞᆫ 兒童敎育(아동교육)을 切實(절실)히 尊重視(존중시)ᄒᆞᆷ에 니르럿도다 그러나 아직도 敎育機關(교육기관)의 不備(불비)로 因(인)ᄒᆞ야 敎育(교육)을 完全(완전)히 베풀지 못ᄒᆞᄂᆞᆫ 傾向(경향)임은 遺憾千萬(유감천만)이며 더욱 敎育(교육)을 식힐 處地(처지)가 되지 못ᄒᆞᄂᆞᆫ 無産者(무산자)의 兒童(아동)에 對(대)ᄒᆞ야 街路(가로)에셔 惡戱(악희)로써 일삼고 巷邊(항변)에셔 不義(불의)ᄒᆞᆫ 것으로써 善(선)을 삼ᄂᆞᆫ 뎌 無知沒覺(무지몰각)ᄒᆞᆫ 兒童(아동)으로 ᄒᆞ여곰 엇지ᄒᆞ면 뎌희도 敎育(교육)의 맛을 보아 知識(지식)으로 ᄇᆡ를 불여 보게 ᄒᆞᆯ 機會(기회)를 주어 뎌의 一生(일생)이 罪惡(죄악)의 滅亡(멸망)길을 ᄯᅥ나 幸福(행복)의 새 生活(생활)을 엇게 ᄒᆞᆯ가 이를 槪歎(개탄)히 녁여 夏期(하기)를 利用(이용)ᄒᆞ야 더ᄀᆞᆺ치 不幸(불행)에셔 彷徨(방황)ᄒᆞᄂᆞᆫ 兒童(아동)을 모화 聖經(성경)等(등) 여러 科目(과목)으로써 ᄀᆞᄅᆞ쳐셔 萬分(만분)의 一(일)이라도 뎌희의 生活將來(생활장래)를 開拓(개척)ᄒᆞ여 주고져 夏期兒童聖經學校(하기아동성경학교)를 이 녀름에 京城(경성)에셔 實施(실시)코져 ᄒᆞᄂᆞᆫ바 鄕村(향촌)에셔도 다만 몃 兒童(아동)이라도 모화 가지고 ᄀᆞᄅᆞ쳐 주면 비록 적은 事業(사업)ᄀᆞᆺᄒᆞ나 큰 事業(사업)의 基礎(기초)를 定(정)ᄒᆞ며 方向(방향)을 指導(지도)ᄒᆞᄂᆞᆫ 貴重(귀중)ᄒᆞᆫ 事業(사업)이라 ᄒᆞ노라 이제 이 學校(학교)의 歷史(역사)를 略述(약술)하건ᄃᆡ

1901년에 米國(미국) 뉴욕에서 이 學校(학교)를 始作(시작)ᄒᆞ고 中等程度以上(중등정도이상)의 男女學生(남녀학생)들이 附近(부근)에 잇는 無學(무학)의 兒童(아동)을 모화 每日(매일) 必要(필요)의 科程(과정)을 ᄀᆞᄅᆞ쳐 그리스도의 精神(정신)으로써 完滿(완만)ᄒᆞᆫ 人格(인격)을 일우게 ᄒᆞᆷ인ᄃᆡ 最初(최초)에는 五個所(5개소)의 十名(10명)에 不過(불과)ᄒᆞ더니 三年後(3년 후)에는 各教會(각 교회)로 브터 큰 歡迎(환영)을 엇어 四千餘學校(사천여 학교)의 十餘萬兒童(십여만 아동)을 收容(수용)케 되엿스며 一九一六年(1916년)에는 이 運動(운동)이 東洋(동양)ᄭᆞ지 波及(파급)되여 現今(현금) 中國(중국)과 日本(일본)에셔 採用(채용)ᄒᆞ야 莫大(막대)ᄒᆞᆫ 效果(효과)를 엇는다 ᄒᆞᄂᆞᆫ도다 우리도 곳 今夏(금하)브터 實行(실행)ᄒᆞ야 共同(공동)의 幸福(행복)의 增進(증진)을 圖謀(도모)ᄒᆞᄂᆞᆫ 同時空閒(동시공한)ᄒᆞᆫ 時干(시간)과 學生(학생)과 處所(처소)를 利用(이용)ᄒᆞ야 夏期休學(하기휴학)ᄒᆞᆫ 學生(학생)의게 奉仕的 精神(봉사적 정신)을 助長(조장)ᄒᆞᆷ에 必要(필요)ᄒᆞᆫ 時期(시기)가 되게 ᄒᆞ기를 ᄇᆞ라노라[155]

박동완은 인류생활의 사상을 고상케 하고 행복의 증진을 도모하는 자들은 헤아릴 수 없이 많으나 가장 근본적이요 불가결한 요건은 교육이라 생각하였다. 사람이 교육이 없으면 짐승에 가깝고, 문명이 없으면 미개인이자 야만인, 동물처럼 보는 현대의 현상은 마땅한 사실이라 보았다. 그는 지금까지는 조선에 교육이 없는 것이 아니라 오직 양반과 부자가 자기 집안의 아동에게 한문을 가르쳤을 뿐이라고 지적하며 여름에 경성에서 몇 명의 아동이라도 모아서 교육을 실시하겠다는 자신의 계획을 밝히고 있다. 이를 통해 본다면, 그는 화이론적(華夷論的) 세계관(중국 중심의 세계관)을 벗어나 기독교 세계관으로 이 암담한 상황을 극복할 수 있다고 믿었던 것으로 보인다.

박동완은 최초의 여름성경학교를 도입하게 된 이유와 경위를 미리 밝히면서 그의 사설제목 여름성경학교의 창시(創始)에서 나타나듯이 자신의 여름성경학교를 최초의 것으로 밝히고 있다. 선천에서 마펫 선교사 부인에 의해 행해졌던 여름성경학교를 인식하지 못했던 것으로 보인다. 박동완의 도입 이후 한국의 여름성경학교는 1924년부터 전국의 교회에서 개최되었다. 정동제일교회 박동완 전도사의 여름성경학교의 최초 개최와 당시 전국적 규모의《기독신보》사설 등을 통한 전국적 홍보에 힘입은 바가 컸다.

3) 교육 중심의 목회와 한글학교 운영

하와이로 망명한 박동완은 담임목사로서 교육 중심의 목회를 전개하였다. 그가 와히아와 교회로 부임했던 당시의 상황은 와히아와 교회에서 발간된『와히아와 한인교회 역사 1919-1987』중 제2장「성장의 중추, 1928-41년」에 자세히 언급되어 있다.[156] 이 책의 발간에는 박동완이 남긴 1928년부터 1932년까지의 일기가 큰 역할을 하였다.[157] 그는 부임해서 첫 설교의 제목을 의도적으로 "포도나무 가지"로 정하였다. 성경구절은 요한복음 15장 1절에서 11절까지였으며, 포도나무와 가지가 상징하듯 예수를 떠나서는 교회가 존재할 수 없음을 성도들에게 강조하였다.[158]

박동완은 1929년 5월 11일부터 교회 부속 국어학교(이하 한글학교)를 운영하였다. 한글학교는 그가 오기 전 이미 설립되어 있었다.[159] 그해 1929년 12월에는 와히아와 교회 한글학교를 오하우섬에서 가장 큰 한글학교로 발전시켰다.[160] 그가 얼마나 한국어 교육에 열정을 쏟았는지 당시 그에게 직접 가르침을 받았던 학생의 증언으로 알 수 있다.[161]

그들의 기억에 의하면 박동완은 끝까지 혼자 살았으며 과묵하고 매우 엄격한 분이었다. 그가 와히아와 교회에 부임하였을 당시에는 하와이 교포들이 대부분 가난하게 살았다고 한다. 따라서 그는 사례금을 받지 못하는 경우가 많았기에 어렵게 살 수밖에 없었다고 한다. 교포들은 파인애플 농장이나 사탕수수 밭에서 고된 일을 하며 힘든 삶을 이어 나갔다. 하지만, 그의 목회 열정은 가난 앞에서 더욱 투지를 발휘하였으며 현지에서 태어난 교포 2세들을 상대로 한글학교를 열어 하와이에서 모국어를 가르쳤다. 그들의 기억에 의하면 그의 한글교육은 아동에게만 국한된 것은 아니었다. 주일을 빼고는 매일 두 클래스로 운영되었으며, 첫 번째 클래스는 아동을 상대로, 두 번째 클래스는 어른을 상대로 수업을 했다. 그는 사망 전까지 계속 혼자 살았다. 이역만리 타국에서 고문으로 인해 몸이 성치 않았을 그가 혼자 살았다는 것은 결코 쉽지만은 않았을 것이다. 교육을 중시하던 그의 영향으로 당시 교회에 다니던 한글학교 학생들의 대학 진학률은 매우 높았다고 한다. 시골에 있었음에도 불구하고 실제로 그 교회 출신 중에서 하와이주 대법원장이 나왔다고 자랑하였다.

박동완은 자신의 과거에 관해서는 일절 말하지 않은 듯하다. 그들의 기억에 의하면 몸 여기저기에 화상 흉터가 많았으며 조용한 분이었다. 하지만, 주일에는 선데이 스쿨을 열심히 하셨으며 매우 엄격한 한글학교 선생님이었다.

부임하자마자 와히아와 근처의 소부락을 왕래하며 전도에 열심을 다했던 박동완은 한국말로 예배를 보지 못하던 이웃 섬의 교포들에게도 복음을 전파하였다. 그는 주일에만 설교를 국한할 필요가 없다고 생각했기에 순회설교자를 자처하였다. 교통이 불편했던 당시 사정을 감안했을 때, 한인교포들이 도보 혹은 배로 이동해 온 그를 얼마나 열렬히 환영했을지 상상이 간다. 그로 인해 와히아와 교회는 나날이 부흥하였다. 한글학교 학생도 이에 따라 점점 늘어갔다. 그는 1929년 최초로 성가대를 조직하였으며, 1930년 12월에는 청장년으로 구성된 Christian Endeavor(CE)를 만들었다. 처음 20여 명의 청년들로 시작된 CE는 10년 동안 계속 증가하여 교회 부흥의 단초를 제공하였다. 교회는 한인들의 예배와 친교의 중심 역할을 하였으며 청소년들에게는 사교의 장이 되기도 하였다. 매주 교회에는 새 신자가 등록하였다. 그는 아침부터 저녁까지 월요일부터 주일까지 목회에 온 힘을 쏟았다. 그의 일기에는 경제 공황기였던 부임 초기, 끼니를 거른 채 잠자리에 들었던 날이 많았던 것으로 기록되어 있다. 그는 건강도 돌보지 않은 채 열심히 사역에 몰입하다가 1930년 11월에

1930년 박동완 목사와 와이하와 청년들의 단체 사진(앞 줄 중간에 양복을 입은 박동완 목사). 당시 교회는 한인들의 예배와 친교의 중심 역할을 하였으며, 청소년들에게는 사교의 장이 되기도 하였다.

중풍에 걸렸다. 복음전파를 위한 강행군과 자기희생은 그의 건강을 악화시키기에 충분하였다.[162]

박동완이 담임하고 있던 와히아와 교회의 교세를 1938년도 한인기독교회(K.C.C.) 연회[163]에 보고된 상황을 기준으로 본다면, 장정교인 47명을 포함해서 교인이 200명이었으며, 주일학교 생도가 120명, 세례 아동이 121명, 국어학교 학생이 50명으로 교회 기지 가격은 4,500달러였다. 주일학교 교장은 최창덕 목사가 시무하고 있었다.[164]

와히아와 교회는 성도들이 어렵게 살았음에도 불구하고 십일조 중 일부를 한인 선교회에 보냈다. 그 돈은 선교회의 운영과 한국의 미자립 교회를 위한 기금으로 쓰여졌다. 박동완은 부인구호회를 활성화시켜 음식판매 등을 통하여 조국의 독립운동 자금도 조달하였다. 제한된 수입과 지출로 인해 목사 월급이 미지급 될 때도 종종 있었다. 하지만, 그는 독립운동 자금을 마련하는 데 있어 전혀 인색하지 않았다.[165]

박동완은 망명 전 정신여학교에서 하는 학예품 전람회에도 깊은 관심을 보였다. 방문한 후기를 《기독신보》에 3회[166]에 걸쳐 소개하였는데 이런 그의 관심은 결국 조선인이 만든 수예품을 1929년 미국으로 수출하는 일로 확장되었다.[167] 그의 몸은 비록 조국을 떠나 있었으나 그의 마음만은 늘 조국과 조선동포에 가 있었던 것이다.

주목할 점은 당시 하와이 교민들은 3 · 1절을 추석 명절과 같이 성대하게 치렀다는 점이다. 교회에서는 떡과 한국 음식을 마련해서 이웃을 초대하였다. 매년 3월 1일만 되면 한복을 곱게 차려입고 태극기를 손에 들고 대한독립만세를 목청껏 외치면서 조국의 독립을 염원하였다. 몇 시간 동안 어른들은 돌아가면서 연설을 하였다.

특이한 점은 박동완은 영어를 유창하게 구사할 수 있었음에도 불구하고 철저하게 한글만을 사용했다는 것이다. 이토록 그의 한글교육에 관한 열정과 애국심은 하와이에서도 식을 줄 몰랐다.

4) 순회전도사역

박동완은 담임목회와 순회전도를 병행하였다. 그가 1934년《한인기독교보》에 남긴 순회기행문에는 당시의 상황이 잘 나타나 있다.

> 때는 6월8일 오후 4시다 호노룰루 제13선창에서 후아랄나이 20호실에셔 객으로 실닌 몸이 힐로를 향하야 닷츨 풀엇다 잠간 선실에 지면하고 바로 갑판 우에 올나가니 창공은 놉고 말그며 벽해는 깁고 널분데 청풍은 서래하여 옷깃슬치고 수파는 불흥하여 뱃젼을 씨슬쁜이다 풍진에 싸엿던몸 경신이 쇄락하고 우수에 시달닌 맘 흉금이 상쾌하더라『오-하나님 예수로 함장삼아 갈 곳 까지 잘 가게 도으소서』하고 믁도하며 호항 젼경을 바라보고 안졋다…(중략)…
>
> 9일 아침 7시에 배는 무사히 힐로선창에 도착하엿다 장목사는 별서 선창에셔 기다리고 계신다 선창에 나려 반가히 인사를 맛치고 자동차로 례배당에 갓다 잠시 쉬어셔 근방 교우를 심방하니 표면에 보이는 싱활상태는 5년 전에 갓슬 때보다 경제상태가 훨신 윤택하게 보여셔 속맘에 깃버하엿다…(중략)…
>
> 10일은 (주일)이다 장목사의 소개로 아침 전도를 하게 되엿다 교우들이 만히 모혓고 쏘 찬양대의 쳥아하고 류량한 찬송소리는 하나님의 영광을노래한다 나의 그날 젼도문제는「자긔의 피로 갑주어 엇은 교회」

(힝 20:28-)이다 그들은 우리 교회가 주의 피로 사신 교회임을 잘 쌔다랏슴으로 큰 긔디를 사셔 례배하며 또 어려운데 열심으로 연보하야 4500원 가치의 긔지를 산 것이다 이제는 한 1000원가량 남엇다한다 또 청년회, 찬양대, 주일학교는 이젼보다 얼마나 발젼되엿는지 놀낫다 그 쑨 아니라 쏘한 조흔목자를 청빙하여 헌신적으로 교역에 부즈런한 장붕 목사를 마저온 것은 그들의 얼마나 지혜스러운 일임을 안다 그런고로 하나님쎄셔 그 교회와 목자와 양들의게 풍족한 은혜를 주신 것이다….(중략)…

18일 새벽 세로 반시에 라하이나에 도착하엿다 그 선창은 아즉도 완젼치 못하여 종선을 타고야 나리게 되엿다 상륙하야 짐을 차저 가지고보니 리은구, 김치현, 리영옥, 셰분이 파이아서 와서 마지 신다 갓가운 곳에서라도 밤즁에 나오심은 미안하겟거든 하물며 원처에서 그러케 마저주시니 엇지 불안하고 감사하엿다 넷이 자동차를 타고 파이아에 와서쉬고 낫에는 교우를 심방하고 밤에는 모혀서 례배할새 다수가 모혀서 자못 셩활을 일우엇으며 특히 성찬과 아동 22명의게 세례를 베풀엇다 이 교회는 수년재 담임목사가 업서서 교회가 매우 부진하는 형편이나 여러분의 열졍으로 양재구씨를 부사로 택하야 서로 협조하여 옴으로 별탈업시 지나오며 근일소식을 드르면 청년회도 조직하여 차차 발젼 되는 형편이라 하니 감사할 바이다…(중략)…

22일 아침 6시반에 배는 다시 써나든 곳에 대엿다 몃 분이 선창에 나와 마저서 자동차를 타고 례배당으로 갓다가 오후에 집에 왓다 이것으로쎠 순회는 무으르 갓다가 오후에 집에 왓다 이것으로쎠 순회는 무사히 맛치고 왓스니 하나님께 감사한다[168]

박동완은 순회전도를 위하여 1934년 6월 8일 오후 4시에 호놀룰루

부임하자마자 와히아와 근처의 소부락을 왕래하며 전도에 열심을 다했던 박동완이 담임목회와 순회전도사역 시 애용하던 가방.

에서 배를 타고 힐로를 향하여 떠났다. 다음날 9일 아침 7시에 힐로에 도착한 그는 장붕 목사의 안내를 받아 근방 교우 집을 심방하였다. 그는 5년 전 심방 때보다 교우의 생활형편이 훨씬 윤택해 보여 내심 기뻤다고 적고 있다. 10일은 주일이라 아침 전도예배를 드렸다. 이날 박동완의 설교 제목은 '자기피로 값 주어 얻은 교회'였다. 성경말씀은 사도행전 20장 28절부터 이후의 말씀이었다. 그날 예배를 드리기 위해 모인 교인들은 주의 피로 사신 교회임을 염두에 두고 열심히 연보를 해서 4,500원 가치의 교회 부지를 샀던 것으로 보인다. 그는 청년회나 찬양대, 주일학교가 이전보다 많이 발전되어 놀랍다고 하면서 무엇보다 헌신적인 장붕 목사를 초빙한 것은 지혜로운 일이라 보았다. 그렇기 때문에 하나님께서는 교회와 목자와 양들에게 풍성한 은혜를 주셨다고 생각하였다. 이렇듯 박동완은 자신이 담임하고 있는 와히아와 교회뿐만이 아니라 다른 지역의 한인교회를 대상으로 순회전도를 통해 말씀을 전하면서 심방을 병행하였다. 그 후 시간이 지나 다시 방문하였을 때 예전보다 발전된 교회와 교인들의 모습을 보면서 진심으로 기뻐하였다.

박동완은 한 번의 순회전도를 위해서는 대략 보름 정도의 기일을

위 사진은 1930년대의 교회 사택사진이며 아래 사진은 2013년 방문 당시의 사택사진. 무려 80여년이 지났음에도 불구하고 사택 건물이 그대로 보존되어 있다.

사용한 것으로 보인다. 18일 새벽 라하이나 지역에 도착한 그는 멀리 파이아에서 마중 나온 세 분의 교인과 함께 자동차로 이동하여 쉬다가 낮에는 교우를 심방하고 밤에는 예배를 드렸다. 특히 파이아 교회는 수년 째 담임목사가 없기에 그날 성찬과 22명의 아동에게 세례를 베풀었다. 그는 파이아 교회가 담임목사가 없어서 매우 부진하였으나 교인들의 열정과 협조로 별 탈 없이 지내면서 청년회도 조직하는 등 차차 발전된다는 소식을 듣고 감사해 하였다. 당시에는 파이아 한인교회와 같이 담임목사 없는 교회가 존재하였기에 정기적이든 비정기적이든 그들을 위한 순회전도가 필요한 실정이었다. 박동완은 기꺼이 순회전도를 통해 말씀을 전하면서 성찬과 세례를 드렸다.

하와이 한인교회 교인들은 수년 째 담임목사가 없었음에도 흔들림 없이 자체적으로 교회를 유지하고 있었던 것으로 보인다. 나라를 빼앗긴 채 이역만리 하와이에서 그들은 교회를 중심으로 서로를 의지하며 힘든 삶을 이겨냈다. 따라서 이러한 교인들을 위해 순회전도자로 나선다는 것은 몸은 고달프지만 그만큼 보람되고 하나님께 감사한 일이었을 것이다.

박동완은 순회전도를 떠난 지 보름정도 지난 22일 새벽 6시 반에 떠났던 곳으로 다시 돌아왔다. 그는 자동차를 타고 예배당에 갔다가 오후에야 집에 도착하였다. 순회를 무사히 마치고 온 그는 하나님께 감사함으로 기행문을 마쳤다. 고문 후유증과 중풍으로 몸도 건강치 못했을 그가 보름 정도의 시간을 배와 자동차를 타고 순회전도지역을 여행한다는 것은 결코 쉽지만은 않았을 것이다. 하지만 그에게는 목자가 없는 성도들을 돌보고자 하는 열정이 있었기에 육신의 고통을 감내할 수 있었다. 또한 그는 그리스도를 통한 개인구원을 시작으로 조국이 독립될 수 있으며 결국 민족을 구원할 수 있으리라 보았다.

요약하자면, 박동완은 목회자로서 특히 교육을 중시하였다. 주일학교와 한글학교를 통하여 조선 민족 2세의 교육에 매진하였다. 주일학교에 대해 여러 글을 언론에 발표함으로 주일학교의 이론과 실제를 체계화하였다. 특히 여름성경학교를 국내에서 최초로 도입하여 전국적 확산을 이끌어내었다. 또한 영혼에 대한 사랑을 목회자로서 실천하였다. 병든 몸을 가지고 담임목회와 순회전도에 헌신하였다. 그에게 있어 최종적 정체성은 목회자였다. 목회자로서 사명을 다하던 중 갑작스럽게 이 땅의 삶을 마감하였다. 이제 종합적으로, 그의 글에서 도출된 신사언행(信思言行)의 관점에서 기독교 민족주의의 특징과 전개과정을 살펴보자.

제3부

박동완의 기독교 민족주의의 특징과 전개

제3부에서는 박동완의 기독교 민족주의의 특징을 신사언행(信思言行)의 관점에서 좀 더 구체적으로 살펴보고자 한다. 먼저 그의 글에서 신사언행의 구조를 도출하여 신사언행의 차원에서 그의 삶을 요약해 보자.

신사언행의 구조

박동완은 "기독교회의 사상과 언론"이란 사설에서 다음과 같이 자신의 생각을 밝혔다.

> 「여호와를 敬畏(경외)ᄒᆞᄂᆞᆫ 것이 知識(지식)의 根本(근본)이라」 ᄒᆞ엿스니 知識(지식)의 根本(근본)되시ᄂᆞᆫ 여호와를 敬畏(경외)ᄒᆞᄂᆞᆫ 우리 信者(신자)가 思想(사상)으로나 言論(언론)으로나 이 時代(시대)에 超越(초월)ᄒᆞ지 못ᄒᆞ면 天國事業(천국사업)은 到底(도저)히 不可能(불가능)ᄒᆞ리라 ᄒᆞ노라.[1]

박동완에게 모든 생각과 행동의 시발점은 하나님에 대한 절대적 신앙이었고 그 귀결점은 천국건설이었다. 이러한 시발점과 귀결점 사이에 사상과 언론이 있다. 그에게 있어 사상과 언론은 시대를 초월해야 하는데, 그것은 시대를 뛰어넘는 신앙에 기반을 둘 때 가능하다. 시대를 초월한다는 것은 시대의 흐름을 무시하는 것이 아니라 그 흐름을 이해하고 시대를 이끄는 시대정신을 제시하는 것이다.

> 사룸은 思想(사상)이 잇고 言論(언론)이 잇어셔 思(사)ᄒᆞᄂᆞᆫ 바를 言(언)ᄒᆞ고 言(언)홈으로써 思(사)홈을 發表(발표)ᄒᆞ며 達成(달성)ᄒᆞᄂᆞ니 思想(사상)이 업스면 言(언)홀 것이 업슬지며 言論(언론)이 업스면 思(사)ᄒᆞᆫ들 엇지 그 思(사)홈을 表白(표백)ᄒᆞ야 意思(의사)와 情誼(정의)를 相通(상통)ᄒᆞ리오 그런고로 사룸이 思想(사상)이 잇고는 言(언)치 아니홀 수 업도다.[2]

그는 하나님에 대한 절대 신앙을 근거로 하여 합리적 사상을 전개하며 그것을 언론으로 표명해야 함을 밝힌다. 신앙과 사상을 언론으로 발표하는 것이 자연스러운 논리적 귀결이다. 즉 "思(사)ᄒᆞ야 쓰며 言(언)ᄒᆞ야 表(표)ᄒᆞ라 그리스도 信者(신자)여"[3]라고 그는 강하게 호소한다. 예수정신으로 무장한 사람은 생각하는 사람이며 그것을 말로 표현해야 함을 주장하고 있는 것이다.

> 世人(세인)도 속지 안커든 ᄒᆞ물며 全知(전지)ᄒᆞ신 하ᄂᆞ님을 속일 수 잇스랴 하ᄂᆞ님은 理論(이론)만 ᄒᆞᄂᆞᆫ 者(자)보다 實行(실행)ᄒᆞᄂᆞᆫ 者(자)를 愛(애)ᄒᆞ시ᄂᆞ니 理論(이론)만은 假飾(가식)이오 實行(실행)은 眞實(진실)임이니 假飾的 義人(가식적 의인)의 祈禱(기도)ᄂᆞᆫ 救援(구원)의 實(실)을 거두

지 못ᄒᆞ되 眞實的 稅吏(진실적 세리)의 祈禱(기도)는 救援(구원)의 산 運動(운동)이 됨을 예수씌셔 暗示(암시)ᄒᆞ시지 아니ᄒᆞ셧ᄂᆞ잇가[4]

하나님에 대한 절대 신앙이 있는 사람은 언제 어디서나 하나님이 함께 하신다는 것을 의식하고 사는 사람이다. 이런 신앙인은 항상 진실할 수밖에 없다. 이것은 이론 즉 생각과 말로 끝나는 것이 아니라 행함으로 드러내는 것을 뜻한다. 그에게 있어 신앙이란 생각과 그것을 구체화한 말을 거쳐서 결국 실행에 옮기는 것이다. 신앙인은 생각하고 말하며 행동해야만 한다. 생각하는 신앙인, 말하는 신앙인과 행동하는 신앙인이 바른 신앙인이다.

박동완은 실제적 삶과 사상 그리고 언론을 통하여 일관성을 견지했고 절대적 신앙을 기초로 하여 합리적인 사고를 이어 갔다. 또한 합리적인 사고를 언어화하고 이를 행동화했다. 다시 그의 행동은 하나님에 대한 절대적인 신앙으로 귀결된다. 이러한 신사언행, 즉 신앙, 사상, 언론, 실행의 구조적 일관성이 그의 삶 전체를 관통하며, 일관성의 구체적인 내용은 인간에 대한 사랑, 나아가 조선 민족에 대한 구원 그리고 인류애이다. 작게는 기독교적 휴머니티, 크게는 인류에 대한 기독교적 박애주의로 요약된다. 그는 할 수 있는 한 모든 이와 화합하기 위해 힘썼다.

신(信)-박동완의 신앙과 목회 활동

박동완은 1908년 존스(G. H. Johns, 조원시(趙元時), 1867-1919) 장로목사에 의해 세례를 받았다.[5] 박동완의 초기 회심에 대한 기록은 현재 존재하지 않는다. 하지만 현존하는 여러 글에서 하나님에 대한 절대 신앙을 읽을 수 있다. 배재학당 재학 시에 회심하였고 배재학당의 채플이라 할

와히아와 한인기독교회(Wahiawa Korean Christian Church) 초대 담임목사 취임식 당시의 박동완과 교인들(1928년, 뒷줄 오른쪽이 박동완 목사)

수 있는 정동제일교회에 출석하였다. 1928년 하와이로 망명할 때까지 계속 이 교회에만 출석하고 사역하였다. 1915년 정동제일교회 본처전도사(Local Preacher)로 사역하기 시작하였고,[6] 정동제일교회에서는 주로 주일학교 교장과 엡윗청년회 회장으로 사역하였다.[7]

박동완은 1928년 한인 감리교단이라 할 수 있는 독립교단 한인기독교회(K.C.C.) 소속의 와히아와 교회의 초대 담임목사로 부임하였다.[8] 박동완은 감리교회법에 의하여 한국에서는 집사목사, 하와이에서는 장로목사 안수를 받았다.[9] 그의 일기에 따르면, 그는 교회의 재정적 어려움으로 인해 목사 월급을 제대로 지급받지 못한 적도 있었고 끼니를 거르기도 하였다. 이러한 상황과 고문 후유증으로 인해 목회에 전념하다가 중풍에 걸리기도 하는 등 건강이 날로 악화되었다.[10] 병원에 입원과 퇴원을 반복하기도 했다.[11] 이후 1940년 카우아이(Kauai) 미 감리교 목사로 전출되었다.[12]

사(思) - 배움의 과정과 교육 목회 활동

박동완은 5세부터 독선생을 두고 집에서 한학을 배웠다.[13] 이후 그는 경성에 있는 양사동소학교, 관립 고등소학교, 한성중학교를 거쳐 한성외국어학교 영어과에서 수학함으로 서구식 근대 교육을 받았다.[14] 한성외국어학교 출신들이 주로 관직에 임용되었던 것처럼 그는 1906년(고종 43년) 첫 직장인 농상공부 기수에 6품으로 임용되었다.[15] 이후 관직을 사직하고 1907년 배재학당 고등부에 입학했지만[16] 1912년 말에 배재학당 대학부가 폐쇄되어[17] 졸업하지 못하였다. 1913년에 보성전문학교에 입학하여 1-2년간 법률학과에서 수학하였다.[18] 그는 영어, 세계사, 세계 사상을 포함한 서구식 근대 교육을 받았기에 세계 정치, 언론과 시대조류를 잘 이해할 수 있었다. 민족의식이 투철하여 세계 사상조류를 알고 있었고 자신만의 사상을 정립할 수 있었다.

박동완은 이후 목회의 중심을 교육에 놓고 특히 아동과 청년교육에 열정을 다하였다. 정동제일교회는 한국 주일학교 교육의 원조였다. 그는 정동제일교회 역사 기록상 최초의 주일학교 교장으로서[19] 한국 최초로 하기아동성경학교를 1923년에 개최하였다.[20] 그리고 주일학교에 대한 여러 글을 《기독신보》와 《주일학계》에 발표함으로써 주일학교에 대한 열정과 생각을 밝혔다.

하와이 망명 당시 박동완은 와히아와 한인기독교회 담임목사로서 교육 중심의 목회에 주력하였다. 박동완은 국어학교(한글학교) 운영에 전력을 다하여 1929년 12월 오하우 섬에서 가장 큰 한글학교로 발전시켰다.[21] 그가 한글학교에서 가르쳤던 학생들의 증언에 따르면 박동완은 한글 교육에 열정을 쏟았으며 매우 엄격하게 학생들을 가르쳤다. 교육을 중시하던 그의 영향으로 한글학교 출신 학생의 대학진학률이 매우 높았고 하와이

주 대법원장을 비롯한 사회 각계각층의 지도자를 많이 배출하였다.[22]

언(言)-기독교 언론활동

박동완은 1915년 12월 8일 창간된 《기독신보(基督申報, The Christian Messenger)》의 편집위원으로 사회에 이름을 알리게 되었다. 그는 기독교 언론인으로서 실질적으로 사회생활에 첫 발을 디뎠다고 할 수 있다. 《기독신보》는 장로교와 감리교가 합동하여 두 번째로 발간한 신문으로 1937년 12월 1일 일제에 의해 허가가 취소되어 폐간된 신문이다.[23] 1920년 일제의 문화통치로의 정책 선회로 인하여 《조선일보》, 《동아일보》가 창간될 때까지 총독부 기관지였던 《매일신보》를 제외한, 유일한 한글신문이며 민족 언론이라 할 수 있다. 1910년대 무단통치시기에 민족 언론의 암흑기를 밝혀주었던 유일한 신문으로서 역할을 감당하였다.[24]

박동완은 창간 초기부터 실질적인 주필로서 익명의 사설을 집필하였다. 당시 공식적 주필이었던 김필수는 실질적인 사장으로서 일하였다. 또한 시, 시조, 수필, 감상록, 산문과 논설, 취재기사 등 다양한 장르의 글을 근곡, 근곡생, ㅂㄷㅇ싱 등 여러 필명으로 게재하였다.

3 · 1독립운동 당시 《기독신보》 주필이던 박동완[25]은 3 · 1독립운동 참여로 인하여 2년 8개월의 징역을 마치고 나온 이후 1922년 5월경부터 약 2년 여 동안 《기독신보》의 편집인으로 일하였다. 1924년 5월 편집인을 사임하고 국내 유일의 민족자본 출판사인 조선기독교창문사에서 발간한 잡지 《신생명》이 주간 및 집필진의 대거 이탈로 인하여 곤경에 처하자 1924년 7월부터《신생명》 주간으로 자리를 옮겼다. 그러나 일제의 간섭과 재정적인 압박으로 인하여 1925년 4월 3일 폐간되었다.[26] 그는 근곡, 근곡생, 근생, 근, 박동완 등의 필명으로 다양한 주제의 논설과 권두어

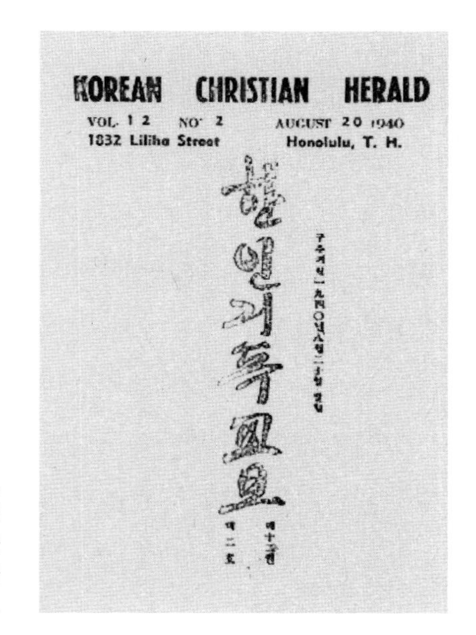

《한인기독교보》표지 이미지.
1934년 하와이에서 7월 재창간 된 잡지로
박동완은 편집 겸 발행인을 맡아
조선민족에게 생명과
사랑의 기독교 정신을 고취시켰다.

그리고 번역문을《신생명》에 발표하였다.《신생명》을 끝으로 박동완은 10년간 절필하고 언론활동을 하지 않았다. 이것은 자신의 직업을 버린 것인데, 당시 기독교 교역자들이 직업화, 계급화 하던 현실과 전혀 반대되는 행동이었다.[27] 이후 사회활동을 통하여 독립운동에 전념하였다.

한편 하와이에서 1934년 7월 한인기독교회 발행의《한인기독교보》를 편집인 겸 발행인으로서 재 창간하였다. 그는 강대, 론단, 발간의 말, 편집 뒤의 말, 순회 기행문 등 다양한 형식의 글을 발표하였다.《한인기독교보》의 언론활동은 목회사역과 병행하여 전개되었다.

행(行)-독립운동

박동완의 민족의식은 양반관료 가문 출신과 본인의 이력 그리고 근대식 민족교육(배재학당 고등부와 대학부, 보성전문학교)과 기독교 신앙(정동제일교회, YMCA)에 의해 생성되었다. 특히 정동제일교회와 YMCA는 하와이 망명 전까지 그가 지속적으로 소속하고 활동한 기지였다.

박동완은 1919년 2월 20일에 그의 직장이었던 기독신보사를 방문한 박희도에게 "조선도 민족자결에 의해 독립하는 것이 좋겠다"[28]라고 밝힘으로 3 · 1독립운동에 참여하게 되었다. 결국 그는 목숨을 내놓는 자리에 자발적, 적극적으로 가담한 셈이었다. 이로써 그는 3 · 1독립운동 당시 언론인으로서는 유일하게 조선 민족대표 33인 중 1인으로 당당하게 자신의 이름을 죽음의 명단에 올리게 되었다. 그는 철저한 유일신론 신봉자였지만 천도교, 불교와 같은 타 종교와도 연합하였다. 투옥 후 1921년 11월 4일 서울 마포 공덕동 경성감옥에서 만기 출소[29]한 박동완은 언론으로 밝힐 수 없었던 독립의 뜻을 독립운동에 참여함으로써 행동으로 표현하였다. 이후 그는 변함없이 조선 독립의 절대 의지를 전 생애를 통해 확고히 표명하였다.

박동완은 출소 후 YMCA[30]를 필두로 다양한 사회단체에 참여하여 민족운동을 전개하였다. 그는 1925년 조선중앙YMCA 연합회에서 농촌사업을 위해 농촌부를 신설하였는데 그 위원으로 활동하였다.[31] 1926년 YMCA에서 한국적 기독교 운동의 구체화를 위해 선정한 7인의 교화 진흥 연구 중앙위원의 1인이 되었다. 이것은 한국교회의 에큐메니칼 운동에 큰 영향을 끼친 중대한 사건이라고 할 수 있다.[32]

박동완은 YMCA 이외에도 조선물산장려회, 조선민립대학 설립기성회, 무명회(전조선 신문잡지 기자 단체)에서 활발한 활동을 펼쳤다. 또한 흥업구락부에 이상재, 윤치호, 신흥우 등과 함께 창립 멤버로 가입하여 활동하였다. 이 단체는 1925년 3월 국내에서 조직된 기독교계 비밀결사조직으로 이승만의 친위조직인 미주 대한인동지회의 자매단체였다.[33]

1926년 12월 홍명희, 안재홍과 신석우가 신간회 창립에 착수하였다. 이들은 기독교의 박동완, 불교의 한용운, 천도교의 권동진, 박래홍과 북경의 신채호 등과 접촉하여 최초의 발기인단을 구성하였다.[34] 신간회의 발기인은 모두 철저한 비타협적 민족주의자로서 조선의 완전 독립, 절대 독립을 주장하였다. 박동완은 대표적인 기독교의 비타협적 민족주의자로 일반에 널리 알려져 있었다. 그는 민족을 위하여 그의 신념과 매우 다른 사회주의자들과도 함께 일하였다. 창립 당시 박동완은 핵심 부서인 재무부의 총무간사로, 실권을 가진 7인의 총무간사 중 1인으로서 핵심적 역할을 담당하였다.[35]

1927년 12월 재만동포에 대한 만주 군벌의 박해가 심해짐에 따라 신간회를 중심으로 재만동포옹호동맹이 창립되었다. 박동완은 윤치호와 함께 중앙상무위원을 맡았다.[36] 1928년 1월 약3주 동안 만주 특파원으로 만주의 여러 지방을 방문하고 재만동포에 대한 구호 활동을 전개하고 2월에 귀경하였다.[37]

박동완은 이승만 계열의 동지회와 한인기독교회를 통해 하와이로 망명하였다. 하지만 그는 국민회와 동지회 양측 모두에서 신망을 얻었다. 1938년 제28주년 국치기념절에 동지회와 국민회가 기념식을 연합하여 개최하였는데, 이 기념식에서 그는 주(主) 연사로서 교포의 대동단결을 위하여 활동하였다.[38] 이후에도 그는 동지회와 국민회의 통합에 앞장서는 등 해외 한인의 독립운동에 애썼다.[39] 하와이에서 그는 분파적 정치활동보다는 목회에 더 집중하였다.[40] 그리고 조국에 대한 애틋한 마음이 늘 있었는데 조선인이 만든 수예품을 미국에 수출하는 일을 주선하는 것으로 표출되기도 하였다.[41] 가난한 성도들의 사정 때문에 목사의 월급이 제대로 지급되지 못해 그는 끼니를 거르는 일도 많았다. 이러한 상황 가운

데서도 그는 교회에서 성도들과 더불어 독립자금을 고국에 보내었다.[42]

박동완의 생애를 신사언행의 구조로 요약하면 다음과 같다. 신앙의 측면에서 그는 철저한 기독교 신앙인이었다. 또한 30세부터 줄곧 목회자로서의 정체성을 지키며 살았다. 사상의 측면에서 그는 하나님의 형상인 이성의 계발을 항상 게을리 하지 않았다. 양반관료 출신으로 유학으로 배움을 시작했지만, 서구식 근대 교육을 받았으며 기독교 세계관에 철저히 기반하여 살았다. 그리고 목회자로서 후학, 특히 아동과 청년 교육에 일생을 헌신하였다.

언론의 측면에서 비록 독립정신을 실행에 옮기기 위하여 절필한 시기가 있었으나 행동하는 언론인의 삶을 살았다. 행동의 측면에서 그는 죽는 날까지 민족의 해방과 조국의 광복을 위하여 최선을 다하였다. 그의 삶의 중심에는 인간, 조선 민족, 인류가 있었다. 그는 기독교 신앙을 기초로 하여 사물에 대해 합리적으로 사유하는 지성인이었다. 그리고 생각과 이론으로 끝나는 것이 아니라 이것을 글과 말로 표현하였다. 또한 이를 행동에 옮겼다. 그는 생각하는 신앙인, 말하는 신앙인, 행동하는 신앙인이었다. 신앙, 사상, 언론과 실행이 일치되도록 항상 애쓰고 노력하는 사람이었다. 그렇기에 그는 초지일관, 비타협, 원칙의 삶을 살았다. 변함없이 일생을 치열하게 살았다. 열심히 신앙하고, 사유하고, 말하고, 행하는 삶을 살았다. 지언행합일(知言行合一)을 몸소 실천하였다.

1
'信'에 나타난 기독교 민족주의

1) 개인, 민족 및 우주를 초월한 구원자 예수 그리스도

박동완은 1907-1908년경 기독교 신앙으로 회심하였다. 그로부터 17-18년이 지난 후, 기독교에 대한 자신의 심경을 다음과 같이 밝혔다.

> 그러나 이 같은 교조(教祖)를 대표하여 그것을 전하는 자는 점점 그 시대에 잡히고 부귀와 권좌에게 감염되어 자기 본래의 정신을 몰각시켜 다만 외형을 유지함에 급급하도록 추락하지 아니하였나 하는 의심을 일으키게 되었다. 그리하여 세계적 종교인 그리스도교가 그 시조(始祖) 예수의 정신을 그대로 직접 계승하여 왔는지 하는 회의를 가지게 되었다.[43]

박동완은 회심 후 20년 가까이 지나 목회자로 사역하던 때에도 당시의 기독교가 진정으로 교조요 시조인 예수의 정신을 직접 계승하고 있는지 의심한다. 예수를 믿고 전한다고 하면서 오히려 시대의 흐름에 편승하고 부와 권세를 추구하고 있기 때문이다. 이스라엘이라는 먼 이방의 작은 나라의 민족 종교가 예수를 통하여 세계적, 보편적, 우주적 종교가 되어 이역만리 조선에서도 그를 믿게 된 지 40년이 경과된 시기에 이런 회의와 비판을 하였다. 이러한 문제에 대한 유일한 해결책은 바로 예수의 정신을 직접 계승하는 길 뿐이다. 그는 결국 예수를 전한다고 하면서 예수를 팔아 부와 힘이라는 외력을 소유한 기독교 집단, 특히 교역자 집단에 대하여 비록 신랄한 언어는 쓰지 않았지만 내용적으로는 통렬하게 비판한다.[44] 여기서 박동완에 있어 진정한 예수의 정신, 곧 기독교 신앙은 무엇이었을까 라는 근본 질문이 제기된다.

박동완은 자신이 믿는 하나님이 인격적 존재라고 밝힌다. "그는 당신이다 부를 수 있고 나라 하는 우리에게 임하여 주시는 인격적 신"[45]이기에 한 개인과 교제하고 대화할 수 있다고 말한다. 곧 지정의를 가지신 전인적 인격이다. 그가 믿은 하나님은 저 멀리 우주 너머 계시는 접근 불가능한 그런 상상적이고 초월적 존재만이 아니다. 그는 인간과 함께하고 교제할 수 있는 내재성을 가진 신이다.

또한 박동완에게 하나님은 "천지만물의 창조신이다. 그는 두려운 신, 공경할 신, 복종할 신, 사랑할 신이시니… 그는 사람 위에 계시며 최선최미를 무한히 갖춘 자이시다."[46] 사람을 창조하시고 그 위에 계신 하나님은 궁극적 선(善)이오 궁극적 미(美)를 갖춘 무한한 분이다. 결국 그가 믿은 하나님은 내재적이며 동시에 초월적인 분이다. 그에게 하나님은 한마디로 인격적 사랑의 참 신이다.

박동완은 1935년 새해맞이 신년사를 통하여 우주운행의 원리를 밝혔다.

어느 때든지 이 우주는 신의 이치 속에서 운행되며 우리 인류사회는 신의 뜻 안에서 지배되는 것이다. 그러므로 최종의 승리는 하나님께로 돌아가고 말 것이니 그를 알고 그 교훈 아래 있는 자는 절대의 승리를 얻을지니 이것으로써 우리의 최고 이상의 목표를 삼고 나가기를 소리쳐 외치노라.[47]

우리가 살고 있는 우주는 우연이나 자연의 법칙에 의하여 운행되는 것이 아니라 주권적인 신의 섭리에 의하여 보존되고 유지된다. 당시는 발전된 물질문명과 과학의 발전으로 인하여 인간이 세상을 개척하며 정복할 수 있다고 여겼다. 힘센 인간이 다른 인간을 통제하며 수단시하는 것이 정당화되었다. 강한 나라가 약한 나라를 굴복시키고 노예화하는 것이 마치 신의 섭리인 것처럼 포장되었다. 하지만 박동완은 인격적 사랑의 참 신인 하나님이 이 세상을 지배하고 운행하고 또한 역사의 주관자가 되기에 강자가 약자를, 강대한 민족이 약소민족을 빼앗고 착취하는 것이 결코 정당화 될 수 없다고 주장한다. 힘의 논리가 하나님의 논리라고 강변되던 시대에 그는 하나님의 세상 운행법칙이 우리의 최고 이상의 목표가 된다고 소리 높여 외쳤다. 그는 힘으로 조선 민족을 굴복시킨 일제와 과학문명을 앞세워 세계를 지배하던 서구 열강에 굴복하고 좌절하지 않았다. 이것은 그가 시대를 초월하여 세상의 시작부터 종말까지 역사와 정의의 주관자 되는 하나님을 믿었기 때문이다.

그러면 직접 계승해야 할 예수정신은 무엇인가? 박동완의 다음 글에서 그것을 유추해 볼 수 있다.

연(然)이나 인생은 식(食)을 위하여 생(生)함이 아니라 생(生)을 위하여 식(食)하는 것이라 하면 오인은 생(生)의 본(本) 되시는 예수의 교훈을 의(依)치 아니할 수 없으니 예수의 교훈은 곧 그의 신(神)과 그의 인(人)과 그의 생(生)과 그의 구(救)와 그의 애(愛)와 그의 사(死)의 교훈이니 이로써 우리 민심(民心)에 심어서 우리 민족에게 일대 혁신의 세례를 베풀지 아니하면 아니 되겠다고 각성하며 결심함이 우리의 절실한 문제라 사유하노라. 연즉(然則) 이 같은 혁신의 운동을 기(起)코자 하면 우리 대장 예수를 의지(依支)할지니…[48]

박동완은 삶의 근본으로서 예수를 본다. 예수는 하나님이며 인간이다. 그는 하나님으로서 이 땅에 인간으로 오셨으며 이 땅에서 인간으로 살았다. 또한 인간으로 이 땅에서의 삶을 마감하였다. 이 땅에서의 삶과 십자가 상(上)의 죽음으로 그의 사랑과 구원을 드러내셨다. 이것이 그에게 예수의 교훈이고 복음이다. 이것이 예수의 정신으로 나아가게 한다. 살려면 예수께로 나아가야만 한다. 예수의 혁신정신으로 세례를 받고 변화하여야 한다. 따라서 우리 민족이 살려면 혁신정신, 즉 예수정신으로 무장하고 실제적 변화를 도출할 수 있는 진정한 운동으로 나아가야 한다.

박동완에게 "우리 조선 사람은 개인적으로든지 민족적으로든지 이 사망을 이기고 일어나신 예수 그리스도의 생명의 힘이 아니고는 도저히 우리를 구원할 힘이 있지 않다."[49]는 것이다. 십자가의 죽음을 이기고 부활하신 예수의 생명의 힘만이 개인과 조선 민족을 구원할 수 있다.

박동완은 "저 반신불수 되어 누워서 자동력(自動力) 없는 사회를 예수 앞에 메고 나가사이다"[50]라고 호소한다. 그에게 있어 조선은 겉보기에는 움직이고 있으나 실제로는 스스로 움직일 수 없는 반신불수의 중풍병자다. 예수 그리스도가 중풍병자를 고치셨듯이 반신불수의 중풍병자인 조선 민족이 자동력을 회복하려면 예수께로 나아갈 수밖에 없다. 예수의 생명의 힘 말고는 어떠한 힘으로도 회복할 수 없다. 이런 자동력, 즉 운동력에 대하여 그는 1924년 갑자년을 맞이하여 "신년의 신운동"이란 제목의 사설에서 말하기를,

> 그러나 모든 운동 중에 가장 중요한 운동은 모든 운동을 운동시킬만한 운동이니 이 운동은 마치 비행기나 기선의 프로펠러(추진기)와 같은 운동이라… 이 같이 우리 생활에 요구되는 운동이 허다할 지라도 먼저 그 요구되는 운동을 운동시키는 곧 원동력이 되는 운동은 먼저 각자 개인 자기가 부족한 편보다 족한 편이 무겁게 되기를 운동함이라 하노라. 그런즉 개인마다 완전한 사람이 모이면 모이는 그 단체가 완전할 것이오 따라서 한 민족이 완전할 지니 참 그 같이 완전할 진데 누가 능히 업신여기며 침해(侵害)하리오… 다시 거두어 말함은 우리는 남의 업신여김과 침(侵)을 받지 아니할 만치 완전한 사람 되기를 운동함이 육갑(六甲)의 머리되는 갑자년을 맞는 우리의 모든 운동 중에 가장 먼저 할 신운동이요 이 운동으로 비롯하여 원대한 운동까지도 완전한 운동이 되리라 하노라.[51]

비행기나 선박의 프로펠러와 같은 자동력, 운동력, 원동력을 가지려면 결국 예수의 생명의 힘, 부활의 힘에 의지할 수밖에 없다. 조선 민족이 구원받으려면 먼저 개인이 변하여야 하고 결국 이런 개인이 모여야만 단체가 완전하여 진다. 궁극적으로는 조선 민족이 구원받을 수 있다. 개인의 변화가 중요하고 모든 운동의 시작점이 된다.

이처럼 박동완은 무력, 금력, 지력에 의한 구원이 아니라 근본적 개인의 구원에 의한 민족의 구원을 강조하였다. 이렇게 되었을 때 남에게

침략이나 업신여김을 받지 않는다. 그는 일제라는 말을 직접 거론하지는 않았지만 예수정신으로 각 개인이 원동력을 가질 때 각 개인이 노예생활에서 벗어나 자유에 이르게 된다고 주장한다. 이런 개인이 모일 때 궁극적으로 조선 민족이 일제의 압박에서 벗어나 진정한 자유민이 될 수 있다고 확신한다.

박동완은 기독교의 본질에 대해 이렇게 말한 바 있다. "우리가 그리스도교의 본질은 하나님의 사랑에 의하여 만물을 경개(更改)할 수 있는 것을 아나니 그 경개는 일개인을 경개할 뿐만 아니라 사회든지 또는 그 제도까지 경개할 수 있음이라."[52] 만물을 경개, 변화, 구원시키는 힘은 하나님의 사랑이다. 이 하나님의 사랑에 의하여 개인, 사회, 사회제도, 나아가 만물까지 변화시킬 수 있다. 그는 개인 구원만을 이야기한 것이 아니라 사회 구원, 궁극적으로 우주의 구원까지 포괄한다. 그에게 있어 모든 구원은 미시적 우주인 개인에서 시작되지만 결국 거시적 우주까지 나아가서 만물이 하나님의 사랑 안에서 회복되는 것이다. 그의 구원관은 아주 작은 한 개인에서 시작하여 상상할 수 없이 넓고 큰 우주까지 포괄한다. 그것은 우주를 창조하고 우주를 초월하고 우주보다 더 큰 존재인 하나님에 의해 시작된 사랑의 힘이 있기에 가능하다.

박동완은 기독교만 갖고 있는 이상에 대하여 말하기를,

그리스도 종교는 개인적 종교로 시정되지 아니하고 큰 사회적 이상(理想)을 가졌으니 즉 예수라 칭하는 개성과 천국이라 하는 사회성이 있음이라 오인이 예수 같은 사람이 되는 동시에 예수 같은 사람이 다수(多數)히 집단(集團)하여 신사회(新社會)를 조직함이니 다른 종교에는 없는 한 이상(理想)이라.[53]

박동완은 다른 종교에는 없는 기독교 우월성의 하나로 '예수라 칭하는 개성'과 '천국이라 하는 사회성'을 들고 있다. 다시 말해 그리스도교 신자가 예수와 같은 사람, 즉 예수 닮은 사람이 되는 것이다. 하지만 이러한 개인은 개인에 머물러 있는 것이 아니라 집단으로 뭉쳐서 신사회, 즉 교회를 이루는 것이다. 나아가 궁극적으로 천국을 성취하는 것이다. 작은 예수가 모여 결국 하나님 나라, 즉 천국을 이루는 것이다. 이러한 이중성이 다른 종교에는 없기에 기독교는 유일하고 우월한 종교이며 이상이다.

박동완은 이 세상 너머의 내세의 실재를 믿는다. 하지만 이 세상을 멀리하고 영적 세계인 내세만을 바라보거나 현세를 등지는 것이 기독교의 본질이 아니라고 명백히 밝힌다. "그러나 그리스도교는 다만 내세의 신령적 행복을 향유코자 하는 욕망을 가진 동시에 현세의 초자연적 고상한 생활의 무한한 행복에 만족도 얻고자 원망(願望)하는 바이라."[54] 그는 이 세상에 이루어지는 천국의 삶을 부정하지 않는다. 죽어서 가는 천국만이 아니라 이 땅에 임하는 천국도 소망한다. 하지만 그는 물질적이고 쾌락적인 이 땅의 삶을 천국과 동일시하지 않는다.

박동완은 조선 민족의 구원과 현세적 천국을 위하여 구체적으로 다음과 같은 일을 해야 한다고 역설한다.

> 현대는 엇더ᄒᆞᆫ 시ᄃᆡ인가 나라와 나라 사이의 관계가 복잡ᄒᆞ고 갈대가 만하셔 얼는 보면 허트러진 실과 갓ᄒᆡ셔 엇지 ᄒᆞᆯ 줄을 모른다 이것을 구원ᄒᆡ 내ᄂᆞᆫ 것이 당연ᄒᆞᆫ 큰일이겟다 그런 것을 구원ᄒᆡ 내려면 그리스도의 진리를 철져ᄒᆞ게 리ᄒᆡ식히며 확실히 밋게ᄒᆞ며 ᄯᅩᄒᆞᆫ 현시ᄃᆡ의 각 방면에 ᄃᆡᄒᆞᆫ 식견과 열정을 가지도록 교양과 훈련을 식히지 안이 ᄒᆞ면 안이 될 것이다.[55]

박동완은 희망이 없어 보이는 상황 가운데 구원을 얻으려면 먼저 그리스도의 진리를 철저하게 이해시키며 확실하게 믿게 하여야 한다고 말한다. 그는 현 시대의 각 방면에 대하여 식견과 열정을 가지도록 교양과 훈련을 통한 교육의 중요성을 강조한다. 이것을 통해 신앙에 기반하지만 이성의 계발도 게을리 하지 않는 그의 신앙관을 엿볼 수 있다. 한편 그는 그가 마땅히 해야 할 두 가지 일을 밝히고 있다. "원컨대 나의 할 일 중에 시대의 급무로든지 형편의 필요로든지 두 가지 일일 듯하노니 그 두 가지는 교회의 주뢰(珠蕾 구슬 주, 꽃봉오리 뢰: 구슬처럼 아름다운 꽃봉오리) 될 만한 일이니라. 첫째는 조선 민족에게 전도하는 일이요 둘째는 조선 민족의 자손들을 거두어 가르치는 일이라."[56]

자유를 잃고 노예생활을 하고 있던 조선 민족에게 유일한 해결책인 그리스도의 복음을 전하는 것은 그에게 있어서 매우 당연한 일이다. 최우선으로 해야 할 당위성을 가진 것은 바로 조선 민족에게 전도하고 조선 민족의 자손을 거두어 가르치는 것이다. 무엇보다도 조선 민족이 그의 마음의 중심에 있었다. 그의 생각 속에는 항상 조선인이 있었다.

박동완은 하나님에 대한 절대 신앙을 가지고 하나님의 뜻대로 행하면 반드시 일이 성취된다고 믿는다: "모사함은 사람에게 있고 성사함은 하늘에 있다 하였나니 고로 우리는 범사에 성심으로서 모사만 하면 성사할 것은 의심할 여지가 없다 하노라."[57] 그는 하나님에 대한 절대 신앙을 가졌지만 단순한 운명주의자가 아니다. 하나님의 뜻에 따라 최선을 다하면 하나님께서 필히 이루어주신다는 적극적인 행함의 신앙이 그에게 있다. 진인사대천명(盡人事待天命)이라는 그의 신앙관을 알 수 있다.

요약하면, 박동완은 예수정신이 올바르게 계승되지 않고 있는 당시의 상황에 대해 우려를 표현하였다. 그는 하나님의 내재성과 초월성을 믿고 인격적 사랑의 참 신이라고 하나님을 정의한다. 하나님이 인류 구원의 유일한 길로 예수 그리스도를 보냈다는 복음을 철저히 믿었다. 참 신이자 참 인간인 하나님의 독생자 예수 그리스도가 이 땅에 오셔서 공생애의 삶을 사시고 십자가에서 돌아가시고 부활하심으로 하나님의 구원 사역과 사랑을 확증하셨다고 확신한다. 그는 이러한 성서적 복음을 철저히 믿었다. 그리고 이 복음의 순수성을 잃는 것을 경계하였다. 회복 불능의 상태에 있는 조선 민족이 되살아날 유일한 길은 오로지 자동력을 주는 예수정신뿐임을 강조하였다.

그에게 있어 예수 그리스도는 개인, 조선 민족과 우주 전체를 초월한 구원자이다. 눈에 보이는 힘의 질서가 지배하는 것으로 여겨지던 당시에 하나님의 섭리는 바로 경쟁이 아니라 사랑이라는 것을 설파하였다. 그렇기에 그는 서구 열강이나 일제에 굴복하지 않았다. 오로지 하나님에게만 순복하였다. 하나님의 섭리에 따라 하나님 나라를 바라보며 이 땅의 삶에 있어 최선의 노력을 다하였다. 그리고 그의 삶에 있어 예수정신에 의한 조선 민족의 구원이 중심에 있었다. 현상으로는 비관적이지만 눈에 보이지 않는 하나님의 생명의 힘을 믿었기에 희망을 항상 잃지 않았다.

2) 원시적(原始的) 순결(純潔)한 복음

박동완은 1925년 절필하기 한 달여 전에 《신생명》에 "그리스도 종교와 우리의 사명"이라는 제목의 논설을 통하여 기독교의 본질에 대하여 성서와 서양 및 서양교회 역사를 통해 강렬한 메시지를 전했다.

조선의 그리스도교는 서양 선교사를 통하여 전하여졌다. 그런데 박동완에 따르면 서양 선교사들이 전하여 준 기독교는 순수한 원래의 기독교가 아니라 물질적인 서양 문명과 서양인 고유의 호전적 민족성에 의해 타락하고 오염되었다는 것이다. 박동완은 "서양 문명과 민족성으로 혼란된 복음을 원시적 순결한 복음에 돌아가서…"라고 말함으로 서양 문명 및 민족성과 어지럽게 섞인 기독교의 복음은 결코 원시의 순결한 복음과 동일한 것이 아니라고 선언한다.[58]

그는 성서와 역사를 통하여 비판적인 분석을 한다. 당시나 지금이나 대개의 사람들이 서양의 백인에게 무조건적인 호의나 비굴한 태도를 보이는 것에 비하여 그는 식민지 조선인이었으나 성서의 시각으로 거시적인 사고를 한다. 하나의 신조나 성경구절에 취하여 전체적인 시각을 가지지 못하는 것에 비하여 비록 식민지의 피지배민이었지만 그는 성서를 통하여 세상을 바라볼 수 있는 자유인의 시각을 가졌다. 서양 선교사에 의하여 선교, 세례와 교육을 받은 그였으나 무비판적으로 전통이나 윗사람의 말에 순응하지는 않았다.

박동완은 서양사와 서양 기독교사(史)를 언급하며 이와 같은 자신의 생각에 대해 세 가지의 실례(實例)를 들고 있다.

첫째, 서양기독교 2000년사(史)를 돌이켜 보면 종교적 박해사이다. 수많은 사람들이 피 흘렸기에 그 역사의 페이지는 오직 처참한 것뿐이다. 이단이라 하여 또는 교회와 신성을 더럽혔다 하여 무죄한 자의 피를 땅에 흘려 부었는데 이러한 만행을 저지른 로마 가톨릭교의 학살의 수가 50만에 미친다는 역사가들의 분석을 인용한다. 이것은 추루(醜陋: 더럽고 지저분함)한 문명과 야비한 민족성으로 보옥 같은 그리스도 복음을 더럽혔기 때문이라 말한다.

둘째, 이단배척과 종교론의 성행을 들었다. 신앙신조의 조그마한 다름이 있으면 이단이라 칭하여 서로 사랑에 평화함이 없고 싸움에 싸움을 더한 것뿐이라고 비판한다.

셋째, 종교전쟁이 자주 일어난 것을 제시하였다. 회교도에 대항하여 일어난 십자군의 열광, 30년 전쟁, 네덜란드 독립전쟁 등을 예로 들면서 기독교 역사에 호전적 경향이 있음은 명백하다고 지적한다. 또한 구주대전(1차 세계대전)에서 하나님께 나라마다 자기 나라의 승리를 위해 기도하였는데 만일 저들의 기도가 다 의롭다 하면 하나님은 누구에게 승리를 주시리오라고 질문하면서 저들을 비판한다. 자기 편한 대로 복음을 해석하는 것은 '철면피' 아니면 '우롱의 극(極)'이라고 그는 서양인들에게 일갈(一喝)하였다.[59] 이러한 역사의 예를 통하여 추루한 서양 문명과 야비한 민족성을 문제의 원인으로 지적한다.

결국, 박동완은 세상의 권력을 얻기 위하여 상대방에게 박해를 가한다거나 서로 분열하여 배격하는 행위 자체를 극도로 혐오하였다. 그는 서양문명에 오염되지 않은 본질적 의미의 그리스도교, 사랑과 화합의 그리스도교가 이 땅에서 제대로 회복되기를 바랐던 것이다. 그렇다면 서양인에 의해 복음이 오염된 이유는 무엇이며 어떻게 이 오염에서 벗어날 수 있는가에 대하여 박동완은 다음과 같이 밝혔다. 그리스도교는 아리안 민족이 추구하는 신학, 철학, 과학, 이론이 아닌 데 그들은 기독교를 신학, 철학, 과학, 이론으로 전락 및 축소시켰다는 것이다.[60] 그는 서구의 기독교에 대해 비판하기를,

> 그러나 기독교는 원래 미해(味解)할 종교요 이론적이나 철학적 또는 과학적으로 연구, 분석, 이해할 종교가 아니다…(중략)… 그리스도의 복음

> 을 철학적으로나 혹은 과학적으로 이지(理智)의 세계에서 바라보고 얻은 저들은 원시 생명의 순결을 어지러뜨린 것이다. 그런고로 그 당연의 보수는 그리스도교 생명의 진수는 저들의 파악을 거절하여 저희는 바깥 암흑에 던져졌다.[61]

원시의 순결한 복음이 무엇보다 중요하며 지켜져야 할 가장 귀중한 가치이다. 생명의 진수(眞髓)를 저들이 훼손했기에, 결국 그들은 생명의 내용과 본질을 제대로 이해할 수 없다. 따라서 영생과 구원을 얻을 수 없다고 단정적으로 말한다. 의식, 전통, 율법, 행위, 지적 이해에 의한 구원이 아니라 오직 복음과 은혜에 의한 구원을 믿은 순수 복음주의자인 박동완으로서는 당연한 귀결이다. 그렇다면 어떻게 생명의 진수를 파악하고 영생을 얻을까라는 질문에 그가 어떤 생각을 하고 있었는지 살펴보자.

박동완은 아리안 민족의 특징을 들며 성서적 기독교에서 벗어난 그들의 기독교에 대하여 그는 다음과 같이 분석했다.

> 사공(事功)을 귀히 하며 따라서 활동을 중히 함은 아리안인의 특징이다. 그 결과로 근대 과학의 발달과 공업의 혁명은 드디어 금일과 같은 세기말적 문명을 일으켰다. 활동적 문명은 너무 활동에 기울어져서 인생의 귀한 영능(靈能)까지 기계화하여 취급하기 어려운 혼란에 빠져버렸다. 그 정신을 그리스도 교회에 들여온 저들은 이것으로서 사업교, 활동교를 삼는데 이르게 되었다. 그리하여 먼저는 굉장한 교당(敎堂)의 건축, 교육기관의 건설, 사회사업의 시설(이것이 불가하다는 말은 아니다) 등이 가장 중요한 것이 되어 사업적, 활동적, 통계적 보고(報告)감에 비하여 복음의 역사적 정신은 매우 빈약하여진다.[62]

현상을 중요시하는 아리안 민족은 과학과 공업의 혁명적 발달로 인한 최고조의 문명을 일으켰다. 하지만 이것이 교회에까지 들어와 인간의 영적인 능력마저도 기계화하여 비인격적 교회가 되었다. 따라서 그는 눈에 띄는 거대한 예배당의 건축, 교육기관의 건설, 사회사업의 시설이 주목적이 되었다는 것을 지적한다. 영혼의 종교가 물질의 종교로 타락한 것이라고 통렬하게 비판한다. 장로교보다 교육과 사회사업에 상대적으로 더 치중하였던 감리교 출신의 그가 이런 비판을 하는 것이 역설적으로 다가온다. 그도 이러한 사업의 중요성을 무시한 것은 아니지만 수단이 목적이 되는 현상에 대하여 경종을 울리고 있다. 사업교, 활동교로 기독교가 타락함으로 복음의 역사적 정신, 다시 말해 예수정신은 뒷전으로 밀리게 되었다고 통탄한다. 90여 년 전에 박동완은 서구의 기독교를 성서의 시각으로 비판한다.[63]

박동완은 하늘과 땅을 비교하며 예수의 마음, 다시 말해 예수정신에 대하여 다음과 같이 말했다. 이것을 통해 기독교의 본질에 대한 그의 생각을 엿볼 수 있다.

> 그리스도교는…(중략)… 적어도 정숙, 묵상 또는 어떤 정도까지는 염세미(厭世美)를 띤 종교이다. 예수께서 이따금 속세를 피(避)하사 한적한 곳이나 산에 가서 기도하시며 묵상하신 것이다. 예수께서 복음을 위하여 사랑을 위하여 활동하셨음은 결코 세상 사람이 활동한다는 그러한 의미의 활동가가 아니시다…(중략)… 땅에 집착되어 하늘을 잊어버리는 지적(地的) 활동과 현세의 오탁(汚濁)에서 눈을 떠 영원한 저편을 사모하는 천적(天的) 묵상과 비하여 어떤 것이 예수의 마음에 가깝겠느뇨.[64]

박동완은 진정한 기독교는 땅, 즉 세상을 등지지는 않지만 땅에 서서 하늘을 바라보는 종교라고 명확히 인식한다. 기독교는 더러운 현세에 살고 있지만 시대사조에 몸을 맡기고 사는 것이 아니라 영원을 사모하는 내세적 종교이다. 따라서 예수께서도 속세에서 활동하셨지만 속세에 파묻혀 사신 것이 아니라 항상 하늘, 즉 하나님과의 교통을 최우선 순위에 두셨다.

박동완은 서양인 고유의 특성은 땅의 종교에 가깝고 동양인 고유의 특성은 하늘의 종교, 즉 기독교에 매우 적합하다고 본다. 기독교 초창기에 하늘의 종교가 먼저 서양인에게 전해져서 서양인 고유의 호전적 민족성과 서양 문명이 가미되어 혼란되고 더럽혀졌다는 것이다. 따라서 원래의 기독교를 회복하려면 "서양인의 문명과 민족성으로 착색한 것을 씻어버리고 원시(原始)의 순청(純淸)한 복음에 돌아가야 할 것이 우리의 급무"[65]라고 그 해결책을 제시한다.

기독교는 원래 동·서양 문명의 최전선이라 할 수 있는, 히브리적 사유를 하는 유대교와 헬라적 사유를 하는 헬레니즘이 만나서 팔레스타인 지방에서 시작되었다. 따라서 히브리적 사유와 헬라적 사유, 나아가 동양적 사유와 서양적 사유를 이해하고, 결국 성서적 사유가 무엇인지 알아야 한다. 성서적 사유는 히브리적 사유와 헬라적 사유를 포괄하고 이 둘을 뛰어넘는 궁극적 사유이다. 박동완은 다음과 같이 이 두 사유에 대하여 평가하였다.

> 신약성경의 분위기, 기분, 호흡, 법률 등이 어찌나 동양적인지 특히 그리스도의 언행록인 사복음에 그러하다. 물론 당시는 그리시아 문명시대이었다. 바울과 같이 그리시아적 교양을 받은 인물이 현저히 활동한고

로 그 중에 그리시아적 요소가 있음은 당연하나 그러나 신약을 대체로부터 보면 동양적이라 그런고로 그리스도 종교는 천부적 덕성이 풍유한 동양인의 종교이다.[66]

박동완은 기독교를 동양인의 종교라고 본다. 당시 그리시아, 즉 그리스와 아시아 문명이 만나 이룬 헬레니즘의 세계 속에서 기독교가 탄생하였지만 근본은 히브리적, 즉 동양적이다. 따라서 천부적 덕성이 풍유(豊裕)한 동양인의 종교이고 동양인이 기독교를 제대로 이해하고 믿을 수 있다고 본다. 그가 본 동양인 특유의 '천부적 덕성'은 실행, 체험(體驗), 미해(味解), 회득(會得: 마음속에 깨달아 앎), 신득(信得)하는 능력에 있다. 기독교는 서양인인 아리안 민족이 추구하는 신학, 철학, 과학, 이론이 아니다. 따라서 이해하고 분석하고 연구해서 알게 되는 지적인 종교만은 아니다.[67]

동양인 특유의 덕성은 서양인의 것과 대비된다. 기독교는 믿음의 종교로서 행함을 통해 구원받는 것은 아니지만 행함을 통해 신에게 가까이 간다. 그저 머릿속으로만 믿을 수 있는 것이 아니다. 이것을 뛰어넘어 실행하고 몸으로 체험하고 체득하는 것이다. 그리고 지적인 이해를 뛰어넘어 음식을 눈으로만 보는 것이 아니라 실제로 맛보아 제대로 알듯이, 마음속에 깨달아 알아야 한다. 이해로 구원을 얻는 것이 아니라 믿음으로 구원을 얻는 것이 성서에 나타난 구원의 과정이다. 이러한 과정은 바로 동양인의 속성과 맞기에 동양인이 믿는 것이 더 적절하다. 그는 기독교의 구원은 중생에서 끝나는 것이 아니라 성화의 과정이 반드시 있어야 함을 실제로 알았다. 행함이 없는 믿음은 죽은 믿음이고 실제로 생활의 변화가 일어나 움직여야 함을 강조하였다.

박동완은 기독교가 이 땅에 들어온 해인 1885년에 태어나 1907-

1908년경에 기독교에 귀의하였다. 기독교 초창기에 많은 사람들이 기독교와 서양 문명을 동일시하고 나라의 독립과 부국강병을 위하여 기독교를 믿었다. 서구 열강의 눈에 보이는 힘을 숭배했다. 따라서 선교 초기에 동도서기(東道西器)의 개념을 기독교 신자들이 많이 가졌다. 나아가 서도서기(西道西器)의 사고를 가지고 나라의 개혁을 시도하였다. 하지만 그는 동도와 서도를 배격하고 오로지 성서의 정신, 즉 예수정신으로 모든 것이 가능하다고 믿는다. 하지만 그는 서기, 즉 눈에 보이는 서양 문명을 무시하지는 않았으며 실제적인 운동력은 눈에 보이지 않으나 근본적으로 생명을 주는 예수정신에 의해서만 주어질 수 있다고 본다. 그럼으로써 그는 서구 열강에 대하여 비굴한 태도를 보이지 않고 당당하게 성서의 시각으로 비판할 수 있었다.

3) 사랑과 평화의 복음

박동완은 자신이 믿는 복음의 구체적 내용에 대해 밝히기를,

宇宙(우주)는 참되되 사름은 거의 다 虛僞(허위)쁜이다 四時(사시)의 變遷(변천)홈이 변덕스러 變(변)홈이 아니라 도로혀 그 참됨을 낫타내고져 홈이다 사름은 長成(장성)홈을 ᄯᅡ라 그 虛僞(허위)도 ᄀᆞᆺ치 차[자]라난다 金錢(금전) 잇는 者(자)나 勢力(세력) 잇ᄂᆞᆫ 者(자)나 智識(지식) 잇ᄂᆞᆫ 者(자)나 오직 다 虛僞(허위)쁜이다 沙漠(사막)에 홀노 픠여잇ᄂᆞᆫ 아름다온 ᄒᆞᆫ 송이ᄭᅩᆺ 그 무슴 賞讚(상찬)을 밧고져 픠엿스랴 하ᄂᆞ님의 榮光(영광)을 낫타내려는 天眞(천진)이 爛熳(난만)ᄒᆞᆫ 그 참을 보일쁜이다 사름아 眞實

(진실)ᄒᆞ자 金錢(금전), 權勢(권세), 智識(지식) 이것은 虛(허)된 것이다 오ᄂᆞᆯ 富(부)ᄒᆞ나 來日(내일)에 艱難(간난)ᄒᆞᆯ 수도 잇스며 今日(금일)의 權勢(권세)가 明日(명일)에 ᄲᅮᆯ ᄲᅡ진 소가 될 수 잇스며 只今(지금)의 智識(지식)이 다음날 無識(무식)이 될 수 잇스되 사ᄅᆞᆷ의 眞實(진실)은 永遠(영원)브터 永遠(영원) 즉 始作(시작)브터 無窮(무궁)히 잇서야 ᄒᆞᆯ 것이다 이 眞實(진실)이 잇서야 人類社會(인류사회)에는 平和(평화)를 누리며 幸福(행복)을 밧을 것이다 오ᄂᆞᆯ날 人生(인생)ᄀᆞᆺ치 羊皮(양피)를 닙고 狼心(낭심)을 품은 人生(인생)은 업슬 것이다 오- 虛僞(허위)로써 裝飾(장식)ᄒᆞ야 眞實(진실)을 장ᄉᆞᄒᆞᆫ 우리 사ᄅᆞᆷ아 이 虛僞(허위)에셔 눈물을 흘니고 眞實(진실)에 옴겨 ᄎᆞᆷ 깃븜을 누리자[68]

그는 사람의 진실은 영원부터 영원까지 무궁히 있어야 할 것인데 이 진실이 있어야만 인류사회는 평화와 행복을 누릴 것이라고 주장한다. 궁극적 진실이란 오직 하나님과 그의 나라, 그리고 복음이다. 진실이 있으면 평화와 행복으로 나아간다. 금전, 권세, 지식과 같은 것은 당장은 화려하고 추구하고 싶은 것이지만 결국 물안개처럼 사라져 버리는 허망한 것이다. 이런 것을 추구하지 말고 궁극적 실재인 진실을 추구하자고 호소한다.

박동완은 기독교의 주된 목표는 사랑과 평화이기 때문에, 호전적인 서양 인종이 말로만 평화의 교를 믿지 말고 온전히 복음에 순복하면 사랑, 정의와 인도의 민족이 될 것이라 말한다.[69] 기독교는 경쟁과 투쟁의 종교가 아니라 하나님의 섭리인 사랑, 평화, 정의와 인도의 종교이다. 이 땅에는 힘의 논리가 지배하고 있는 것으로 보이지만, 이 땅에서도 결국 하나님의 정의와 사랑의 논리가 지배한다. 그는 힘의 논리를 하나님의 섭리와 동일시하는 서양 제국주의자, 일본 제국주의자, 기독교의 이신론자에게 그것은 옳지 못하다고 설득한다.

박동완은 1925년에 대구교회의 분쟁에 대하여 그들의 반성을 촉구하는 글을 남겼다. 그 이전에 《기독신보》 사설[70]에 두 차례에 걸쳐 이에 대하여 연재하였음을 밝혔다. 교회는 예배당, 즉 건물 성전이 아니라 마음 성전이다. 믿는 사람이 모여 교회가 된다.[71] 그렇기 때문에 "그대들은 마음 성전에 하나님을 소유하여라. 이것이 그대들의 싸울 진리요 취할 길이요 얻을 생명이다. 하나님의 성전인 그대들의 마음은 마귀의 진친바 되었으니…"[72]라고 신랄하게 그들을 비판한다. 또한 "성전을 깨끗이 하시던 예수의 채찍으로 먼저 그대들 마음속에 웅거한 마귀를 쫓아내어라 이것이 오직 그대들의 분쟁을 화해함에 유일한 열쇠이다"[73]라고 강하게 질책한다. 논리적이고 성서적으로 분쟁의 양측을 모두 힐난하면서 유일한 해결책은 화해뿐이라고 주장한다. 이러한 주장은 박동완에게 있어 힘과 논리의 싸움이 중요한 것이 아니라 예수정신인 사랑과 화해가 무엇보다 중요한 복음의 원리였다는 것을 보여준다.

4) 철저한 개신교 신앙

박동완은 성서와 예수정신이 투철한 자유인이었다. 기독교를 전하여 준 서양인에 대한 비판도 주저하지 않았다. 이런 그가 철저한 개신교 신앙을 가졌던 것은 당연한 결과였다.

그러나 이에 思想(사상)과 言論(언론)이라 홈은 聖經(성경)을 研究

(연구)ᄒᆞ며 福音(복음)을 傳(전)ᄒᆞᄂᆞᆫ 禮拜堂講壇(예배당 강단)의 思想(사상)과 言論(언론)을 論(논)홈이 아니오 곳 그리스도教界(교계)를 傳習的(전습적) 自縛的(자박적) 階級的(계급적) 保守的(보수적)의 舊思想(구사상)에셔 脫(탈)ᄒᆞ야 獨創的(독창적) 自由的(자유적) 平等的(평등적) 革新的(혁신적)의 新言論(신언론)을 말홈이오 專制的(전제적) 儀式的(의식적)인 羅馬舊教(나마구교)를 破(파)ᄒᆞᆫ 思想(사상)과 平等的(평등적) 實際的(실제적)인 누터 改教(개교)의 卓越(탁월)ᄒᆞᆫ 言論(언론)을 願(원)홈이라[74]

그는 로마 구교를 전습적, 자박적, 계급적, 보수적 낡은 사상으로 보고 전제적, 의식적인 것으로 규정한다. 따라서 그는 로마 구교를 깨트려야 할 대상으로 인식한다. 로마 구교는 성서에 기반하지 않고 전통과 관습에 얽매여 사람을 속박하며 사람을 계급으로 나누고 변화할 줄 모르는 수구적 구사상에 빠져 있는 집단이다. 그는 이렇게 로마 구교에 대해 신랄하게 비판한다. 이에 비해 개신교는 독창적, 자유적, 평등적, 혁신적인 새 언론이며 탁월한 언론이라고 규정한다. 이처럼 그는 구교와 신교를 매우 뚜렷하게 대비시킨다. 구교는 사상으로, 신교는 이보다 진일보한 언론으로 표현한다. 사상에만 머물러 있으면 그것은 옛 것이고 언론으로 표명되어야만 새 것이 된다.

하지만 박동완은 "종교개혁 당시에 삼거두(三巨頭: 루터, 쯔빙글리, 칼빈을 뜻함)의 일치하지 못함과 각파 사이에 논쟁, 배척, 냉평들이 어떻게 치열하였나 보시오. 그같이 신교 각파의 분열분쟁 하는 틈을 타서 구교는 그 예전 세력을 부지런히 회복하지 아니하였느뇨."[75]라며 종교개혁의 지도자를 비판한다. 그는 이런 분열이 성서의 정신과 위배된다고 보았기 때문이다. 진정한 개신교 신앙은 인간인 지도자와 관습을 신봉하는 구교

신앙과 달리 오로지 성서에만 있다고 주장한다. 그는 성서적 신앙에 투철하였던 진정한 개신교인이었다.

박동완은 "형식보다 실제를"이란 《기독신보》 사설에서 개신교인에게 다음과 같이 권유한다.

> 이러한 세대에 제(際)한 우리 그리스도인도 알지 못하는 틈에 이 형식적에 물들어 개인으로는 행세적(行世的)이나 혹 무슨 수단 방법으로써 예수를 신앙하며 교회로는 인습적 또는 보수적으로써 의식만을 존중히 하는 경향도 없지 않도다. 그런고로 그리스도인이나 교회에서 맹성(猛省)할 것은 그리스도는 형식이나 의식보다 실제와 진실을 귀히 여기심이니 루터선생의 종교개혁의 정신이 곧 형식적, 의식적인 로마교로부터 실제적이요 진실적인 신교회를 작(作)하고자 함이라. 그러한 정신으로부터 설립된 그리스도교인 된 자는 마땅히 모든 형식의 구각(舊殼)을 탈(脫)하고 실제(實際)의 신인(新人)을 의(衣)할 지어다.[76]

형식적이고 의식적인 로마 구교에서 탈피하여 실제적이고 진실적인 개신교회를 만드는 것이 루터의 종교개혁정신이다. 이것은 바로 형식이나 의식보다 실제와 진실을 귀히 여기는 예수정신을 실현한다. 따라서 진정한 개신교인은 인습적이고 보수적으로 의식만을 존중하는 구각(舊殼: 낡은 껍질)에서 탈피하여 실제적인 새 사람으로 변화되어야만 한다. 개신교인은 사상을 넘어 언론으로 궁극적으로 실제적인 행동으로 나아간다. 박동완은 인격이 변하여 신인(新人)이 되는 진정한 구원을 말한다. 그가 추구하는 신인은 바로 예수정신으로 무장하여 예수를 닮아가는 사람이다.

2
'思'에 나타난 기독교 민족주의

1) 합리적 사고에 기반한 전인적 품성(品性)

1923년 신년을 맞이하며 게재한 다음의 글에서 박동완은 현실을 정확하게 인식하고 비판하지만 또한 동족의 비참한 처지에 대해서 가슴 아파한다. 이와 같이 그는 지성과 감성을 겸비하였다.

> 吾人(오인)은 1923年(년) 年頭(연두)를 當(당)ᄒᆞ매 여러 가지의 決心(결심)이며 覺悟(각오)가 有(유)ᄒᆞᆷ이 緊要(긴요)ᄒᆞ도다 外(외)로는 우리 民族(민족)의 形態(형태)와 立場(입장)이 形言(형언)ᄒᆞᆯ수 업는 悲慘(비참)ᄒᆞᆫ 處地(처지)오 內(내)로는 雜多(잡다)ᄒᆞᆫ 思想(사상)의 不統一(불통일)이 난마(亂麻)ᄀᆞᆺ도다 情(정)들고 사랑가온ᄃᆡ셔 養育(양육)되엿스며 生長(생장)된 父母親戚(부모친척)과 故國山川(고국산천)을 離別(이별)ᄒᆞ고 人情習俗(인정습속)이 不同(부동)ᄒᆞ며 氣候風土(기후풍토)가 不適(부적)ᄒᆞᆫ 異域他鄕

(이역타향)에서 飢(기)에 號(호)ᄒᆞ고 寒(한)에 泣(읍)ᄒᆞ며 侮辱(모욕)을 當(당)ᄒᆞ고 虐待(학대)에 切齒(절치)ᄒᆞ는 뎌 慘酷(참혹)ᄒᆞᆫ 同族(동족)은 엇지써 救(구)ᄒᆞᆯ 것이며 舊思想(구사상)은 임의 破壞(파괴)되고 新思想(신사상)과 新信仰(신신앙)은 아즉 確立(확립)되지 못ᄒᆞ야 맛치 暗黑(암흑)ᄒᆞᆫ 深夜(심야)를 빗최던 星(성)과 月(월)은 임의 그 光(광)을 일코 아즉 東天(동천)에는 太陽(태양)의 光明(광명)을 보지 못ᄒᆞ는 狀態(상태)ᄀᆞᆺ흔 이 思潮(사조)는 엇지써 統一(통일)ᄒᆞᆯ가 이때를 當(당)ᄒᆞᆫ 우리 民族(민족)의게 要求(요구)되는 것은 物質的 構造(물질적 구조)가 ᄀᆞ장 必要(필요)ᄒᆞ겟스나 그러나 빗나는 光明(광명)의 깁흔 信仰(신앙)과 놉흔 理想(이상)이며 ᄯᅩ는 世界(세계)의 尊敬(존경)을 博(박)ᄒᆞ고 信用(신용)을 得(득)ᄒᆞ는 民族(민족)됨이 몬져라 ᄒᆞ겟도다.[77]

박동완은 새해를 맞이하여 여러 결심과 각오가 필요하다고 보았다. 밖으로는 우리 민족의 형태와 입장이 형언할 수 없이 비참하고 안으로는 잡다한 사상 때문에 어지럽다고 생각하면서 정 들고 사랑했던 부모친척과 고국산천을 뒤로 하고 멀리 만주로까지 이주한 동포들을 염두에 두었다. 그들은 인정과 습속이 같지 않으며 기후와 풍토가 적합하지 않은 이역 타향에서 모욕과 학대에 신음하고 있었기 때문이다.

박동완은 참혹한 동족을 어찌 구할 것이냐고 하면서 현실의 비참한 상황을 인식시킴과 동시에 동족의 구원문제를 제시하였다. 그는 이어서 옛 사상은 파괴되고 새로운 사상과 신앙은 아직 확립되지 못하였다고 보았다. 따라서 달과 별이 빛을 잃고 동쪽 하늘의 태양조차 보지 못하는 이 사조(思潮)를 어찌 통일할까 탄식하고 있다. 그는 이때를 당한 우리 민족에게 요구되는 것은 물질적 구조가 가장 필요하겠으나 반면 높은 신앙과 이상이며 세계의 존경을 받고 신용을 얻는 민족이 되는 것이 먼저라 여겼다. 그는 절망적 상황에서도 조선 민족에게 높은 목표를 제시하며 희망을 노래하고 있다. 그는 눈에 보이는 것을 무시하지는 않았으나 눈에 보이지 않는 것을 핵심이라고 파악하였다.

또한, 박동완은 "교회의 위험"이란 제목의 《신생명》의 권두언에서 경제는 사람에게 필수불가결하고 매우 중요한 문제이지만 이를 통해 범죄를 저지르게 된다는 점, 교회에서 유산자를 숭배하고 무산자를 무시하는 경향이 있다면 큰 문제라는 점을 지적한다. 교회 당국자는 오직 그리스도의 정신으로 빈부에 따라 사람을 차별하지 않도록 해야 한다.[78] 그는 이 문제로 인하여 교회에서도 예수정신을 잊고 빈부에 따라 사람을 평가하고 차별하는데 교회의 지도자들이 이를 예수정신에 따라 방지해야 할 의무가 있다고 밝히고 있다.

이어서 박동완은 사회의 현상을 기독교와 더불어 진단하며 세상의 조류에 대하여 타협하지 않고 하나님에 대한 신앙을 심어주지 않는다면 교회는 큰 위험에 직면할 것이라고 경고하였다.

> 사상, 근일 사상계는 어디를 가도 어디를 물론하고 다 혼돈상태에 있음을 면치 못하도다. 그중에도 더욱 사회주의자들의 무종교를 주창하며 신의 존재를 부인하는 이때에 많은 청년은 이에 기울어져 비록 그리스도교를 신앙하던 자라도 그 주의에 감화되고 마나니 이것이 우리 교회의 크게 위구(危懼: 두려워 함. 또는 그런 느낌)할 바 현상이라 반드시 저희 마음속에 참으로 신이 나타나 보이도록 지도하여 주지 아니하면 교회 장래는 어떠한 난관에 이를는지 예측할 수 없도다. 이는 교역자의 당연히 연구할 중대 문제가 되나니 이 시대를 밝히 성찰하지 못하고 오직 옛 탈을

그대로 쓰고 있어서는 참 큰 일 날 것이다.[79]

당시의 시대 현상에 대하여 정확하게 인식하고 이에 대한 해결책을 강구해야 한다고 그는 주장한다. 3 · 1독립운동 이후 사회주의자들은 반기독교운동을 벌여 기독교에 대한 공격에 집중하였다.[80] 이러한 기독교의 위기 상황에서 세상에 대한 기독교의 변증작업을 게을리 하면 안 된다. 교역자의 세상에 대한 기독교적 답변이 시대에 따라 계속 바뀌며 준비되어야 한다는 것이다. 옛 탈을 벗어 버리고 새 탈을 써야 한다. 하지만 근본적 해결책은 하나님을 보는 것이다. 즉 그는 복음만이 이 상황을 타개할 수 있다고 주장한다. 박동완은 교회와 사회를 비교하며 다음과 같이 교회의 각성과 분발을 간곡히 촉구하였다.

그러나 민지(民知)는 때로 계발되며 사상은 날로 진보하여 현금(現今)에 이르러는 사회에서 교회의 활동하는 몇 배 이상의 활력으로써 운동함을 따라 지적 방면으로든지 물질 방면으로든지 사상 방면으로든지 그 어떤 방면임을 물론하고 철저적으로 진행되어 실로 산상의 탑과 같이 앙시(仰視)되던 교회로써 지금에는 도리어 산에 올라 부감(俯鑑: 높은 곳에서 내려다 봄)하는 것과 같은 느낌이 절실하게 되었으니 이 무슨 까닭이뇨 물론 우리 교회에서 활동하지 아니 함이 아니며 따라서 진전되지 아님이 아니로되 그 당시에 조선 사회의 정도와 교회 형편을 비교하고 현금의 사회 형편과 교회의 정도를 비교하면 서로 정반대의 형세로다. 즉 조선 그리스도교회 초대에는 사회의 일반 정도가 교회의 지도를 받을 만하였으나 지금에는 교회가 사회를 지도함이 용이치 못할 뿐 아니라 절대 불능하다 할 만한 점도 보이도다. 그는 민지(民智)가 점점 발달되어 무조건이나 맹목적으로 순종하지 않고 상당한 이론과 정확한 실증을 요구함에 지(至)하는 현상임을 불구하고 교역자는 맹종, 순응하는 전시대의 수단과 방법으로써 전도하며 교회정치는 고정불변하여 시의(時宜)에 적합하지 못하고 사회의 진전은 장족의 세(勢)임에 반하여 교회의 진전은 와보제행(蝸步蠐行: 달팽이가 걷고 굼벵이가 기어가다)의 염(嫌[慊])이 없지 아니하였음이라 그런즉 일언이폐지(蝸步蠐行: 한 마디 말로 능히 그 뜻을 다함)하고 그리스도교회가 현시대의 낙후하였음은 누구나 다 수긍하는 바이라 하노라.[81]

그는 한국 기독교 선교 초기에 교회가 세상을 선도했는데 약 40년이 지나 세상이 교회를 산에서 내려다보는 것 같은 형국이 되었음에 대하여 안타까워하고 있다. 그러면서 시대를 분석하고 비판하는 것, 즉 합리적 사고를 통해 문제를 파악하는 과정을 거쳐 상황과 문제의 해결을 시도하고자 한다. 여기에는 상당한 이론과 정확한 실증이 필요하다고 주장한다. 맹목적 신앙으로 변화를 추구하지 않는 교역자와 교회에 대하여 변화를 촉구한 그는 하나님에 대한 절대적 신앙을 무엇보다 강조하였지만, 이를 기반하여 합리적, 비판적 사고도 필요함을 강조한다.

박동완은 당시의 최신 학문인 서양의학에 신뢰를 표현하였다. 여기저기 다니면서 치료하지 말고 자신을 치료해 주는, 한 의사를 믿고 신임하라고 설득하였다.

…또한 병이 있는 시(時)는 즉시 의사를 청하여 진단을 수(受)할 것이오 스스로 치료코자하여 묵과하지말지니 병의 시초에 의사의 치료를 수(受)하면 즉 차(差)할 것이라. 대개 병자를 수일이나 수주일이나 혹은

수삭(數朔)씩 의학의 치료가 없이 등한히 치(置)함은 오인으로 하여금 낙담케 하는 사(事)라. 여차히 등한하다가 참다 못하여 사경에 이를 듯하면 비로소 의사를 청하여 의사로 하여금 사인(死人)을 회생케 하는 기적 행하기를 바라니 차(此)는 의사에게도 불미한 일이오 병자에게 불행한 일이라….

…셋째로는 의사의 지도를 순종할지니 비록 병이 감세(減勢)됨이 보이지 아니할 지라도 인내치 못하여 다른 의사를 청하지 말라. 흔히 서양 의사를 청할지라도 신임치 아니함으로 동시에 다른 약을 혼용하나니 이러한 정도에 있어서는 완전한 치료를 할 의사가 없으리로다. 이는 마치 야소교를 신봉하는 자가 동시에 불교나 선조의 유전을 신(信)함과 일반이라 할지니라….[82]

현대의 병의 진단과 치료에 있어서도 동일하게 적용될 수 있는 권유를 하였다. 주술적 치료를 배격하고 이성적, 학문적 발달에 대하여 열려 있는 자세를 엿볼 수 있다. 기독교를 신앙하면서 이성을 무시한다거나 반대로 이성을 신앙보다 우위에 두는 경우가 있는데, 그는 신앙을 우선하면서 이성도 존중하였다.

박동완은 지인 두 명에게 일본에 유학 간 지인이 도움을 주기로 한 친우가 도움을 주지 않고 연락마저 끊어서 생긴 경제적 어려움에 대하여 듣게 된다. 자신의 수감생활이 연상되어 그 지인을 도와야겠다고 생각하여 두 차례에 걸쳐《기독신보》에 글을 연재하고 모금운동을 권유한다. 남의 어려움을 내 어려움으로 공감(共感)하고 있는 그의 인간미를 엿볼 수 있다.

…남의 말이라 용이하게 하지만은 인간의 지옥인 감옥살이도 심동혹한(深冬酷寒)에 홑옷입고 지내는 자가 없겠거늘 아- 전형(全兄)이여 감옥살이를 맛보았지오. 금전 없는 것이 죄이라 죄의 대상(代償)으로 그러한 곤경에 있다 하면 말치 아니하겠나이다. 그러나 인간의 자애가 있고 동정이 있다하면 어찌 무전(無錢)이 죄라하여 고국의 정든 산천을 떠나서 부모와 친척을 등지고 산천이 눈 설며 인정이 부동(不同)하고 풍속이 다른 외지에서 객창고등(客窓孤燈)에 찬 바람이 도골(到骨)하되 엄신(掩身)할 책(策)이 막연하고 초연(悄然)히 올좌(兀坐: 꼼짝도 하지 않고 마음을 한곳에 집중하여 똑바로 앉아 있음)하여 언 손을 비벼가며 책을 대한들 심정이 어찌 안정하며 글 뜻이 어찌 기억되리오….[83]

박동완은 동족의 수재와 일본 민족의 화재에 대하여 하나님의 사랑으로서 동정을 표할 것을 권유한다. 지배 민족인 일본에게 물질적 원조를 촉구하고 그 민족을 하나님이 사랑해 주시기를 축원한다. 원수라도 사랑하라는 그리스도의 말씀을 실천하고 있다.

…원컨대 형제자매는 조선 민족의 수재와 일본 민족의 화재에 나(羅)한 인생을 구(救)하매 기쁜 마음으로 시조(施助)하되 좌수(左手)가 행함을 우수(右手)가 부지(不知)케 하면 더욱 빈(貧)하고 약(弱)한 우리 민족이 이 같은 자선사업에 힘쓰매 예수께서 과부의 일분희연(一分喜捐)을 칭예(稱譽)하심과 같이 하나님께서 우리 사업에 축복하시리니 우리는 진재(震災)를 당한 조선인과 일본인을 구함에도 노력하여 동정의 의무를 다하지 아니치 못할지니 청컨대 충심으로써 동정하기를 원하며 그 민족으로 하여금 이때에 크게 각성하여 하나님의 사랑에 크게 포옹되어 영광

의 주를 찬송하기를 바라노라.[84]

또한 박동완은 자연만물에 대하여 깊이 묵상하고 그 묵상을 통하여 하나님의 창조와 역사하심을 보는 영적인 통찰력을 지녔다. 다음의 글에서 자연과 일상의 삶을 통해 하나님을 생각하고 느끼는 그의 감성을 엿볼 수 있다.

> 녀름 하ᄂᆞᆯ 저녁 볏헤 잠시 낫다 업셔지ᄂᆞᆫ 하로살이를 보고 엄동에 ᄇᆡᆨ셜이 흔ᄂᆞᆯ녀 산쳔을 덥흐면 은셰계를 일운다ᄒᆞᆫ들 엇지 밋으리오 이와 ᄀᆞᆺ치 셰샹 사ᄅᆞᆷᄃᆞ려 예수를 밋고 그의 피로써 죄를 씨셔 눈ᄀᆞᆺ치 ᄒᆞ면 ᄅᆡᆼ쇼ᄒᆞ고 비방ᄒᆞ니 엇지 이 하로살이의게 겨을 눈을 니야기ᄒᆞᆷ과 다름이 잇스리오 썩은 집융 속에셔 둥싯둥싯 ᄒᆞ며 숨질거리ᄂᆞᆫ 굼벙이를 보면 어나 사ᄅᆞᆷ이 어엿비 녁이리오마는 ᄒᆞᆫ번 그 몸을 변화ᄒᆞ야 ᄆᆡ암이가 된 후에는 맑고 시원ᄒᆞᆫ 공긔 중에 ᄂᆞᆯ어ᄃᆞ니며 이나무와 뎌나무로 옴겨안져 맑은 이슬을 ᄆᆞ시고 방초록음 수풀속에셔 료량(嘹亮)ᄒᆞᆫ 목소릐를 내여 ᄆᆡ암~ᄆᆡ암 울 ᄶᆡ에 듯ᄂᆞᆫ쟈워 귀를 깃브게 ᄒᆞᄂᆞ니 세샹사ᄅᆞᆷ이 비록 죄구렁에 ᄲᅡ져잇셔 취ᄒᆞᆯ것이 업스나 쥬의 복음을 듯고 셩신으로 거듭나셔 신령ᄒᆞᆫ 령계의 신셩ᄒᆞᆫ 새ᄉᆡᆼ활을 엇으면 엇지 이 ᄆᆡ암이와 ᄀᆞᆺ치 하ᄂᆞ님의 ᄉᆞ랑ᄒᆞ심을 밧지 아니ᄒᆞ리오[85]

박동완은 지성과 감성을 겸비한 사람이었다. 하지만 이에 그치지 않고 실행에 옮겨야 함을 알고 있는 의지의 사람이었다.

> 이 세상의 천만 사업에 대하여 성공과 실패하는 원인을 누가 물을

것 같으면 한 말로 그 질문자의 마음이 시원하도록 대답하여 주고자 할진대 결심과 실행이라 이외에는 다시 없을 줄로 생각하노라.

…학생 시대에는 공부를 열심히 하기를 작정한 날부터 잡념이 일어나서 헛된 생각 빈 꿈속에서 금보다 더 귀한 세월을 다 보내는 고로 자기의 평생을 자기가 그릇트리는 것이고 구도자들이 믿기로 작정한 날부터 그 전날에는 나를 위로하고 도와주던 친구들과 친족들이 이 날부터는 나를 미워하며 비방하는 자 중에는 영수가 되는 것이니 이것이 곧 인생계에 활동하는 미혹의 왕이고 죄의 세력이라.

우리 신도들이여 결심을 하였으면 실행을 할 것이오 실행하여 보았으면 또 결심을 하여 결심 · 실행 · 실행 · 결심 두 발이 걸어 나가는 것 같이 보법을 완전히 할 것인데 한 발을 슬쩍 내어 드디어 보고 도로 움츠려 들어가는 이도 있고 두 발을 내어 드디어 보고 이제는 스스로 섰다하는 이도 없지 아니하도다. 「맹자의 말에는 구한 즉 얻을 것이고 놓은 즉 잃을 것이라 하고」[86]

박동완은 믿음과 생각이 그대로 머릿속에 머물면 안 되고 행함으로 드러나야만 함을 역설한다. 무조건적 행함이 아니라 믿고(信) 생각하고(思) 말하고(言) 행동해야(行) 함을 주장한다. 사업의 성공 여부는 굳건한 결심과 함께 이것을 지속적으로 실행하는 것에 달려 있다. 결심과 실행을 두 발에 비유하였고 양자가 균형을 잡을 때 절름발이가 되지 않고 제대로 걸을 수 있다. 생각과 행동의 일치, 즉 지행일치가 인생 성공의 열쇠이다.

당시 사회주의자를 중심으로 한 세상의 공격과 비판에 대하여, 그는 교회, 특히 교역자가 시대와 세상의 흐름을 연구, 해석, 방어, 비판하고 나아가 이를 선도해야 한다고 주장한다. 그의 합리적 사고는 지성적인 것만이 아니라 감성과 의지까지 포함하는 지정의, 즉 전인적 사유라 할 수 있다. 인간에 대한 깊은 사랑과 자연을 통한 하나님에 대한 깊은 감상과 묵상이 그에게는 있었다. 그는 믿고 전인적으로 사유하고 궁극적으로 행동에 이른 진정한 신앙인이었고 지성인이었고 행동인이었다.

2) 사회주의와 자본주의에 대한 기독교적 비판 및 변증

박동완은 사회주의자의 기독교에 대한 비판과 공격이 집중되던 시대에 기독교인과 시대와의 관계에 대하여 다음과 같은 글을 통해 자신의 생각을 밝혔다.

> …우리는 시대의 유아(幼兒)는 될지언정 그것의 노예는 아니다. 우리가 그 공기 중에서 자라고 그 언어를 배우고 그 사상에서 길렀은즉 그 시대에 충실할지언정 노예적으로 시대의 선악을 변별하지 못하고 그 사상, 그 주의, 그 대세에 맹종만 하는 것은 그리스도 신도의 취할 바 태도가 아니로다. 대개 우리는 시대의 유아인 고로 물론 시대가 공경하지는 아니하나 그러나 그 진리를 존중히 함은 우리의 피치 못할 의무인 즉 진리를 선(先)히 하고 대세를 후(後)에 할 것이라 하노라. 그리스도교의 교사된 이들은 진리의 중추가 되어 정신적으로 사회를 지도할 것이다.[87]

박동완은 사람이 세상과 시대에 태어나 양육되었기에 그 시대에 충실해야 하지만 그 이전에 진리를 먼저 추구하고 시대의 대세는 나중에 고려하는 것이 기독교인이 시대에 대해 마땅히 취해야 할 태도라고 명확하게 주장한다. 또한 "그 당시에 유행한 세상의 풍조 다시 말하면 대세에 복종함이 없이"[88]라고 하여 당시의 시대의 조류였던 사회주의, 자본주의, 일본제국주의, 서구 열강 등에 대하여 아무 생각 없이 복종하지 말 것을 설파한다. 그리고 "오직 신의 섭리의 원칙을 알며 그것을 용감히 발표하기 위하여 그 밝은 눈으로써 본대로 밝히 말하여 진보적이니 자유주의 등 감언(甘言)에 빠져 정로(正路)를 그르침이 없"[89]게 해야 한다고 권유한다. 그는 신의 섭리만이 원칙이므로 하나님의 시각으로 명확히 보고 밝히 말하여서 진보니 자유니 하는 감언이설에 빠져 바른 길을 그르치지 말라고 한다. 세상과 시대를 바라볼 때 하나님의 형상인 이성을 잘 사용하는 것도 기독교인의 중요한 덕목으로 본다. 그러나 그는 판단 근거의 우선 순위를 하나님의 섭리, 하나님의 말씀, 하나님에 대한 믿음에 둔다.

박동완은 기독교의 복음에 근거하여 자본주의에 대해서도 통렬한 비판을 가한다. 기독교인 중에 남을 착취하는 자본가에 대하여 특히 매서운 공격을 한다.

> 사람을 구원하기 위하여는 당하는 경우도 구원하여야 할지니 즉 자연적 경우와 사회적 경우에 다 같은 구원이 있을 것이나 사람의 성장을 위하여는 사회적 경우를 경개함이 더욱 필요하다 하노라. 그런고로 이 사회적 경개를 위하여 우리가 싸워야 할 것은 어떤 개인의 죄를 고치게 함도 필요치 아니함은 아니로되 그보다 더욱 큰 죄는 자본주의의 죄라 하노니 이는 한 사람은 땀을 흘려 노동하되 기아에 부르짖게 되고 한 사람은 수(繡)방석에 앉아서 게으르되 부자가 되어 불의하고 불공평한 현상을 연출케 하는 죄를 고치게 할 것이라 예수 당시에 자본주의라는 것

이 없었나니 그런고로 예수께서 이에 대하여 질책하심이 없으나 그러나 만일 금일 시대에 오시면 막쓰 이상으로 자본주의의 해악됨을 책하였으리라 하노니 이는 부자가 「천국에 들어가기가 낙타가 계공으로 들어가기보다 어렵다」하셨으니 오늘날 부자들을 보시면 자본주의자는 천국에 들어가지 못하리라 하셨으리로다. 이것을 생각하면 오늘날 우리 교회에서 취하는 방면에 대하여 고려할 필요가 있으니 예수의 제자로 자칭하는 자 가운데 착취의 수단을 농(弄)하는 자본주의의 계급이 있음이라[90]

박동완은 하나님의 섭리를 우선시하는 사람이다. 따라서 시대의 대세였던 자본주의에 대해서도 하나님의 뜻에 맞지 않는다면 타협하지 않았다. 그는 세상의 현상을 예수 그리스도의 시각으로 바라본다. 특히 가진 자에 대하여 성서의 엄격한 잣대를 들이대고 통렬한 비판을 가한다. 개인의 죄보다 자본가의 부의 독식을 더 큰 죄라고 정의한다. 또한 부자에 의한, 남의 것에 대한 독식현상에 대하여 불공평한 일이라고 공격한다. 많이 가지면 하나님의 축복이 되고 적게 가지면 하나님의 저주라는 이분법적 사고에 대하여 전혀 동의하지 않는다. 그는 완전한 평등은 아니더라도 부가 적절히 분배되는 공정하고 공평한 사회를 꿈꾸었다.

박동완은 같은 글에서 교회가 사회개조를 주창할 때 박해를 받는 이유와 착취의 죄가 성행하는 이유에 대하여 분석적으로 설명한다.

이에 우리가 그리스도의 사랑으로써 기초를 삼아 사회개조를 부르짖으매 이중의 박해를 받게 되는 이유는 제1은 우리의 영적주의의 종교를 반대하는 현재 사회조직을 가장 선미하게 생각하고 종교와 경제 행위와를 분리하여서 개조를 기획하지 아니하는 현실주의의 교회 신자라 하노라. 이러한 경우와 처지에 있어 교회에서는 경건을 구실삼아 엄숙한 사회적 죄의 지적을 게을리하여 근본적 개조를 부르짖되 예수의 참 경개의 정신을 발휘하지 못하는 고로 저들은 더욱 현상에서 회개할 꿈도 꾸지 아니하며 산업개조에 용기를 내지 아니하고 오직 온정적으로 착취는 그렇게 악(惡)한 것이 아니요 자본주의의 당연히 취득할 것으로 생각함으로 죄악이 되지 아니한다하여 조금도 회개하기를 바라지도 아니하도다.[91]

박동완은 교회가 사회개조를 추진할 때 두 가지 이유로 박해를 받게 된다고 본다. 첫째, 영적인 종교를 반대하며 현재 사회조직을 가장 아름답게 생각하는 것이다. 둘째, 종교와 경제를 완전히 분리하여 사회의 개조를 전혀 추구하지 않는, 현실을 그대로 인정하는 교회 신자에 의해서라고 본다. 두 가지 태도 모두 사회의 죄악에 대하여 눈을 감는다. 말로만 개조를 부르짖고 진정으로 변화하려고 하지 않는다. 그리고 착취는 어쩔 수 없는 것이고 나아가 당연하다고 여겨 죄악이 아니기에, 전혀 회개하지 않으려 한다고 지적한다. 그는 죄에 대하여 마비되고 합리화하는 태도를 비판한다.

박동완은 연이어 이런 잘못된 상황에 대하여 기독교적인 해결책을 제시한다.

오늘날까지 교회에서 죄의 회개를 소리치되 인류사회의 근본적 착오에 대하여는 회개를 권하는 것이 적고 다만 개인 개인의 작은 죄를 회개하라고 떠드는 것뿐이라 물론 개인이 회개하고 구원을 얻음이 선하지 아니함이 아니로되 그것으로는 인류 전체의 구원이 될 수는 없도다. 그런즉 온 인류가 다 그리스도의 사랑으로 말미암아 서로 부조(扶助)함에 이르게 하려면 자본주의의 근본적 오류 되는 착취(搾取)의 죄를 회개케 하여 안으로부터 성장하고 모든 것을 새롭게 하는 역(力)을 가진 신의 사회를 이루게 함이 그리스도 종교의 본질(本質)이라 하노라.[92]

박동완은 개인 구원이 가장 중요한 것이지만 여기서 끝나는 것이 아니라 인류 전체의 구원까지 나아가야 함을 설파한다. 자본주의에 대한 신랄한 비판을 제기하고 착취의 죄를 회개케 하여 근본적으로, 내적으로 성장하고 만물을 새롭게 하는 힘을 가진 하나님 나라를 건설해야 함을 역설한다. 결국 그는 자본주의를 근본적으로 부정한 것은 아니나 과도한 부의 편중을 경계한 것이다.

박동완은 1920년대 서구에서 유입되어 일부에서 기독교의 대체물인 것처럼 인식되었던 유물론적 사회주의에 대하여 기독교와의 근본적 차이와 한계를 지적하고 기독교만이 진정한 구원과 변화를 줄 수 있다고 역설한다.

실행이라든지 인심강화에는 그래도 무용이라는 그리스도교에 미칠 자가 없나니 사회주의가 훌륭하여도 자기 이욕을 잊어버리고 사회전체의 이익을 도(圖)하겠느뇨 어떻게 선인을 만들며 악인을 회개시켜 사람으로 하여금 선을 사랑하고 악을 미워하며 소아를 버리고 우주 인류의 대아를 이루게 하겠느뇨 아무 사람이라도 선을 알되 선하여지기는 금전을 모으는 것보다 어렵도다 우리가 육욕의 만족으로서 주린 영혼을 배부르게 할 수 있으리오.[93]

박동완은 아무리 사회주의가 각광을 받고 인기가 있지만 근본적 한계를 지니고 있음을 정확하게 지적한다. 타락한 인간에 의해서는 좋은 사회를 이루기가 불가능하다. 육체적 만족만으로 영혼을 지닌 인간이 결코 행복할 수 없다. 따라서 근본적 변화를 줄 수 있는 기독교만이 사회 전체의 이익을 꾀하며 선을 사랑하고 악을 미워할 수 있으며 소아를 버리고 대아로 나아갈 수 있다. 결국 박동완에게 있어 유일한 희망은 사회주의가 아니라 바로 기독교이다.

따라서 어떤 종교나 철학도 그리스도의 감화력에는 미치지 못한다. 당시 조선 사회에서 여러 가지 무력(無力)에 호소하고 있는데 이는 곧 기독교의 힘의 실현을 재촉하는 상징으로 볼 수 있다.[94] 실제적인 힘이 없는, 사회주의 등 여러 가지를 추구하지만 결국 이러한 현상은 진정한 감화력을 가진 기독교의 내적인 힘이 필요하다는 것을 지시하는 현상이다.

박동완은 기독교만이 유일하게 인간을 변화시킬 수 있는 감화력을 가지고 있다고 본다. 기독교만이 바로 진정한 생명을 유일하게 줄 수 있기 때문이다.

> …현금 사회운동자들이 과거의 전란에 감(鑑)하여 금일까지 교훈한 기독교는 아무 효용이 없었으니 그저 인류사회의 문제는 빵 이외에는 타도리(他道理)로써 만족을 줄 수가 없다 하는도다. 그러나 이는 그리스도의 교훈대로 좇아 행하지 아니한 그 사람들의 죄요 결코 그리스도의 죄는 아니라 고로 신은 인류 사회운동에 가치적 근원이 되시나니 그 가치의 유무는 곧 생명을 가지고 판정하나니 이 생명의 목적에 적합한 감이 있어 노동을 한다든지 그 무엇을 한다든지 그것에 요구되는 생명이 있어야 할 것이라 하노라.[95]

사회주의자들의 공격에 대하여 박동완은 기독교적 변증을 한다. 서구 기독교 국가가 벌인 세계대전을 되돌아 보건대 기독교는 아무 소용이 없다는 공격에 대하여 그것은 기독교 신자의 문제이지 그리스도의 교훈의 문제가 아니다. 예수 그리스도만이 인간에게 생명을 줄 수 있기에 여전히 인류의 희망은 예수 그리스도이다.

박동완에게 기독교와 사회주의와의 근본적 차이점이 무엇인가? 그 둘은 본질적인 차이가 있다.

> 예수의 사회운동의 목적은 사회운동의 목적과 전혀 다르니 예수는 하나님 나라를 이 사회에 창설함이 그의 목적이요 주의자들은 유물주의를 이 사회에 전파함이 그들의 목적이다. 예수운동의 중심은 천국이오 저들 운동의 중심은 뿌렛(Bread, 빵)을 달라는 것이다… 이러한 예수가 말씀한 하나님은 모든 가치의 근원이 되시는 하나님이시다. 그러면 그 가치라는 것은 무엇으로써 결정한 것인가. 곧 생명으로써 결정한 것이니 이 생명을 부요케 하며 또 그 내용을 충실케 함이 가치가 있는 것이다. 노동을 하는 것이나 부자가 되려는 것이나 다 이 생명이 있은 뒤의 것이다. 요한이 '하나님은 영원한 생명이라'고 가르쳤다. 그런고로 하나님은 이 영원한 생명으로써 사회를 개조하시는 신이시다. 먹어도 죽는 뿌렛을 얻으려는 사회운동자들이 생각하고 반대하는 하나님 즉 사회와 관계가 없는 하나님이 아니시다.[96]

기독교와 사회주의 운동은 목적이 완전히 다르다. 기독교는 하나님 나라를 이 땅 위에 건설하는 것이고, 사회주의자들은 유물론을 이 땅에 전파하는 것이다. 하나는 천국이 중심이고, 다른 하나는 빵이 중심이다.

그러나 기독교가 가치의 근원인 생명을 주는 반면, 사회주의는 생명을 주지 못한다.

박동완은 사회주의 혁명의 실상과 폐해에 대해 표현하기를,

> …현금 사회운동자의 주의는 자본가와 노동자의 계급쟁투로 부자 즉 유산자를 없이하면 세상은 공평히 되어 태평하리라 하나 실제 유산자가 없이 다 빈민 즉 무산계급뿐이면 사회개조가 완전하매 이르지 못할지니 노국이 이에서 실패하였음을 알지라. 저희는 유산자를 살(殺)하고 농민이 종자를 없이하는 까닭에 큰 기근이 전국을 내습하였으며 또 적백군의 반목이 화합함에 이르지 못하여 국가는 대 혼란에 함(陷)하고 아표(餓莩, 주릴아, 굶어 죽을 표: 아사(餓死)와 같은 의미)가 노상에 횡재(橫在)하며 노유(老幼)가 사방에 산리(散離)하는 참상을 이루었으니 비록 구사회제도를 파괴하고 신사회를 창설하매 제(際)하여 제반시설 불비(不備)의 결과 면치 못할 현상이라 하겠으나 실로 생명이 있는 즉 천국의 규정에 의한 개조운동일진대 좋은 효과를 수(收)할 것이라 하노라.[97]

그가 보기에, 러시아 혁명이 현상적으로는 성공하였을지 모르나 결국 사회주의 사회에 이르지 못하였고 내란, 기근과 아사(餓死) 등의 국가적 대 혼란에 이르렀다. 유산자를 죽이면 사회개조가 이루어진다는 것은 허구이고, 생명을 주는 천국건설 운동만이 진정한 유토피아를 이룰 수 있다.

어떻게 하면 사회쟁투를 극복하고 새 사회를 이룰 수 있는가? 박동완의 해법은 다음과 같다.

그런즉 자본계급과 노동계급에서 일어나는 사회쟁투는 서로 호조(互助)하는 정신과 사회봉사의 근로적(勤勞的) 정신이 일어나서 자본주의자는 사리와 사욕을 채우는 불완전한 사회조직을 변경하며 노동계급은 쟁투로써 파괴만을 주장하지 말고 진실로 이타주의의 상애정신(相愛精神)이 내측으로부터 진인간성(眞人間性)을 발휘할진대 사회에는 계급쟁투가 없는 이상적 새 사회를 이룸에 이를 것이다.[98]

자본가와 노동자가 서로 양보하여 사회쟁투를 하지 말고 서로 돕는 정신과 사회봉사를 해야 한다. 자본가는 노동자를 착취하지 말고 사리와 사욕에서 벗어나서 완전한 사회조직으로 나아가야 한다. 노동자는 투쟁을 통한 파괴를 지양해야 한다. 박동완은 서로 존중하고 진정한 인간애를 발휘하여 이상적 새 사회로 나아가자고 촉구한다. 그는 무력에 의한 사회발전을 믿지 않는다. 그는 참된 생명에 근거한 공정한 사회를 이 땅에 이룰 것을 꿈꾼다. 근원적 생명의 힘에 의한 공평하고 공정한 사회가 이 세상에 이루어질 수 있다고 확신한다.[99]

박동완은 가진 자, 강자의 착취와 독식을 강렬하게 비판하지만 약자의 단합은 긍정적으로 본다. "빵 문제의 해결수단(解決手段)으로는 노동조합, 구매조합, 신용조합 등의 조직이 있으나 아직 조선에 있어서는 극히 미미(微微)하도다. 그러나 그 기능을 발휘하여 소기의 목적을 수행함에 노력을 경주하여야 될 것"[100]이다. 그는 유물론적 사회주의와 계급투쟁에 반대했으나 노동조합, 신용조합 등 조직의 유용성을 인정한다. 약자의 자구수단이 필요하다고 보았기 때문이다. 그는 수직적, 계급적 인간관계를 지양하고 평등한 인간관계를 지향한다. 이것은 그가 기독교적 사회주의의 성향을 가졌음을 드러낸다.

박동완은 사회주의자에 의한 반기독교운동이 극성이던 1920년대 기독교를 변호하고 나아가 공격적으로 사회주의의 한계를 지적하였다. 모든 것의 근본적이고 실질적인 해결책은 오로지 기독교, 즉 예수정신이라고 지속적이고 변함없이 주장한다. 그는 주의라는 이데올로기에 매몰되지 않았고 오로지 성서의 정신을 이 땅에 실현하려고 하였다. 이런 차원에서 사회주의적 요소도 수용하였다. 식민지의 암울한 조선 민족에게 예수 안에서만 실질적 희망이 있다고 호소하였다. 그는 예수의 생명에 의한 조선의 독립과 변혁을 실제적으로 꿈꾸었다.

3) 교육과 남녀평등

박동완은 하나님이 창조한 인간의 지정의, 즉 전인적 계발을 중시한다. 따라서 교육을 강조한다. 당시 인간의 능력을 향상시킬 수 있는 근대식 교육을 통하여 조선 민족이 잠에서 깨어나 인간답게 살기를 기대하였다. 특히 아동과 청년의 교육에 중점을 두었다.

> 현금 우리 죠션에는 모든 결핍ᄒᆞᆫ 것이 심히 만혼즁 그 즁에 ᄌᆞ원이 부족ᄒᆞᆷ으로 실업을 쟝려ᄒᆞᆷ은 一반이 아ᄂᆞᆫ 바라 그러나 ᄋᆞ동이나 청년을 보호ᄒᆞᆷ은 이보다 더 즁요ᄒᆞ다 ᄒᆞᆯ지니 대개 一국의 건젼ᄒᆞᆫ 청년은 ᄎᆞᆷ으로 그 나라의 ᄀᆞ쟝 귀ᄒᆞᆫ 보물이 됨이라 고로 죄악의 구렁에 빠지려ᄒᆞᄂᆞᆫ ᄋᆞ동을 슌결ᄒᆞᆫ ᄃᆡ경으로 옴겨 주어 고결ᄒᆞ고 쾌활ᄒᆞᆫ 인격을 화ᄒᆞ야 최고최선케 ᄒᆞᆷ이니 곳 그리스도ᄂᆞᆫ 오인들이 엇더ᄒᆞᆫ 인물이 되며 엇더ᄒᆞᆫ 샤회를 일움에 ᄃᆡᄒᆞ야 ᄇᆞ라시ᄂᆞᆫ바를 ᄀᆞᄅᆞ쳐줌이 우리 쥬일학교의 ᄉᆞ명이로다….[101]

박동완은 당시 조선 사회에서 가장 부족한 것은 자원의 결핍이 아니라 아동과 청년의 교육이라고 본다. 아동과 청년이 고결하고 쾌활한 인격으로 성장하는 것이 무엇보다 중요한 일이라고 주장하며 가장 시급한 일이 교육이라는 것을 역사를 통하여 밝히고 있다.[102]

그는 교육이 인간에게 필수불가결한 요소임을 역설한다. 교육을 받지 않은 사람은 금수에 가깝다고 하면서 교육의 절대적 필요성을 강조한다. 나아가 조선 민족은 중국 역사를 통한 한학 교육에 치중하여 오늘의 수치를 당하게 되었기에 양반과 상인의 구별이 없이 평등한 교육이 기독교를 통해 도입된 것을 환영하고 있다. 나아가 신분철폐가 필요함을 말하면서 아직도 가난한 사람의 자제들이 교육을 받지 못하고 있는 것을 안타깝게 여긴다. 또한 그는 자신이 가장 하고 싶은 두 가지 중의 하나로 국내와 해외에 있는 조선 민족의 자손들을 거두어 가르치는 일이라고 밝힌다.[103] 이러한 소망은 훗날 하와이에서 교포의 자손들을 한글학교를 통하여 전력을 다해 교육시키는 것으로 실현된다. 이는 조선과 조선 민족의 해방을 준비하는 일이기도 했다.

박동완은《기독신보》사설에서 남북만주 시찰단에 다녀온 친구의 이야기를 소개하였다. 무연탄을 파내는 유명한 석탄광산인 무순탄광은 수십만 주의 나무를 심었고 150년 후 폐광될 때를 대비하여 그때에 가서 사용할 것을 목적하고 예비로 심은 것이라는 내용이다.[104] 그리고 이 이야기에서 느낀 교훈을 다음과 같이 말했다.

…그러나 무슨 일을 경영할 때에 당장에 자기 눈앞에 보이는 결과만 취하기를 목적하기가 첩경인 듯하지만은 다시 한 번 돌이켜 궁구하고만 보면 나는 심은 자가 되고 나의 뒤에 오는 사람들은 거두는 자가 되어

라 이같이만 할 것이면 그 사업이 되지 아니 할 이치도 없고 약간 곤란을 당할 지라도 낙심할 필요도 없을 것이지만은 항상 아침에 심어서 저녁에 거두겠다는 급조한 사상이 있는 고로 한 걸음 더 진보하여 몇 십 년 후에 일을 경영할 심사가 열리지 못하기가 제일 쉽지 아니 하뇨? 거지반 이 같은 급조심에 포로자가 되어서 세상에 비소와 자기의 국견에 벗어나지 못하더라.[105]

박동완은 교육이란 장기간에 걸쳐 세대를 바꾸어 인내심을 가지고 추구해야 한다고 확신한다. 나무를 심는데도 150년을 내다보고 하는데 사람을 키우는 교육에 있어 아침에 심어 저녁에 거두려는 조급한 마음을 버리고 적어도 수십 년, 나아가 수백 년을 내다보고 장기적으로 투자해야 하는 일이라고 주장한다. 내가 심어 후대의 사람이 거두는 것을 마땅히 여기라고 설득한다. 그는 "유년주일학교에 대하여 전심전력하기를 외국에 선교사 파송하는 것보다 더 이상 되는 노력으로 할 것이면 머지 아니하여서 다대한 결과를 볼 것으로 입증"[106]한다면서 아동교육의 중요성을 다시 한 번 강조하고 민족의 미래를 예비한다.

박동완은 창조 당시와 구약 초기에는 남녀가 동격이었다고 성경을 통하여 논증하기를,

구약 중 여성을 고찰하건데 창세기중 아담과 에와(하와)는 동격으로 조성되어 갑을의 차가 없이 대립하였으며 아브라함의 처 사라의 시대에는 남녀 계약의 자유든지 가독(家督: 집안의 대를 이을 사람 또는 맏아들의 신분)의 상속이든지 모든 것이 부인 편에 유리하게 정하였으나 생존경쟁이 점차 격심하여 여성의 지위가 낮아져서 민수기 말장시대에는 토지 상

속건에 가부의 문제가 되었고 그 후 시대에는 사사기에 기록된 전란 상태에 있어서는 여성이라 하는 것이 전혀 남자의 부속 시(時)하게 되어 그 지위가 에와나 사라보다 놀랄만한 저위에 있게 되었도다. 금일에 생각하면 여성이 본래 남자보다 저위에 있음 같으나 문명과 문화가 정조로 행하는 시대에는 여성이 완전히 존경되었으나 난의 변태가 있을 때에는 지위의 학대를 면치 못하였도다. 그러나 예수께서는 낮고 천시되는 부인의 지위를 높이셨느니라.[107]

그는 당시 상당히 진보적 사상이었던 남녀평등을 주창한다. 그가 꿈꾸던 사회는 평등한 사회다. 평민이 아니었고 양반관료였으며 여자가 아니고 남자였던 그가 이런 사회를 꿈꾼 것은 파격적인 일이다. 이 땅에 구현된 천국(신천신지)의 모습이라 할 수 있다.

박동완은 잡지 《청년》에 기고한 글에서 자유결혼에 대하여 주장하기를,

만一 青年男女(청년남녀)는 다만 時代思潮(시대사조)에 흘너 오직 戀愛(연애) 한 가지로써만 主要(주요)히 하야 그 愛情(애정)이 永久(영구)히 繼繽(계빈)지 못하고 冷却(냉각)하난 때는 戀愛(연애)의 結合(결합)이 仇讎(구수)로 變(변)하기 쉬우며 쏘난 父母(부모)가 全權(전권)하야 當事者(당사자)의 不合意(불합의)한 것을 强制(강제)로 結婚(결혼)하야 不和(불화)한 家庭(가정)이 되게 함도 往往(왕왕)히 보난 事實(사실)이라 故(고)로 父母(부모)가 全權(전권)함도 不可(불가)하고 當婚者(당혼자)가 自主(자주)함도 不可(불가)한즉 父母(부모)와 當婚者(당혼자) 사이에 意思(의사)가 一致(일치)함에 힘쓸 것이며 쏘난 男女(남녀)의 人格(인격)에 置重(치중) 할 것

이오 門閥(문벌)이나 財産(재산)이나 名譽(명예) 等(등) 虛榮(허영)에 醉(취)치 아니하도록 注意(주의)하야 果然(과연) 婚姻(혼인)은 百福(백복)을 비롯하며 萬事(만사)를 비롯하며 人生(인생)의 趣味(취미)를 다하야 至上(지상)의 幸福(행복)을 누리는 神聖(신성)한 結合(결합)인 참 뜻을 일치 아니하면 우리 民族(민족)의 將來(장래)를 누릴 터가 되며 씨가 되리라고 生覺(생각)하노라.[108]

박동완은 당시 매우 진보적인 자유결혼을 주장한다. 결혼 당사자인 남녀가 합의하고 또한 부모와도 의사의 일치를 보는 것이 합리적이라고 설득한다. 화목한 가정이야 말로 민족의 희망이 된다고 밝힌다.

박동완은 가정과 사회에 있어 여자의 역할이 절대적이라는 여성존중사상을 밝히기를,

넷째로 말하고자 하는 것은 가정교육의 근본적을 해석하고자 하노라 교육상의 근본적 교육은 곧 가정교육이요 가정교육의 근본적 되는 것은 곧 여자 교육이라 하겠노라…

…자고로 뉘 집의 풍파와 어떤 사회의 부패된 원인을 궁구하면 거진 다 여자의 불교육한 품행에서 나온 것이오 그 외에는 남자의 불교육한 행위에서 시작된 것이라 하되 그 남자나 여자나 그 실상을 다시 더 깊이 연구하여 보면 모든 것이 다 여자에게로 말미암았다 하여도 누가 썩 나서서 아니라 할 자가 없을 줄 알고 당돌하게 말하노라 그런고로 모든 사회의 남자들이 다 부패하여졌을지라도 완전한 여자 한 분만 있으면 그 엎드러진 사회를 다시 일으키고 썩은 사회를 다시 살릴 수 있는 줄로 장담코 말하노라… 현금에 급히 바라는 바는 활발한 남자 백 명 일어나는

> 것보다 덕행이 아름다운 여자 한 분 일어나는 것을 지극히 환영하노라. 왜 그러한고 하니 가령 이천만 인구의 남자가 삼분지 이가 되고 여자는 삼분지 일이 되는데 남자는 부랑한 탕자들이고 여자는 청결한 숙녀들이면 삼분의 일되는 여자의 세력으로 인하여 많은 수를 점령한 남자 사회가 급속히 회개 될 줄 믿는 것이니 그런고로 남자의 교육이 발전되는 것보다 여자의 교육이 시급할 뿐 아니라 나라에나 사회에나 가장 필요한 관계가 몇 배력(倍力)이 되는 줄 인증하노라.[109]

그는 가정과 사회에서 여성의 영향력이 남자에 비해 훨씬 중요함을 강조한다. 완전한 여자 한 분만 있으면 잘못된 사회를 회복할 수 있다고 주장한다. 가정교육에 있어 여자가 매우 중요하다. 이러하기에 남자교육보다 여자교육이 더 시급하다. 그는 여자에 대한 존중심을 확실히 표현하며 남녀평등을 명백히 인증(引證)한다. 현대의 시각으로 보아도 여성존중사상이 뚜렷하다고 볼 수 있다.

실제로 박동완은 1937년에 첫째 손주인 맏손녀가 태어나자 미국 하와이에서 손녀의 이름을 친히 "박재수(朴在秀)"라 지어주었다.[110] 여자 이름에 돌림자인 '있을 재'를 사용하였으며 장남이나 장손에게나 쓸 수 있을 법한 '빼어날 수'자를 사용했다는 사실은 지금 기준으로 보아도 매우 파격적이다. 이러한 일로 미루어 볼 때 박동완은 생각으로만 그치는 것이 아니라 자신의 생각을 직접 행동으로도 나타냈다는 것을 알 수 있다.

4) 교역자의 헌신과 자질

박동완은 교역자의 역할을 강조하고 시대 상황에 맞추어 철저히 준비되어야 된다고 다음과 같이 주장하였다.

> …이 세상은 물질 상으로는 오늘날 우리가 보고 듣는 바만치 진보되어 인류의 육체적 행복을 누리게 하는 그 타면(他面) 즉 신령적 방면으로는 퇴보, 부패하여 정신상 고통과 불평(不平)의 참상을 당케 하였나니 이는 최근 사상의 과격(過激)이니 공산(共産)이니 사회(社會)이니의 주의(主義)가 발휘됨이 곧 그 증(證)이라 하겠도다. 이 같은 시대의 교역자 되어서는 그 의지가 견확(堅確)하고 사상이 고상하며 정신이 성결하고 처신이 숭고하여 대도로 행하며 정로에 입(立)하여 인류의 요구하는 바에 응하여 부족함이 없어야 할 것이라.
>
> 개(槪) 이 시대를 즈음한 우리 교역자의 각성할 점이 두 가지만 되리오. 필설로 다 진술키 불능하나 다만 이 두 가지만 쓰고 그치거니와 교역자는 과연 모세가 그 동족에게 가진 바 그 동감심으로 우리 동족을 대하여 구령의 길을 개척하여줄 이며 예수의 선한 목자 되신 그 정신과 사상으로써 미로(迷路)한 아양(兒羊) 같은 우리 동족을 향하여 방초동산과 잔잔한 시내 같은 행복의 자유 낙원에 이르게 하도록 면려(勉勵)할지니라.[111]

영적 방면이 퇴보하고 부패하여 참상 중에 있는 바 이를 해결하고자 과격주의, 공산주의, 사회주의가 기승을 부리고 있다. 이것은 기독교, 특히 교역자의 자질이 부족한 까닭이다. 이러한 참상을 해결하는 것은 위와 같은 주의(主義)로 되는 것이 아니라 인간의 진정한 구원과 변화를 이끌어줄 예수정신으로만 가능하다. 그는 예수를 대신하여 갈 곳 잃은 우리 조선 민족에게 교역자로서 진정한 동정심을 가지고 천국에 이르는 올바른 길로 인도하도록 열심을 다할 것을 촉구한다. 그는 교역자의 역할과 교역(教役)의 중심 목표는 바로 조선 민족의 구원에 있다고 주장한다. 그는 길 잃은 양과 같은 조선 민족이 선한 목자 예수의 정신과 사상으로 인도된다면 행복과 자유의 낙원에 이르게 된다고 확신한다.

박동완은 교역자가 시대의 흐름을 정확히 알고 사람의 마음을 잘 파악하여 어루만져주어야 기독교가 확산될 수 있다고 주장하였다.

> 오늘 우리 그리스도교회에 당국한 자로서 예수 그리스도의 참 정신을 바로 우리 민족에게 주입하고자 하면 오직 강단상의 이론적 구설보다 먼저 현 사회의 실상과 민중의 심리 상태를 명철하게 간파하여 그 시대의 사회제도가 일반 민중에게 적합한 여부와 따라서 그 심리상태의 안전한 여부를 잘 관찰하고 이해하여 화평과 안위의 광명한 길로 인도하여 주기에 노력하지 아니하면 전도의 정신은 가공적 공상(空想)으로 들여질 뿐이다… 그런 즉 우리도 먼저 실사회에 대하여 직접 민중의 동정자, 인도자, 목자 됨에 실제적으로 노력하여야 그리스도교의 진리가 모든 사람 심리에서 자라날 것이라.[112]

그는 사람에 대한 이해와 공감을 강조한다. 이것이 없이는 전도도 가공적인 공상에 불과하여 실제적인 열매가 없을 것이다. 그는 목회자가 진정한 민중의 목자, 인도자, 동정자가 되어야 기독교의 복음이 모든 사람의 마음속에 심겨져 자라날 것이라고 믿었다.

박동완은 불규칙하기 쉬운 교역자의 규칙적 생활을 위해 시간을 잘 활용할 것을 권고한다. 그리고 시대의 상황을 읽기위해 독서에 충실해야 함을 간절히 기대한다.

> …일초의 찰나간이라도 신의 역사(役事)에 게으를 수 없는 교역자로 아침 9시나 10시에 기상하여 그럭저럭하다가 오후에 심방(尋訪) 나가면 한 교우 집에서 혹시로는 설화(說話)로 수 시간을 공비(空費)하여 겨우 1일간 3, 4교우의 집을 심방함에 그치고도 오히려 종일의 노역이라 하여 피곤하다는 것으로 10시 전에 침상에 언와(偃臥: 눕다)하며 성경을 연구한다든지 기도를 함은 물론 할 바 일이겠지만은 다른 서적이라고는 눈으로 스쳐보지도 아니하고 또 오히려 정신노력이나 과다히 한 듯이 두통이니 뇌병(腦病)이니 하여 일반 독서는 적대시 하는 형편이 불무(不無)하도다…. 그런고로 기자가 교역자의 시간 생활에 게으름을 책함보다 시간적 생활에 습관이 없었음을 유감으로 인(認)하여 수어(數語)로써 질서적 시간생활의 습관을 득(得)하는 동시에 시간을 이용하며 독서의 시간을 일정하여 영의 양(糧)을 풍족히 준비하여 시대의 수요에 부족함이 없이 공급의 영천(靈泉)이 되기를 절망(切望)하노라.[113]

그는 감독을 받지 않아 나태하기 쉬운 교역자의 일상에 대해 구체적인 예를 나열하였다. 이러한 게으름의 원인을 시간 사용의 규칙성 결여로 파악한다. 규칙적 일상이 깨어지기 쉬운 교역의 특성이 있으나 규칙적 생활을 일상화한다면 이를 극복할 수 있다. 바쁜 일상 중에도 시간을 확보하여 독서를 통해 영혼의 양식을 준비해야 한다. 이러한 것들을 통해 그는 시대의 요청에 부족함이 없이 공급의 영적인 샘이 되기를 희망한다.

박동완은 교회에 있어 교역자의 역할을 강조한다. 당시 교역자로 헌신하는 청년이 부족하기에 청년의 헌신을 촉구하였다.

…대체로 말하면 양성기관을 준비하여 교역자를 다수히 양성할 것과 진실한 청년의 다수한 헌신자가 있기를 바라는 바이라 오늘날 당국한 교역자 제씨가 제2세 교역자 양성에 대한 어떠한 구체적 요건이 있는지 알 수 없으나 이에 대한 우려의 상태가 보임은 사실이니 기관의 설비보다도 헌신자가 없음이라 그러나 필자는 헌신자 없음을 탄(嘆)하지 않고 양성에 대한 준비가 부족함을 탄하노니 제씨는 교역에 직접 체험한 바로서 토대를 삼아 재학 중에나 졸업 후 직접 교역에 종사할 시(時)에 부족함과 곤고(困苦)의 지경에 이르지 아니할 만한 제반 준비를 충실히 하여 이로써 장래 우리 교회로 하여금 더욱 발전 향상케 하시기를 비노라.[114]

박동완은 교역자가 되기 위한 청년의 헌신을 기대하고 철저한 준비를 하도록 권유하였다. 교역자의 자질에 대하여 아래와 같이 주장하였다.

셋째, 학생이니 종래에는 입학자의 자격을 교회에 다년 출석하여 사경회로 좇아 다소간 성경의 지식이 있는 자로 표준하였도다. 그러나 현금에 이르러는 시대의 변천과 인지(人知)의 발달됨을 따라 자연히 입학자격의 표준을 변치 아니치 못할지니 곧 적어도 중등 이상 학력이 유(有)한 청년으로 신앙이 견실하며 능히 인내에 감(堪)할만한 인격자로써 표준하여 조선 내 신학교를 졸업한 후 외국에 유학하여 4,5년의 전공을 수(修)케 하여 교역(教役)에 섬부(贍富)한 지식을 얻게 하며 완전한 인격을 이루게 할 것이며…[115]

박동완은 목회자에 있어 높은 교육수준을 요구한다. 이상적이지만 중등교육을 받고 조선 내의 신학교를 졸업한 후 외국에 유학하여 4-5년 신학공부를 하여 풍부한 지식을 갖추며 완전한 인격자가 되기를 기대한다. 현재로 말하자면 거의 박사급 이상의 교육 수준을 요구하였다.

또한 목회자의 인격과 자격으로 첫째, 하나님을 경외하는 마음, 둘째, 하나님에 대한 신뢰, 셋째, 봉사의 정신을 거론한다.[116] 그는 무엇보다 하나님을 경외하고 신뢰해야 함을 강조한다. 그리고 봉사의 정신이 있어야 교역자가 될 수 있다고 본다. 이런 사람이 교역자로 헌신하고 높은 수준의 교육을 받아 시대를 읽고 선도하며 완전한 인격자가 되어야 한다고 역설한다.

3
'言'에 나타난 기독교 민족주의

1) 언론관(言論觀)

박동완은 일관된 생각을 말로써 표현해야 한다고 주장한다. 그는 일제 강점기에 언론인으로서 사회에 이름을 알렸다. 그러나 언론의 한계를 느끼고 독립운동에 뛰어들었다. 행동하는 언론인이었던 그는《기독신보》발간사에서 언론에 대한 자신의 생각을 다음과 같이 밝혔다.

> 뎌 만권셔칙 써 밧게 이샹ᄒᆞᆫ 글ᄌᆞ를 ᄀᆡᄌᆡᄒᆞ야 오관감각(五官感覺)에 감촉(感觸)ᄒᆞᄂᆞᆫ 힘이 쥬샤침(注射針)ᄀᆞᆺ치 ᄲᆞ른 죠회 ᄉᆞᆨ이 나러가고 나리오ᄂᆞᆫ거시 잇스니 이ᄂᆞᆫ 곳 신문이라 대뎌 신문이라 ᄒᆞᄂᆞᆫ거ᄉᆞᆫ 세계의 공공뎍 통보(公共的 通報)요 인류의 교환뎍 지선(交換的 智線)이라 ᄒᆞ겟도다 하ᄂᆞ님ᄭᅴ셔 각 나라 ᄇᆡᆨ셩을 ᄒᆞᆫ 혈ᄆᆡᆨ으로 지으샤 왼 ᄯᅡ에 거ᄒᆞ게 ᄒᆞ시고 뎌의 년ᄃᆡ를 뎡ᄒᆞ시고 거ᄒᆞᄂᆞᆫ 디경을 한뎡ᄒᆞ셧스니 남북에 산쳔이 ᄆᆡᆨ히고

동셔에 도로가 먼 동시에 내가 나의 ᄒᆞᄂᆞᆫ 일만 알고 놈의 형편과 쥬의를 듯고 알지 못ᄒᆞᆯ진ᄃᆡ 고루(孤陋)ᄒᆞᆷ을 면치 못ᄒᆞᆯᄲᅮᆫ 아니라 교통ᄒᆞᄂᆞᆫ ᄉᆞ랑이 ᄭᅳᆫ혀질지로다 고로 신문이 디구샹에 통힝ᄒᆞ며 문명가(文明家) 이목에 환영을 밧ᄂᆞᆫ거시로다 죠선반도샹으로만 말ᄒᆞᆯ거시면 샤회에는 각종 신문 잡지가 경셩은 물론ᄒᆞ고 각도와 각부에셔도 발행ᄒᆞᄂᆞᆫ거시오….[117]

교통이 원활치 않아 나의 하는 일만을 알고 남의 형편과 주의를 듣고 알지 못하면 고루함을 면치 못하고 사회생활에서 고립된다. 이러한 까닭으로 신문이 지구상에서 통용되며 지식인에게 환영받는다. 그렇기에 신문과 잡지 등의 언론이 필수적이라고 박동완은 주장한다.

박동완은 독립운동에 전념하기 위해 1925년 4월《신생명》의 주간을 사임한 후 하와이 망명 후 절필 10년째에《한인기독교보》의 발행인 및 편집인이 되어 글쓰기를 다시 시작하면서 밝힌 언론에 대한 생각이다.

그런 것을 구원해 내려면 그리스도의 진리를 철저하게 이해시키며 확실히 믿게 하며 또한 현시대의 각 방면에 대한 식견과 열정을 가지도록 교양과 훈련을 시키지 아니하면 아니 될 것이다. 우리 교회에서 교회보를 발행함은 이 시대 사람의 마음에 공헌하는 바가 있기를 기도하며 또한 그리스도교의 진리가 최후 승리 얻을 것을 의심치 않고 믿는 고로 이제 움직이고자 하는 바이다.[118]

기독교인이었던 박동완은 예수 그리스도의 진리를 항상 앞세운다. 언론에 있어서도 예외는 아니다. 그는 현시대의 여러 방면에 식견과 열정을 가지고 교양과 훈련을 시킴으로써 사람들의 마음에 공헌해야 하는 것이 언론의 사명이라고 믿는다. 언론을 통하여 사람들이 향상 및 발전하도록 해야 한다는 것이다.

박동완은 언론의 구체적 양상이 어떠해야 하는지에 대해 자신의 생각을 밝히기를,

> 그 思想(사상)이란 聖經(성경)의 節數(절수)를 記憶(기억)ᄒᆞ였다가 그대로 吐(토)홈에 지나지 못ᄒᆞ야 能(능)희 그 奧妙(오묘)ᄒᆞ고 神祕(신비)ᄒᆞᆫ 진리를 闡明(천명)ᄒᆞ지 못ᄒᆞ며 言論(언론)이란 乾燥(건조)ᄒᆞ고 無味(무미)ᄒᆞ야 蓄音機(축음기)를 트러논 것 ᄀᆞᆺ치 前說(전설)을 復習(복습)홈에 不過(불과)ᄒᆞ니 이러ᄒᆞᆫ 言論(언론)을 듯고 엇지 靈的(영적)이나 心的(심적) 感化(감화)에 權能(권능)을 엇을 수 잇스리오 이러홈을 因(인)ᄒᆞ야 宗教的 思想家(종교적 사상가)나 言論家(언론가)가 업스며 ᄯᅡ라셔 著述(저술)ᄒᆞᆫ 書籍(서적)과 言論機關(언론기관)이 업도다 비록 創作的 著述(창작적 저술)은 어렵다 홀지언뎡 可(가)히 耽(탐)ᄒᆞ야 讀(독)홀 만한 書籍(서적)을 繙繹(번역)ᄒᆞᆫ 것도 업스며 言論機關(언론기관)되ᄂᆞᆫ 基督申報(기독신보)가 잇스되 이를 利用(이용)ᄒᆞ야 그리스도教會(교회)의 長處(장처)를 助(조)ᄒᆞ며 短處(단처)를 補(보)코져 ᄒᆞ지 아니홈 ᄀᆞᆺᄒᆞ니 이는 思想(사상)이 업셔 그러홈이 아니라 現時(현시) 朝鮮基督教會(조선기독교회)의 事情(사정)을 觀察(관찰)ᄒᆞ지 못홈이 ᄒᆞᆫ 原因(원인)이라 ᄒᆞ겟도다….
>
> 우리는 살여ᄂᆞᆫ 人生(인생)이요 人生(인생)은 알여ᄂᆞᆫ 動物(동물)이라 살여면 알어야 ᄒᆞ겟고 알여면 聞見(문견)으로 말ᄆᆡ암어야 홀 것이라 그런즉 聞見(문견)을 넓힘에 書籍(서적)을 閱(열)ᄒᆞ고 新聞(신문)을 讀(독)ᄒᆞ지 안코 엇지 ᄒᆞ리오…(중략)… 過去三十年前(과거 30년 전)에는 基督教會(기독교회)가 朝鮮(조선)에 큰 教訓(교훈)의 功效(공효)를 것우엇으나 그 時

代(시대)의 思想(사상)과 言論(언론)으로는 이 時代(시대)에 그만흔 功效(공효)를 奏(주)ᄒᆞ기가 到底(도저) 不能(불능)ᄒᆞᆫ즉 우리는 覺醒(각성)ᄒᆞ야 思想(사상)으로나 言論(언론)으로나 이 時代(시대)에 超越(초월)되도록 努力(노력)ᄒᆞ야 時代思想(시대사상)의 新紀元(신기원)을 作(작)홈이 엇지 우리 그리스도人(인)의 全責任(전책임)이라 ᄒᆞ지 안으리오.[119]

그는 반복적으로 축음기를 틀어 놓은 것 같이 이전 이야기를 복습함에 불과한 언론은 사람에게 감화력을 발휘할 수 없다며 당시의 언론을 비판적으로 평가하였다. 또한 시대를 선도하는 신학자나 언론인이 없고 독창적 저술은 고사하고 읽을 만한 번역물도 없다고 안타까워하였다. 《기독신보》가 있으나 이를 잘 활용하지 못하고 있음을 지적하면서, 사람은 문견을 넓혀야만 하는 존재인데 이는 서적과 신문으로 가능하다고 보았다. 선교 초기에 기독교가 조선에 많은 영향력을 미쳤지만 30년이 지난 현재에는 이것이 도저히 불가능하기에 기독교인은 각성하여서 사상이나 언론으로 시대를 초월하여 조선을 이끌기를 촉구하였다.

2) 정론 직필(正論直筆)의 언론

3 · 1독립운동으로 극심한 피해를 입은 한국교회가 1920년대 들어 심각한 위기에 봉착하자 일부 지식인과 사회주의자들이 기독교를 공격하고 배척했다. 더 심각한 것은 사회주의자들의 기독교 비판이었으며, 이것은 반기독교운동으로 지속되었다. 또한 한국교회는 청년 · 학생들의 교회 이탈에 직면하였다. 이들 중 일부가 사회주의로 전향하였고 반기독교

운동에 앞장서게 되었다. 이러한 상황에서 기독교계는 무시하는 태도를 보이기도 하고 일부 반성의 기회로 삼기도 하였다. 기독교와 사회주의가 형제와 같이 지낼 수 있는 유사성이 있다고 생각하는 기독교인도 있었다.[120]

1920년대에 기독교인들은 사회주의의 실체를 제대로 알지 못하였다. 많은 기독교인들이 사회주의에 대한 환상을 가졌고 기독교인 일부가 기독교를 버리고 공산주의로 전향하였다. 그러나 이런 상황에서 박동완은 기독교가 수세적 국면에 처했을 때 사회주의를 정확하게 분석하여 기독교와의 차이점과 한계점을 지적하고 오히려 공세적 입장을 취하였다.[121]

민경배는 그의 저서 『한국기독교회사』에서 기독교인들이 사회주의나 공산주의에 대해 가졌던 이해 수준을 문제시하였다. 그들은 적군과 아군을 구별하지 못하였다고 지적하였다. 《기독신보》의 여러 사설을 인용하였는데 이 사설들이 사회주의에 대하여 옹호하거나 비판하는 등 오락가락하는 것을 알 수 있다.[122] 이것은 사설의 집필자인 주필의 변경에 따른 것이다. 박동완은 《기독신보》, 《신생명》과 《한인기독교보》에 사회주의와 자본주의에 대해 비판적 글을 일관되게 발표하였다. 또한 그는 사회주의자의 기독교 공격에 맞서 기독교적 변증을 계속 시도하였다.

박동완의 《기독신보》 후임 주필이었던 조상옥은 다음과 같이 사회주의에 대한 사설을 남겼다.

> …나는 사회를 무시하는 것이 아니라 날과 달로 기망(期望)하기는 어느 날 어느 시(時)에나 군국주의, 자본주의, 계급주의가 저들의 흑막을 마치고 진정한 사회주의가 이 세계에 실현할까 한다. 진정한 사회주의는 참말 교회로부터 서로 배치(背馳)되는 것이 적고 교회를 위하여 준비하는 것이다.

그러나 근세의 소위 사회는 그 진정한 주의(主義)를 실(失)하고 다만 사교적 오락을 가지고 있는 세속뿐이다. 만일 진정한 사회주의자가 있으면 비록 기독인이 아니라도 나는 그를 기독인과 동일히 간주(看做)하겠다. 저는 그 주의를 확지(確知)하고 실행하는 자이다. 「사회」라는 원문은 본래 친선(親善)을 의미(意味)함이요 또 그 주의는 각 개인이 발달하여 필경 인류 사회의 전부가 문명의 정점에 진(臻)하려 함이다. 그 이름은 매우 아름답고 그 주의는 심히 고상하다.[123]

조상옥은 사회주의에 대하여 인류 역사상 최고의 주의(主義)라고 평가하였다. 하지만 박동완은 사회주의의 문제점을 꿰뚫어 비판한다. 특히 생명과 인간의 근본적 변화를 동반하지 않는 사회주의는 더 큰 문제를 야기한다고 러시아 혁명의 예를 들어 지적한다. 그는 기독교의 예수사상에 근거하여 이 땅에 천국이 이루어지고 사람들 사이의 사랑, 정의, 인도, 평등, 자유가 실현될 수 있다고 본다. 이러한 사실은 그가 유물론적 사회주의자가 아니라 기독교적 사회주의의 요소를 지향하였음을 뒷받침한다.

1920년대 YMCA에는 기독교와 사회주의가 상통한 것으로 이해하려고 하는 시도가 있었다. 그 대표적인 사람이 이대위이다.[124] 그는 다음과 같은 글을 《청년》에 남겼다.

…환언(換言)하면 오인이 불만불평(不滿不平)한 세계를 부인하고 오인이 동경하는 무삼 신세계를 조성코져 함에는 기독교 사상과 사회주의가 상동(相同)하다고 사유(思惟)한다.

…사회주의는 어떠한가 차(此)를 상세(詳細)히 고구(考究)하건대 그의 명사 혹은 방법은 기하(幾何)의 이점(異点)이 유(有)하나 그러나 그 주요

목적은 심(甚)히 기독교 원리로 더불어 상사(相似)함을 볼 수가 있다. 과연 그 정의는 생산, 분배, 교역, 기계의 공유(共有)에 재(在)하니 그는 구실(口實)로는 비록 애인여기(愛人如己)를 승인치 아니하나 그러나 그는 국제국제 간, 인민인민 간에 호상(互相)의 쟁투와 허다(許多)의 죄악을 보고 그 중에 입(立)하여 피차의 이익계(利益計)를 위하며 편히 이원합병(利源合併) 후의 편리계(便利計)를 위하여 그의 주의(主義)를 확장코져 한다. 혹자 말하기를 그는 유물론(唯物論)과 악수함으로써 공공(公共)을 불원(不願)한다하나 그러나 피등(彼等)은 인류의 고통과 비애를 참극(慘劇)히 보고 측은심이 생(生)하여 차(此)의 정형(情形)을 만구(挽救 당길 만, 구원할 구: 구원에 이르다)코져 하는 것이다. 피등(彼等)이 어찌 유신론(有神論)과 미래의 천국을 불승인 하느뇨 실제에 안(按)하건데 무형(無形) 중에 기독교 정신을 지대(持帶)하고서 은밀(隱密)히 차(此)를 발휘하기도 하나니 하고(何故)요 하면 피등(彼等)은 상합(相合)을 주(主)로 하고 분리(分離)를 주로 삼지 아니하며 피등(彼等)은 호조(互助)를 중히 여기고 호해(互害)를 목적(目的)지 아니함이러라. 만일 사회주의가 제 아무리 이론이 훌륭하다 하여도 여차(如此)의 목적에서 탈선(脫線)이 된다고 하면 차(此)는 진정한 사회주의자가 아닌 동시에 도리어 인류를 요동(搖動)하는 일대(一大) 괴물(怪物)이라 하겠다.[125]

박동완은 이 글에서 이대위가 무력혁명과 학살로 점철되었던 공산주의를 모르면서 유물론적 사회주의에 대하여 좋은 점만을 부각한다고 지적한다. 박동완은 기독교 세계관에 기초하여 사회주의와 기독교가 너무나 다르다는 것을 간파하고 있다. 박동완은 사회주의의 한계와 함께 예수정신만이 세상을 변화시킬 수 있다고 강조했다.

사회를 개조한다는 과격파들은 혁명가까지 다 죽인다. 이러한 것은 용서할 수 없다. 사회를 개조하는 중심점은 먼저 마음을 개조함에 있다. 남의 죄를 용서할 뿐 아니니 그를 위하여 헌신적으로 희생적으로 도와주며 일을 해야 참 사회가 실현된다. 사랑하는 마음으로 서로 도우며 희생하는 정신으로 서로 섬기지 않으면 참사회에 실현을 바랄 수 없는 것이다. 예수는[의] 메시아의 정신은 종이 되며 남을 섬기는 것이다. 우리는 이 정신을 몸 받아 하나님의 사회운동에 참가하여 영원히 태평할 참 사회를 실현함에 힘쓰자.[126]

사회주의나 자본주의와 같은 주의로 세상, 즉 조선이 변혁될 수 없고 오직 예수정신으로 서로 사랑하고 섬길 때 참 사회가 실현될 수 있다. 그는 확고한 기독교 신앙인이었고, 세상의 흐름에 무지한 사람이 아니라 시대의 조류를 이성적, 비판적, 진보적 눈으로 분석하고 비판한다. 많은 언론인들이 시대를 제대로 읽지 못할 때 시대사조를 꿰뚫어 보고 이것을 정론 직필로 풀어낸 진정한 언론인이다.

3) 절대독립론에 의한 독립선언

박동완은 3·1독립운동 참여 이후 신문과 재판과정에서 조선 독립에 대한 자신의 생각을 과감하게 밝혔다. 그의 소신에 찬 말을 통해 그의 생각을 알 수 있다.

1919년 8월 26일 고등법원 예심계 판사 남상장(楠常藏)의 박동완에 대한 신문기록 중 일부이다.

문 피고는 이러한 운동방법을 실행하면 어떻게 해서 독립이 된다고 생각했는가.

답 자기의 나라를 자기가 다스려 가는 것이 민족자결이라고 생각한 다.

문 선언서를 발표하는 것이 피고의 소위 민족자결에 해당한다는 의사가 아닌가.

답 아니다. 그렇지는 않다.

문 독립한다는 의사를 발표하는 것이 민족자결이라고 생각하지 않았는가.

답 나는 조선 민족이 독립하고 싶다는 생각을 가지고 있고, 그것을 독립시키고, 그렇게 승인 받는 것이 민족자결이라고 생각하고 있으므로 나는 독립하는 것이 민족자결이 아니라 독립을 하면 그것 이 민족자결이 되는 것으로 생각하고 있다.

문 요컨대 열국의 힘을 빌려서 일본을 움직여 조선의 독립을 기도한다는 취지가 아닌가.

답 그렇지는 않다.

문 그러면 미국 대통령 또는 열국 대표자에게 청원서를 보낼 필요는 없지 않은가.

답 그것은 단순히 열국에게 조선이 독립을 선언했다는 것을 알리는 통고에 지나지 않는다.

문 그러면 독립을 선언하기만 하면 벌써 독립한 것이 되는가.

답 그렇다.

문 그러면 三월 一일로써 조선은 독립되었고 자주민이 되었다는 것인가.

답 그렇다.

문 그렇다면 피고의 민족자결은 그것을 말하는 것이 아닌가.

답 나는 그런 식으로 하여 독립하고, 그리고 뒤에 우리들이 우리들의 나라의 정치를 하는 것이 민족자결이라고 생각하고 있다.

문 이것을 발표한 취지는 무엇인가.

답 우리들이 독립을 선언하고 독립의 백성이 되었다. 그런 생각을 하고 있으라는 의미인 것이다.

문 다만 그렇게 생각하고 있으라는 것이 아니고 조선 민족일동이 분기하여 독립의 의사를 발휘하라는 의미가 아닌가.

답 분기하라는 의미를 쓴 것은 아니라고 생각하는데 보는 사람에 따라서는 의사를 발표하기 위하여 분기할 것이라고 생각한다.

문 피고가 말하는 그런 것이 아니고 최후의 一인, 최후의 一각까지 분기하여 일본의 정치에 반항하라는 의미가 아닌가.

답 조선 민족으로서는 그만한 각오가 없어서는 안 된다고 생각하는 데 일본의 정치에 반항하라는 의미는 아닐 것으로 생각한다.

문 이와 같이 불온 과격한 문구를 적은 문서(선언서)를 발표한다면 그것에 자극되어 조선인들이 폭동을 일으키는 일이 있을 것으로 생각되는데 피고도 그런 일이 있을 것으로 예상하고 있었던 것은 아닌가.

답 아니다. 결코 그런 생각은 하지 않았었다. 나는 과격한 문구라고 도 생각하지 않는다.[127]

박동완은 어떤 방식으로 독립을 할 수 있는가라는 판사의 연속적인 질문에 자신의 생각을 명확하게 밝혔다. 먼저 조선 민족의 독립에 대한 의지가 있고 이를 선언함으로써 조선이 독립하는 것이다. 미국 대통령 또는 열강의 대표자에게 청원서를 보내는 이유는 독립을 청원한다는 의미가 아니라 조선이 독립을 선언함으로 독립이 되었기에 이를 통보하는 것이다. 3월 1일에 조선은 독립을 선언함으로 독립되었고 자주민이 된다는 것이다. 독립을 선언하는 것이 민족자결이 아니라 먼저 독립이 된 후 조선 민족 스스로가 자국의 정치를 하는 것이 바로 민족자결이라고 확실히 주장한다. 또한 그는 독립선언서를 과격한 문구라고 생각하지 않았다. 조선 민족 분기의 목적은 일본의 정치에 반항하는 것이 아니라 독립의 의사를 밝히는 데 있음을 강조한다.

이덕주는 "3 · 1운동에 대한 신앙운동사적 이해"라는 글에서 민족대표의 독립에 대한 입장을 분석하였다. 독립선언과 독립청원의 두 입장으로 나누었는데 박동완은 입장이 불명(不明)인 것으로 분류하였다.[128] 그러나 위 신문기록에 따르면 박동완은 독립선언에 대한 자신의 소견을 확고하게 밝혔다. 이후 대표적인 기독교계 비타협적 민족주의자로서 일관된 태도를 견지한 그의 삶과 일치된다. 그는 타협 없는 절대 독립을 변함없이 주장하면서 일제에 주눅 들지 않고 항일정신을 계속적으로 표출했다.

1919년 3월 18일 서대문감옥에서 검사 하촌정영(河村靜永)에 의해 행해진 박동완의 신문에 대한 기록을 살펴보자.

문 피고는 조선독립이 꼭 될 줄로 생각하는가.

답 그렇다. 일본과 열국들이 허락할 줄로 생각하고 있다.

문 금후도 또 독립운동을 할 것인가.

답 물론 그렇다.[129]

박동완은 조선 독립이 꼭 될 줄로 생각하는가라는 검사의 신문에 그렇다고 기개 있게 답한다. 그는 독립선언론을 그의 독립에 대한 입장으로 취했다. 따라서 일본과 열국들이 조선 독립을 허락할 줄로 생각하고 있다는 그의 말은 독립청원론으로 보기 쉽지만 독립을 선언하면 일본과 열국들이 허락하게 된다는 그의 기개와 낙관성을 보여준다. 또한 지금 이후에도 독립운동을 할 것인가라는 검사의 질문에 물론 그렇다고 소신 있게 답변하였다. 목숨을 잃을 수 있는 절박한 상황 가운데 목숨을 걸고 당당하게 자신의 생각을 밝힌다.

아래 문답은 1920년 9월 24일 《동아일보》 기사 "제3일 오후의 기록 독립선언사건의 공소공판" 중 일부이다.

문 일한합병에 대한 감상과 조선독립에 대한 감상은.

답 그것은 합병에 반대라고 하기 전에 먼저 조선 민족의 자존(自存) 자립(自立)의 정신으로써 그를 대하게 되얏고 조선독립에는 언제든지 긔회와 동긔가 잇스면 민족뎍 운동을 하고자 하얏 소.[130]

아래 문답은 1920년 9월 25일 《매일신보》 기사 "손병희 외 47인 공소불수리 사건 제4일의 공소공판 22일 오전 중 공판계속 속기 박동완 신문 자존자립(自存自立)의 정신(精神)"의 일부이다.

문 ᄒᆞᆸ병에 ᄃᆡᄒᆞᆫ 반ᄃᆡ와 독립에 ᄃᆡᄒᆞᆫ 감상을 무르ᄆᆡ

답 피고ᄂᆞᆫ ᄃᆡ답ᄒᆞ되 오날ᄂᆞᆯ 됴션민족은 자죤(自存) 자립(自立)의 정신이 잇고 됴션 독립에 ᄃᆡ하야 시긔만 긔ᄃᆡ리고 십년 사이를 경과 ᄒᆞ야 온 결과로 이와 갓치된 것이니 다시 말ᄒᆞᆯ 것 업지요[131]

《동아일보》와 《매일신보》 기사는 박동완의 재판기록 중 일부인데 내용이 유사하다. 먼저 1910년 한일합방이 되고 조선 독립을 염원하였으나 벌써 10년이 경과되었고 조선 민족은 자존자립의 정신이 확고하다고 한일합방과 조선 독립에 대한 생각을 밝혔다. 한일합방에 반대하기 이전에, 조선 민족은 스스로 존재할 수 있는 능력이 있고 스스로 서야만 하는 당위성과 필연성도 있다는 것이다, 따라서 언제라도 기회와 동기만 있으면 민족운동을 할 수밖에 없다는 것이다.

박동완이 3 · 1독립운동 참여의 경위와 과정은 다음과 같은 여러 신문조서를 통해 유추할 수 있다. 아래는 1919년 3월 1일, 독립선언 거사 당일 작성된 경찰신문조서의 일부이다.

문 그대는 조선 민족대표자로써 선언서에 연명하고 독립을 계획한 것은 어느 날부터 발단하였으며, 최초 어떤 사람과 의논 하였는가.

답 10일 전에 나는 박희도에 대하여 먼저 말한 것과 같이 민족의 독립을 말해 두었고 그때 이 일을 계획할 때는 나도 명의를 내달라 고 하였는데 27일에 박희도가 와서 그렇게 하였다고 하였다.[132]

아래는 1919년 3월 13일, 검사 하촌정영(河村靜永)의 박동완의 신문에 대한 기록의 일부이다.

문 피고가 이번 조선독립운동을 하게 된 전말을 자세히 말하라.

답 올 2월 20일경 기독교신보사인 내 사무소에 박희도가 와서, 나는 조선도 민족 자결에 의해 독립하는 것이 좋겠다하니 박희도도 찬성했다. 그 후 2월 27일 다시 박희도가 왔길래, 나는 누구든지 독립운동을 한다면 찬성하니 참여하게 해달라고 의뢰했다. 그날 정오, 총독부에 청원할 서류에 날인해야 하니 정동 이필주 집으로 오라고 해서 가니 이갑성, 박희도, 최성모, 오화영, 함태영 등 이 모여 총독부에 제출한 건의서에 서명 날인을 요구하여 날인했 다. 28일 청년회관에서 박희도가 오늘밤 손병희의 집에서 집합한 다고 해서 오후 8시경 손병희 집에 갔다. 거기에는 건의서에 연명한 20여 명이 모여 3월 1일 파고다공원에서 독립선언서를 발표하면 소동이 일어나기 쉬우므로 오후 2시 명월관 지점으로 모 이는 것이 좋겠다고 논의했다. 3월 1일 명월관 지점으로 가서 음식이 나오자 경찰에 체포되었다.[133]

1919년(대정 8년) 5월 2일, 경성지방법원 예심괘의 재판기록은 아래와 같다.

문 피고가 최초 박희도에게 희망을 말한 것은 박희도가 이승훈과 같이 조선 독립운동을 하고 있는 것을 알고 있음으로 참가하겠다 한 것이 아닌가.

답 그런 것이 아니고 나는 박희도가 그런 것을 계획하고 있는 것은 알지 못하였다

문 그런 것을 획책하고 있다는 것을 알지 못하였다고 하나 돌연히 그러한 것을 말한 것이 아니고 누구에게 그런 일을 듣고 그런 것이 아닌가.

답 나는 신문지상에서 「윌-슨」이가 민족자결을 주창함을 알고 본년 1월 상순경 조선도 민족자결을 하는 것이 좋다고 생각하였으므로 박희도를 만나서 그 의사를 말하였다.

문 어떤 신문에서 민족자결을 주창한 것을 보았는가.

답 본년 1월 상순경 대판매일신문을 보고 알았다.[134]

《매일신보》에 나온 기사 "손병희 외 47인 공소불수리 사건 제4일의 공소공판 22일 오전 중 공판계속 속기 박동완 신문 자존자립(自存自立)의 정신" 내용의 일부이다.

문 이월 십오일이나 이십일에 박희도와 만나셔 말ᄒᆞᆫ 일이 잇셧지?

답 독립운동ᄒᆞ자ᄂᆞᆫ 말을ᄒᆞ얏소.

문 방법은 엇더ᄒᆞ다고 말ᄒᆞ얏는가?

답 방법 여부 업시 단지 사상만 말ᄒᆞ얏지오.

문 민족자결쥬의를 쥬챵삼어서 독립운동을 ᄒᆞ자고?

답 그것을 쥬쟝삼어셔 ᄒᆞᆷ이 안이라 긔회를 삼어셔 ᄒᆞ자고 ᄒᆞ얏소.

문 박희도가 무엇이라고 말ᄒᆞ얏나?

답 자긔도 경영ᄒᆞᄂᆞᆫ 바이잇다고 ᄒᆞᆸ듸다.[135]

《동아일보》에 실린 "제3일 오후의 기록 독립선언사건의 공소공판" 기사의 일부이다.

문 그러면 이월 십오일과 동 이십일 사이에 김필수의 긔독신보사 안에서 박희도와 맛나서 엇더한 이야기를 하얏는가?

답 네. 조선독립운동에 관한 말을 하얏소.

문 그ᄯᅢ에 엇더한 방법을 의론하얏는가?

답 방법이 안이오. 의견을 말하얏을 ᄲᅮᆫ인데 그 의견이라 하야도 「민족자결」을 긔초로 하야 운동을 이르키자는 것이 안이라 민족자결을 써드는 ᄯᅢ이니가 민족운동을 일으키자 한 것이오.

문 그러니가 박희도가 무슨 말을 하얏서?

답 자긔도 그러한 운동을 계획한다고 합듸다.[136]

박동완은 조선 민족의 독립에 대한 의지를 키워 가던 중 1919년 1월 초《대판매일신문》을 보고 미국 윌슨 대통령이 주창한 민족자결주의를 알게 되었다. 그리고 이것을 기초로 하여 독립운동을 일으키는 것이 아니라 이것을 계기로 삼아 민족운동을 일으키자고 생각한다. 이러한 생각을 1919년 2월 15일과 2월 20일 사이에 자신의 기독신보사 사무실로 찾아온 박희도에게 밝힌다. 박희도는 민족대표 선정에 있어 중요한 역할을 하고 있었다. 그러나 박희도의 제안이 아니라 박동완이 먼저 어떻게든 독립운동에 참여하겠다고 표명하였다. 이런 제안을 기초로 박희도가 1919년 2월 27일 독립운동에 참여하라고 하여 당일 민족대표로 합류했다. 그의 평소 지론인 "사(思)하였으면 언(言)하여 표(表)하라 조선 그리스도인이여"를 목숨을 걸고 실행에 옮긴 것이다.

박동완은 1925년 봄을 맞아, 10년간 절필하기 한 달여 전 다음과 같이 희망을 노래하였다.

> 살을 어이고 졈이는 듯ᄒᆞ던 율렬(凓烈: 추위가 맵고 심함)ᄒᆞ던 겨울바람도 이제는 부드럽고 온화ᄒᆞᆫ 봄바람이 부러온다 북향 그늘에 굿게 싸힌 적설도 자최 소ᄅᆡ 업시 다 살아저 업서져간다 엄한의 위세에 압복을 밧아 죽은 듯이 업드렷던 잔듸는 속닙내고 버들ᄀᆡ지 눈을 쓴다 동칩(冬蟄)ᄒᆞ엿던 ᄀᆡ고리 소ᄅᆡ 지르고 보금자리에 숨엇던 종달ᄉᆡ 노래 부르며 중천에 놉히 써 펄펄 놀는다 아ᄎᆞᆷ 군생만물이 다 깃버ᄒᆞᄂᆞᆫ 희망의 ᄯᅢ가 도라온다. 인ᄉᆡᆼ인들 슯흠에셔 깃븜에 고통에셔 쾌락에 눌림에셔 자유에 깃븐 ᄯᅢ가 니르지 아니ᄒᆞᆯ가 보냐[137]

엄동설한의 매서운 바람과 추위가 있었으나 때의 변천에 따라 이제는 따뜻한 봄바람이 불어온다는 자연의 법칙을 위와 같은 시로 표현했다. 시에는 아무리 시대가 어렵고 힘들고 절망적이라 할지라도 좋은 때가 반드시 도래한다는 믿음이 배어 있으며 율렬하던 겨울바람과 온화한 봄바람을 대비한다. 북향 그늘에 굳게 쌓인 눈과 엎드렸지만 다시 피어나는 잔디, 버들가지를 견준다. 또한 죽은 듯하던 겨울잠 자던 개구리와 눈에 띄지 않던 종달새가 어느덧 다시 나타나 하늘 높이 비상한다. 이러한 삼라만상의 변화는 도저히 막을 수 없고 인간이 어찌할 수 없다. 조선 민족이 일제에 의해 강점되어 생긴 슬픔, 고통과 눌림에서 기쁨, 쾌락과 자유의 희망과 기쁨의 때가 반드시 돌아온다고 소리 없이 외친다. 이것은 자연은 물론이요 세상과 역사의 주관자 되시는 하나님의 섭리라고 그는 확신한다. 겨울과 같은 일제가 아무리 강하다 할지라도 사시사철을 변화시키는 하나님의 역사하심에 따라 봄이 어느덧 도래하듯이 도저히 독립할 희망이 없어 보이지만 하나님의 뜻에 따라 조선은 독립한다고 믿는다.

"그리스도의 사랑과 평화의 따뜻한 바람이여 춘풍과 같이 불어오사"[138] 라며 같은 시 2연에서 온화한 봄바람은 곧 예수 그리스도의 사랑과 평화라고 분명히 밝힌다. 눈에 보이는 힘에 의해서는 독립이 불가능하기에 눈에 보이지 않는 예수 그리스도의 사랑과 평화라는 진정한 생명의 힘에 의해 인간이 해방되며 조선 민족이 반드시 절대적으로 독립할 것이라고 확신한다. 이런 기독교 민족주의가 그에게 있었기에 그는 희망을 언제나 잃지 않고 늘 행동함으로써 현실에 도전했다. 넘어져도 다시 일어나는 오뚝이와 같은 불굴의 투지와 의지를 보여주었다.

4
'行'에 나타난 기독교 민족주의

1) 행함의 신학

박동완은 1923년 "우리 생활의 현상"이란 사설에서 당시의 시대 상황을 여러 방면으로 나누어 분석하였다.

> 思想界(사상계)로는 社會主義(사회주의)니 共産主義(공산주의)니를 唱(창)ᄒᆞ고 宣傳(선전)ᄒᆞ야 警察側(경찰 측)에셔는 이에 對ᄒᆞᆫ 不穩文書(불온문서)를 搜索(수색)도 ᄒᆞ고 押收(압수)도 ᄒᆞ며 司法側(사법 측)에셔는 思想取締(사상취체)와 言論制限(언론제한)이라 ᄒᆞ야 新聞(신문)을 押收(압수)도 ᄒᆞ고 雜紙(잡지)를 發賣禁止(발매금지)도 ᄒᆞ야 思想(사상)의 發表(발표)와 言論(언론)의 自由(자유)란 形骸(형해)를 俱(구)ᄒᆞᆷ에 不過(불과)ᄒᆞ는 狀態(상태)이며 實業界(실업계)로는 經濟(경제)의 恐荒(공황)을 因(인)ᄒᆞ야 商業(상업)의 不振狀態(부진상태)는 勿論(물론)이어니와 一般民衆(일반민중)

의 生活難(생활난)는 極(극)히 悲境(비경)에 處(처)ᄒᆞ야…(중략)… 宗教界(종교계)로는 엇지 觀察(관찰)ᄒᆞ면 複雜(복잡)ᄒᆞ고 奢侈(사치)ᄒᆞᆫ 都市(도시) 卽(즉) 社會(사회)를 厭避(염피)ᄒᆞ고 深山窮谷(심산궁곡)에 潛入(잠입)ᄒᆞ야 一身(일신)의 修道的 生活(수도적 생활)을 營(영)코져 ᄒᆞᄂᆞᆫ 修道寺(수도사)의 色彩(색채)를 띈 것ᄀᆞᆺ하야 寂寂然(적적연)ᄒᆞ며 寥寥然(요료연)ᄒᆞ야 可聞可記(가문가기)의 무슴 새로운 氣勢(기세)가 나타나며 音響(음향)이 들니지 아니ᄒᆞ야 教會進展(교회진전)에 무슴 큰 計劃(계획)과 立案(입안)이 업시 라오듸게아 教會(교회)의 차지도 안코 더웁지도 안코 미지근ᄒᆞ다 홈이 或(혹) 오늘 朝鮮教會(조선교회)와 ᄀᆞᆺ흔 形便(형편)이 아니엇섯ᄂᆞᄒᆞ는 疑心(의심)도 업지 안케 ᄒᆞ도다 그런즉 上述(상술)ᄒᆞᆫ 諸般(제반)을 綜合(종합)ᄒᆞ야 論(논)ᄒᆞ면 悲觀(비관)ᄒᆞ고 落望(낙망)홀밧게 他道(타도)가 無(무)ᄒᆞ도다[139]

그는 사상계, 경찰과 사법 측, 실업계, 일반 민중의 생활난과 종교계 등의 상황을 객관적, 분석적으로 가감 없이 기록하였다. 즉 사회주의나 공산주의가 유행하는 것을 지적하고 일제 통치에 대하여 겁 없이 비판한다. 언론통제의 사례를 열거하여 일제 문화정치로 인한 언론의 자유가 허울뿐임을 지적하고 전체적 경제상황과 일반 민중의 생활난이 비참한 지경이라고 당시 상황을 적나라하게 밝힌다. 또한 종교계가 현실을 회피함으로써 사회와 관계없이 지냄을 차지도 덥지도 않고 미지근하여 질책을 받은 라오디게아 교회에 빗대어 비판한다. 그러나 그는 같은 제목의 다음 사설에서 "비관과 낙망에서 분투하고 노력하여 앞으로 향하고 용진하는 자는 능히 비풍참우(悲風慘雨)의 만난을 배제하면서 그 생을 개척하여 광명의 기쁜 자리를 차지하여 쾌락의 안위를 얻되"[140]라며 불굴의 의지를 보인다. 그는 어떠한 악조건 속에서도 비관하지 않고 앞으로 용기를 내어 나아가는 행동을 한다면 반드시 광명과 안위의 자리로 나아갈 수 있다며 희망을 고취시킨다. 즉 쓰러져도 다시 일어서는 불굴의 정신과 행동을 주장했다.

박동완은 "형식보다 실제를"이란 글에서 외형보다 실제적 변화를 아래와 같이 강조하였다.

> 사람은 실제(實際)보다 형식(形式)을 숭상(崇尙)함으로 허위(虛僞)가 많고 실상(實相)이 적도다. 사도시대의 아나니아의 내외의 행한 바 실상을 버리고 허위를 꾸며 사망을 당한 것은 즉 자기 마음에 실제로 의연(義捐)하고자 하는 마음이 없이 남이 다 하는데 자기도 아니할 수 없다는 체면(體面)을 유지하려는 형식을 좇아 행하였는고로 체면을 유지하기는 고사(姑捨)하고 자체(自體)까지 전멸(全滅)함을 면(免)치 못하였도다.[141]

그는 사도시대 아나니아 부부의 사례를 들어 형식이나 체면, 허위를 버리고 진실, 실제, 행함으로 나아가자고 역설한다. 체면 때문에 거짓되게 행하여 죽음에 이른 부부를 통해 명분보다 실제를 중시하자고 설득하였다. 이는 체면을 중시하는 유교적 전통이 지배하던 조선에 있어 특히 주목할 말이다. 유교적 전통 속에서 태어나고 성장했으나 실제적인 행함과 변화를 중시한 그의 면모를 보여주기 때문이다.

박동완은 예수정신을 가진 그리스도교 신자와 기독교는 빛과 소금의 역할을 하여 실생활에서 혁명을 일으켜야 한다고 믿었다.

> 기독교를 신앙하여 안위를 득하고 능력을 가하며 행복스러운 생활

을 하게 됨은 일면의 진리인 동시 우(又) 일면으로는 혁명적 신앙생활임을 주의할 것이라 하노라…(중략)… 종교가 자각하는 바가 있으면 종교개혁운동이 현(現)함과 같이 그리스도 신자가 자각하는 바가 있으면 부패한 세상에 염(鹽)의 책임이 있어 자기 일인의 행복을 구하기 위하여 생활을 영(營)할 뿐 아니라 타인과 가정과 사회를 위하여 생활할지니 이 같이 하려면 분투하고 싸워야 할지니 세상의 인도와 정의를 위하여 분투적 혁명생활을 하지 아니할 수 없도다…(중략)… 신앙은 무엇이뇨 즉 사상의 혁명이니 지금까지 있던 생각을 일변(一變)한 사상이 생기는데 의하여 활동하는 생활이 신앙이라…(중략)… 그와 같이 신앙도 사상의 혁명이니 아직까지 생각지 못한 그리스도에 대하여 신을 경외(敬畏)하며 인을 애(愛)하는 관념이 깊어서 그것에 의하여 사상이 변화된 생활이 곧 신앙생활이라…(중략)… 고로 그리스도교가 자기 일개인의 안신입명을 계(計)할뿐 아니라 가정에나 사회에나 국가 전체에 미치게 함이 그 본지라 적은 일개인이 국가동포를 위하여 무엇을 다하겠다 생각할지라도 오직 신의 심(心)과 아(我)의 심(心)이 합치(合致)하여 신앙이 되면 그 영향은 가정이나 사회에 미치며 또는 사업이 되어 현출(顯出)한다 하노라…(중략)… 고로 기독교의 신앙은 혁명적이니 마치 상인이 이익을 위하여 노력을 희생하며 학자가 지식을 위하여 심신을 희생함과 같이 불공평한 세상의 정의를 위하여 부도덕한 사회의 인도를 위하여 십자가를 부(負)하고 사를 결(決)하여 그리스도를 좇아 그의 신앙을 위하여 필사의 역(力)을 다할진대 이 부패하고 암흑한 사회의 인심은 그리스도교의 진리로써 혁명될지니 오직 주의 사역자는 십자가에 달리신 주 예수께 능력을 얻고 또 용기를 받아 금일부터 혁명적 신앙 전장에 출전할 준비에 각오한 수양이 있을지어다.[142]

그는 기독교를 믿어 개인의 안위와 행복을 얻게 되지만 여기에 머무르지 않고 혁명적 신앙생활로 나아가야 함을 역설한다. 기존의 생각을 변화시켜서 사상을 형성하고 이를 실행에 옮기는 데까지 나아가는 것이 바로 신앙이라는 것이다. 즉 하나님을 경외하고 인간을 사랑하는 생각이 깊어져서 사상에 이르러 생활로 표출되는 것이 바로 신앙이라 본다.

그에 따르면 사회주의는 외부적 힘에 의하여 폭력혁명을 일으키지만 신앙은 마음속에서 혁명이 일어나 실제생활에 파급되는 것이다. 같은 혁명이지만 시작과 내용 및 끝이 전혀 다르다. 이러한 신앙의 혁명은 예수에 의해서만 가능하지만 예수정신으로 무장한 그리스도 신자의 역할도 중요하다. 신의 마음과 인간의 마음이 합하여 신앙이 되면 부패하고 어두운 세상이 인도와 정의로 변화하는 혁명적 생활로 표출될 수 있다. 이것이 바로 기독교인과 기독교회의 빛과 소금의 역할이다. 이러한 역할은 개인에서 사회로, 사회에서 국가로 반드시 그 책임감이 확대되어야만 한다. 박동완은 이를 전쟁으로 비유하여 그 절박성과 중대성을 표현하였다. 십자가 군병으로 오늘도 목숨을 건 치열한 전쟁을 치러야 함을 상기시켰다. 이러한 전쟁은 영적 전쟁은 물론이요 일제와의 투쟁도 당연히 포함하는 것이다.

박동완은 바로 지금이 교회가 나서서 세상을 혁신시켜야 할 때임을 아래와 같이 말하면서 기독교인의 현세적 책임, 결단과 행동을 촉구하였다.

> …기독교적 생활은 세상을 혁신함에 있으며 혁신함에는 성공에 대한 가장 깊은 고통과 핍박을 지나야 비로소 성취하나니 이에 대한 실례를 말할진대 그리스도의 십자가를 지심이 곧 그것이로다. 조선 그리스도

교회가 이를 위하여 사십년 동안 우리의 현상(現想)을 길러왔음으로 이제는 현실세계를 향하여 활보를 걸을 시대가 된다 하노니 즉 죄악과 고통과 번민과 압박과 학대와 횡포와 부자유와 악독이 가득한 이 세상을 혁신하여 본래의 선한 성질을 발휘시켜서 (이로)써 지상의 천국을 실현케 하자 하노니 행함이 없는 신앙은 죽은 신앙이라 함과 같이 실현이 없는 이상은 공상에 지나지 못하나니 우리는 더욱 분발하여 주의 뜻이 실현되기를 힘쓸진저.[143]

그는 기독교인의 삶은 세상을 변혁시키는 것임을 명백히 밝히며 이는 그리스도가 십자가를 지심같이 인고의 시간이 지나야 가능하다고 주장한다. 조선 기독교회가 40년의 기다림과 연단의 세월을 지나 이상을 가꾸고 꿈꾸어 왔는데 이제 바로 이를 현실화할 때가 도래하였으며 지금이 행동할 때임을 주장하였다. 죄악, 고통, 번민, 압박, 학대, 횡포, 부자유와 악독이 가득한 타락하고 불합리한 세상에 뛰어들어 악과 일제에 의해 고통 받는 민중의 아픔에 동참하여 주의 뜻인 천국이 실현되는 데 앞장설 것을 독려한다. 생각을 행함으로, 이상을 현실로 만들기 위해 최선을 다할 때 공상적 기독교가 아니라 살아 있는 기독교가 될 수 있다. 그는 현실과 이상의 변증법적 통합을 통한 행함의 신학을 주장한다.

말ᄒᆞ기는 쉬웁고 行(행)ᄒᆞ기는 어렵다 그러나 人事(인사)는 理論(이론)으로 成就(성취)ᄒᆞ는 것이 아니라 行(행)홈으로 말ᄆᆡ암아 成事(성사)ᄒᆞ는 것이로다 고로 말은 어눌ᄒᆞ여도 行(행)홈은 敏捷(민첩)ᄒᆞ라(納言敏行 눌언민행)ᄒᆞ는 말이 잇스며 行(행)홈이 업는 信仰(신앙)은 죽은 信仰(신앙)이라 ᄒᆞ엿도다 이 世上(세상)에 理論(이론)만 ᄒᆞ고 그대로 實行(실행)ᄒᆞ지 아니홈으로 理論的 高尙(이론적 고상)흔 理想(이상)은 잇스되 實行的(실행적) 如實(여실)흔 現實(현실)이 업슴은 現在(현재) 우리가 體驗(체험)흐는 中(중)에 잇슴을 覺醒(각성)흐는 者(자)는 잘 알 것이며 또흔 現今 社會(현금 사회)에 나타나 보이는 現狀(현상)으로던지 더욱 直接(직접)으로 우리 敎會(교회)의 狀態(상태)로써 能(능)히 左證(좌증)홀 수가 잇지 아니흐뇨 言論(언론)으로는 다 知士(지사)요 豪傑(호걸)이되 實行(실행)에는 愚氓(우맹)이오 匹夫(필부)로다…[144]

그는 "행함이 없는 신앙은 죽은 신앙이다"(약 2:17)라는 야고보서의 말씀을 인용하여 행동으로 나아갈 것을 역설한다. 당시에 행동화하지 않는 사회와 교회의 상황을 그는 "언론으로는 다 지사요 호걸이되 실행에는 우맹이요 필부"라고 비판한다.

또한 박동완은 "우리는 동적 그리스도 종교를 믿는 신자들이오 그들이 모인 교회이다. 그런고로 우리가 소금과 빛의 책무를 다하여야 된다. 이 책무를 다하려면 회피하여서는 안 된다. 앞으로 나아가서 저들 속에 들어 부패한 도덕의 관념을 새로 소생케 하며 어두운 양심을 다시 밝혀서 새 생명을 가지고 생활 혁신을 시켜줄 것이 우리의 책무이다"[145]라고 말하면서 기독교인과 교회의 세상에 대한 책임을 강조한다. 이것은 예수 정신, 즉 생명을 살리는 정신 나아가 생활을 근본적으로 바꾸는 것인데 그리스도인의 피할 수 없는 책무라고 하였다. 그는 기독교인과 기독교회의 각성을 다시 한 번 촉구하였다.

2) 자존자립 추구

박동완은 의존적인 것을 배격하고 독립적, 자주적인 자세를 언제나 강조한다. 따라서 일제와의 관계에서는 절대 독립을 항상 외쳤고 서구 선교사와 조선 교회의 관계에서는 자주적 교회를 늘 꿈꿨다.

> …연즉 금일 조선교인들은 과연 맹성할 시기로다. 범사에 타력을 차(借)할 의뢰의 사상을 회(懷)하지 말고 만반을 자력으로 독립적 정신을 발휘하여 조선교회를 조선인이 관리하며 확장하여 반도강산에 천국이 임하며 이천만 동족에게 신의(神意)가 성(成)케 할 방책과 대활동에 노력하여야 할 터이라 현금(現今)과 여(如)히 타방에 뇌(賴)하여 독립적 자발성이 핍(乏)하고는 발전은 상의물론(尙矣勿論)이오 현상유지도 도저 불능할지라. 고로 교회를 관리하며 종교적 문화사업의 기관을 설(設)하여 기독교적 사업을 대대적으로 노력하며 활동하여 조선인의 두뇌로 종출(從出)하는 결정적 사업을 조선인의 재력으로 건(建)하고 조선인의 수(手)로 관리하도록 자존자립의 독립성의 함양(涵養)이 유(有)하기를 절규(絶叫)하노라.[146]

그는 서양 선교사의 선교로 30여 년 전 시작된 조선 교회가 이제는 스스로의 힘으로 서야 함을 힘주어 말한다. 지금과 같이 외국 교회에 의존하면 독립성, 자발성이 결여되어 발전은 고사하고 현상 유지도 불가능하며 결국 퇴보할 것이다. 따라서 바로 지금이 정신을 차려야 할 시기라는 것이다. 이제는 조선인의 머리에서 고안된 사업을, 조선인의 자금으로, 조선인의 손으로 직접 관리해야 한다. 이럴 때라야 자존자립의 독립

근곡 박동완의 초상화

정신이 함양되어 진정한 천국건설이 이 땅에 이루어질 수 있다고 믿는다.

피식민지인이자 피선교인이었던 그가 서구에 의해 도입된 교회의 독립을 주창하였다. 나라 잃은 패배감에 사로잡혀 있던 조선 민족에 대한 사랑과 자부심이 없다면 할 수 없는 생각이다. 이는 이 세상이 하나님에 의하여 지배되고 있다는 확신에 기반하였기에 가능하다. 따라서 그는 일제와 서구에 대해서도 주눅 들지 않고 당당할 수 있었다. 그는 철저한 기독교인이며 기독교 민족주의자였기에 의존적 성향을 결코 보일 수 없었고 하나님 안에서의 진정한 자유와 독립을 믿고 희구(希求)하였다. 피식민지인이었지만 그는 진정한 자유인으로써 조선 민족의 진정한 해방을 한시라도 머릿속에서 놓을 수 없었다.

박동완은 미감리교회의 조선 선교비 감축에 대해 다음과 같이 자신의 생각을 밝혔다.

> 지금은 우리가 비록 능력이 없다 할지라도 이미 사십년 동안이나 남의 길러주는 것만 바라보고 있어 자립할 용기가 일어나지 아니하여 금일 금일 지나왔었을 뿐이니 오히려 자각적으로 이런 일이 있기 전에 그 보조를 받지 않았다면 지혜스러웠을 것이다… 다시 한 말로써 바라는 것은 금년에는 십분의 사를 감하였으나 명년에는 십분의 십을 다 없이 하도록 우리는 힘쓸 것이다. 이제는 남의 신세를 너무 져서 부끄럽고 몰염(沒廉)하다.[147]

그는 선교비 감축에 따른 현상적 위기 상황에 긍정적으로 사고하며 오히려 적극적으로 자주적·독립적 교회로 거듭날 것을 주장한다. 40년 동안 양육을 받아왔기에 자립할 용기가 없었던 것이 지혜롭지 못한 것이었음을 지적하고 있다. 독립의 정신이 있으면 독립이 가능하다고 일제 판사 앞에서 당당히 진술했던 것과 마찬가지로 이제는 조선 교회가 독립의 의지가 있다면 스스로 설 수 있다고 확신한다. 하지만 다음과 같은 글에서 선교사의 노고도 잊지 않았다.

> 이때는 우리 조선 교인의 신앙을 시련하는 시기라 하여도 과언이 아닐지니… 무엇으로서 산 신앙이 있음을 증명할 수 있는가 이러한 의미로서 우리 조선 교인이 마땅히 자각을 촉(促)할지며 우리의 자각이 절실할 때에 우리의 능력으로서 우리 전도와 교육을 지속할진데 우리 교회는 완전한 독립한 교회가 될지니 교회가 완전히 독립자존하게 되면 선교 사업에 노심노력하던 선교사들의 기쁨이 어떠하겠으며 위에 계신 하나님이 얼마나 가상(嘉尙)히 여기시겠느뇨.[148]

그는 선교사가 노심초사하고 전력을 다해 이 땅의 교회 설립에 공헌했음을 상기시키고 있다. 하지만 "오직 한 분 예수가 예수이다. 예수를 전하는 자는 전하는 사람뿐이오 예수가 아니니다. 사람이 흔히 전하는 사람을 예수로 알다가 실패한다"[149]고 하면서 선교사가 예수는 아니라고 명확하게 말하였다. 그는 서양 선교사를 예수와 동일시하지 않는다. 조선 민족에 대한 자부심과 애정이 투철하여 국내 자본에 의한 창문사 발간의 《신생명》이 어려움에 빠지자 그곳으로 자리를 옮겼다.

박동완은 조선감리교회 선교 50주년을 맞아 미국 감리교 선교부와 미국 선교사들의 노고에 감사하고 치하하였다. 그리고 1930년에 남북감리교회가 합동하여 완전한 조선감리교회가 세워진 것에 대하여 송무백열(松茂栢悅: 소나무가 우거지고 잣나무가 기뻐한다)이라는 사자성어를 써서 매우 기뻐하였고 하와이 한인기독교회가 이러한 통합과 맥을 같이한다고 밝혔다. 그는 조선감리교회와 하와이 한인기독교회가 통합되어 확장된 기독교 조선감리교회를 기대했다. 또한 조선의 모든 교파가 합동하기를 바랐다. 이를 통해 민족주체성과 통합과 화합을 강조하는 그의 생각을 엿볼 수 있다.

백낙준은 선교사 중심으로 한국교회사를 기술한 반면, 민경배는 조선 민족 중심의 민족교회 사관을 주창하였고, 일군의 학자들은 민중 중심의 민중 사관으로 한국 교회사를 전개하였다. 박동완은 선교사에 의해 시작된 조선 교회에 있어 선교사의 공헌을 잊지 않았지만 조선 교회의 조선인에 의한 독립을 늘 추구하였다. 또한 일제에 맞서 조선인에 의한 독립을 항상 꿈꾸었다. 그에게 있어 조선 민족과 조선 교회의 자주와 자립은 구두선(口頭禪)이 아니라 실제적 행동에 있었다.

3) 현실적 낙관주의

박동완은 불굴의 행동을 강조하였지만 행동에 있어서 심사숙고하고 행동에 이르면 목적을 성취해야 한다고 말했다.

> 좋은 사업이 시작은 되고 결국이 없도다. 우리가 가옥 건축됨을 볼 새 정초입주(定礎立柱)는 하되 지붕은 없으며 마루도 놓지 않고 담도 쌓지 아니하며 신작로는 반쯤 치도(治道)하고 울타리는 반쯤 새우고 정원을 대개 정리하면 역사(役事)는 하였으나 완성함은 없으며 또한 허무한 것으로 종국하고 말았다… 이것이 다 무슨 연고이며 또 어떻게 교구(矯救: 틀어지거나 잘못된 것을 바로 잡음. 교정(矯正)과 동의어)할까 1. 흔히는 계획이 철저치 못하게 착수함이니 예수 말씀하시기를 '만일 사람이 고탑(高塔)을 건축코자 하면 먼저 그 경비를 타산하여 능히 준공할만한 적당의 기대가 없을진대 아무리 선한 사업이라도 착수하지 말라 하셨나니' 과연 충실히 진행하되 그 진실함이 잘 판단함과 조화되어야 될 것이오. 2. 우리의 열심이 속히 냉각함이니 어떤 우리의 주의를 요구하나 불의의 곤란이 생기어 우리로 하여금 낙망케 하여 유아의 작란(作亂)같이 시작만 있고 종국이 없도다. 대개 열심이 좋기는 좋되 그 선(先)하여 결정적 목적이 있어야 할 것이라 우리는 새와 개미 또는 거미를 생각할지니 저희는 시작하고 결국이 없는 일이 없는 것이오 3. 지혜롭게 시작하여 꼭 완성하도록 숙고하여 착수하고 미약하며 다음 계획에 완료할 것 같이 행하지 말 것이라. 만일 이 계획된 이상에 정당하고 특수하며 가능한 범위 내에 있거든 종말까지 추진하여 곤란이 도리어 우리로 하여금 더욱 굳게 결심할지니라… 만일 예수의 교훈을 좇아 행하며 성신의 능력을 부절(不絶)히

간구하면 불능함이 없을 것이오 따라서 완전히 성취하리로다.[150]

행함에 있어 철저한 계획, 뚜렷한 목적과 불굴의 의지의 3요소가 있어야 하며 일의 궁극의 성취는 이에 더하여 하나님을 의뢰하는 것이다. 또한 일의 성취에 있어 단결의 중요성을 강조하고 무엇보다 중요한 것은 개인과 사회의 치료자 되신 예수에 대한 절대 신앙이라고 다음과 같이 역설한다: "친밀교제에서 단합성이 나오고 단합성이 상결(相結)되면 약간한 충돌이 그 단결력을 파하지 못하나니 우리 형제자매들이여 우리 교역자 된 이들이여 친밀한 길에 서서 단합력을 일으켜 저 반신불수 되어 누워서 자동력(自動力) 없는 사회를 예수 앞에 메고 나가사이다."[151] 이에 있어 교역자의 중심적 역할도 강조한다.

박동완은 결심과 신앙, 실행과 희망의 관계에 대하여 다음과 같이 말하며 목적지에 도착할 수 있다고 확신하였다.

> …소리쳐 묻노니 결심과 실행을 어찌하여 병진치 못하느뇨 결심은 신앙에서 나오고 실행은 희망이 있어야 하는 것이니 신앙으로써 결심치 아니한 결심인가 희망이 없어서 실행치를 못하는가 결심아 네가 어찌하여 신앙으로 되지 못하였더냐 실행아 네가 어찌하여 희망을 알지 못하느냐
>
> 믿는 자에게는 능치 못할 일이 없다하신 세계의 구주요 만세의 대왕이신 예수 그리스도를 믿은 이상에는 결심과 실행이 아울러 진보하여 희망성(希望城) 곧 우리 목적지에 필연코 어려움 없이 도달할 것인 줄 믿고 믿노니.[152]

그는 결심과 실행은 그 근원에 있는 신앙과 희망에 근거할 때 같이

갈 수 있다고 주장하였다. 신앙에 기반하지 않은 결심과 희망에 기초하지 않은 실행은 사상누각에 불과하며 결국 넘어지고 좌절할 수밖에 없으며 목적지에 도달할 수 없다. 온 세계의 구원자이며 역사의 주인이신 예수 그리스도에 대한 절대 신앙에 근거하여야만 진정한 결심에 이르고 확실한 실행에 옮길 수 있다. 이럴 때 궁극적 목적지, 역사의 완성, 시대의 종말인 궁극적 희망성에 반드시 도달한다. 하나님에 대한 절대 신앙에 근거하여 결심해서 실행에 옮기고 낙망 말고 주님의 뜻을 기다리며 인내할 때 궁극적 희망성인 영원한 천국에 이를 것이라 외쳤다.

좌절할 수밖에 없던 식민지 조선, 희망을 전혀 품을 수 없던 암흑기 조선에 있어 그는 눈에 보이지 않는 궁극의 실재인 하나님을 확실히 보았기에 절대적 희망과 광명을 보았다. 그는 조선 민족의 독립과 해방을 눈앞에 보듯이 생생히 그릴 수 있었다.

한편 량치차오(梁啓超, 1873-1929)의 글을 통해 조선에 사회진화론이 소개되었다.[153] 우승열패, 적자생존, 양육강식이 진리라는 것이다. 박노자는 불교계의 대표적인 비타협적 민족주의자인 한용운의 글을 분석하여 그가 사회진화론을 극복하였다고 결론지었다.[154] 장규식은 외력을 지양한 한용운의 사상을 높이 평가하였다.[155] 대표적인 기독교계 비타협적 민족주의자인 박동완도 외력을 지양하고 생명과 사랑의 예수정신을 주창하여 당시 시대조류였던 사회진화론, 사회주의, 자본주의, 일본제국주의, 서양제국주의에 대한 극복을 시도하였다. 그는 성서적 기독교 세계관에 기반하여 논리적이고 이성적인 비판과 변증을 하였다. 절대 신앙에 대한 이해 없이 그의 사상을 접하면 마치 계몽주의자의 생각으로 추정하기 쉬울 수도 있다. 따라서 이덕주도 그러한 해석에 이르렀다. 기독교를 이분법적으로 생각하여 초월적 신비주의 신앙과 현실적 계몽주의 신앙의 양

극단으로 나누었다.[156]

하지만 박동완은 이의 통합을 시도한 기독교인이다. 그는 '비타협적 반개방형'의 기독교 민족주의자다. 니이버의 그리스도와 문화의 다섯 가지 유형 중 박동완은 다섯째 변혁적 모델에 해당한다. 박동완은 철저한 신앙을 기반으로 세상의 변혁을 추구한다. 내세적 신앙이 투철하지만 이 땅의 천국 건설도 중시한 신앙을 가졌다. 세상에 대한 하나님의 주권적 통치를 철저히 믿지만 인간의 참여도 무시하지 않는다. 그는 낙관주의자였지만 현실을 외면하지 않은, 현실적 낙관주의자라 할 수 있다.

1923년《기독신보》의 "우리생활의 현상"이라는 사설에서, 박동완은 "…諸般(제반)을 綜合(종합)ᄒᆞ야 論(논)ᄒᆞ면 悲觀(비관)ᄒᆞ고 落望(낙망)ᄒᆞᆯ밧게 他道(타도)가 無(무)ᄒᆞ도다"[157]라고 당시 시대를 정의한다. 현실적으로는 비관하고 낙망할 수밖에 없고 이러한 상황을 타개할 방도가 없다고 하였다. 하지만, 연이어 그는 다음 호에서 같은 제목으로 자신이 말하고자 하는 바를 밝히고 있다.

> 大槪(대개) 사ᄅᆞᆷ의 一生(일생)에는 悲觀(비관)과 落望(낙망)이 잇슴을 ᄯᅡ라 그 反面(반면)에는 樂觀(낙관)과 希望(희망)이 업지 아니ᄒᆞ니 萬一(만일) 이것이 업다 ᄒᆞ면 우리 사ᄅᆞᆷ은 悲哀(비애)와 落膽(낙담)에셔 그것으로 더브러 ᄒᆞᆷᄭᅴ 生(생)을 맛칠 것 ᄲᅮᆫ이로다…(중략)… 그런즉 이 新天新地(신천신지)에 새 生活(생활)을 營(영)ᄒᆞᆷ에 要求(요구)되는 것은 오직 神(신)의 能力(능력)으로써 自己(자기)를 이긔며 世上(세상)을 이긔는 者(자)라야 能(능)히 그 完全(완전)ᄒᆞᆫ 成功(성공)을 ᄒᆞᆯ지니 이 이긔는 能力(능력)을 어ᄃᆡ셔 엇겟ᄂᆞ뇨 오직 「무거운 짐진 쟈는 내게로 오라」ᄒᆞ신 예수ᄭᅴ로 가야 ᄒᆞᆯ지니 그는 逼迫(핍박)과 困難(곤란)과 侮辱(모욕)과 窮乏(궁핍) 이 모든

> 것을 忍耐(인내)ᄒᆞ심으로 十字架(십자가)의 凱旋歌(개선가)를 高唱(고창)ᄒᆞ셧슨즉 우리가 이러ᄒᆞᆫ 適切(적절)ᄒᆞᆫ 靈的 生活(영적 생활)의 模範(모범)을 捨(사)ᄒᆞ고 어ᄃᆡ셔 取(취)ᄒᆞ리오 슯허 말고 落心(낙심)말지어다 참고 勇進(용진)ᄒᆞ면 반ᄃᆞ시 光明(광명)의 希望峰(희망봉)에 세리라[158]

박동완은 이처럼 세상의 모든 비관적 상황들을 예수를 믿고 의지함으로써 해결할 수 있다고 보았다. 식민지 상태에서 낙망에 빠진 민중에게 희망을 줌으로써 항일정신을 고취시키고 이것을 다시 기독교 정신으로 승화시켰다. 식민지 조선의 땅을 밟고 살았지만 그의 눈은 영원한 천국을 언제나 바라본다. 따라서 그는 절망적 상황에서도 늘 희망에 넘치는 현실적 낙관주의에 서 있다. 그는 십자가라는 비탄(悲嘆)을 언제나 개선(凱旋)이라는 기쁨으로 바라본다. 따라서 그는 "반드시 광명의 희망봉에 서리라"고 확신에 차서 외쳤다.

주석

서문

1 이한구, 『역사학의 철학』 (서울: 민음사, 2007), 2-3.

2 3·1운동은 일반적, 관행적 용어이다. 하지만 3·1운동은 3·1독립운동이나 3·1혁명으로 규정하는 것이 더 합당하다.

3 박동완, 권두언 "새봄을 맞는 기원," 《신생명》 제20호 (서울: 조선기독교 창문사, 1925년 2월호).

4 장규식, "비타협 민족운동의 외길을 걸어간 사랑과 정의와 인도의 전도자 근곡(槿谷) 박동완(朴東完)," 공훈선양학술강연회(2008년 12월), 6.

5 박정신, "일제강점기의 기독교와 민족운동: 그 물림과 엇물림의 사회사," 『한국기독교사의 새로운 이해』, (서울: 도서출판 새길, 2008), 86-7.

6 필자는 이 책에서 '민족주의' 개념을 차기벽과 임지현의 정의를 기본으로 하여 사상(이데올로기)과 운동(삶), 두 차원에서 적용하고자 한다. 따라서 박동완의 기독교 민족주의를 그의 삶과 사상의 양 측면에서 고찰하고자 한다.

7 당시 감리교는 집사목사 안수를 받고 시간이 경과된 후 장로목사 안수를 받을 수 있었다.

8 황민호, "박동완의 국내민족운동," 『한국독립운동사연구』, 33집 (2009. 8.), 305-45.

9 "비타협 민족운동의 외길을 걸어간 사랑과 정의와 인도의 전도자 근곡 박동완(槿谷 朴東完)," 5-18.

10 이덕주, "30분을 늦게 산 박동완(朴東完)," 《기독교 세계》, 697호, 1986년 2월, 16-7.

제1부 박동완의 생애와 한국 기독교 민족주의

1 본처전도사(本處傳道師: local preacher)는 초기 한국 감리교회의 교직으로 현재의 장로와 전도사가 합쳐진 직분이었다. 본처전도사의 임직과정을 살펴본다면 당회의 추천을 받고 지방회가 부여한 소정의 과정을 이수하여야 했다. 1949년 기독교대한감리회 통합총회에서 전도사와 장로로 분리되었다. 이후 감리교단에서 공식적으로 장로제도가 도입되었다. 〈기독교대한감리회 통합 중부·동부 연합연회회록〉, 1945년 5월, 65, 윤춘병, 『한국감리교 교회성장사』 (과천: 감리교 출판사, 1997), 776쪽에서 재인용.

2 김상기, "총설 한국근대사의 이해," 『한국근대사강의』, 한국근현대사학회 편, 개정판 (파주: 도서출판 한울, 2007), 8-16.

3 박정신, 『한국기독교사의 새로운 이해』 (서울: 도서출판 새길, 2008), 35-7.

4 헐버트(Homer B. Hulbert), 『대한제국멸망사』, 신복룡 역 (파주: 집문당, 2006), 263-4.

5 Ibid., 266.

6 신용하, 『일제강점기 한국민족사(상)』 (서울대학교 출판부, 2001), 1-3.

7 강만길, 『고쳐 쓴 한국 현대사』 (파주: (주)창비, 1994), 19-30.

8 박은식, 『한국독립운동지혈사』, 김도형 역 (서울: 소명출판, 2008), 18-9.

9 Ibid., 19.

10 강만길, 『고쳐 쓴 한국 현대사』, 30-9.

11 개신교를 받아들인 대표적인 지역을 중심으로 구분하면 '기청형'과 '서북형'이 있다. 이 둘이 한국 개신교회의 두 주류를 형성하였다고 할 수 있다. '기청형'이란 경기도, 충청도 지역에서 기독교를 받아들인 사람을 통칭하며, 또 다른 하나는 '서북형'으로 황해도와 평안도 지역을 지칭하였다. 이러한 구분은 지역에만 국한 된 것이 아니라 선교 당시 역사적 배경이나 신학상의 문제로 넓게 수용될 때 이 둘은 서로 다른 반응을 보였다. 기청형은 상류 유가(儒家)층인 양반 출신들로 존왕(尊王)적이며 체제 순종적이었다. 그들은 보수적 신앙군을 형성하였다. 반면, 서북형은 지역 이동이 비교적 쉬웠던 행상인들로 유교집행의 관료군들에 의해 소외받던 계층이었다. 따라서 이들은 전통적인 조선 양반사회의 변혁을 꾀하였다. 곧 행동적 신앙군을 형성하였다. 민경배, 『교회와 민족』 (서울: 연세대학교출판부, 2007), 114-132. "기독교의 수용단층 분화"를 참조할 것.

12 강만길, 『고쳐 쓴 한국 현대사』, 39-47.

13 Ibid., 21.

14 고정휴, 『한국독립운동의 역사 54-1920년대 이후 미주 · 유럽지역의 독립운동』, 한국독립운동사편찬위원회 편 (천안: 독립기념관 한국독립운동사연구소, 2009), 3-10.

15 유영렬, "미주지역의 한인 민족운동," 『미주지역의 한인사회와 민족운동』, 한국민족운동사학회 편 (서울: 국학자료원, 2004), 18; 김창수, "하와이 지역 한인 민족운동의 연구 동향과 과제," 『미주지역의 한인사회와 민족운동』, 25-6.

16 이덕주, "30분을 늦게 산 박동완(朴東完)," 16-7.

17 황민호는 박동완의 부친을 '박순형'으로 표기하였는데 이는 '박형순'의 오기이다. (필자 주), 황민호, "박동완의 국내민족운동", 307.

18 함양박씨 지평공파 세보 (咸陽朴氏 持平公派 世譜); 공훈전자사료관 http://e-gonghun.mpva.go.kr; 국가보훈처독립유공자(공훈록) http://www.mpva.go.kr

19 박동완 제적등본.

20 김삼웅 편, 『33인의 약속』, 106; 황민호, "박동완의 국내민족운동," 307.

21 애국선열 박동완 목사 약력(略歷) 초(抄): 박동완의 장남 박대희(1990년 사망)가 남긴 부친에 대한 기록물; 박동완의 차남 박창희(1986년 사망)의 구술에 대한 장손 박재상의 증언.

22 국가보훈처 공훈전자사료관 독립유공자공적조서 http://e-gonghun.mpva.go.kr

23 함양박씨 지평공파 세보 (咸陽朴氏 持平公派 世譜); 《기독신보》 1922년 5월 3일 "인ᄉ소식": 본샤원 박동완(朴東完)군은 셩묘차로 四월 二十九일 포천(抱川)에 나려갓다가 五월 二일 귀경.

24 국사편찬위원회 한국사데이터베이스 http://db.history.go.kr

25 함양박씨 지평공파 세보.

26 국사편찬위원회 한국역사정보통합시스템 http://www.koreanhistory.or.kr; 국사편찬위원회 한국사데이터베이스 http://db.history.go.kr

27 함양박씨 지평공파 세보.

28 애국선열 박동완 목사 약력(略歷) 초(抄); 역사위원회 편, 『한국 감리교 인물사전』 (서울: 기독교대한감리회, 2002), 149.

29 애국선열 박동완 목사 약력(略歷) 초(抄), ibid.

30 박동완 제적등본.

31 국사편찬위원회 한국사데이터베이스 http://db.history.go.kr

32 박동완의 차남 박창희(1986년 사망)의 구술에 대한 장손 박재상의 증언

33 황민호, "박동완의 국내민족운동," 307-8.

34 애국선열 박동완 목사 약력(略歷) 초(抄): 기독교대백과사전 편찬위원회 편, 『기독교

대백과사전 제7권』 (서울: 기독교문사, 1982) 91.

35 『한국민족문화대백과사전 11』 (서울: 한국정신문화연구원, 1991), 936: 1895년 「소학교령」이 공포됨에 따라 같은 해 11월 15일 한성 창선방(彰善坊) 양사동(지금의 서울 종로구 종로6가)에서 관립 양사동소학교(養士洞小學敎)로 설립되어 수업연한 3년의 심상과를 설치하였다. 광복 후 1945년 9월 서울 효제국민학교로 재개교하였고 1996년 3월 서울효제초등학교로 교명을 변경하였다.

36 Ibid., 810-1: 1894년 9월에 황실의 자녀들에게 신교육을 실시하기 위하여 황실학교(皇室學校)로 설립되었다. 1895년 4월에 한성사범학교(漢城師範學校)가 설립됨에 따라 관립 한성사범학교부속소학교로 개편되어 현재의 위치(서울특별시 종로구 경운동)로 교사를 이전하였다. 개교 초기의 학생들은 대부분 서당에서 옮겨온 탓으로 연령층이 8세-15세까지였다. 1895년에 공포된 「소학교령」에 따르면 소학교에는 심상과 3년과 고등과 2 · 3년으로 나누어 교육을 실시한다고 하였으나 실제 고등과가 설치된 학교는 이 학교밖에 없었다. 이에 따라 1897년에 관립고등소학교로 교명을 개칭하고 심상소학교를 졸업한 학생들이 입학할 수 있게 하였다. 당시의 재학생수는 130-150명이었으며, 교과목은 수신, 독서, 작문, 습자, 산술, 본국지리, 본국역사, 외국지리, 외국역사, 이과, 도화 및 체조 · 제봉 등을 가르쳤다. 광복 후 1947년 9월에 서울교동국민학교로 개칭하였다. 이 학교는 우리나라 초등교육의 발상지로서 수많은 인재를 배출하여 왔다.

37 『한국민족문화대백과사전 1』 (서울: 한국정신문화연구원, 1991), 844: 1900년 10월 3일 서울특별시 종로구 화동 언덕에 신학제에 따른 4년제 관립 한성중학교(漢城中學校)가 설립되었다. 1899년 4월에 반포된 중학교관제에 의거, '실업에 나아가려는 사람에게 정덕(正德) · 이용 및 후생의 길을 가르치고 중등교육을 보급'하기 위해 설립되었다. 4년제 심상과(尋常科)를 설치하여 소학교 고등과 졸업생을 입학대상으로 하였다. 나이는 만17세에서 25세 이내로 설립당시에 85명이었으며, 교과목은 한문, 국어, 산술, 역사, 지리였다. 1906년 한성고등학교로 개편되었고, 1911년 경성고등보통학교(京城高等普通學校, 줄임말은 경성고보)로 개칭되면서 일본인과 차별교육을 받게 되었다. 광복 후 1946년 6년제 경기중학교로 개편되고, 1951년 3년제 경기고등학교와 경기중학교로 분리, 개편되었다가 1971년 경기중학교는 폐교되었다. 1976년에 서울특별시 강남구 삼성동 현재의 위치에 교사를 신축 이전하였다. 2000년 10월 개교 100주년을 기념하여 100주년 기념관을 개관하였다.

38 『한국민족문화대백과사전 24』 238-9: 1895년에 영어 · 일어 등 외국어교육을 위해 설립된 학교. 정부는 1876년 일본과 강화도조약을, 1882년부터는 미국을 비롯한 여러 나라와도 조약을 맺고 통상관계를 맺자 그 나라의 말과 문화를 아는 외교관 혹은

통역관의 양성기관이 필요하게 되었다. 이러한 실정에 1883년 동문학(同文學, 일명 통변학교), 1886년 육영공원(育英公院)이 설립되었고, 뒤이어 일어학교(1891)와, 영어학교(1894)가 세워졌다. 그 뒤 1895년 5월 「외국어학교관제」가 공포됨에 따라, 새 학제의 외국어학교가 정식으로 발족하였다. 이 관제에 의하면 외국어학교는 외국의 어학을 교수하는 것을 목적으로 하였다. 「외국어학교관제」를 보충하기 위해 1900년 6월 「외국어학교규칙」이 제정, 공포되었다. 이에 따라 어학중심의 외국어 외에 외국어로 된 일반학과도 교수하였으며, 한문으로 독서, 작문, 한국사, 지리도 교수하였다. 이들 외국어학교에 대해서는 정부의 관심이 비상하였다. 당시 다른 학교에 비해 외국어학교는 활기를 띠고 있었다. 문호개방에 따라 외국어를 해득하려는 사람이 많은데다 취직이 쉬웠던 까닭이다. 이들 외국어학교는 1906년 학제개혁에 따른 「외국어학교령」에 의해, 외국어 별로 분립되었던 학교들이 한성외국어학교로 통합되었다. 학생들의 신분은 역관(譯官)의 자제들이 다수였고, 뒤에 양반자제들도 입학하였다. 1911년 식민지교육을 위한 「조선교육령」에 따라 폐교되었다.

39 애국선열 박동완 목사 약력(略歷) 초(抄); 『한국 감리교 인물사전』, 149.

40 김삼웅 편, 『33인의 약속』 (서울: 도서출판 산하, 1997), 106.

41 通牒 議政府主事 李容圭 第十五號, 《農商工部去牒存案 10》 1906년 1월 29일.
국사편찬위원회 한국사데이터베이스 http://db.history.go.kr
관보명 官報 第三千三百六十五號 / 光武十年二月一日 木曜
서울대학교 규장각 한국학연구원 http://e-kyujanggak.snu.ac.kr

42 『한국민족문화대백과사전 9』 326-8: 한미수호조약이후 본격적인 기독교 전래에 따라 1885년 아펜젤러(H.G. Appenzeller)가 설립하였다. 1886년 6월 8일에 고종이 학교 설립의 소식을 듣고 이를 격려하여 '배재학당(培栽學堂)'이라는 교명을 지은 뒤, 명필 정학교(丁學喬)에게 현판을 쓰게 하여 아펜젤러에게 전달하였다. 이때부터 배재학당이라 칭하게 되었다. 1887년 우리나라 최초의 르네상스식 벽돌교사를 신축하여 학교의 면모를 갖추었으며, 이때의 교과목은 만국지지 · 사민필지(士民必知) · 위생 · 창가 · 도화 · 체조 등이었고 교과 외에도 오후에는 서재필, 윤치호 등이 서구 민주주의와 의회제도 등에 관한 특별강의를 하였다. 배재학당은 우리나라 최초의 근대적 중등교육기관으로, 기독교정신과 개화사상의 바탕 아래 근대교육의 선구자적 기능을 담당하였다. 설립과 함께 당훈(堂訓)은 성경구절을 한역한 '욕위대자당위인역(欲爲大者當爲人役)'으로 정하여 지금까지 교훈으로 이어져오고 있다. 이 말은 '크고자 하거든 남을 섬기라'는 뜻으로 크고 위대한 사람일수록 남을 부리거나 섬김을 받는 것이 아니라 뭇사람의 종이 되어야 한다는 기독교정신을 교육목표로 삼았다. 설립 초기에는 학당 내에 활판소를 설치, 영문과 한글 활자를 주조하여 〈성서〉 · 〈조선그

리스도인회보〉·《독립신문》·〈천로역정 天路歷程〉울 발행하는 등 큰 영향을 주었다. 1889년부터 학교기도회를 시작하여 교육을 통한 기독교보급에 영향을 주었다. 특히, 신문화의 요람지로서 실험실습교육과 직업교육, 학생연극·고적답사·수학여행 등을 최초로 실시하였으며, 교복·교모·교표·교가·교기·교훈 등을 처음으로 사용하였다.

43 "極祕高 第七九六四號, 1919. 3.22. 獨立宣言書署名者其他取調概要,"『종교운동편-한국독립운동사 자료 38』(과천: 국사편찬위원회, 2002), 95.

44 이덕주,『배재학당사 [通史]』(서울: 학교법인 배재학당, 2013), 머리말.

45 Ibid.

46 Ibid.

47 오영교,『정동제일교회 125년사 제1권 통사편』(서울: 정동삼문출판사, 2011), 331:초기교적부 사례 (1922년 기준).

48 Ibid., 191.

49 Official Minutes of the Korean Mission of the Methodist Episcopal Church (OMKM), 1908, 26, 오영교,『정동제일교회 125년사 제1권 통사편』, 191에서 재인용.

50 한국기독교역사학회 편,『한국 기독교의 역사I』, 개정판 (서울: 기독교문사, 2011), 214-9.

51 C.G. Hounshell, "Pai Chai Haktang," Official Minutes and Reports of the Korea Mission of the Methodist Episcopal Church (KMEC), 1904, 55,『배재학당사 [通史]』, 199에서 재인용.

52 오영교,『정동제일교회 125년사 제3권 자료편』(서울: 정동삼문출판사, 2011), 473-6.

53 오영교,『정동제일교회 125년사 제1권 통사편』, 191-2.

54 Ibid., 188.

55 Ibid., 204-7.

56 Ibid., 249.

57 부친상을 당한 현순에게 교제(教弟) 박동완 명의로 문상 편지를 1938년 9월 12일자로 보냈는데, 다음 책에 수록되어 있다. Soon Hyun,『Resettlement in Hawaii (3): Family life 1923-1941』, Soon Hyun Historical Committee. 18, 독립기념관 http://search.i815.or.kr

58 《조선크리스도인회보》 1897년 7월 14일, "배재학당 방학";《독립신문》, 1897년 7월 10일, 이덕주,『배재학당사 [通史]』, 104에서 재인용.

59 민경배,『서울 YMCA운동100년사, 1903-2003』(서울: 서울YMCA, 2004), 72-82.

60 "極祕高 第七九六四號, 1919. 3.22. 獨立宣言書署名者其他取調概要," 종교운동편,

『한국독립운동사 자료 38』 (과천: 국사편찬위원회, 2002), 95.

61 이병헌 편, 『삼일운동비사』 (서울: 시사시보사출판국, 1959), 466.

62 이덕주, 『배재학당사 [通史]』, 208-46.

63 『한국민족문화대백과사전 2』 (서울: 한국정신문화연구원, 1991), 427-8: 한국인이 세운 최초의 고등교육기관으로 1905년 한성(지금의 서울특별시 종로구 수송동)에 설립되었다. 이용익(李容翊)이 설립한 학교로, 고려대학교의 전신이다. 이용익이 일본에 납치되어 체류 중, 일본의 근대교육기관을 살펴보았고, 귀국할 때에는 다수의 도서와 인쇄기를 구입해 왔다. 이것은 우리나라의 신교육기관을 창설하려는 의도였다. 이용익이 서거한 후, 손자 이종호(李鍾浩)가 잠시 학교 경영의 책임을 맡았으나 경영난에 봉착하였다. 그래서 1910년 그것을 구제하기 위해 경영을 인계했는데, 그가 바로 천도교의 손병희(孫秉熙)이다. 이렇게 해서 재정적 위기는 면할 수 있게 되었으나, 동시에 나라의 독립을 상실한 해이기도 했기 때문에 일제 총독부의 간섭은 피할 수 없게 되었다.

64 애국선열 박동완 목사 약력(略歷) 초(抄); 《신한민보》, 1922년 3월9일 "민족대표 四十八人의 략력".

65 《신한민보》 1922년 3월9일 "민족대표 四十八人의 략력": 정동례배당 전도사로 잇다가 긔독신보사에 입하였다.

66 그가 실질적 주필이었다는 사실은 이 책 112-123쪽 "편집인으로서의 저술 활동"을 참조할 것.

67 "박동완의 검찰신문조서, 대정 8년 3월 13일," 김삼웅 편, 『33인의 약속』, 106.

68 《동아일보》, 1920년 9월 24일, "제3일 오후의 기록 독립선언사건의 공소공판"; 국사편찬위원회 편, 『한민족 독립운동사 자료집12- 3 · 1운동2』 (서울: 국사편찬위원회, 1990), 75.

69 "경성지방법원 예심괘, 대정 8년 5월 2일," 『3 · 1운동비사』, 471-2: 선언서 발표를 빠고다공원에서 하려고 하였으나 동소는 다수한 사람이 집합하여 소요를 일으킬 염려가 있으므로 명월관 지점으로 변경하는 것이 좋다고 결정하였다.

70 《동아일보》, 1921년 11월 5일, "독립선언관계자 17인의 만기출옥"

71 이만열. 『한국기독교 문화운동사』. (서울: 대한기독교출판사, 1987), 374: 3 · 1운동으로 인하여 《기독신보》에는 시련이 시작되었다. 편집장으로 있던 박동완이 민족대표 33인으로서 3 · 1운동에 참여했기 때문이었다. 그의 3 · 1운동 참여로 인하여 1919년 5-9월 사이에 네 차례에 걸쳐 신문을 압수당하였다.

72 "30분을 늦게 산 박동완." 「기독교세계」 697호. 1986년 2월, 16-7.

73 박동완의 장녀 박한엽(1986년 사망)의 구술에 대한 장손 박재상의 증언.

74 《기독신보, 1920년 5월 26일, "재감인(在監人)의 가족방문(家族訪問)- 뎨부동 一二一번디 박동완의 적즈 륙인"

75 국사편찬위원회 편, 『한민족 독립운동사 자료집 별집 3』(서울: 국사편찬위원회, 1992), 498-9: 이곳에 기록된 바로는 박동완은 양반출신으로 키는 5척1촌7분이며 생년월일은 495년(1886년) 12월 27일생이며 특징으로 좌우전박에 두 개의 상흔이 각1개씩 있다고 명기되어 있다. 직업은 야소교북장로교전도사로 죄명은 보안법위반으로 소개되어 있는데, 야소교 북장로교 전도사는 일제가 잘못 알고 기록해 놓은 것이다. 당시에 그는 분명 정동제일교회 전도사였으며, 정동제일교회는 북장로교가 아닌 북감리교이다. (필자 주)

76 박동완의 차남 박창희(1986년 사망)의 구술에 대한 장손 박재상의 증언

77 《조선신문》, 1924년 4월 20일, 알림. "부동산경매공고": 공고된 내용에 의하면 해당주소는 경성부 서계동21번지일대 27평으로 최저경매가액은 235원이며 그 지번에 있는 건물의 최저 경매가는 2백원으로 나와 있다. 경매신청자는 일본인으로 여겨지는 小林吉三郎으로 되어있다.

78 《동아일보》, 1925년 10월 4일 기사, "기미년운동과 조선의 48인, 최근 소식"

79 《기독신보》, 1922년 5월 3일, "인亽소식": 본샤원 박동완군은 셩묘차로 4월 29일 포천에 나려갓다가 5월 2일 귀경.

80 《기독신보》 1923년 1월 10일 사설; 《기독신보》, 1930년 12월 3일, 사설 "창간15주년을 당하야" 본보의 간략한 연혁을 참조할 것.

81 전택부, 『한국기독교청년회 운동사』(서울: 정음사, 1978), 382-3: 이때 선정된 교화진흥 연구 중앙위원은 신흥우, 홍종숙, 박희도, 박동완, 김활란, 유각경, 홍병덕 등 7명이었다.

82 신용하, 『한국독립운동의 역사46- 신간회의 민족운동』(천안: 독립기념관 한국독립운동사연구소, 2007), 37: 신간회(新幹會)란 명칭은 원래 신한회(新韓會)였으나 일제가 '韓'자의 등록을 거절하는 바람에 '韓'자 대신 같은 뜻으로 쓰였던 '幹'자를 사용하여 '신간회(新幹會)'로 하였다. 또 '고목신간(古木新幹)'을 참조하였다는 기록이 있다.

83 Ibid., 35-48.

84 《동아일보》, 1928년 1월 8일 기사 "만주 특파원 兩氏 귀경"

85 《동아일보》, 1928년 6월 18일 기사 "조선교육협회에서 정기총회 개최"

86 《기독신보》, 1923년 11월 21일. "복주행 제2신"

87 《기독신보》, 1923년 12월 5일. "복주행 제4신"

88 假醫師, 京城名人物 身體大檢査, 男女身邊秘密暴露(第一回發表) 《별건곤, 제52호, 1932년 6월 1일: 朴東完 그는 수족이나 얼골 긔타 여러 곳에 너무도 상처가 만코 또한

현재에 멀리 미주(米洲)에 가서 잇스니 나가튼 의사로는 속히 검사하기 어렵다. 미래 천국의 전문의사에게 촉탁하라고 그만두자.

89 원문에도 '0000'으로 되어 있음. 박동완은 상대방의 이름을 알지만 일부러 익명으로 처리한 것으로 추측됨. (필자 주)

90 《기독신보》 1924년 1월 23일. "복주행 제11신"

91 원문은 세로쓰기인지라 원문 상으로는 '우측인'임.

92 국사편찬위원회 편, "기독교동아총회 출석자에 관한 건," 『한국독립운동사 자료 38-종교운동편』 (과천: 국사편찬위원회, 2002), 509-10:

(245) 高警第三七六三號 基督教東亞總會出席者ニ關スル件

京城府體府洞百三十一番也 基督申報編輯人 朴東完 三十八年

右者十一月十五日ヨリ支那福州ニ於テ開催ノ東亞總會ニ平信徒代表トシテ列席ノ

爲本月六日午前十時京城發下關上海經由福洲ニ向ヒタルカ本名ハ大正八年朝鮮ノ

獨立ヲ宣言シ懲役三年ニ處セラレ大正十年假出獄シタルモノ

ニシテ其ノ後具體的不穩ノ言動ニ出テサルモ其ノ動靜相當注意ノ

要アルヘシ(福州上海ニ於テハ) 滯在中ノ言動御通報 (報告) 相成度シ 追テ所轄警察署

發給ノ 旅行證明書ヲ所持セリ

大正十二年十一月八日 朝鮮總督府警務局

發送先 外務大臣・駐支公使・福州領事・上海派遣員

93 《동아일보》, 1931년 9월 4일 기사, "박동완 목사 도미 경성역에서 특급열차 편"

94 《기독신보》, 1931년 6월 17일, "하와이는 락원이란다"

95 《기독신보》 1928년 8월 29일 인사소식: 박동완씨 하와이 조선인 교회에 피0되여 금 8월 25일 오전 10시 10분차로 임지를 향하야 경성을 출발; 《동아일보》, 1928년 8월 27일 기사, "박동완씨 도미": 조선사회의 각 방면으로 활동을 만히 하든 박동완씨는 얼마 전 하와이재류동포들의 예수교회의 목사가 되어 이십오일 임디 하와이를 향하야 동 오전열시 십분 다수 동지들의 송별리에 경성역발 경부선 렬차로 발정하얏다더라.

96 《신한민보》, 1928년 10월 18일 기사, "10월 8일 하와이에 선편으로 박동완 목사 안착"

97 《기독신보》 1923년 6월 13일 사설, "하와이 在留 우리 學生의 故國 來觀홈에 對ᄒᆞ야" 본 저술에서 원문을 소개할 경우, 원형 그대로를 옮기는데 원문이 한문일 경우에는 괄호를 사용하여 별도의 한글 표기를 하였다. 띄어쓰기가 되어 있지 않은 원문은 현대 맞춤법에 맞게 띄어쓰기를 했다.

98 와히아와 한인기독교회(Wahiawa Korean Christian Church)는 이하 '와히아와 교회'라 표기한다. 현재 교회는 와히아와 연합 그리스도교회(United Church of Christ)로

명칭이 바뀌어 지속되고 있다.

99 이덕희, 『한인기독교회 한인기독학원 대한인동지회』 (서울: 한국기독교역사연구소, 2008), 82.

100 Ibid.

101 Barbara Kim Yamashita, 『와히아와 한인교회 역사 1919-1987년』. 최영석 역 (하와이: 와히아와 한인교회, 1987), 1-2.

102 「호항 기독교회 일지」, 1934년 제2권. 1월 14일 일지. 필자가 2013년 6월에 하와이 대학 내에 있는 한국연구소(The Center for Korean Studies, University of Hawaii)에서 발견한 일지임..

103 Barbara Kim Yamashita, 『와히아와 한인교회 역사 1919-1987년』, 6.

104 오영교, 『정동제일교회 125년사 제1권 통사편』, 179: 1890년 감리교회 강례인 "미이미교회강례"가 발행된 이후 조선 감리교회는 교회의 모든 사무를 감리교회 법에 의거하여 집행하였다. 조선 감리교회의 독특한 선교정책은 '구역제도'에 있다. 이 구역은 신도들의 모임인 예배처(Chapel)와 선교처로 조직된다. 조선교회는 미감리회의 장정에 따라 구역의 전도자들로서 권사, 전도사, 각 예배처와 선교처를 순행하여 돌보는 집사목사(Deacon), 구역장인 장로목사(장로사: Elder)의 계층이 있었다. 권사와 전도사는 평신도 사역자로, 집사목사와 장로목사는 교역자로 구분되었다. 어느 정도의 신학 훈련을 받고 목회 경험을 쌓으면, 전도사는 집사목사 안수를 받을 수 있었으며, 집사목사가 된 후 장정이 규정한 모든 여건을 계속 구비하면 장로목사 안수를 받을 수 있었다. 보통 집사목사 안수를 받은 후 4년 이상이 경과해야 장로목사 안수를 받을 수 있었다.

105 Ibid., 328. 각주 169 재인용: 「정동교회 구역회록」. 1922년 11월 17일: 1922년 6월 개최된 경성지방회에서 정동교회에 파송된 사역자는 다음과 같다. 목사: 김진호, 준허장 취득 전도사: 정득성, 이교영, 박동완, 4년급 전도사: 노준탁, 3년급 전도사: 신흥우, 손메례, 1년급 전도사: 강매, 전영택, 그 외 조만수, 이원필, 안석호, 김일환, 김순애, 김은식.

106 Ibid., 158-9:

본처전도사반 4년 과정은 다음과 같다. ① 1년급 강의과목: 창세기, 마가복음, 로마서(1-9장), 태서신사(Sheffield's History Vol I&II), 성서지리학, 장정과 규칙(제1권), 전체공용문답. 필독서: 천도소원(Evidence of Christianity-Martin), 요한 웨슬리 사기 ② 2년급 강의과목: 출애굽기, 로마서(9장-16장), 중보천도총록 I권, 장정과 규칙(2-4권), 교회 사기, 전도론. 필독서: 시편(1-41편), 양교판정(천주교와 개신교) ③ 3년급 강의과목: 레위기, 히브리인서, 중보천도총론, 영혼론, 교회 사기, 웨슬리의 설교문

(1-10). 필독서: 시편(42-72편) ④ 4년급 강의과목: 신명기, 고린도전후서, 중보천도총론(3,4권), 교회 사기, 미이미감리교회 예문. 필독서: 시편(73-150편)

107 Ibid., 159.

108 《신한민보》,1929년 12월 12일, "농촌국어학교가 발전되어"

109 Barbara Kim Yamashita, 『와히아와 한인교회 역사 1919-1987년』, 7-9.

110 《기독신보》, 1931년 6월 10일, "인사"

111 《동아일보》, 1931년 6월 11일 기독교청년회 목요강좌 "재류재규동포의 근황"

112 《동아일보》, 1931년 6월 21일 기독교청년회 일요강화 "재규조선인의 신앙생활"

113 《동아일보》, 1931년 6월 14일 정동교회 일요강화 "인생생활의 3요소"

114 1931년 6월 17일부터 1931년 9월 2일까지 《기독신보》에 "하와이는 낙원이란다"라는 제목의 글을 연재하였는데 박동완은 이 글에서 하와이에 대해 위치는 물론이고 지질과 지세를 비롯하여 정치조직과, 인구, 산업, 역사, 문화, 종교, 풍습 등 생활 상태를 6회에 걸쳐 소개하였다. 이어서 하와이에 살고 있는 조선인과 조선인 단체에 관해 총 4회 걸쳐 자세히 기술하였으며, 마지막으로 2회에 걸쳐 결론을 썼다. 그는 결론 글의 마무리에 하와이에 살고 있는 한인 2세들이 한글 모르는 것을 안타깝게 여기며 "조선 사람의 피를 가지고 조선말을 알지 못하다면 그에 더 부끄러운 일이 어디 있으랴" 하면서 한글교육의 시급성을 알리고 후원해 줄 것을 당부하고 있다.

115 《동아일보》, 1931년 9월 4일 2면. "朴東完牧師渡米"

116 《한인기독교보》에 표기된 그의 영문명은 Pak, Tong-Wan이다.

117 장규식, "비타협 민족운동의 외길을 걸어간 사랑과 정의와 인도의 전도자 근곡(槿谷) 박동완(朴東完)," 17.

118 하와이 한인이민 90주년 기념사업위원회편, 『Their Footsteps: 그들의 발자취』 (서울: Ye Sun Co., 1994), 160: 이사원들의 개별사진과 함께 직책이 사진 아래에 각각 명시되어 있음.

119 동지회와 국민회는 미주 한인사회의 양대 단체였다. 동지회가 설립된 것은 1921년 7월이나 1913년부터 이승만은 하와이에서 이미 학교와 교회, 〈태평양잡지〉의 발간 등으로 지지자를 주변에 모았다. 그러던 중 1920년 12월 초 상해에 도착한 그는 1921년 5월까지 6개월간 임시대통령의 직무를 수행하면서 임시정부의 조직정비와 재정확보, 진로 등을 두고 각료들과 갈등을 빚게 된다. 그 결과 이동휘, 안창호 등과 결별하여 기호파만으로 내각을 구성하였으며, 반(反)이승만·반(反)임정세력들은 독립운동을 재검토할 국민대표회의 소집을 요구하였다. 한편 위싱턴의 구미위원부는 현순의 공사관 설립파동으로 인하여 내부분열과 대미교섭상의 혼선을 빚고 있었다. 재정상의 어려움과 외교상의 긴급을 내세워 1921년 6월 29일 하와이로 돌아온

이승만은 자신의 지지기반을 다지기 위해 동지회를 결성하였다. 이후 그는 정치적 독립보다는 경제적 실력양성에 주력하게 된다. 이승만은 동지회의 세력 확장 및 회원들 간의 결속과 재정 확보를 위해 사업을 시작하였다. 1925년 동지식산회사의 설립과 동지촌 건설 등이 그것이다. 그러나 1930년 운영상의 미숙 등으로 동지식산회사는 실패하고 만다. 한편, 1921년 3월 국민회 하와이 지방총회는 임시정부의 내무부령 제4호 임시교민단제에 따라 '대한인하와이교민단'으로 개편되어 이후 교민단과 동지회는 각각 독자적인 조직을 유지하면서 이승만과 구미위원부를 지지하였다. 동지회가 정치적 결사단체였다면 교민단은 하와이 교민들의 자치기구적 성격이 강했다. 1930년 7월 중순 호놀룰루에서 동지회 미포(美布, 미주본토와 하와이) 대표대회가 열렸다. 이 대회를 계기로 이승만은 교민단을 동지회로 흡수 통합시키려 하였으나 교민단의 반발로 충돌이 일어났다. 이는 동지식산회사의 사업실패로 인한 자금문제가 내포되어 있었기 때문이다. 동지회와 국민회 간의 충돌은 인신공격과 폭력행사, 재판 등으로까지 이어져 이후 하와이 한인사회의 분열을 파생시켰으며 대외적으로도 치명적 상처를 남겼다. 양측의 분쟁으로 인한 재정 소모만도 2만 달러에 달하였다. 당시 교민단에서는 이때의 충돌을 "민중 대 독재자의 싸움"이라 평하였다. 교민단은 1933년 초 원래의 국민회로 복귀함으로 이승만과의 결별을 공식화하였다. 고정휴, 『1920년대 이후 미주·유럽지역의 독립운동』, 한국독립운동사 편찬위원회, (천안: 독립기념관 한국독립운동사연구소, 2009), 57-67.

120 《태평양주보》, 1938년 9월 3일 기사 "국치기념식"

121 《태평양주보》, 1940년 4월 13일 소식 "박목사 전별":
박동완 목사 와히아와 교회 담임목사에서 카우아이(Kauai) 미 감리교 목사로 전출됨.
와히아와에서 000긔독교 목사 겸 국어 교수로 근무ᄒᆞ시든 박동완 목사는 가와이(카우아이 Kauai) 미감리교회 목사로 피선되여 기 六일 션편에 가와이로 건너 간는데 와히아와 교 우들은 젼별회를 열고 박목사를 젼별ᄒᆞ는 동시에 금시계와 가방이며 그에 00은 긔념품을 만히 드렷다더라. (000은 판독불가: 필자 주)

122 《태평양주보》 1940년 6월 29일 소식 "박목사 출항":
가와도(카우아이) 한인 미감리교회 목사 박동완선생은 종기로 인하야 치료차로 출항하 야 아즉 일인병원(日人病院)에 입원치료중인데 이는 모던닥터 중 방금 진찰하는 일 의(日醫)가 씨의 법종에 전문가이라더라.

123 《태평양주보》 1940년 8월 31일 인사소식 "박목사 퇴원":
큐인병원에서 치료하는 박동완 목사는 완치되여 불원간 퇴원케되엿다하며

124 《태평양주보》 1941년 2월 15일 소식 "각 단체 연합 임시대표회":

동지회: 손승운, 리원순, 국민회: 안원규, 독립단: 박태균, 독립당: 김원용
부인구제회: 손노디, 심영신, 박정숙, 영남부인회: 박금우, 차정임,
부인호상회: 우도경, 오살름, 동맹저금회: 김리호, ,천주교: 리경호,
불교: 도진호, 천도교: 승용환, 리제현, 미감리교회: 박종수,
기독교: 김창순, 성공회: 조병요, 대학생회: 강영각, 기독학생회: 김이제, 리태성,
임원 : 위원장 박동완, 주석 안원규, 서기 리원순

125 《태평양주보》 1941년 3월 1일 기사 '박동완 장례식":
금년 2월 23일 오후 2시 하와이 호놀룰루 정부병원에서 박동완 목사 소천. 3·1 기념 준비위원회 주도로 사회장으로 장례 치름. 장례식 위원장: 림두화, 위원: 최선주, 리 원순, 민찬호, 안원규, 박금우, 김창순, 박종수

126 《신한민보》 1941년 3월 27일 기사: "3월 1일 오후 7시 박동완 목사 장례 교민 700여 명이 모여 사회장으로"

127 《태평양주보》 1941년 3월 1일 표지에 실린 글

128 《태평양주보》 1941년 3월 8일 "박동완 목샤 장례"

129 《태평양주보》 1941년 3월 8일에 실린 두 편의 글:
박동완션생 셔거에 추도. 통재애지로다
션생씌셔 운명시에 공셔간에 심졀ᄒᆞ신 유언도 못ᄒᆞ시고 별세ᄒᆞ심을 통졀애졀ᄒᆞ나이다. 창 파고도즁에 신음고통으로 고적ᄒᆞ신 ᄯᅢ에 만족ᄒᆞᆫ 간호적위안을 졔공ᄒᆞ지 못ᄒᆞᆫ 것은 죄송천 만이외다. 만셔ᄒᆞ옵소셔 셩톄인쟈신도 망각ᄒᆞ시고 십쟈가의 참형을 감수ᄒᆞ심이여 억조창 싱을 구속ᄒᆞ심 이로다. 쳐쟈와 생명을 불관ᄒᆞ시고 샤형션고를 자취ᄒᆞ시는 선언셔에 친필 로 셩명하심이여. 국가의 독립과 민족히방을 위ᄒᆞ야 심졀ᄒᆞ심이로라. 위대ᄒᆞ다 션생의 용감적 희생심이여 민족적 정신샹 쟈유와 적개심을 고취함에 광션이고 싱명수로다. 션생 의 신령은 텬부씌서 환수ᄒᆞ심이여 션생의 일싱에 미진ᄒᆞ신 광복대샤를 샹주전에 호적으 로 애원ᄒᆞ게 ᄒᆞ심이로다 션생씌서 심령샹으로 협조ᄒᆞ신 은틱이여 불원장릭에 광복대샤를 완셩ᄒᆞᆫ후 한양셩 장춘단에셔 쳔추만세토록 션생의 심령을 추모ᄒᆞ오리다.
복원 션생은 락원에셔 안심영존ᄒᆞ옵소셔—애도인 졍은서

박동완션생 부음을 보고
오호통지라 션생의 별세ᄒᆞ심이 ᄭᅮᆷ인냐 싱시인냐 션생이시여 엇지ᄒᆞ쟈고 이와 갓치 홀홀 히 ᄯᅥ나 가신단 말이오 이 파란이 즁첩한 이 시긔에 그 누구를 대리케 ᄒᆞ시고 三十三인 의 단맹결심을 뉘게다 위탁ᄒᆞ시고 당신의 쳘져ᄒᆞᆫ 애족심을 뉘게다 편정하고 당신의 관후 인쟈ᄒᆞ심을 그 누구에게 재임하시고 당신 혼쟈 먼져 조혼 락원으

로 가시고 맘니가 통ᄌᆡ 통ᄌᆡ라 션생이시여 션생이여 우리 젼테 민즁들의 혼암ᄒᆞ기를 감각식히셔셔 당신의 일편 단심 품고계시든 원ᄒᆞᆫ을 속히 일우게 ᄒᆞ심을 부탁ᄒᆞ오며 다만 션생의 령혼을 위ᄒᆞ야 몃 마ᄃᆡ 조상으로 붓슬놋습니다. 어니. 어니. 어어니.
—리은구

130 《태평양주보》 1941년 7월 5일 "감사의 말"

131 박대희, 애국선열 박동완 목사 약력(略歷) 초(抄).

132 '민족주의'는 '내셔널리즘(nationalism)'의 번역어이다. 하지만 내셔널리즘은 '민족주의', '국민주의', '국가주의' 등으로 번역될 수 있는 민족주의보다 더 포괄적인 용어이다. 따라서 민족주의는 협의와 광의의 개념이 있다. 광의의 민족주의는 내셔널리즘이라 할 수 있다; 차기벽, 『민족주의 원론』 (서울: 한길사, 1990), 63쪽을 참조할 것.

133 차기벽, 『민족주의 원론』 (서울: 한길사, 1990), 62.

134 Ibid., 24.

135 Ibid., 17.

136 Hans-Ulrich Wehler, 『허구의 민족주의』 이용일 역 (서울: 푸른역사, 2007), 27-8.

137 차기벽, 『민족주의 원론』, 45.

138 장문석, 『민족주의』 (서울: 책세상, 2011), 10-2.

139 Hans-Ulrich Wehler, 『허구의 민족주의』, 38.

140 차기벽, 『민족주의 원론』, 14-5.

141 Ibid., 56.

142 Ibid., 15.

143 임지현, 『민족주의는 반역이다』 (서울: 소나무, 1999), 51.

144 임지현, 『민족주의는 반역이다』, 24-5: 차기벽과 비슷하게 사상사 및 운동사의 두 관점에서 민족주의를 이해할 수 있다는 임지현의 개념도 이 책에서 적용하고자 한다.

145 차기벽, 『민족주의 원론』, 68.

146 Ibid., 92.

147 Hans-Ulrich Wehler, 『허구의 민족주의』, 62-3.

148 Ibid., 56-63.

149 Ibid., 64-5.

150 차기벽, 『민족주의 원론』, 84-5.

151 임지현, 『민족주의는 반역이다』, 48-9.

152 차기벽, 『민족주의 원론』, 20-1.

153 박찬승, 『민족주의의 시대』 (서울: 경인문화사, 2007), iv-v.

154 이만열, "책 머리에," 『한국 기독교와 민족의식』 (서울: 지식산업사, 1991), 3-4.

155 이 책에서 기독교는 개신교(Protestantism)를 의미하며 결국 기독교 민족주의는 개신교 민족주의를 의미한다.

156 Arthor F. Holmes, 『기독교 세계관』, 이승구 역 (서울: 엠마오, 1985), 56.

157 Ronald H. Nash, 『신앙과 이성』, 이경직 역 (파주: 살림출판사, 2003), 31.

158 W. Andrew Hoffecker, Gary S. Smith 편, 『기독교 세계관 2권-우주 · 사회 · 윤리』, 김원주 역 (서울: 생명의 말씀사, 1992), 6.

159 David A. Noebel, 『충돌하는 세계관』, 류현진, 류현모 역 (서울: 디씨티와이북스, 2013), 35.

160 Arthor F. Holmes, 『기독교 세계관』, 20-2.

161 W. Andrew Hoffecker, Gary S. Smith 편, 『기독교 세계관 1권-하나님 · 인간 · 지식』, 김원주 역 (서울: 생명의 말씀사, 1993), 23-8

162 Arthor F. Holmes, 『기독교 세계관』, 23-4.

163 Ibid., 24.

164 Ibid., 61-2.

165 Ibid., 63-4.

166 니이버(Richard Niebuhr), 『그리스도와 문화』, 김재준 역 (서울: 대한기독교서회, 1958), 48.

167 Ibid., 48-9.

168 홈즈(Arthor F. Holmes), 『기독교 세계관』, 62.

169 니이버(Richard Niebuhr), 『그리스도와 문화』, 49.

170 Ibid.

171 홈즈, Ibid., 63.

172 니이버(Richard Niebuhr), 『그리스도와 문화』, 50.

173 Ibid., 50-1.

174 베빙턴(David Bebbington), 『역사관의 유형들』, 천진석, 김진영 역 (서울: 두란노서원, 1986), 26.

175 Ibid., 27-8.

176 Ibid., 50-3.

177 Ibid., 28.

178 Ibid., 65.

179 Ibid., 203-4.

180 Ibid., 28-9.

181 Ibid., 85-6.

182 Ibid., 29.

183 Ibid., 113-6.

184 Ibid., 136-7.

185 Ibid., 29-30.

186 Stanley J. Grenz, 『조직신학』, 신옥수 역 (고양: 크리스챤다이제스트, 2003), 870-1.

187 Ibid., 871.

188 Ibid., 871-2.

189 안명준, 『한눈에 보는 성경 조직신학』 (서울: 성경말씀사관학교, 2014), 496.

190 역사학연구소, 『함께 보는 한국근현대사』 (파주: 서해문집, 2004), 5.

191 박찬승, 『민족주의의 시대』, iii.

192 박찬승, 『민족 · 민족주의』 (서울: 소화, 2010), 50-4를 참조할 것.

193 Ibid., 54-64를 참조할 것.

194 Ibid., 10.

195 Ibid.

196 김상기, "총설: 한국근대사의 이해," 『한국근대사강의』, 한국근현대사학회 편, 개정판 (파주: 도서출판 한울, 2007), 8-10.

197 차기벽, 『민족주의 원론』, 309-10.

198 김상기, "총설: 한국근대사의 이해," 『한국근대사강의』, 12.

199 Ibid., 12-3.

200 차기벽, 『민족주의 원론』, 310.

201 Ibid., 311.

202 김상기, "총설: 한국근대사의 이해," 『한국근대사강의』, 17.

203 Ibid.

204 Ibid., 17-8.

205 박찬승, 『민족주의의 시대』, 1-3.

206 Ibid., 17.

207 Ibid., 37.

208 Ibid., 50.

209 Ibid., 52.

210 차기벽, 『민족주의 원론』, 311-2.

211 박영신, "사회 운동으로서의 삼일 운동의 구조와 과정," 「현상과 인식」, 3권 1호, (1979): 27.

212 박찬승, 『민족주의의 시대』, 50-1.

213 신용하, 『한국독립운동의 역사 46-신간회의 민족운동』, 한국독립운동사 편찬위원회 편 (천안: 독립기념관 한국독립운동사연구소, 2007), 46.

214 이균영, 『신간회 연구』 (서울: 역사비평사, 1993), 99; 신용하, 『신간회의 민족운동』, 67.

215 박찬승, 『민족 · 민족주의』, 23-4.

216 박찬승, 『민족주의의 시대』, 52.

217 백낙준, 『한국개신교사』 (서울: 연세대학교출판부, 1973), 49-53; 한국기독교역사학회 편, 『한국 기독교의 역사I』, 개정판 (서울: 기독교문사, 2011), 101-6.

218 이만열, "한말 기독교 사조의 양면성 시고," 『한국 기독교와 민족의식』.(서울: 지식산업사, 1991), 212-21.

219 장규식, 『일제하 한국 기독교 민족주의 연구』 (서울: 혜안, 2001), 41.

220 이만열, "한말 기독교 사조의 양면성 시고," 212.

221 장규식, 『일제하 한국 기독교 민족주의 연구』, 41-3.

222 이만열, "한말 기독교 사조의 양면성 시고," 212.

223 장규식, 『일제하 한국 기독교 민족주의 연구』, 75-86을 참조할 것.

224 Ibid., 94-5.

225 Ibid., 100-1.

226 Ibid., 104-5.

227 한국기독교역사학회 편, 『한국 기독교의 역사II』, 개정판 (서울: 기독교문사, 2015), 40.

228 장규식, 『일제하 한국 기독교 민족주의 연구』, 122-35.

229 Ibid., 16-7, 139-40.

230 Ibid., 17,

231 Ibid., 17-8.

232 신기영, 『한국 기독교의 민족주의 1885-1945』 (부산: 동혁, 1995), 4.

233 장규식, 『일제하 한국 기독교 민족주의 연구』, 20.

234 민경배, 『교회와 민족』 (서울: 연세대학교 출판부, 2007), 114-132. "기독교의 수용 단층 분화"와 이 책의 제1부 주석 11을 참조할 것.

235 이만열, "한말 기독교 사조의 양면성 시고," 253-6을 참조할 것.

236 이덕주, "3 · 1운동에 대한 신앙운동사적 이해," 『초기 한국 기독교사 연구』 (한국기독교역사연구소, 1995), 251-7을 참조할 것; 한국기독교역사학회 편, 『한국 기독교의 역사II』, 49-51.

237 이 책 '개인, 민족 및 우주를 초월한 구원자 예수 그리스도' 215-223쪽을 참조할 것.

238 김명구, "월남 이상재의 기독교 사회운동과 사상연구," (연세대학교 신학과 박사학위 논문, 2003), 226-7.

239 이만열, "남강 이승훈의 신앙," 『한국 기독교와 민족의식』, 332-4.

제2부 박동완의 기독교 민족운동

1 기독신보의 창간일은 1915년 12월 8일이다. 따라서 12월 7일은 오기이다. (필자 주) : 윤춘병, "기독신보 해제," 『긔독신보』 (서울: 한국기독교사연구회, 1988); 윤춘병, 『한국 기독교 신문 · 잡지 백년사』 (서울: 대한기독교출판사, 1984), 119-20.

2 서굉일, "기독신보의 사료적 가치," 『긔독신보』 (서울: 한국기독교사연구회, 1988).

3 Ibid.

4 1914년 8월 18일자 《예수교회보》가 결국 최종호가 됨.

5 윤춘병, "기독신보 해제," 『긔독신보』.

6 『한국민족문화대백과사전 6』 (서울: 한국정신문화연구원, 1991), 539-40: 기독교서적의 출판과 판매 및 보급을 목적으로 1890년 6월에 설립된 초교파적 연합사업기관으로 최초의 명칭은 '조선셩교셔회'였다. 1910년에 최초의 유급총무로 본윅(G. Bonwick)이 임명되었다. 1915년에 '죠선예수교셔회'로 개칭하고 〈긔독신보〉를 발행하기 시작하였다. 1939년에 '조선기독교서회'로 개칭되었다. 해방 후 1948년에 '대한기독교서회'라는 명칭으로 재건되었다.

7 윤춘병, "기독신보 해제," 『긔독신보』.

8 당시 일제는 한국인에 의해 발간되는 일체의 신문이나 잡지의 허용을 금하였기에 외국인 선교사를 발행인과 사장으로 전면에 내세워야만 했다. 또한 연합기관인 기독교서회 사무실의 사용을 위해 조선예수교서회 총무로 있던 본윅을 발행인으로 삼은 건 어찌 보면 자연스러운 일이다.

9 윤춘병, "기독신보 해제," 『긔독신보』; 『대한기독교서회 백년사』, 34-5.

10 이만열, 『한국기독교 문화운동사』 (서울: 대한기독교출판사, 1987), 373.

11 박영학, "일제의 언론통제," 『한국언론 100년사』, 제1권 (서울: 한국언론인연합회, 2006), 433-4, 황우선, "기독신보(1915-1937) 초창기 한국교회신문 연구," (목원대학교 신학과 박사학위 논문, 2011), 79에서 재인용.

12 이만열, 『한국기독교 문화운동사』, 372.

13 황우선, "기독신보(1915-1937) 초창기 한국교회 신문 연구," 82.

14 Ibid., 82.

15 Ibid., 80.

16 정진석, 『인물 한국언론사』, 143-5: 《매일신보》는 일제강점기에 조선총독부 기관지로 발행되던 일간신문으로 1904년 7월 18일 영국인 배설(裵說: Ernes Thomas Bethell)이 창간한 《대한매일신보》를 일제가 사들여 국권침탈 직후인 1910년 8월 30일부터 '대한'이란 두 자를 떼고 《매일신보》로 게재한 것이다. 경영상으로는 일어판 기관지인 《경성일보》에 통합시켜서 《경성일보》의 일본인 사장과 편집국장 밑에 두어 일제의 한국 통치를 합리화하고 내선일체(內鮮一體)를 주장하는 논조로 발간되었다.

17 정진석, "기독신보와 한국의 언론문화," 《기독교사상》, 1990년 6월호, 138.

18 Ibid.

19 한국외국어대 명예교수. 런던대학교 정경대학에서 언론학 박사학위를 받았다. 1964년 언론계에 입문하여 한국기자협회 편집실장, 관훈클럽 사무국장을 지냈다. 1980년 외국어대학교 언론학 교수, 사회과학대학장, 정책과학대학원장, 언론중재위원회, 방송위원, LG상남언론재단 이사를 역임했고 2004년 정년퇴임하여 한국외국어대 명예교수로 있다. 저서로는 『한국현대언론사론』, 『대한매일신보와 배설』, 『한국언론사』, 『인물한국언론사』, 『언론유사』, 『역사와 언론인』 등이 있다. -네이버 인물정보 참조-

20 박동완 다음으로 조상옥이 편집인이 되는데 김춘배는 그 밑에서 편집부 일을 맡아보았다. 그의 회고록에 의하면 은사이기도 한 조상옥이 《기독신보》 주필로 새로이 취임을 하면서 함께 일하자고 권유하여 권유 받은 지 한 달 후인 1924년 4월에 《기독신보》에 들어왔다고 한다. 하지만 4월은 그의 착오인 것 같다. 조상옥은 1924년 5월 21일자 《기독신보》에 편집인으로 처음 등장한다. 권유받고 한 달 후에 들어왔다고 한다면 《기독신보》에 입사한 달은 4월이 아니라 6월 이후가 맞다(필자 주). 김춘배, 『筆苑半百年』 (출판지 불명: 성문학사, 1977), 1-2 참조.

21 Ibid., 11; 1927년 조상옥의 별세 이후 김춘배는 주필의 업무를 대행하였다. (필자주)

22 《기독신보》 1921년 11월 2일, "최상현씨 입사"; 《기독신보》, 1921년 11월 16일, 사설 "본사의 신간부"; 《기독신보》, 1923년 1월 10일, 사설 "기독신보".

23 조선예수교장로회, 「조선예수교장로회총회 제5회 회록」, 1916, 24.

24 이만열, 『한국기독교 문화운동사』, 374.

25 이장식, 『대한기독교서회 백년사』, (서울: 대한기독교서회, 1984), 39.

26 황우선, "기독신보(1915-1937) 초창기 한국교회 신문 연구", 75.

27 Ibid.

28 《기독신보》 1930년 12월 3일, 사설 "창간15주년을 당하야- 본보의 간략한 연혁":

개인은 개인으로서의 전긔가 잇고 민족은 민족국가는 민족국가로서의 력사가 잇다. 그래서 뒤를 잇는 사인과 공인들로 하여곰 과거의 잡과 잘못을 통하야 배호는 것이 잇게 되는 것이다. 본보는 선배들의 붉은 정성으로 一九一五년 十二월 八일에 제一호를 발행하게 된 것이다. 이에 그 지난바 十五주년간의 되어온 일을 간략히 삷히여 소개하려 한다. 창간당시 본보는 감리교회에서 경영하던 「그리스도회보」와 장로교회에서 경영하던 「예수교회보」가 련합되여서 「긔독신보」라는 일흠을 가지고 탄생한 것이다. 이 때에 산파역을 한 이들은 감리회편으로는 크램(奇義男)씨와 박동완(朴(東完)씨요 장로회편으로는 게일(奇一)씨와 김필수(金弼秀)씨이였다.

29 Ibid.: 一千九백二十二년 十二월 二十일에 박동완씨가 다시 편집인의 책임을 법적으로 엇어 재임된 후 一九二三년 一월二十四일 로해리씨가 사장을 사임하고….

30 국사편찬위원회, "반민족행위 특별조사위원회 피의자 심문조서 피의자 전필순", 1949년 4월1일.

31 《기독신보》, 1918년 1월 18일 사설 "원죠(元旦)의 신감(新感)"

32 《기독신보》, 1919년 12월 3일 사설 "합일(合一)"

33 《기독신보》, 1920년 2월 4일 사설 "희망(希望)과 성공(成功)"

34 《기독신보》, 1921년 3월 9일 사설 "오응천(吳應千) 씨(氏)를 환영(歡迎)하노라"

35 《기독신보》, 1919년 12월 31일 사설 "신년마지"

36 《기독신보》, 1920년 1월 7일 사설 "삼죠빅감(三朝百感)"

37 《기독신보》, 1920년 1월 28일 권두언 "ᄋᆞ동에 ᄃᆡᄒᆞ야"

38 《기독신보》, 1918년 1월 18일 사설 "원죠(元旦)의 신감"
《기독신보》는 1917년 9월 19일부터 1920년 3월 24일까지 한문을 사용할 경우 견서(肩書)방식을 취하였다. 견서(肩書)란 한문 위쪽에(어깨 쪽) 다시 작은 글씨의 한글로 음이나 훈을 표기하는 방식을 말하는데, 본 필자는 원문을 살리기 위하여 한자를 그대로 썼으나 한글은 견서 하지 않고 괄호로 처리하였다.

39 박동완은《기독신보》사설 이외의 글에서 박동완이란 본명 외에 'ㅂㄷㅇ,' 'ㅂㄷㅇ싱,' 'ㅂ싱,' '근곡(槿谷),' '근곡생(槿谷生)' 등의 필명을 사용하여 글을 게재하였다.

40 《기독신보》, 1915년 12월 8일 사설 "긔독신보 창간ᄉᆞ"

41 《기독신보》, 1916년 6월 21일, 감상록 "인왕산에셔"

42 17세부터 28세경 까지 私塾에서 한문을 배움.
국사편찬위원회 한국사데이터베이스 http://db.history.go.kr

43 Annual Metting of the Federal Council of Protesttant Evangelical Missions in Korea 1918. 23, 황우선, "기독신보(1915-1937) 초창기 한국교회 신문 연구", 76에서 재인용: 1918년 8월 12일 회의록에서 "편집위원에서 게일을 편집인으로 선출했고, 히치

(J.W. Hitch)와 장낙도를 무급 협력위원으로 선출했다."는 내용이 나온다.

44 《기독신보》, 1921년 3월 9일, 사설 "吳應千氏를 歡迎ᄒᆞ노라"

45 《기독신보》, 1916년 8월 30일, 필명은 ㅂㄷㅇ싱.

46 《기독신보》, 1916년 6월 7일 사조, 필명은 ㅂㄷㅇ싱.

47 원문은 세로쓰기로 되어 있어 시 전체의 모양이 마치 다섯 봉우리의 산처럼 '위로' 하늘을 향하고 있다. 이 책에서는 가로쓰기를 하여서 시 전체가 왼쪽으로 향하고 있다.

48 《기독신보》, 1916년 6월 21일, 감상록(感想錄) 필명은 ㅂㄷㅇ싱.

49 가부열은 가브리엘의 한자 음차 표현임.

50 《기독신보》, 1917년 12월 26일, 산문시(散文詩) 필명은 ㅂ싱.

51 《기독신보》, 1918년 12월 4일, 취재기사. 필명은 ㅂㄷㅇ싱.

52 《기독신보》, 1916년 5월 10일, 잡감(雜感). 필명은 ㅂㄷㅇ싱.

53 윤춘병, 『한국기독교 신문 · 잡지 백년사』, 146.

54 《기독신보》 1923년 2월 14일, 사설 "조선기독교창문사의 창립"

55 《한인기독교보》 제1권 제1호, 1934년 7월 1일, "발간의 말"

56 《한인기독교보》 제1권 제1호, 1934년 7월 1일, "편집 뒤의 말":

1. ᄭᅩᆨ 10년 만에 다시 글을 쓰랴고 붓ᄃᆡ를 잡으니 이런 ᄉᆡᆼ각 져런 소감이 교집ᄒᆞ여 다토아 와서 한재번에 쓰고 십더니 결국은 이것도 져것도 다 몲쓰고 ᄯᅩ는 문장도 샐스럽고 말도 것침니다 그러나 속담에 쓴 배도 맛드릴 탓이라는 말과 갓치 독자 여러분의게 맛길 수 밧게 업습니다

2. 본보는 긔독교회에셔 발힝ᄒᆞ돈 교보가 즁간에 종종ᄒᆞᆫ 사졍으로 졍간되엿던 것을 다시 속간ᄒᆞ게 된것이니 고ᄃᆡᄒᆞ시던 여러분과 갓치 깃븐 마암으로 면면히 만나 뵈옵게 된 것임니다

3. 본보는 신자의 신앙을 길으며 종교적 지식을 널펴셔 신앙ᄉᆡᆼ활에 향상과 발젼을 목적ᄒᆞᆷ으로 종교에 관ᄒᆞᆫ 정치, 경졔, 문예, 쳘학, 사상교육연구, 젼긔, 론단, 통신 등을 주요ᄒᆞᆫ 긔재 재료로 삼앗습니다

4. 계속하는 것이지마는 쳐음 시작ᄒᆞᄂᆞᆫ 것이나 다름이 업고 ᄯᅩᄒᆞᆫ 일반 사졍에 졍통치 못ᄒᆞ고 사물에 몽매ᄒᆞᆫ 사람의 일이라 긔재 재료로던지 편집에 불만족 ᄒᆞᆷ이 만흘 줄 알고 독자졔씨의 너그러운 사랑으로쎠 편달노 지도ᄒᆞ야 다음호에는 더욱 내용을 츙실케 ᄒᆞ도록 되기를 바랍니다

5. 본보를 보신 후에 소감과 희망과 엄정ᄒᆞᆫ 비판을 투셔하시며 ᄯᅩᄒᆞᆫ 3항에 말삼ᄒᆞᆫ 범위 안에셔 원고를 긔록ᄒᆞ여 보내심을 환영ᄒᆞᆷ니다 그러나 긔재여부는 본사에 잇삼고 ᄯᅩ 1체 원고는 다시 반환치 아니하오 이는 보통판례임을 아실줄 밋습니다.

57 《한인기독교보》(제2권 제3호) 1935년 4월호, 론단 "생명은 힘이다"

58 근곡, "결혼 전 청년남녀를 위하야,"《청년》, 1923년 제3권 7호, 71.

59 박동완, "改善보다도 改悟,"《별건곤》, 1928년 12월 1일 (별건곤 16-17호), 28-9.

60 박동완, "특히 애정이 풍부,"《별건곤》, 1928년 5월 1일 (제12-13호), 46-7.

61 법제처 국가법령정보센터 http://www.law.go.kr : 1987년 10월 29일 개정 헌법.

62 국사편찬위원회 편, 『한민족 독립운동사 자료집12- 3 · 1운동2』 (서울: 국사편찬위원회, 1990), 75.

63 "박동완 경찰신문조서, 대정 8년 3월 1일," 이병헌, 『삼일운동비사』, 461-2.

64 Ibid., 471-2.

65 《동아일보》, 1920년 9월 24일, "제3일 오후의 기록 독립선언사건의 공소공판"

66 《매일신보》, 1920년 9월 25일, "손병희외 47인 공소불수리 사건 제4일의 공소공판 22일 오전 중 공판계속 속기 박동완 신문 자존자립의 정신"

67 "경성지방법원 예심괘, 대정 8년 5월 2일," 이병헌, 『삼일운동비사』, 467.

68 Ibid., 460.

69 "박동완 검찰신문조서, 대정 8년 3월 13일," 김삼웅 편, 『33인의 약속』, 106.

70 《동아일보》, 1920년 9월 24일, "제3일 오후의 기록 독립선언사건의 공소공판"

71 《매일신보》, 1920년 9월 25일, "손병희외 47인 공소불수리 사건 제4일의 공소공판 22일 오전 중 공판계속 속기 박동완 신문 자존자립의 정신"

72 "박동완 검사신문조서, 대정 8년 3월 18일," 이병헌, 『삼일운동비사』, 465.

73 《동아일보》, 1920년 9월 24일, "제3일 오후의 기록 독립선언사건의 공소공판"

74 《매일신보》, 1920년 9월 25일, "손병희외 47인 공소불수리 사건 제4일의 공소공판 22일 오전 중 공판계속 속기 박동완 신문 자존자립의 정신"

75 "박동완의 신문조서 대정 8월 26일," 국사편찬위원회 편, 『한민족 독립운동사 자료집 12- 3 · 1운동2』, 74-7.

76 국사편찬위원회 편, 『한민족 독립운동사 자료집 11- 3 · 1운동1』 (서울: 국사편찬위원회, 1990), 186-7.

77 국사편찬위원회 편, 『한민족 독립운동사 자료집 12- 3 · 1운동2』, 76-7.

78 "경성지방법원 예심괘, 대정 8년 5월 2일." 이병헌, 『삼일운동비사』, 473.

79 김진호 외 2인, 『한국독립운동의역사 20- 국내 3 · 1운동 II 남부』, 한국독립운동사편찬위원회 편 (천안: 독립기념관 한국독립운동사연구소, 2009), 19.

80 한국기독교역사학회 편, 『한국기독교의 역사 II』, 개정판 (서울: 기독교문사, 2012), 51.

81 전택부, 『한국기독교청년회 운동사』, 381.

82 민경배, 『서울 YMCA운동 100년사』, 195.

83 Ibid.

84 전택부, 『한국기독교청년회 운동사』, 246.

85 민경배, 『서울 YMCA운동 100년사』, 195.

86 《동아일보》, 1925년 2월 14일, 기사. "농촌(農村)에 천당건설(天堂建設)": 사람의 도회 생활은 헛 생활이다. 조선인의 십분지팔까지 농촌소작인이다. 조선인은 무엇보다도 농촌계발에 힘을 써야 되겟다"하는 취지로써 시내 종로에 있는 중앙긔독교 청년회에서는 이번에 농촌사업을 새로 계획하고 위선 경성을 중심으로 하야 십리내지 삼십리 이내 여러 농촌으로 전문지식을 가진 회원을 파송하야 석 달 동안을 일긔(一期)로하고 간의 교육강습을 설치하야 문맹의 동포에게 지식을 주며 농민의 고문이 되야 농작물에 대한 것은 물론이오 위생에 관한 것이던지 혹은 농가 부업이던지 무엇이던지 무보수로 직접 원조를 하야 농촌의 향상 발달에 헌신적 노력을 하리라는데 때때로 활동사진과 환등을 리용하야 촌민에게 오락을 주며 또 한 달에 한 번이나 두 번씩 명사를 청하야 농민에게 필요한 통속적 강연을 하게 하리라더라.

87 제5회 조선기독교청년회연합회 정기대회회록 5-6, 전택부, 『한국기독교청년회 운동사』, 382-3에서 재인용: 교화 진흥의 건이란 주제 아래 다음 다섯 가지 건을 채택하였다. 첫째, 1927년에는 조선 교회에 큰 운동을 일으켜 배 이상의 신자를 얻도록 힘쓸 것, 둘째, 교파를 통일케 하도록 힘쓸 것, 셋째, 교회를 조선적 정신의 교회로 이루도록 노력할 것, 넷째, 교화 진흥 연구 위원 선정의 건. 다섯째, 준회원 대회 개최의 건.

88 전택부, 『한국기독교청년회 운동사』, 382-3.

89 《기독신보》 1923년 9월 26일, 사설 "基督敎靑年會와 그 事業"

90 전택부, 『한국기독교 청년회 운동사』, 247: 매주 성황리에 치러졌던 일요강화회는 그 강연내용이 다만 전도만 위주로 한 것이 아니었다. 양주삼의 "사회주의와 기독교", 이상재의 "풍조의 위험", 신흥우의 "신앙과 해방"그리고 박동완의 "의로운 청년" 이라는 제목에서도 알 수 있듯이 일반 사상 문제에 관해서 폭 넓게 다루었다.

91 김춘배, 『필원반백년』, (출판지미상: 성문학사, 1977), 35.

92 《동아일보》, 1924년 3월 19일, 기사 「웰치박사의 망언」: 북감리교 웰치 감독이 미국 샌프란시스코에서 조선 사람들이 지금은 독립사상도 없으며 안온한 상태로 있다고 말한 내용이 기사화 된 사건.

93 《시대일보》 1924년 4월 3일, 기사. "신문의 오전(誤傳)이다"

94 오미일, 『한국독립운동의 역사 36- 경제운동』 (천안: 독립기념관 한국독립운동사연구소, 2008), 76-7.

95 Ibid., 80-123.

96 Ibid., 87: 1923년 2월 6일부터 임원들은 4대로 나뉘어 서울시내서 회원모집을 전개

하였다. 1대는 유성준, 설태희, 이종린, 2대는 김덕창, 정로석, 나경석, 고용환, 백관수, 3대는 이득년, 이순탁, 김윤수, 박봉서, 임경호, 4대는 한인봉, 박동완, 이갑성, 김동혁 등이었다.

97 Ibid., 88.

98 《동아일보》, 1924년 8월 19일, 기사 "무명회 임시총회"

99 《동아일보》, 1925년 3월 17일, 기사 "기자대회는 사월 중 십오일부터 3일간 경성에서"

100 《동아일보》, 1925년 2월 2일, 기사 "전조선기자대회 무명회 주최로 2월경 개최"

101 1921년 7월에 미국 하와이 호놀룰루에서 설립됨. 이덕희, 『한인기독교회 · 한인기독학원 · 대한인동지회』, (서울: 한국기독교역사연구소, 2008), 297-308의 내용을 참조할 것.

102 장규식, 『일제하 한국기독교 민족주의 연구』 (서울: 도서출판 혜안, 2001), 174-9.

103 《동아일보》, 1925년 10월 4일 기사, "기미년운동과 조선의 48인, 최근 소식"

104 황민호, "박동완의 국내민족운동", 335.

105 京高特秘第七二五號ノ二
昭和十三年五月二十二日
京畿道警察部長
警務局長殿
京城地方法院檢事正殿
在米革命同志會ノ朝鮮支部タル秘密結社
興業俱樂部事件檢擧ニ関スル件
對五月十一日京高特秘第七二五號ノ一
「改題延禧專門學校経済研究會関係者檢擧ノ件」
경기도경찰부장, "재미혁명동지회 조선지부인 비밀결사 흥업구락부 검거에 관한 건", 『연희전문학교 동지회 흥업구락부 관계보고』, 1938.
국사편찬위원회, 한국사데이터베이스 http://db.history.go.kr

106 장규식, 『일제하 한국기독교 민족주의 연구』, 178-9.

107 신용하, 『한국독립운동의 역사 46- 신간회의 민족운동』, 35-6.

108 Ibid., 46.

109 《조선일보》, 1927년 1월 20일, "획기적 회합이 될 신간회 창립준비";《동아일보》, 1927년 1월 20일, 「민족주의로 발기된 신간회 강령 발표」: 당시 신문지상에 발표된 신간회의 강령은 다음과 같다. ① 우리는 정치적 경제적 각성을 촉진함. ② 우리는 단결을 공고히 함. ③ 우리는 기회주의를 일체 부인함.

110 《조선일보》, 1928년 3월 27일, 사설 "실제운동의 당면과제 : 신간회는 무엇을 할까";

① 농민 교양에 적극적으로 노력한다. ② 경작권의 확보 및 외래이민을 방지한다. ③ 조선인 본위의 교육을 확보한다. ④ 언론, 집회, 결사, 출판의 자유를 획득하기 위한 운동을 전개한다. ⑤ 협동운동을 지지하고 지도한다. ⑥ 염의단발의 여행으로 백의와 망건의 폐지를 고조한다.

111 신용하, 『한국독립운동의 역사 46- 신간회의 민족운동』, 49-50.

112 《조선일보》, 1927년 1월 20일 기사 "획기적 회합이 도리 신간회의 창립준비": 김명동, 김준연, 김탁, 권동진, 정재룡, 정태석, 이갑성, 이관용, 이석훈, 이승복, 이정, 문일평, 박동완, 박래홍, 백관수, 신석우, 신채호 28명이 발기인으로 보도.

113 신용하, 『한국독립운동의 역사 46- 신간회의 민족운동』, 41: 《조선일보》에는 신간회를 위한 고정란이 마련되어 있어 "신간회 기사일속", "신간회 각지소식", "신간회소식"이란 제목으로 각 지회의 신간회 활동이 1927년 9월부터 1929년 8월까지 자세히 나와 있다.

114 《동아일보》, 1927년 2월 23일.

115 신용하, 『한국독립운동의 역사 46- 신간회의 민족운동』, 43, 67-8.

116 이균영, 『신간회 연구』 (서울: 역사비평사, 1996), 261.

117 《동아일보》, 1927년 8월 11일 기사 "개성 신간회 창립"

118 《동아일보》, 1927년 11월 1일 기사 "광주신간창립"

119 《동아일보》, 1927년 12월 12일 기사 "신간경성지회 제2정기대회 근 사백명 출석으로 대성황"

120 《동아일보》, 1927년 12월 22일 기사 "신간지회 설립"

121 채영국, 『한국독립운동의 역사 50- 만주지역 항일무장투쟁』 (천안: 독립기념관 한국독립운동사연구소, 2007), 131-2: 삼시협정(원명은 '불령선인 취체방법에 관한 조선총독부와 봉천성간의 협정')이란 1925년 6월 11일 일제 조선총독부 경무국장 미쓰야 미야마쓰(삼시궁송;三矢宮松)와 중국 만주의 군벌 장쭤린(장작림;張作霖) 휘하에 있던 봉천성 경무국장 우진(于珍)사이에 체결되었다. 이 협정은 만주지역에서 활동하던 독립군 단체와 그 지도자를 탄압하기 위한 것으로 그 내용은 다음과 같다: ① 중국관헌은 재류선인(在留鮮人)의 무기 휴대와 조선 침입을 엄금하며, 위반자는 체포하여 조선관헌(朝鮮官憲), 일제의 군경(軍警)에 인도한다. ② 불령선인(不逞鮮人) 단체(재만 한인단체를 뜻함; 필자 주)를 해산시키고 무기나 탄약을 몰수하여 무장해제시킨다. ③ 일제가 지명하는 '불령단(不逞團)의 수령(首領)'(독립운동 지도자를 뜻함: 필자 주)을 체포하여 조선관헌에 인도한다. ④ 한국인 취체의 실황을 상호 통보한다.

122 신용하, 『한국독립운동의 역사 46- 신간회의 민족운동』, 157-8.

123 《조선일보》, 1927년 12월 12일, "장춘현 오랍구자서도 二十여호(戶) 구축(驅逐)"
《조선일보》, 1928년 1월 21일, "전부 입적키로 액목현 동포결의- 음력 정초부터 중복(中服)입고 부인네는 비녀 사용금지 눈물 자아내는 결의"
《조선일보》, 1928년 3월 28일, "산동농민의 이주로 동포압박 노골화"

124 신용하, 『한국독립운동의 역사 46- 신간회의 민족운동』, 159.

125 《동아일보》, 1928년 1월 25일, "언론계를 필두로 유력자도 봉천에 도착 각 방면 활동"

126 《동아일보》, 1928년 2월 8일, "만주 특파원 兩氏 귀경"

127 《동아일보》, 1928년 6월 18일, "조선교육협회에서 정기총회개최"

128 《신한민보》 1930년 3월 13일, "하와이 한인협회 조직"

129 《태평양주보》 1938년 2월 5일 소식 "박목사 입원":
와히아와지방 기독교회목사 박동완선생은 신체부전으로 인하야 본월 1일에 큐인병원에 입원하야 의사의 진찰로 치료중인데 항내항외 일반 교우들은 선생의 병환이 속히 쾌복 (회복)되어 출원키를 축도한다더라.

130 《국민보》 1938년 2월 9일 기사:
와히아와 기독교회 목사 박동완씨는 목과 손에 종처가 나서 많은 신고를 하던 끝에 쿠인 병원에 입원하였는데 많은 차도가 있다더라.

131 《태평양주보》 1938년 9월 3일 기사 "국치긔렴식":
8월 29일은 28주 국치긔렴일인고로 본항에셔는 국민회, 동지회 량단톄 련합주최로 거월 28일 하오 二시에 수三百명 남녀 동포가 선교긔렴관에 회집ᄒᆞ야 안원규씨 사회하에 태 병션씨의 지도로 국긔경례식과 애국가와 민찬호목사의 긔도가 잇슨 후 안원규씨가 취지 를 셜명ᄒᆞ엿는데 금년에는 합동ᄒᆞ야 이날을 긔렴케된 것 무한히 감사ᄒᆞ며 합동문톄가 있 는 이때에 합동이 셩공되여서 합동긔렴식을 힝ᄒᆞᄂᆞᆫ 것이 아니오 합동문톄는 대표회에셔 해결ᄒᆞᆯ 것이라 하엿고 한길수씨는 영어로 연셜ᄒᆞ야 二十八년젼에 국치를 당ᄒᆞ던 0서의 국권회복ᄒᆞᆯ 긔회를 설명ᄒᆞ엿고 박동완씨의 연셜과 동지회 즁앙부장 김리졔씨의 연셜과 국민회 총회장 조병오씨의 연셜은 청즁으로 ᄒᆞ여금 독립젼션에 나셜만치 감동되엿고 긔 독교 찬양대는 二차를 노래ᄒᆞ엿다더라.

132 《국민보》 1938년 8월 31일 기사:
국민회와 동지회와 일반의 연합으로 제28주년 국치기념절로 8월 28일 하오 2시에 선교 기념관내에서 기념식을 거행하니, 일반 동포께서는 모두 와 참여하기를 바랍니다. 하늘 에 사무치는 망국의 원한을 품은 우리는 한 번 한 자리에 모여서 울어도 같이 울고 빌 어도 같이 빕시다. 천운이 순환하고 인사가 변천하여 광복의 좋은 기회가 왔으니, 이 기 회에 그 일을 경영하는 우리는 한 자리에 모여서 정신을 집중하고 계획을 협정합시다. 백난을 제하고 부디 참석들 하십시오. 모이는 것이 일반 일의 발념입니다. 또한 이 기념 식시에 활동사진을 찍겠으니, 일반 부인들과 새 각시들은 할 수 있으면 한국 복색을 차 리고 오고, 다들 시간 전에 와서 밖에서 때를 지어 집회실 내로 들어가면 좋겠습니다.

민국 20년 8월 27일 동지회 중앙부장 김이제 / 국민회 총회장 조병요 동포 첨존

-국치 기념 순서-

1. 국기경례 인도: 태병선 2. 애국가 두절: 전회일동 3. 기도: 민찬호

4. 취지 (한어로) 사회: 안원규/ (In English): Kilsoo Haan 5. 연설: 박동완

6. 창가: 기독교찬양대 7. 연설: 조병요 8. 영어창가: 기독교찬양대

9. 연설: 김이제 10. 축사: 김형식

133 《태평양주보》1938년 11월 12일 기사 "ᄃᆡ표원 제씨"

134 《국민보》1938년 11월 16일 기사:
"동지회 대표회 회집 (통합문제 논의를 위한 동지회 대표회 소집)"

135 《국민보》1938년 11월 23일 기사:

136 《태평양주보》1939년 8월 9일 공문

137 《태평양주보》1939년 10월 28일 기사 "동지회 년례 ᄃᆡ표회록"

138 은준관, "주일교회학교 교육에 관한 연구," 『연세교육과학』, 제27집, (1985): 48-9.

139 《기독신보》가 주간지이기에 박동완은 1918년 1월 2일부터 연속적으로 9일, 16일, 23일, 30일 그리고 2월 6일과 13일에 걸쳐 "主日學校"란에 그의 글을 기고하였다.

140 《기독신보》, 1918년 1월 16일, "主日學校"

141 《기독신보》 1918년 1월 23일, "主日學校"

142 윤춘병, 『한국기독교 신문 · 잡지 백년사』, 155: 선교사공의회의 관할 하에서 연합회 총무로 시무하던 허대전이 편집 겸 발행인이 되어 1919년부터 4년간 발행되었던 잡지. 이는 1925년에 이르러 본격적인 교육지인 『主日學校雜誌』로 바뀐다.

143 박동완, "主日學校의 組織", 「主日學界」, (경성: 조선야소교서회, 1919년 1월), 39.
국립중앙도서관, 연속자료, http://viewer.nl.go.kr:8080/viewer/viewer.jsp

144 Ibid.

145 Ibid., 39-40.
국립중앙도서관, 연속자료, http://viewer.nl.go.kr:8080/viewer/viewer.jsp

146 Ibid., 40.
국립중앙도서관, 연속자료, http://viewer.nl.go.kr:8080/viewer/viewer.jsp

147 원문은 세로쓰기로 되어 있어서 "좌(左)와 같이"란 표현이 나온 것임.

148 박동완, "主日學校의 組織", 『主日學界』, 40.
국립중앙도서관, 연속자료, http://viewer.nl.go.kr:8080/viewer/viewer.jsp

149 Ibid., 41.

국립중앙도서관, 연속자료, http://viewer.nl.go.kr:8080/viewer/viewer.jsp

150 「정동구역회 회의록」, 1922년 11월17일, 『정동제일교회 125년사 제1권 통사편』, 342-3에서 재인용: 1920년대 들어 정동교회 내 주일학교 정비가 대대적으로 이루어졌다. 1922년 정동주일학교(교장 박동완)는 주일학생 398명, 직원 및 교사 34명이 재직하였다.

151 웹윗청년회(Epworth League)는 미국에서 1889년 처음 만들어진 감리교 청년단체이다. 웹윗(Epworth)은 감리교 창시자 요한 웨슬레가 태어난 지명이다. 엡윗청년회의 강령은 ① 경건한 신앙훈련, ② 교육활동, ③ 선교활동, ④ 사회봉사 등이었다. 한국에서 웹윗청년회는 정동교회당이 건립된 해인 1897년에 조직되었다. 존스(조원시) 목사가 담임으로 있던 제물포교회에서 최초로 조직되었으며, 다음으로 서울의 달성교회가 9월 5일, 정동제일교회가 10월 28일 각각 조직되었다. 웹윗청년회는 신앙훈련과 함께 선교와 봉사를 주된 목적으로 삼았다. 유동식, 『정동제일교회의 역사 1885-1990』 (서울: 기독교감리회 정동제일교회, 1992), 91-94.

152 오영교, 『정동제일교회 125년사 제1권 통사편』, 342.; 오영교, 『정동제일교회 125년사 제3권 자료편』), 477-8.

153 오영교, 『정동제일교회 125년사 제1권 통사편』, 343.

154 손원영, "한국 초기 주일학교의 특성에 대한 연구." 《기독교교육논총》. 제18집(2008), 167.

155 《기독신보》 1923년 8월 1일, 사설, "夏期休暇를 利用ᄒᆞᄂᆞᆫ 兒童聖經學校의 創始"

156 Barbara Kim Yamashita, 『와히아와 한인교회 역사 1919-1987년』, 6:

1928년 9월 8일(원래는 10월 8일이 맞음: 필자 주)은 이 교회 역사에서 참으로 중대한 날이었다. 이 최초의 전임목사로 박동완 목사가 한국으로부터 선편으로 호놀룰루 부두에 도착한 것이다. 박 목사의 12년에 걸친 재직기간 중 처음 몇 년간의 실정에 대해 우리가 많은 사실을 알게 된 것은 그 분이 기록한 일기의 덕택이다. (이 일기는 이번 교회 역사편찬사업을 위해 영역되었다.) 그분이 어떤 연유로 이 교회에 재직하게 되었는지는 확실하지 않다. 그러나 그 분은 본 교회에 있어서 뿐만이 아니라 한국사에서도 중요한 위치를 차지하는 인물이다. 그는 독립선언서에 서명한 33인 중 한 분이었다. 한국에서 독립운동 건으로 다른 애국지사들과 함께 일본정부에 체포되어 투옥되었다. 수년 후 그는 탈출에 성공하여 하와이로 망명을 왔다. 고향을 떠난 그의 제2의 고향은 와히아와 한인기독교회였다. 그는 고국과 처자식 친지들을 두고 홀로 떠나온 자신을 스스로 위로하기 위해 1928년부터 1940년까지 교회를 정신적으로 부흥시키는 일에 힘을 쏟았다. 그는 또한 하나님을 우러러보고 하나님과 함께 걸어갔다.

157 Ibid., "본 기록의 제한점"과 "저자약력" 참조:
책을 쓸 때 기초자료가 되었던 것은 최초의 전임목사였던 박동완이 남긴 일기(1928-1932)와 불완전한 회의록(1947-1987)과 몇 가지 대금 청구서 및 법문서와 예산안 기록 등이었다. 박동완이 남긴 일기는 필자가 방문하였을 때는 행방불명 상태였다. 대신 필자는 야마시타(Barbara Kim Yamashita)에 의해 저술된 『와히아와 한인교회 역사 1919-1987년』 책을 교인에게 얻을 수 있었다. 저자 바바라는 박동완 목사에게 유아세례를 받았으며 1960년대 이후로 줄곧 와히아와 교회에 출석하였다. 그녀는 스탠포드대학에서 교육행정학 석사를 받은 후, 하와이대학에서 영어 및 언어교육학 박사학위를 취득했으며, 다년간 교육국에서 근무하였다

158 Ibid., 6.

159 Ibid., 7.

160 《신한민보》 1929년 12월 12일 기사, "농촌 국어학교가 발전되어":
오하우셤 농장 각 곳에도 우리 국어학교가 설치되여 2백50명 성도를 가리치는듸 와히아와 긔독 학교 박동완 목사 압헤 90명 동디방 미감리교회 학교 안창호 목사 압헤 60명이 되며 또한 와일누아 학교 교사 안악션 부인 압헤 50명 와히파후 학교 교사 차병수 부인 압헤 40명이 잇다더라

161 본 필자는 2013년 6월 박동완에 관한 자료를 수집하기 위해 가족과 함께 직접 하와이에 갔었다. 당시 와히아와 교회를 방문하였는데 와히아와 한인기독교회는 연합그리스도교회로 이름이 바뀌어 있었다. 다행히, 당시 생존해 계신, 박동완에게 직접 신앙과 한글교육을 지도받았던 할머니 세 분과 2013년 6월 6일 인터뷰를 할 수 있었다. 그들의 기본 정보는 다음과 같다.
① Ruth Mac Lee: 1922년 1월 17일생 (당시 91세)
② Mary Moon: 1918년 11월 19일생 (당시 94세)
③ Sara Moonsoon Kim: 1927년 4월 15일생 (당시 86세)

162 Barbara Kim Yamashita, 『와히아와 한인교회 역사 1919-1987년』, 6-9.

163 이덕희, 『한인기독교회 · 한인기독학원 · 대한인동지회』, 99-100.

164 Ibid., 97-8.

165 Barbara Kim Yamashita, 『와히아와 한인교회 역사 1919-1987년』, 9.

166 《기독신보》 1924년 1월 2일, "정신녀학교의 학예품뎐람회";《기독신보》 1924년 1월 9일, "정신녀학교의 학예품뎐람회(二)";《기독신보》 1924년 1월 16일, "정신녀학교의 학예품뎐람회(三)"

167 《조선일보》 1929년 3월 29일, "조선수예품은 미국에 대량수출 하와이에서 박동완씨가 주선".

168 《한인기독교보》, 제1권 제2호 1934년 10월 1일.

제3부 박동완의 기독교 민족주의의 특징과 전개

1 《기독신보》, 1922년 12월 13일, 사설, "基督教會의 思想과 言論."

2 Ibid.

3 Ibid.

4 《기독신보》, 1924년 1월 23일, 사설, "理論만 말고 實行."

5 오영교, 『정동제일교회 125년사 제1권 통사편』 (서울: 정동삼문출판사, 2011), 331: 초기교적부 사례 (1922년 기준).

6 《신한민보》, 1922년 3월9일, "민족대표 四十八人의 략력": 정동례배당 전도사로 잇다가 긔독신보사에 입하였다.

7 「정동구역회 회의록」, 1922년 11월 17일, 『정동제일교회 125년사 제1권 통사편』, 342-3에서 재인용; 『정동제일교회 125년사 제3권 자료편』, 477-8.

8 Barbara Kim Yamashita, 『와히아와 한인교회 역사 1919-1987년』. 최영석 역 (하와이: 와히아와 한인교회, 1987), 6.

9 「호항 기독교회 일지」, 1934년 제2권. 1월 14일 일지.

10 Barbara Kim Yamashita, 『와히아와 한인교회 역사 1919-1987년』, 8-9.

11 《태평양주보》, 1938년 2월 5일, 소식, "박목사 입원"; 《국민보》, 1938년 2월 9일, 기사; 《태평양주보》, 1940년 6월 29일, 소식, "박목사 출항"; 《태평양주보, 1940년 8월 31일, 인사소식, "박목사 퇴원."

12 《태평양주보》, 1940년 4월 13일, 소식, "박목사 전별":
박동완 목사 와히아와 교회 담임목사에서 카우아이(Kauai) 미 감리교 목사로 전출됨.

13 애국선열 박동완 목사 약력(略歷) 초(抄).

14 김삼웅 편, 『33인의 약속』, 106.

15 通牒 議政府主事 李容圭 第十五號, 《農商工部去牒存案 10》 1906년 1월 29일.
국사편찬위원회 한국사데이터베이스 http://db.history.go.kr
관보명 官報 第三千三百六十五號 / 光武十年二月一日 木曜
서울대학교 규장각 한국학연구원 http://e-kyujanggak.snu.ac.kr

16 "極祕高 第七九六四號, 1919. 3.22. 獨立宣言書署名者其他取調概要," 국사편찬위원회 편, 『한국독립운동사자료38 - 종교운동편』 (과천: 국사편찬위원회, 2002), 95.

17 이덕주, 『배재학당사 [通史]』 (서울: 학교법인 배재학당, 2013), 208-46.

18 애국선열 박동완 목사 약력(略歷) 초(抄);《신한민보》, 1922년 3월 9일, "민족대표 四十八人의 략력."

19 「정동구역회 회의록」, 1922년 11월 17일, 오영교, 『정동제일교회 125년사 제1권 통사편』, 342-3에서 재인용.

20 「정동구역회 회의록」, 1923년 9월 22일, 오영교, 『정동제일교회 125년사 제1권 통사편』, 343에서 재인용.

21 《신한민보》 1929년 12월 12일, 기사 "농촌 국어학교가 발전되어"

22 부록 '하와이녹취록'을 참조할 것.

23 윤춘병, "기독신보 해제," 『긔독신보』 (서울: 한국기독교사연구회, 1988); 윤춘병, 『한국기독교 신문 · 잡지 백년사』 (서울: 대한기독교출판사, 1984), 119-20.

24 정진석, "기독신보와 한국의 언론문화,"《기독교사상, 1990년 6월호, 138.

25 한국기독교역사학회 편, 『한국 기독교의 역사II』, 172.

26 윤춘병, 『한국기독교 신문 · 잡지 백년사』, 146-8.

27 박정신, "일제강점기의 기독교와 민족운동: 그 물림과 엇물림의 사회사," 108-10을 참조할 것.

28 "박동완의 검찰신문조서, 대정 8년 3월 13일," 김삼웅 편, 『33인의 약속』, 106.

29 《동아일보》, 1921년 11월 5일, "독립선언관계자 17인의 만기출옥."

30 박동완은 배재학당 재학 중 YMCA에 가입하였다: "極祕高 第七九六四號, 1919. 3.22. 獨立宣言書署名者其他取調概要," 『한국독립운동사자료38 - 종교운동편』, 95.

31 전택부, 『한국기독교청년회 운동사』 (서울: 정음사, 1978), 342.

32 Ibid., 382-3: 교화 진흥 연구 중앙위원 7인 신흥우, 홍종숙, 박희도, 박동완, 김활란, 유각경, 홍병덕.

33 경기도경찰부장, "재미혁명동지회 조선지부인 비밀결사 흥업구락부 검거에 관한 건", 『연희전문학교 동지회 흥업구락부 관계보고』, 1938 ; 국사편찬위원회, 한국사데이터베이스 http://db.history.go.kr

34 신용하, 『한국독립운동의 역사46 - 신간회의 민족운동』, 35-6.

35 《동아일보》, 1927년 2월 23일. 2면 기사, "단체와 집회."

36 신용하, 『한국독립운동의 역사 46 신간회의 민족운동』, 159.

37 《동아일보》, 1928년 1월 25일, "언론계를 필두로 유력자도 봉천에 도착 각 방면 활동"; 《동아일보》, 1928년 2월 8일, "만주 특파원 兩氏 귀경."

38 《태평양주보》 1938년 9월 3일, 기사, "국치긔렴식";《국민보》, 1938년 8월 31일, 기사.

39 《국민보》, 1938년 11월 16일, 기사;《국민보》, 1938년 11월 23일, 기사.

40 장규식, "비타협 민족운동의 외길을 걸어간 사랑과 정의와 인도의 전도자 근곡(槿谷)

박동완(朴東完)," 18.

41 《조선일보》, 1929년 3월 29일, "조선수예품은 미국에 대량수출 하와이에서 박동완씨가 주선."

42 Barbara Kim Yamashita, 『와히아와 한인교회 역사 1919-1987년』, 9.

43 《신생명》, 1925년 3월호 제21호, "조선의 그리스도교." (근곡)

44 박정신, "일제강점기의 기독교와 민족운동: 그 물림과 엇물림의 사회사," 101-10을 참조할 것.

45 《신생명》, 1925년 3월호 제21호, 권두어 "인격의 신." (근)

46 Ibid.

47 《한인기독교보》, 1935년 1월 1일, 제2권 제1호, 논단, "새해의 새 것."

48 《기독신보》, 1923년 1월 3일, 사설, "신년을 영(迎)함."

49 《한인기독교보》, 1935년 4월 15일, 제2권 제3호, 논단, "생명은 힘이다."

50 《기독신보》, 1916년 11월 29일, 사설, "소원과 친밀 (2)."

51 《기독신보》, 1924년 1월 2일, 사설, "신년의 신운동."

52 《기독신보》, 1924년 2월 6일, 사설, "사회에 대한 그리스도교의 본질 (1)."

53 《기독신보》, 1924년 4월 2일, 사설, "그리스도교의 사회성."

54 《기독신보》, 1922년 6월 7일, 사설, "기독교와 사회."

55 《한인기독교보》, 제1권 제1호, 1934년 7월 1일, "발간의 말."

56 《기독신보》, 1917년 7월 18일, 사설, "나의 홀 일."

57 《기독신보》, 1923년 2월 14일, 사설, "조선 기독교 창문사의 창립."

58 《신생명》, 1925년 2월호 제20호, "그리스도 종교와 우리의 사명." (박동완)

59 Ibid.

60 Ibid.

61 Ibid.

62 Ibid.

63 김문기, "신자의 영적 성숙을 위한 ecclesiola in ecclesia," 「성경과 신학」, 30권 (2001), 121: 김문기는 한국 교회가 영적으로 성숙, 부흥, 개혁되어야 서구 교회를 향하여 할 말을 할 수 있다고 주장하였다. 이를 위해 한국 교회의 활력인 종교개혁 신앙의 전통을 고수하며 경건주의적 소그룹 운동을 통한 영적 생동감이 다시 고양되어야 한다고 본다.

64 《신생명》, 1925년 2월호, 제20호, "그리스도 종교와 우리의 사명." (박동완)

65 Ibid.

66 Ibid.

67 Ibid.

68 《신생명》, 1924년 11월호, 제17호, 권두어, "眞實ᄒᆞ자." (權)

69 《신생명》, 1925년 2월호, 제20호, "그리스도 종교와 우리의 사명." (박동완)

70 《기독신보》 1923년 4월 25일, 사설, "화평으로 합일하고 논쟁으로 질시 말 일(상)"; 1923년 5월 2일, 사설, "화평으로 합일하고 논쟁으로 질시 말 일(하)."

71 《신생명》, 1925년 2월호 제20호, "대구교회의 투쟁을 논ᄒᆞ야—그 신자들의 반성(反醒)을 촉(促)한다." (근곡생)

72 Ibid.

73 Ibid.

74 《기독신보》, 1922년 12월 13일, 사설, "基督敎會의 思想과 言論."

75 《신생명》, 1925년 2월호, 제20호, "그리스도 종교와 우리의 사명." (박동완)

76 《기독신보》, 1924년 1월 16일, 사설, "형식보다 실제를."

77 《기독신보》, 1923년 1월 3일, 사설 "新年(신년)을 迎(영)홈"

78 《신생명》, 1924년 8월호, 14호, 권두어, "교회의 위험."

79 Ibid.

80 한국기독교역사학회 편, 『한국기독교의 역사 II』, 57.

81 《신생명》, 1924년 8월호, 14호, "본사의 사업시설과 장래 발전에 대ᄒᆞ야."

82 《기독신보》, 1922년 8월 23일, 사설, "의사(醫師)를 원조(援助)홈."

83 《기독신보》, 1923년 4월 11일, "일국(一掬)의 동정루(同精淚) (2)." (근곡생)

84 《기독신보》, 1923년 9월 12일, 사설, "수화재(水火災)에 대한 오인(吾人)의 동정(同情)."

85 《기독신보》, 1916년 5월 10일, "잡감(雜感)." (ㅂㄷㅇ싱)

86 《기독신보》, 1916년 10월 25일, 사설, "결심과 실힝."

87 《신생명》, 1924년 10월호, 제16호, "시대와 우리의 책임." (근곡)

88 Ibid.

89 Ibid.

90 《기독신보》, 1924년 2월 6일, 사설, "사회에 대한 그리스도교의 본질 (1)."

91 《기독신보》, 1924년 2월 13일, 사설, "사회에 대한 그리스도교의 본질 (2)."

92 Ibid.

93 《신생명》, 1924년 11월호, 제17호, "그리스도교와 감화력(感化力)." (근곡)

94 Ibid.

95 《기독신보》, 1923년 10월 24일, 사설, "예수와 사회운동."

96 《한인기독교보》, 1934년 7월 1일, 제1권 제1호, "예수교와 사회문제 (눅12:16-21)."

97 《기독신보》, 1923년 10월 24일, 사설, "예수와 사회운동."

98 《신생명》, 1924년 4월호, 제10호, "계급쟁투와 사회진화." (근곡)

99 신현수, 『개혁신학과 현대사회』 (서울: 기독교문서선교회, 2015), 131-157을 참조할 것: 신현수는 현재 한국사회가 가지는 가장 심각한 문제는 공정성이라고 주장하며 이를 위해 교회가 책임을 마땅히 감당해야 한다고 지적한다.

100 《기독신보》, 1923년 10월 31일, 사설, "기독교와 부인문제."

101 《기독신보》, 1918년 1월 16일, "主日學校."

102 《기독신보》, 1923년 8월 1일, 사설, "夏期休暇를 利用ᄒᆞᄂᆞᆫ 兒童聖經學校의 創始"

103 《기독신보》, 1917년 7월 18일, 사설, "나의 ᄒᆞᆯ 일."

104 《기독신보》, 1917년 5월 30일, 사설, "쟝ᄅᆡ 교회를 양셩ᄒᆞᆯ 것."

105 Ibid.

106 Ibid.

107 《기독신보》, 1923년 10월 31일, 사설, "기독교와 부인문제."

108 《청년》, 제3권 제7호, 1923년 7, 8월 합호, "결혼전 청년남녀를 위하야." (근곡)

109 《기독신보》, 1916년 3월 15일, 사설, "교육상의 큰 문뎨 (련쇽)."

110 부록 2 "나의 할아버지 박동완 목사님," 참조

111 《기독신보》, 1922년 7월 12일, 사설, "교역자의 각성(覺醒)을 촉(促)홈."

112 《신생명》, 1925년 3월호, 제21호, "조선의 그리스도교." (근곡)

113 《기독신보》, 1923년 2월 21일, 사설, "교역자의 생활과 시간의 이용함."

114 《기독신보》, 1923년 4월 11일, 사설, "교역자의 양성과 청년의 헌신 (3)."

115 《기독신보》, 1923년 4월 4일, 사설, "교역자의 양성과 청년의 헌신 (2)."

116 《기독신보》, 1923년 4월 11일, 사설, "교역자의 양성과 청년의 헌신 (3)."

117 《기독신보》, 1915년 12월 8일, 사설, "긔독신보 창간ᄉᆞ."

118 《한인기독교보》, 1934년 7월 1일, 제1권 제1호, "발간의 말."

119 《기독신보》, 1922년 12월 13일, 사설, "基督敎會의 思想과 言論":

120 한국기독교역사학회 편, 『한국기독교의 역사 II』, 56-9.

121 이 책의 '사회주의와 자본주의에 대한 기독교적 비판 및 변증' 244-253쪽을 참조할 것.

122 민경배, 『한국기독교회사』 (서울: 연세대학교출판부, 2007), 406-7.

123 《기독신보》, 1924년 10월 15일, 사설, "기독교회와 사회." (주필: 조상옥)

124 민경배, 『한국기독교회사』, 406.

125 이대위, "사회주의와 기독교사상," 《청년》, 제3권, 제5호, 1923년.

126 《한인기독교보》, 1934년 7월 1일, 제1권 제1호, "예수교와 사회문제 (눅12:16-21)."

127 "박동완의 신문조서 대정 8월 26일," 국사편찬위원회 편, 『한민족 독립운동사 자료집 12-3·1운동2』, 74-7.

128 이덕주, "3·1운동에 대한 신앙운동사적 이해," 238. 각주10 참조.

129 "박동완 검사신문조서, 대정 8년 3월 18일," 이병헌 편, 『삼일운동비사』, 465.

130 《동아일보》, 1920년 9월 24일, "제3일 오후의 기록 독립선언사건의 공소공판."

131 《매일신보》, 1920년 9월 25일, "손병희외 47인 공소불수리 사건 제4일의 공소공판 22일 오전 중 공판계속 속기 박동완 신문 자존자립의 정신."

132 "박동완 경찰신문조서, 대정 8년 3월 1일," 이병헌, 『삼일운동비사』, 460.

133 "박동완 검찰신문조서, 대정 8년 3월 13일," 김삼웅 편, 『33인의 약속』, 106.

134 "경성지방법원 예심괘, 대정 8년 5월 2일," 이병헌 편, 『삼일운동비사』, 467.

135 《매일신보》, 1920년 9월 25일, "손병희외 47인 공소불수리 사건 제4일의 공소공판 22일 오전 중 공판계속 속기 박동완 신문 자존자립의 정신."

136 《동아일보》, 1920년 9월 24일, "제3일 오후의 기록 독립선언사건의 공소공판."

137 《신생명》, 1925년 2월호, 제20호, 권두어. (槿)

138 Ibid.

139 《기독신보》, 1923년 1월 17일, 사설, "우리生活의 現狀."

140 《기독신보》, 1923년 1월 24일, 사설, "우리生活의 現狀(속)."

141 《기독신보》, 1924년 1월 16일, 사설, "형식보다 실제를."

142 《기독신보》, 1923년 12월 5일, 사설, "혁명적 생활"

143 《기독신보》, 1923년 5월 23일, 사설, "이상주의와 현실주의."

144 《기독신보》, 1924년 1월 23일, 사설, "理論만 말고 實行."

145 《한인기독교보》, 1934년 10월 1일, 제1권 제2호, 론단, "그리스도인의 나아갈 길."

146 《기독신보》, 1922년 11월 1일, 사설, "삼대 총회의 경과와 교황(教況)의 진전됨을 견(見)ᄒᆞ고 (2)."

147 《신생명》, 1925년 1월호, 제19호, "미감리교회의 경비감생(減省)-조선교인의 자성을 촉(促)함이오 조선교회의 독립을 진(進)함이다." (박동완)

148 Ibid.

149 Ibid.

150 《기독신보》, 1922년 7월 26일, 사설, "성공을 ᄒᆞ도록 일ᄒᆞ라".

151 《기독신보》, 1916년 11월 29일, 사설, "소원과 친밀 (2)."

152 《기독신보》, 1916년 11월 1일, 사설, "결심과 실힝 (속)."

153 박노자, 『우승열패의 신화』 (서울: 한겨레신문사, 2005), 89.

154 Ibid., 405-433을 참조할 것.

155 장규식, 『일제하 한국 기독교 민족주의 연구』, 131쪽 각주 249:
장규식은 한용운의 다음의 주장을 인용하여 일제의 독립불능론은 물론 안창호의 실력양성론에 대한 비판으로 주목할 부분이라고 지적하였다.

국가는 반드시 물질상의 문명이 일일이 완비한 후에 비로소 독립함이 아니라, 독립할 만한 自存의 기운과 정신상의 준비만 有하면 족하니, 문명의 형식을 물질상에 발휘함은 刃(칼날 인)을 迎하여 竹을 破함과 如할지니, 何의 難事가 有하리오: 한용운, 『조선독립의 서書 외』, 권영민 편 (파주: 태학사, 2011), 40.

156 이덕주, "3 · 1운동에 대한 신앙운동사적 이해," 251-7을 참조할 것.

157 《기독신보》, 1923년 1월 17일, 사설 "우리生活의 現狀"

158 《기독신보》, 1923년 1월 24일, 사설, "우리生活의 現狀 (속)."

참고문헌

1. 1차 자료

《기독신보》. 1915년 12월 8일 사설. "긔독신보 창간ᄉ"

_________. 1916년 5월 10일 잡감(雜感). "미물보고 감상됨"

_________. 1916년 3월 15일. 사설. "교육상의 큰 문뎨 (련쇽)."

_________. 1916년 6월 7일 사조. "위로"

_________. 1916년 6월 21일 감상록. "인왕산에셔"

_________. 1916년 8월 30일. "추색(가을빗)"

_________. 1916년 10월 25일. 사설. "결심과 실힝."

_________. 1916년 11월 1일. 사설. "결심과 실힝 (속)."

_________. 1916년 11월 29일. 사설. "소원과 친밀 (2)."

_________. 1917년 5월 30일. 사설. "쟝릐 교회를 양셩홀 것."

_________. 1917년 7월 18일. 사설. "나의 홀 일."

_________. 1917년 12월 26일 산문시(散文詩). "셩탄에 깃븜"

_________. 1918년 1월 16일 主日學校. "근셰쥬일학교의 목뎍 리샹 급(及) 급무"

_________. 1918년 1월 23일 主日學校. "주일학교 학생"

_________. 1918년 12월 4일 취재기사. "박명쇼녀의 젼도셔광"

_________. 1922년 6월 7일. 사설. "기독교와 사회."
_________. 1922년 7월 12일. 사설. "교역자의 각성(覺醒)을 촉(促)ᄒᆞᆷ."
_________. 1922년 7월 26일. 사설. "성공을 ᄒᆞ도록 일ᄒᆞ라."
_________. 1922년 8월 23일. 사설. "의사(醫師)를 원조(援助)ᄒᆞᆷ."
_________. 1922년 11월 1일. 사설. "삼대 총회의 경과와 교황의 진전됨을 견(見)ᄒᆞ고 (2)."
_________. 1922년 12월 13일. 사설. "基督教會의 思想과 言論."
_________. 1923년 1월 3일. 사설. "신년을 영ᄒᆞᆷ."
_________. 1923년 1월 17일. 사설. "우리生活의 現狀."
_________. 1923년 1월 24일. 사설. "우리生活의 現狀(속)."
_________. 1923년 2월 14일. 사설. "조선 기독교 창문사의 창립."
_________. 1923년 2월 21일. 사설. "교역자의 생활과 시간의 이용함."
_________. 1923년 4월 4일. 사설. "교역자의 양성과 청년의 헌신 (2)."
_________. 1923년 4월 11일. 사설. "교역자의 양성과 청년의 헌신 (3)."
_________. 1923년 4월 11일. "일국(一掬)의 동정루(同情淚) (2)."
_________. 1923년 4월 25일. 사설. "화평으로 합일하고 논쟁으로 질시 말 일(상)."
_________. 1923년 5월 2일. 사설. "화평으로 합일하고 논쟁으로 질시 말 일(하)."
_________. 1923년 5월 23일. 사설. "이상주의와 현실주의."
_________. 1923년 6월 13일 사설. "하와이在留 우리學生의 故國來觀ᄒᆞᆷ에對하야"
_________. 1923년 8월 1일. 사설. "夏期休暇를 利用ᄒᆞᄂᆞᆫ 兒童聖經學校의 創始."
_________. 1923년 9월 12일. 사설. "수화재(水火災)에 대한 오인(吾人)의 同情."
_________. 1923년 9월 26일 사설. "기독교청년회와 그 사업"
_________. 1923년 10월 24일. 사설. "예수와 사회운동."
_________. 1923년 10월 31일. 사설. "기독교와 부인문제."
_________. 1923년 11월 21일. "복주행 제2신"
_________. 1923년 12월 5일. "복주행 제4신"
_________. 1923년 12월 5일. 사설. "혁명적 생활."
_________. 1924년 1월 2일. 사설. "신년의 신운동."
_________. 1924년 1월 16일. 사설. "형식보다 실제를."
_________. 1924년 1월 23일. 사설. "理論만 말고 實行."
_________. 1924년 1월 23일. "복주행 제11신"

_________. 1924년 2월 6일, 사설. "사회에 대한 그리스도교의 본질 (1)."
_________. 1924년 2월 13일. 사설. "사회에 대한 그리스도교의 본질 (2)."
_________. 1924년 4월 2일. 사설. "그리스도교의 사회성."
_________. 1931년 6월 17일. "하와이는 락원이란다"

《신생명》. 1924년 4월호, 제10호. "계급쟁투와 사회진화." (근곡)
________. 1924년 8월호. 14호. 권두어. "교회의 위험."
________. 1924년 8월호. 14호. "본사의 사업시설과 장래 발전에 대ᄒᆞ야."
________. 1924년 10월호. 제16호. "시대와 우리의 책임."
________. 1924년 11월호. 제17호. 권두어. "眞實ᄒᆞ자." (槿)
________. 1924년 11월호. 제17호. "그리스도교와 감화력(感化力)."
________. 1925년 1월호. 제19호. "미감리교회의 경비감생(減省).
- 조선교인의 자성을 촉(促)함이오 조선교회의 독립을 진(進)함이다."
________. 1925년 2월호 제20호. "권두어." (槿)
________. 1925년 2월호 제20호. "그리스도 종교와 우리의 사명." (박동완)
________. 1925년 2월호 제20호. "대구교회의 투쟁을 논ᄒᆞ야
- 그 신자들의 반성(反醒)을 촉(促)한다." (근곡생)
________. 1925년 2월호. 제20호. "새봄을 맞는 기원." 경성: 조선기독교창문사,
________. 1925년 2월호. 제20호. "그리스도 종교와 우리의 사명." 경성: 조선기독교창문사,
________. 1925년 3월호 제21호. "조선의 그리스도교." (근곡)
________. 1925년 3월호 제21호. 권두어. "인격의 신." (근)

《한인기독교보》. 1934년 7월 1일, 제1권 제1호. "발간의 말."
_____________. 1934년 7월 1일. 제1권 제1호. "예수교와 사회문제 (눅12:16-21)"
_____________. 1934년 7월 1일. "편집 뒤의 말." 제1권 제1호.
_____________. 1934년 10월 1일. 제1권 제2호. 론단. "그리스도인의 나아갈 길."
_____________. 1934년 10월 1일. "순회 기행문." 제1권 제2호.
_____________. 1935년 1월 1일. 제2권 제1호. 논단. "새해의 새 것."
_____________. 1935년 4월 15일. 제2권 제3호. 논단. "생명은 힘이다."

《별건곤》. "내가 자랑하고 십흔 조선 것- 특히 애정이 풍부." 1928년 5월 1일.
________. "현하문제 명사의견 생활개선안제의 - 改善보다 改悟." 1928년 12월1일.
《주일학계》. "주일학교의 조직." 경성: 조선야소교서회. 1919년 1월.
《청년》. 제3권 제7호. 1923년 7, 8월 합호. "결혼전 청년남녀를 위하야." 67-71.

2. 2차 자료

1) 단행본

(1) 국내서적

강만길. 『고쳐 쓴 한국 현대사』. 파주 : ㈜창비, 1994.
고정휴. 『한국독립운동의 역사54- 1920년대 이후 미주유럽지역의 독립운동』. 한국독립운동사편찬위원회 편. 천안: 독립기념관 한국독립운동사연구소, 2009.
국사편찬위원회 편. 『한국독립운동사 자료38- 종교운동편』. 과천: 국사편찬위원회, 2002.
________________. 『한국독립운동사자료38-종교운동편』. 과천: 국사편찬위원회, 2002.
________________. 『한민족독립운동사 자료집 별집3』. 서울: 국사편찬위원회, 1992.
________________. 『한민족독립운동사 자료집11-3 · 1운동1』. 서울: 국사편찬위원회. 1990.
________________. 『한민족독립운동사 자료집12-3 · 1운동2』. 서울: 국사편찬위원회, 1990.
김광식 외 4인. 『한국 독립운동의 역사38- 종교계의 민족운동』. 국사편찬위원회 편. 천안: 독립기념관 한국독립운동사연구소, 2008.
김삼웅 편. 『33인의 약속』. 서울: 도서출판 산하, 1997.
-"박동완의 검찰신문조서, 대정 8년 3월 13일"
김상기. "총설 한국근대사의 이해." 『한국근대사강의』. 한국근현대사학회편. 개정판. 파주: 도서출판 한울, 2007.
김진호 외 2인. 『한국독립운동의 역사20- 국내 3 · 1운동 남부』. 한국독립운동사편찬위원회 편. 천안: 독립기념관 한국독립운동사연구소, 2009.
김창수. "하와이 지역 한인 민족운동의 연구 동향과 과제." 『미주지역의 한인사회와 민족운동』. 한국민족운동사학회 편. 서울: 국학자료원, 2004.
김춘배. 『筆苑半百年』. 출판지 불명: 성문학사, 1977.
김형목. 『한국독립운동의 역사35- 교육운동』. 한국독립운동사편찬위원회편. 천안: 독립기념관 한국독립운동사연구소, 2009.
민경배. 『교회와 민족』. 서울: 연세대학교출판부, 2007.
_____. 『서울 YMCA운동 100년사』. 서울: 서울 YMCA, 2004.
_____. 『한국기독교회사』. 서울: 연세대학교출판부, 2007.
민성길 편. 『최신정신의학』. 5판. 서울: 일조각, 2006.
박노자. 『우승열패의 신화』. 서울: 한겨레신문사, 2005.
박은식. 『한국독립운동지혈사』. 김도형 역. 서울: 소명출판, 2008.
박정신. 『한국기독교사의 새로운 이해』. 서울: 도서출판 새길, 2008.
박찬승. 『민족주의의 시대』. 서울: 경인문화사, 2007.
_____. 『한국독립운동의 역사 33-언론운동』. 한국독립운동사편찬위원회편. 천안: 독립기념관 한국독립운동사연구소, 2009
백낙준. 『한국개신교사』. 서울: 연세대학교출판부, 1973.
서굉일. "기독신보의 사료적 가치." 『기독신보』. 서울: 한국기독교사연구회. 1988.
신기영. 『한국 기독교의 민족주의 1885-1945』. 부산: 동혁, 1995.
신용하. 『신용하저작집 43- 3 · 1운동과 독립운동의 사회사』. 서울: 서울대학교출판부, 2001.
_____. 『신용하저작집 49- 일제강점기 한국민족사(상)』. 서울: 서울대학교출판부, 2001.
_____. 『신용하저작집 50- 일제강점기 한국민족사(중)』. 서울: 서울대학교출판부. 2002.
_____. 『한국독립운동의 역사 46- 신간회의 민족운동』. 한국독립운동사편찬위원회 편. 천안: 한국독립운동사연구소, 2009
_____. 『한국독립운동의역사 46-신간회의 민족운동』. 한국독립운동사편찬위원회 편.
신현수. 『개혁신학과 현대사회』. 서울: 기독교문서선교회, 2015.
안명준. 『한눈에 보는 성경 조직신학』. 서울: 성경말씀사관학교, 2014.
역사학연구소. 『함께 보는 한국근현대사』. 파주: 서해문집, 2004.
오미일. 『한국독립운동의 역사 36- 경제운동』. 한국독립운동사편찬위원회편. 천안: 독립기념관 한국독립운동사연구소, 2008.

오영교.『정동제일교회 125년사 제1권 통사편』. 서울: 정동삼문출판사, 2011.
______.『정동제일교회 125년사 제3권 자료편』. 서울: 정동삼문출판사, 2011.
유동식.『정동제일교회의 역사 1885-1990』. 서울: 기독교대한감리회 정동제일교회, 1992.
______.『하와이의 한인과 교회-그리스도연합감리교회 100년사』.
유영렬. "미주지역의 한인 민족 운동."『미주지역의 한인사회와 민족운동』. 한국민족운동사학회 편. 서울: 국학자료원, 2004.
유준기.『한국민족운동과 종교활동』. 서울: 국학자료원, 1999.
윤병석.『증보 3 · 1 운동사』. 서울: 국학자료원, 2004.서울: 그리스도연합감리교회, 2006.
윤춘병. "기독신보 해제."『긔독신보』. 서울: 한국기독교사연구회, 1988.
______.『한국 기독교신문 · 잡지 백년사』. 서울: 대한기독교출판사, 1984.
______.『한국감리교 교회성장사』. 과천: 감리교 출판사, 1997.
이균영.『신간회 연구』. 서울: 역사비평사, 1996.
이덕주. "3 · 1운동에 대한 신앙운동사적 이해."『초기 한국 기독교사 연구』. 서울: 한국기독교 역사연구소, 1995.
______.『배재학당사 [通史]』. 서울: 학교법인 배재학당, 2013.
이덕희.『한인기독교회 · 한인기독학원 · 대한인동지회』. 서울: 한국기독교역사소, 2008.
이만열.『한국 기독교와 민족의식』. 서울: 지식산업사, 1991.
______.『한국기독교 문화운동사』. 서울: 대한기독교출판사, 1987.
이병헌 편.『三 · 一運動秘史』. 서울: 시사시보사출판국, 1959.
- "박동완 경찰신문조서, 대정 8년 3월 1일"
- "박동완 검사신문조서, 대정 8년 3월 18일"
- "경성지방법원 예심괘, 대정 8년 5월 2일"
이윤상.『한국독립운동의 역사 18- 3 · 1운동의 배경과 독립선언』. 한국독립운동사편찬위원회 편. 천안: 독립기념관 한국독립운동사연구, 2009.
이장식.『대한기독교서회 백년사』. 서울: 대한기독교서회, 1984.
이한구.『역사학의 철학』. 서울: 민음사. 2007.
임지현.『민족주의는 반역이다』. 서울: 소나무, 1999.
장규식.『일제하 한국기독교 민족주의 연구』. 서울: 도서출판 혜안, 2001.

장문석. 『민족주의』. 서울: 책세상, 2011.
장석홍. 『한국독립운동의 역사 40- 6 · 10만세운동』. 한국독립운동사편찬위원회 편. 천안: 독립기념관 한국독립운동사연구소, 2009.
전택부. 『한국기독교청년회 운동사』. 서울: 정음사, 1978.
정진석. 『인물 한국언론사』. 서울: 나남출판, 1995.
조동걸. 『한국근현대사의 연구』. 서울: 경인문화사, 2003
차기벽. 『민족주의 원론』. 서울: 한길사, 1990.
채영국. 『한국독립운동의 역사50-만주지역 항일무장투쟁』. 한국독립운동사편찬위원회 편. 천안: 독립기념관 한국독립운동사연구소, 2007.
하와이 한인이민 90주년 기념사업위원회 편. 『Their Footsteps: 그들의 발자취』. 서울: Ye Sun Co., 1994.
한국기독교역사학회 편. 『한국기독교의 역사I』. 개정판. 서울: 기독교문사, 2011.
__________. 『한국기독교의 역사II』. 개정판. 서울: 기독교문사, 2012.
__________. 『의열투쟁과 한국독립운동』. 서울: 국학자료원, 2003.
한용운. 『조선독립의 서書 외』. 권영민 편. 파주: 태학사, 2011.

2) 번역서

Bebbington, David. 『역사관의 유형들』. 천진석, 김진영 역. 서울: 두란노서원, 1986.
Grenz, Stanley J. 『조직신학』. 신옥수 역. 고양: 크리스챤다이제스트, 2003.
Hoffecker, W. Andrew and Smith, Gary S. 편. 『기독교 세계관 1권 -하나님 · 인간 · 지식』. 김원주 역. 서울: 생명의 말씀사, 1993.
__________. 『기독교 세계관 2권 -우주 · 사회 · 윤리』. 김원주 역. 서울: 생명의 말씀사, 1992.
Holmes, Arthor F. 『기독교 세계관』. 이승구 역. 서울: 엠마오, 1985.
Hulbert, Homer B. 『대한제국멸망사』. 신복룡 역. 파주: 집문당, 2006.
Nash, Ronald H. 『신앙과 이성』. 이경직 역. 파주: 살림출판사, 2003.
Niebuhr, Richard. 『그리스도와 문화』. 김재준 역. 서울: 대한기독교서회, 1958.
Noebel, David A. 『충돌하는 세계관』. 류현진, 류현모 역. 서울: 디씨티와이북스, 2013.

Wehler, Hans-Ulrich. 『허구의 민족주의』. 이용일 역. 서울: 푸른역사, 2007.
Yamashita, Barbara Kim. 『와히아와 한인교회 역사 1919-1987년』. 최영석 역. 하와이: 와히아와 한인교회, 1987.

3) 학술지

김문기. "신자의 영적 성숙을 위한 ecclesiola in ecclesia."《성경과 신학》. 30권 (2001): 101-23.
박영신. "사회 운동으로서의 삼일 운동의 구조와 과정."《현상과 인식》. 3권 1호. (1979): 5-32.
손원영. "한국 초기 주일학교의 특성에 대한 연구."《기독교교육논총》. 제18집(2008): 153-178.
은준관. "주일교회학교 교육에 관한 연구."《연세교육과학》. 제27집 (1985): 37-70.
정진석. "기독신보와 한국의 언론문화."《기독교사상》(1990년 6월호): 138-147.
황민호. "박동완의 국내민족운동."《한국독립운동사연구》33집. (2009. 8.): 305-345.

4) 학위논문

김명구. "월남 이상재의 기독교 사회운동과 사상연구." 연세대학교 신학과 박사학위 논문. 2003.
황우선. "기독신보(1915-1937) 초창기한국교회 신문연구." 목원대학교 신학과 박사 학위 논문. 2011.

5) 잡지

이대위. "사회주의와 기독교사상."《청년》. 제3권. 제5호. 1923년, 9-15.
이덕주. "30분을 늦게 산 박동완."「기독교세계」. 697호. 1986년 2월, 16-7.
정진석. "기독신보와 한국의 언론문화."《기독교사상》. 1990년 6월호, 138-47.
假醫師. "京城名人物 身體大檢査, 男女身邊秘密暴露(第一回發表)"
《별건곤》, 제52호, 1932년 6월 1일.

6) 미간행물

장규식. "비타협 민족운동의 외길을 걸어간 사랑과 정의와 인도의 전도자 근곡(槿谷) 박동완(朴東完)." 공훈선양학술강연회. 2008년 12월.

7) 신문

(1) 국내

《기독신보》. 1918년 1월 18일 사설. "원죠(元旦)의 신감"
__________. 1919년 12월 3일 사설. "합일"
__________. 1919년 12월 31일 사설. "신년마지"
__________. 1920년 1월 7일 사설. "삼죠빅감(三朝百感)"
__________. 1920년 1월 28일 권두언. "ᄋᆞ동에 ᄃᆡᄒᆞ야"
__________. 1920년 2월 4일 사설. "희망과 성공"
__________. 1920년 5월 26일 기사. "재가인의 가족방문-체부동 121번지 박동완의 적자 6인"
__________. 1921년 3월 9일 사설. "吳應千氏를 歡迎ᄒᆞ노라"
__________. 1921년 11월 2일. "최상현씨 입사"
__________. 1921년 11월 16일 사설. "본사의 신간부"
__________. 1922년 5월 3일. "인ᄉᆞ소식"
__________. 1923년 1월 10일 사설. "기독신보".
__________. 1924년 1월 2일. "정신녀학교의 학예품뎐람회"
__________. 1924년 1월 9일. "정신녀학교의 학예품뎐람회(二)"
__________. 1924년 1월 16일. "정신녀학교의 학예품뎐람회(三)"
__________. 1924년 10월 15일. 사설. "기독교회와 사회." (주필: 조상옥)
__________. 1928년 8월 29일. "인사소식"
__________. 1930년 12월 3일 사설. "창간15주년을 당하야-본보의 간략한 연혁"

《동아일보》. 1920년 9월 24일 기사. "제3일오후의 기록 독립선언사건의 공소공판"
__________. 1921년 11월 5일 기사. "독립선언관계자 17인의 만기출옥"
__________. 1924년 3월 19일 기사. "웰치박사의 망언"

_________. 1924년 8월 19일 기사. "무명회 임시총회"
_________. 1925년 2월 2일 기사. "전조선 기자대회 무명회 주최로 2월경 개최"
_________. 1925년 2월 14일 기사. "農村에 天堂 建設"
_________. 1925년 3월 17일 기사. "기자대회는 사월 중 십오일부터 3일간 경성에서"
_________. 1925년 10월 4일 기사. "기미년운동과 조선의 48인, 최근소식"
_________. 1927년 1월 20일 기사. "민족주의로 발기된 신간회 강령 발표"
_________. 1927년 2월 23일. 기사. "단체와 집회."
_________. 1927년 8월 11일 기사. "개성 신간회 창립"
_________. 1927년 11월 1일 기사. "광주신간창립"
_________. 1927년 12월 12일 기사. "신간경성지회 제2정기대회 근 사백명 출석으로 대성황"
_________. 1927년 12월 22일 기사. "신간지회 설립"
_________. 1928년 1월 25일. 기사. "언론계를 필두로 유력자도 봉천에 도착 각 방면 활동."
_________. 1928년 2월 8일 기사. "만주 특파원 兩氏 귀경"
_________. 1928년 6월 18일 기사. "조선교육협회에서 정기총회 개최"
_________. 1928년 8월 27일 기사. "박동완씨 도미"
_________. 1931년 6월 11일 알림. "기독교청년회목요강좌: 재류재규동포의 근황"
_________. 1931년 6월 14일 알림. "정동교회 일요강화: 인생생활의 3요소"
_________. 1931년 6월 21일 알림. "기독교청년회일요강화:재규조선인의신앙생활"
_________. 1931년 9월 4일 기사. "박동완목사 도미 경성역에서 특급열차편"

《매일신보》. 1920년 9월 25일. "손병희외 47인 공소불수리 사건 제4일의 공소공판 22일 오전 중 공판계속 속기 박동완 신문 자존자립의 정신"

《시대일보》. 1924년 4월 3일 기사. "신문의 오전(誤傳)이다"

《조선신문》. 1924년 4월 20일 알림. "부동산경매공고"
_________. 1927년 1월 20일. "획기적 회합이 될 신간회 창립준비"
_________. 1927년 12월 12일. "장춘현 오랍구자서도 二十여호(戶) 구축(驅逐)"
_________. 1928년 1월 21일. "전부 입적키로 액목현 동포결의-음력 정초부터 중복

(中服)입고 부인네는 비녀사용금지 눈물 자아내는 결의"
_________. 1928년 3월 27일 사설. "실제운동의 당면과제: 신간회는 무엇을 할까"
_________. 1928년 3월 28일 기사, "산동농민의 이주로 동포압박 노골화"
_________. 1929년 3월 29일 기사. "조선수예품은 미국에 대량수출 하와이에서 박동완씨가 주선"

(2) 하와이

《국민보》. 1938년 2월 9일. 기사. "박동완목ᄉ 입원."
_______. 1938년 8월 31일. 기사. "국치긔념대회."
_______. 1938년 11월 16일. 기사. "동지회 대표회 회집."
_______. 1938년 11월 23일. 기사. "련합의회."

《신한민보》. 1922년 3월 9일. 기사. "민족대표 四十八人의 략력."
_________. 1928년 10월 18일. 기사. "10월 8일 하와이에 선편으로 박동완 목사 안착."
_________. 1929년 12월 12일. 기사. "농촌 국어학교가 발전되어."
_________. 1930년 3월 13일 기사. "하와이 한인협회 조직"
_________. 1941년 3월 27일. 기사. "3월 1일 오후 7시 박동완 목사 장례 교민 700여 명이 모여 사회장으로."

《태평양주보》. 1938년 2월 5일. 소식. "박목사 입원."
__________. 1938년 2월 5일 소식. "국치기념식"
__________. 1938년 9월 3일. 기사. "국치기념식."
__________. 1938년 11월 12일 기사. "ᄃᆡ표원 제씨"
__________. 1939년 8월 9일 "공문"
__________. 1939년 10월 28일 기사. "동지회 년례 ᄃᆡ표회록"
__________. 1940년 4월 13일. 소식. "박목사 전별."
__________. 1940년 6월 29일. 소식. "박목사 출항."
__________. 1940년 8월 31일. 인사소식. "박목사 퇴원."
__________. 1941년 2월 15일 소식 "각 단체 연합 임시대표회"
__________. 1941년 3월 1일 표지에 실린 글. "박동완 션생 서셰"
__________. 1941년 3월 8일 "박동완 목사 장례"

__________. 1941년 7월 5일 기사. "감사의 말"
__________. 1941년 3월 1일. 기사. "박동완 장례식."

8) 사전류

『기독교대백과사전 제7권』. 서울: 기독교문사, 1982.
『한국 감리교 인물사전』. 서울: 기독교대한감리회, 2002.
『한국민족문화대백과사전』. 1권, 2권, 9권, 11권, 24권. 서울: 한국정신문화연구원, 1991.

9) 인터넷 자료

공훈전자사료관 http://e-gonghun.mpva.go.kr
국가보훈처독립유공자(공훈록) http://www.mpva.go.kr
국립중앙도서관 연속자료 http://www.nl.go.kr
국사편찬위원회 한국사데이터베이스 http://db.history.go.kr
국사편찬위원회 한국역사정보통합시스템 http://www.koreanhistory.or.kr
네이버 인물정보 https://people.search.naver.com
독립기념관 http://www.i815.or.kr
법제처 국가법령정보센터 http://www.law.go.kr/main.html
서울대학교 규장각 한국학연구원 http://e-kyujanggak.snu.ac.kr

10) 하와이 녹취록

2013년 6월 박동완에 관한 자료를 수집하기 위해 와히아와 한인기독교회(Wahiawa Korean Christian Church)에 방문하였다. 방문하였을 당시 와히아와 한인교회는 와히아와 연합 그리스도교회(United Church of Christ)로 개칭되어 지속되고 있었다. 박동완에게 직접 교회와 한글학교에서 신앙지도 및 한글교육을 받았던 할머니 세 분과 2013년 6월 6일 인터뷰를 진행하였다. 부록으로 첨부하였다.

① Ruth Mac Lee: 1922년 1월 17일생 (당시 91세)

② Mary Moon: 1918년 11월 19일생 (당시 94세)

③ Sara Moonsoon Kim: 1927년 4월 15일생 (당시 86세)

11) 기타자료

박동완 제적등본 .

박동완의 장녀 박한엽(1986년 사망)의 구술에 대한 장손 박재상의 증언.

박동완의 차남 박창희(1986년 사망)의 구술에 대한 장손 박재상의 증언.

박동완의 장손녀 박재수(1937년생)의 글 "나의 할아버지 박동완 목사님"

애국선열 박동완 목사 약력(略歷) 초(抄): 박동완의 장남 박대희(1990년 사망)가 남긴 부친에 대한 기록물

함양박씨 지평공파 세보 (咸陽朴氏 持平公派 世譜).

「조선예수교장로회총회 제5회 회록」. 1916.

「호항 기독교회 일지」. 1934년 제2권. 1월 14일 일지.

농장 마을 공동 빨래터에서 빨래하는 여인.
하와이에서도 한복을 일상복으로 입고 있다.

인천내리교회 교인들(1905년경)
인천 내리교회 교인들 중 일부가 담임 목사인 존스(조원시)의 주선으로 하와이로 이주, 힘든 이주 노동자의 삶을 신앙의 힘으로 버텨냈다.

기도하는 여인들(1919년경)
하와이 한인 부인들은 1919년 3·1운동 소식이 전해지자 조국의 독립운동을 체계적으로 지원하기 위해 구국단체를 조직하기 시작했다.

| 부록 1 |

하와이 녹취록*

"우리보다 더 앞의 사람들은 그를 정말 그리워한단 말이야.
그는 정말 특별한 분이었어."

인터뷰어 당신의 이름, 나이, 생일, 그리고 기본적인 정보를 알려주세요.

할머니 1 내 이름은 루스 디 맥이야. 나는 91세, 1922년 1월 17일에 태어났지.

할머니 2 나는 메리 리 한이야. 생일은 1918년 11월 19일.

할머니 3 나는 사라 문순 김이야. 나이는 86세이고, 생일은 1927년 4월 15일.

인터뷰어 네. 그럼 얼마나 이 교회를 다니셨나요?

할머니 2 아기 때부터.

할머니 1 세 살 때부터.

할머니 3 난 이 동네에서 80년 이상을 살았어. 교회는 여기 있었고 나는 저기서 살았어.

할머니 2 우리 첫 교회는 앞에 있다가 저기 있었어. 세 번째는 다시 돌아왔지.

할머니 1 교회는 원래 어떤 사람의 집에서 시작했었지.

할머니 3 박동완 목사님께서는 앞에 있는 교회에서 살았지. 집이 뒤에 있었거든.

인터뷰어 그럼 교회는 처음에 저기서부터 시작되었다는 말씀이시죠?

할머니 2 맞아. 처음엔 저기서부터 시작했지만 여기로 이동했지. (사진을 보이면서) 이게 지금 최근의 교회야.

* 인터뷰는 영어로 진행(2013년 6월) 되었으나 편의상 한국어로 번역하였고 중요 부분만 편집해서 수록하였다. 인터뷰 전문은 임미선의 학위논문에 부록(181-199)으로 첨부되어 있다.

인터뷰어 언제였죠?

할머니1,3 1973년이야.

인터뷰어 팜 스트리트로 돌아왔군요. 알겠습니다. 제가 듣기로는 교회 사람들이 하루 종일 일해서 1달러를 받았다고 들었어요.

할머니 1 맞아. 파인애플 그리고 사탕수수 밭에서.

인터뷰어 확실히 무엇을 하셨는지 당시 부모님께서 무엇을 하셨는지 알려 주시겠어요?

할머니 2 우리 아버지가 1903년에 한국에서 왔어요. 그때 올 때는 파인애플 그리고 사탕수수 밭에서 일했지. 한국 사람들은 남 앞에서 일하는 거 싫어해. 돈 모아서 호놀룰루로 이사 갔지. 그 후로 이발소를 차리고 결혼하시고 와히아와로 다시 왔어. 그때부터 여기서 쭉 살았어.

인터뷰어 아마도 돈을 모아서 이 교회 땅을 사는 게 엄청 시간도 걸리고 힘들었겠어요.

할머니 2 맞아. 시간이 엄청 걸렸지. 그래서 여기 갔다가 저기 갔다가 여기로 다시 돌아왔지.

인터뷰어 그럼 여기 하와이는 왜 오셨죠?

할머니 1,2,3 우린 여기서 태어났지.

인터뷰어 할머니 세 분은 모두 모태신앙이신가요?

할머니 1 교회가 처음 시작했을 때부터.

인터뷰어 그때부터 다니셨다는 말씀이시죠?

할머니 2 지금도.

인터뷰어 그 당시 박동완 목사님은 혼자 사셨나요?

할머니 1,2,3 맞아.

인터뷰어 돌아가실 때까지요?

할머니 1,2,3 응.

할머니 2 그때는 우리가 돈이 없어서 월급을 드릴 수 없었어. 그래서 김치하고 밥하고 드렸지. 돈은 못 드렸어.

할머니 2 우리 어머니들은 김치도 만들고 밥도 만들고 찌개도 만들고 했어.

인터뷰어 그럼 박동완 목사님에 관해… 교회일 말고 개인적인 다른 일들에 대해 아시나요?

할머니 1 박동완 목사님은 교회에서 설교해 주셨고 한국(한글) 학교를 운영하셨지.

할머니 3 우린 다 한국말을 배웠어. 난 그때 하나도 못 알아들었었지.

인터뷰어 얼마나 많이 한국(한글)학교를 다니셨나요?

할머니 3 두 시 후로 학교가 끝나고 한국(한글)학교를 다녔지.

인터뷰어 매일이요?

할머니 3 응, 매일. 주말 빼고.

인터뷰어 한글학교서 수업은 얼마나 했나요?

할머니 3 한 시간이나 두 시간 정도?

할머니 1 한글학교는 반이 둘로 나누어져 있었지. 어린아이들은 첫 번째(첫 시간)에 하는 학교로 갔었고, 나이 많은 사람들은 나중에 갔었지.

인터뷰어 그래서 반이 두 개가 있었군요.

할머니 1 맞아.

할머니 2 하지만 선생님은 똑 같았어. 같은 분이었지 박동완 목사님….

할머니 3 그리고 그 후엔 다른 목자님, 박동완 목사님 외에, 한글학교를 가르쳤지. 나는 9학년까지 했지. 1942년 후에…. 그리고 반에서 여자 나밖에 없었어. 여자는 나

인터뷰에서 박동완 목사에 대한 추억 등을 말씀해주신 할머니들
왼쪽: Ruth Mac Lee: 1922년 1월 17일생 (당시 91세)
가운데: Mary Moon: 1918년 11월 19일생 (당시 94세)
오른쪽: Sara Moonsoon Kim: 1927년 4월 15일생 (당시 86세)

혼자였어.

할머니 2 전쟁(세계 제2차 대전) 후에도 한글학교 운영했어?

할머니 3 맞아. 그땐 리챠드 김이라는 분이 가르쳤어.

(그 후로 할머니 세 분 잡담)

인터뷰어 박동완 목사님에 대한 어떤 특별함을 기억하시나요?

할머니 2 여기선 내가 제일 나이가 많지. 하지만 우리 다 그가 가난하다는 걸 알 았어. 얼마나 힘들어 하셨는지…. 그가 우리 교회에 처음 오셨을 때 월급을 못 드렸어. 내가 아까 말했듯이 음식 해드렸고 우리랑 같이 드셨던지 아님 혼자 드셨고…. 그렇게 어렵게 사셨어.

인터뷰어 처음 박동완 목사님 뵈었을 때 상처가 많았다고 하셨죠?

할머니 3 맞아, 목에다, 그리고 등에. 그거 말곤 기억 안 나.

인터뷰어 어떤 상처였나요?

할머니 1 살이 탔었어.

인터뷰어 어디에 있었나요?

할머니 1 여기랑… (손을 가리키며), 여기… (등을 가리키며).

인터뷰어 그 당시에 왜 상처가 있었는지 모르셨죠?

할머니 1 몰랐지.

할머니 2 나는 아버지 어머니께서 말씀해 주셨지. 한국에서 고생 많이 하셨다고.

인터뷰어 그 외에 그 분이 독립운동…민족대표 33인 중에 한 분이었다는 사실도 말씀해 주셨나요?

할머니 2 아니, 몰랐지. 그냥 우리 부모님께서 그 분이 한국에서 고생 얼마나 많이 하셨는지만….

할머니 3 아, 맞아. 그때 3월 1일 독립기념일마다 행사가 있었는데, 우리 다 같이 앉아서 만세하고 불렀지.

할머니 2 난 이걸 기억해. 그 날에 만세를 부르고… 크게 불렀지, 너무 크게 고함 을 질러 가지고 이가 빠지고 그랬어. 지금까지 못 잊어버려. 얼마나 웃 었던지. 3월 1일 독립기념일이었어. 지금은 없어. 그냥 지나가지.

인터뷰어 제가 지금 듣기론 행사가 있었다는 말이네요. 그 행사 이름이 뭐였나요?

할머니 1 몰라, 우린 그때 어려서…. 그날엔 모든 애국자들이 모여서 한 사람, 한 사람

돌아가면서 설교도 하고 만세를 했는데 우린 앉아서 몇 시간 동안 듣고 있어야 했지.

할머니 3 난 한국말 하나도 못 알아들었었지.

인터뷰어 박동완 목사님께서 오셨을 때 가족이 있었는지 아님 개인 정보에 대해 전혀 아무 말씀 안하셨나요?

할머니 2 우린 그 분이 결혼하셨다는 것도 몰랐지. 돌아가실 때까지. 돌아가신 후에 그분의 재(ashes)를 한국의 집으로 보냈지.

인터뷰어 혹시 이승만 박사가 여기에 들린 적이 있었나요?

할머니 1,2,3 맞아.

할머니 1 가끔씩 집에서 음식 대접하기도 했었어.

할머니 3 내 아버지께서 파인애플 밭에서 일하셨는데 매일 일 끝나시고 버스로 호놀룰루에 가셔서 그리고 기부금을 드리곤 했지. 아버지께서 그렇게 이승만 박사를 도와드리곤 했어. 1948년에 이승만 박사가 한국에 갔는데 그 사람이 모아둔 돈을 다 가지고 간 거야. 한국에 교회를 지을 거라면서…. 내가 기억하기엔 내 아버지께서 이승만 박사의 사무실에 전화한 후 타운의 시장한테도 전화해서 시장이 이승만 박사를 데리고 구경을 시켜줬다고 들었어.

인터뷰어 박동완 목사님께서 친구 분이라든지 친한 분이 계셨나요?

할머니 2 그분은 정말 조용했어. 그의 과거를 절대 말 안 하셨거든. 내 생각엔 누구에게 그 분의 개인 이야기를 안 하셨던 이유가 잡힐 수 있어서 그렇게 하지 않았을까 해.

인터뷰어 그럼 친구를 만드셨나요?

할머니 1, 2 교회 사람들만 알았지.

인터뷰어 박동완 목사님께서 이 교회에 오기 전에 관련이 있었는지?

할머니 1 맞아. 처음엔 이승만 박사가 교회 두 개를 다 시작했지. 처음엔 릴리안 교회를 시작했어. 그 당시엔 우리 교회가 보조교회였지.

할머니 2 그리고 다른 교회도 있었어. 한국 사람이 없었으니깐 그냥 없어졌지

인터뷰어 그럼 그 두 교회가 어떻게 흩어졌나요? 이유가 뭔가요?

할머니 3 어떤 교회?

할머니 2 우리가 뿌리치고 나온 게 아냐.

할머니 1 처음엔 이승만 박사가 한 감리교로 왔어. 그리고 그 당시엔 한국 교회가 하나였어. 돈이 감리교로 오면 모든 돈이 감리교회 거였어. 하지만 이승만 박사는

그 돈을 나누고 싶었던 거지. 일부는 감리교회로, 일부는 독립운동으로. 하지만 감리교회가 그걸 승낙하지 않았어. 그래서 이승만 박사가 감리교회에서 나왔어. 그는 독립 축제행사를 하려면 돈이 있어야 한다고 했었어. 하지만 그가 받은 돈은 줄 수가 없었어. 교회에서 받은 돈은 교회에 남았어야 했거든. 독립운동 건 따로 있었어. 그 이유로 이승만 박사가 감리교회를 나왔던 거지. 그 후로 그가 다른 교회(KCC)를 시작했었지.

인터뷰어 이 교회가 KCC(Korean Christian Church)에서 더 이상 관련이 없다고 들었는데….

할머니 2 맞아. 지금은 우리가 독립교회라고 말할 수 있지.

할머니 3 우린 한인 교회가 더 이상 아니야. 우린 United Church of Christ 여서 많은 인종이 있지. 예전엔 한국인들만 있었어.

인터뷰어 왜 독립하셨나요?

할머니 2 우리 이웃들을 좋게 초대하고 싶어서 그랬던 거야. 그 당시엔 많은 국제 결혼이 있었어. 백인사람이랑도 결혼했지, 일본사람이랑도 결혼했지. 그래서 한국사람이 없어졌어. 지금은 수많은 인종이 있지. 특이한 교회가 된 거야.

할머니 3 그리고 그 땐 한국말로만 되어 있었어. 난 한국말 조금만 안단 말이야. 그래서 알아듣기도 힘들지. 지금 우리 목사님이….

할머니 2 그 중에서 영어만 할 줄 아는 한국 사람이야. 그래서 더 재미있어.

인터뷰어 지금 계시는 손 목사님께서는 완전 한국분이지만 2세 아님 3세이시죠?

할머니 1 3세야.

할머니 2 그의 어머니는 아름답게 한국말을 해. 정말 잘 해.

인터뷰어 참, KCC랑은 언제 독립이 되었죠?

할머니 1 책에 있었던 것 같아.

할머니 2 그 노란 책(와히아와 한인교회 역사책)에 있어 봐봐…거기에 있을 거야. 당신은(현재 담임 목사인 손 목사님을 가르키며) 언제 왔지?

손 목사(인터뷰 당시 담임목사) 10년 전이요.

할머니 2 벌써 10년이 됐어?

인터뷰어 이 교회가 KCC에서부터 독립했는데….

할머니 1 (말을 도중에 자르며) 우리가 떼어 나왔던 건 아니야. 우린 처음부터 독립교회였는데…우린 어디에 소속되고 싶었던 거야. 이걸로 인해 도움을 받을 수 있거든. 예를 들어 보험이라든지…. 감리교회에 속해 있었다면 우리 돈은 다

거기로 보내야 해. 장로교회도 돈을 다 줘야 했지. 하지만 10년엔 1달러를 돌려 주지. 그래서 10년 후엔 그 아이들조차도 장로교야. 그 돈이 무슨 의미가 있냐는 거지, 그들도 장로교인데….

할머니 1 그 당시 침례교는 매우 자유로운 사람들이었어. 세미나 학교에 갈 필요가 없었어. 교회가 목자를 만들고 뽑으면 그 사람이 목자가 되는 거야. 우린 거기에 별로 관심이 없었어. 우리가 United Church of Christ에 오게 된 이유는 여긴 이 교회에서는 아무것도 빼어가지 않는다는 거지. 우리가 가지고 있는 것은 우리 거야. 그리고 우리 방식대로 어떻게든 운영할 수 있거든. 행사라든지 모든 것이 우리에게 달린 거야. 위에서 이래라 저래라 하지 않아. 그래서 우리가 United Church of Christ 에 합류하게 된 거야.

할머니 3 저 분(Barbara, Yamashita Kim을 뜻함. 『와히아와 한인교회 역사』책의 저자–필자 주)이 우리 교회에 대해 많은 연구를 해 왔어.

인터뷰어 그럼 이 교회(United Church of Christ)의 전통이 내려 온 지는 어느 정도 되었나요?

할머니 2 10년 됐어.

인터뷰어 이승만 박사가 박동완 목사님이랑 교제를 나누거나 사적인 교제가 있었나요?

할머니 1 웅. 이승만 박사가 와히아와에 오면 박동완 목사님을 꼭 만나곤 했지.

할머니 2 가끔씩 모임이 있었어.

인터뷰어 그 두 분은 원래 옛날부터 친분이 있었어요. 박동완 목사님 가족이 말씀 하시기를 이승만 박사가 그의 집에 자주 들려서 저녁을 먹기도 했대요.

할머니 2 우리가 너무 어렸으니까 확실한 디테일은 모르겠어.

인터뷰어 그(박동완 목사님)의 스타일이라든지, 성격이라든지 말씀해 주시겠어요?

할머니 1,2,3 글쎄….

인터뷰어 그의 설교 스타일은요?

할머니 1 그는 매우 키가 작았어. 키가 크지 않았고 말랐었어.

할머니 2 고생 많이 한 거 말고 기억이 없어….

인터뷰어 어떻게 설교 하셨나요? 힘찼나요?

할머니 1 그래!

인터뷰어 이야기 해 주시겠어요? 소리를 많이 지르셨나요?

할머니 2 그래서 우리가 잠 안 잤지.

할머니 1 옛날엔 대부분이 그렇게 설교했지. 잠들 수가 없었어. 한 시간 반 동안이나 설교를 했다구!

할머니 3 처음엔 부드럽게 시작하다가 갈수록 소리가 커지더라구. 그 후엔 우리 가족 모두가…(웃음).

인터뷰어 박동완 목사님께서 영어를 하셨나요?

할머니 1 아니.

인터뷰어 그럼 한국어로 설교 하셨나요?

할머니 1,2,3 그래.

할머니 2 우린 못 알아들었어.

할머니 1 1945년까지 모든 게 한국어로 되어 있었어. 한국교회였고, 한국어를 썼었고, 들리는 목자들도 한국인이었지만 영어를 썼어.

인터뷰어 박동완 목사님의 영어는 어땠어요?

할머니 1,2,3 못했어.

인터뷰어 영어를 한 번도 쓴 적이 없으셨다고 하셨죠?

할머니 1 절대 쓰지 않았어. 그 당시엔 한국말을 썼지. 그땐 한국 사람들 밖에 없었으니까…. 다른 종족이 없었어.

할머니 2 우린 한국말을 조금 해. 우리 어머니가 한국말을 조금 했거든. 들으라면서 한국말로….

인터뷰어 박재상 목사님(박동완 목사의 장손)께서 말씀하시기에 할아버지께서 원래 영어를 잘 하셨대요.

할머니 2 우리한텐 안 그랬어.

할머니 1 원래는 영어를 할 수 있었던 것 같았어. 이승만 박사가 영어를 했거든. 하지만 우리에겐 영어를 절대 안 했어.

인터뷰어 제 짐작엔 박동완 목사님께서 영어를 그냥 안 쓰셨다고 보면 되네요.

할머니 1,2,3 응.

인터뷰어 박동완 목사께서 한국어를 영어로 번역도 하셨대요.

할머니 2 그 사실을 우린 몰랐어. 그 당시엔.

인터뷰어; 그 당시에 박동완 목사님께서 신문을 편집하신다거나 발행했다는 걸 전혀 모르고 있었군요?

할머니 2 몰랐어.

인터뷰어 원래는 그가 유명한 신문사 기자였대요.

할머니 2 진짜?

인터뷰어 우리가 박동완 목사님의 글을 찾았어요. 하와이대에서, 어제. 그리고 KCC에서도 조금 찾았어요. 박동완 목사님께서 많이 다니셨다고 했죠?
그 당시 교통은 어땠나요?

할머니 1 끔찍했어.

인터뷰어 그럼 발로…?

할머니 1 차 있었어.

인터뷰어 시간이 얼마나 걸렸나요? 여기서 호놀룰루까지?

할머니 2 한 시간 반 걸렸어. 내 생각에.

할머니 1 그 당시에는 고속도로가 없었잖아.

할머니 2 지금은 빨리 가는 거야. 자주는 못 갔지

인터뷰어 제가 듣기로선 박동완 목사님께서 종교 활동을 위해 호놀룰루에 많이 가셨대요.

할머니 2 우린 그건 몰랐어

인터뷰어 기록이 있대요. 박동완 목사님과 일본에 관련된 일을 우리가 잘 모르고 있는데 어떤 사람은 그가 도망을 쳤다고 했어요. 어떤 사람은 풀려났다고 했고, 그래서 우린 어떤 게 정확한 건지 확실치가 않아요.

할머니 1 우리도 확실치가 않아.

할머니 2 그는 개인 생활에 대해 절대로 말 안했거든. 그가 도망쳤을 수도 있었겠지만 그 당시 절대로 말을 안 하셨지. 그래서 우리는 그가 결혼했는지도 몰랐어. 우리 부모님은 아셨을 수도 있겠지만. 하지만 우리에겐 말씀 안 하셨어.

인터뷰어 그래서 기억하시는 건 화상 상처만 기억하시는 군요.

할머니 2 응. 그리고 그가 여기서 엄격한 한국(한글) 선생님이라는 사실이랑.

할머니 3 우리 부모님은 아셨을 수도 있었겠지만 난 몰랐어. 아직도 모르겠는 걸.

할머니 2 알았으면 우리 어머니가 말을 할 건대 말을 안했어. 우린 그런 확실한 정보를 몰랐지. 일본에 들렀는지 여기에 왜 오셨는지 모르겠어.

할머니 1 하지만 확실한 것은 여기 와선 한국으로 안 돌아갔어.

인터뷰어 1931년도에 박동완 목사님께서 몇 명의 한국인 청년들을 하와이에서 데리고 한국으로 갔었어요.

할머니 2 우린 몰랐는데.

인터뷰어 박동완 목사님께서 교회 말고 다른 일도 하셨을 텐데 혹시 아시나요? 농사를 지으셨다든지, 공부를 하셨다든지?

할머니 1 한국 학교 운영하셨다는 사실 빼고 우린 아무것도 몰라. 우린 어렸거든.

인터뷰어 주일 땐 선데이 스쿨 혼자서 하셨나요?

할머니 1 혼자서 다 했지.

인터뷰어 그의 일기장이 어떻게 됐는지 아시나요?

할머니 1,2,3 모르지.

인터뷰어 봤긴 했나요?

할머니 1 봤어. 역사책(바바라가 쓴『와히아와 한인교회 역사』-필자 주)을 쓰기 위해서 그걸 바탕으로 이용했는데…. 그거 없이는 많은 걸 못해. 책을 분명히 봤는데 검은 거였구, 한국말로 되어 있었어.

인터뷰어 두께가 얼마였나요?

할머니 1 매우 얇았어.

할머니 2 계속 쓰고 있던 것 같던데….

할머니 1 매일 쓰고 있었어.

인터뷰어 볼륨이… 전부 몇 개가 있었나요?

할머니 1 딱 하나만 있었어.

인터뷰어 우리가 그 책(일기장)을 찾으러 이틀 동안 다녔는데 없었어요. 하와이 주립대학에도 없었구요.

할머니 1 그 일기가 없으면 이 책(『와히아와 한인교회 역사』책을 뜻함-필자 주)에 많은 것을 쓸 수 없었어. 그 책(일기장)을 많이 이용 했었다구. 하지만 다시 제자리로 돌려진 후로는….

인터뷰어 하지만 박재상 목사님께서 하신 말씀이 박동완 목사님에 대한 정보가 그리 많지 않았다고 했어요.

할머니 2 지금은….

인터뷰어 그 일기장을 본 지가 언제인가요?

할머니 2 난 본 적이 없어

할머니 1 모르겠어.

할머니 3 여기 오리지날 교회의 사진이 여기에 있어. (『와히아와 한인교회 역사 1919-1987년』 책을 가리키며…)

인터뷰어 그럼 이 책을 쓰신 분은 아직 살아 계신가요?

할머니 1 그럼. 그 여자 분(Barbara, Yamashita Kim을 뜻함-필자 주)은 아직 살아 계셔.

할머니 3 그녀는 매우 똑똑한 분이야.

인터뷰어 박동완 목사님이 매우 엄격 하셨다던데….

할머니 3 내 아버지께서 말씀하셨어. 한글 선생님들은 잘못하면 아버지네 손바닥을 회초리로 때렸다고..

인터뷰어 박동완 목사님에 대해 다른 거 혹시 기억하시는 거 없으세요?

할머니 2 매우 조용했어. 하지만 기억해줘. 우린 그 당시 매우 어렸다구.

할머니 1 부모님 덕분에 안 거지. 우린 그때 엄청 어렸어! 10살 아님 11살이었어. 그 당시에!

인터뷰어 박동완 목사님의 한글학교에 다니셨다고 하셨죠? 공부를 잘했을 때 격려라든지 해주셨나요?

할머니 2 졸업 준비라든지 그런 특별한 게 없었어. 그리고 우린 그때 한글을 배운 지 오래 안 됐거든.

인터뷰어 박동완 목사님의 가르치는 방법이 어땠나요?

할머니 2 매우 엄격했어. 그게 다야!

할머니 1 매일 우린 가! 나! 다! 라! 마! 아! 차! 차! 매일 했다고! 지금도 기억나.

인터뷰어 그 당시에 필기도구가 없었다고 들었어요. 연필이라든지….

할머니 2 조금은 있었지. 가난해서 많지는 않았지만.

인터뷰어 박 목사님의 친척에 의하면 박동완 목사님이 매우 친절하고 사랑이 많으신 분이라고 하셨어요.

할머니 3 난 그거 전혀 기억 못해. 너무 어렸거든.

인터뷰어 옛날엔 한국 사람들이 한자를 쓴 거 아시죠? 하지만 박동완 목사님께선 영어를 공부하셨고 영어 책을 쓰셨어요.

할머니 2 우린 그거 몰랐어.

인터뷰어 그는 매우 똑똑한 지식인이었어요.

할머니 2 이 교회 다니려면 똑똑해야 해. 여기서 대학 다닌 사람들이 많아. 판사들이 많고 의사, 변호사… 여기서 많이 공부했어.

할머니 1 박동완 목사님이 여기 교회에 기본을 다지고 키워두셔서 모든 사람들이 똑똑하지 않을까 하네.

할머니 2 맞아, 그건 옳은 말이야. 기본이야. 파운데이션이 없으면 안 되거든. 집 안에서 아이들 기르면서 기본이 있어야….

인터뷰어 이 교회가 바뀌었잖아요, 이름 등.

할머니 2 모든 게 바뀌었어.

1920년대 하와이 교포들은 파인애플 농장이나 사탕수수 밭에서 고된 일을 하며 힘든 삶을 이어 나갔다.

인터뷰어 어떻게 이 교회가 바뀌었는지, 언제 등 말씀해 주시겠어요?

할머니 1 원래는 와히아와 한국 교회였어. 거기서 United Church of Christ랑 합류했지. 그 이유는 보험이 너무 비싸거든. 그래서 우리랑 합류할 소속을 찾아다녔지. 침례교, 장로교, 감리교. 하지만 United Church of Christ를 들은 후에 알게 되었지. 여긴 땅, 돈, 모든 것을 손을 안 댄다고. 그래서 이 이익이 우리에겐 좋거든. 우린 보험을 사려면 그룹으로 사. 그들이랑 같이. 그래서 그 이유 중의 하나가 파트너를 찾기 위해서야. United Church of Christ가 그 중에 최고였고 그래서 합류를 한 거지. 거긴 우리가 하는 걸 절대 손을 안 대거든. 이거 된다, 안 된다. 가 지면 안 된다 등. 그래서 우리가 여기랑 합류한 거야.

인터뷰어 박동완 목사님께서 이 교회에 오셨을 때 그 당시 교회 사람들이 몇 명이 였나요?

할머니 1 매우 적었어. 그 당시 대부분이 와히루아에 살았어. 교통시설이 없었거든. 그들은 걸었어야 했어. 거리가 거기서 이까지 7~10마일 정도가 됐거든. 더군다나 그들은 나이가 많았어. 그래서 가끔씩 왔지. 매번 주일마다 온 건 아니었어. 그래서 짬뽕이었지.

할머니 3 우리에겐 그 당시 교회가 우리의 전부였어. Christian Endeavor 모임, 선데

이 스쿨이랑 3·1기념일 축제 등. 모든 게 중심이었어. 나에게는….

할머니 1 나도.

할머니 3 하지만 고등학교 때는 많은 변화가 있었어.

할머니 2 그땐 많은 사람들이 큰 지역에 가기도 했었지.

할머니 3 고등학교까진 이 교회 대부분이 한국인이었어. 하지만 그 후엔 종족이 많이 섞였지. 하지만 고등학교 땐 한국 친구들이…. 지금은 많은 종족이 섞였어. 더군다나 우리 부모님, 처음 오셨을 때 1904년이었어. 그리고 아버지 그리고 언니가 있었어. 2004년엔 많은 조카들이 있었어. 아버지 께서 미국에 오신 기념일 100년이거든. 지금은 부모님 오실 때부터 6세대까지 하와이에 있었거든. 4세대부터 한국인들이 없었어. 6세대 때 내 증조조카가 한국 일본인과 결혼했거든. 그 애기가 한국인의 피가 섞였어. 말했듯이 4세대부터 모두의 피가 섞였어. 한국인이 없다구. 이젠 더 이상 한 종족이 아니라구.

할머니 2 하지만 천국에선 모두가 하나의 종족이지.

인터뷰어 아직도 이 주변에 사세요?

할머니 2 응. 앤 저기에 살구.

할머니 3 바로 저 밑에 산다구!

할머니 1 여기서 한 블록만 가면 돼.

할머니 3 80년 이상 있었어. 저기 병원 장소가 원래 학교였어. 그 근처에 살았지. 3년 후에 집과 땅을 샀어. 그때 1000불로 샀지.

할머니 1 1945년 후의 한국인들은 그 후에 많은 걸 한국말에서 바꾸었어. 우리가 했던 것처럼 말하지 않는단 말이야. 예전에 북한 사람들을 만났는데 그 사람들이 내 어머니께서 하셨던 말 등 언어가 비슷했단 말이야. 그래서 북쪽 한인들 말은 잘 알아듣겠는데 남쪽 한인들 말은 잘 못 알아듣겠어. 모든 게 바뀌었다구! 너무 빨리 말해!

인터뷰어 왜 하와이에 있는 한국인들은 한국말을 잘 잊어버릴까요? 중국이나 러시아에 있는 한국인들은 잘 안 잊어버리는데 말이죠.

할머니 2 인종들이 많아서 그래.

할머니 3 여기 인종들이 많잖아.

할머니 1 유럽 사람들은 언어가 하나 이상이잖아. 하지만 여긴 언어가 하나밖에 없어. 영어잖아.

할머니 2 그래서 우리는 한국말 하는 거는 우리 어머니가 영어를 못하니까. 이렇게 배워가지고….

할머니1 여기 있는 한국인들은 옛날 방식의 한국인들이야. 그래서 지금 한국인들은 우리가 말을 하면 웃잖아.

할머니 2 서울 사람이 만든 반찬은 우리가 맛없다고 그래. 젓갈도 많이 안 쓰고, 모든 게 깨끗해서.

할머니 3 맛없다고 하잖아.

인터뷰어 그럼 부모님들은 어디 출신이신가요?

할머니 123 서울.

할머니 2 우리 아재(brother in law)는 평양에서 왔어요.

인터뷰어 제가 듣기론 많은 1세대 한국인들이 인천 내리교회에서 도움을 받고 하와이로 왔어요.

할머니 1 왜 인하라 부르는지 알아? 인천, 그리고 하와이. 우리가 땅을 팔았거든. 하지만 반을 여기에 남기고 반은 인천에 줬지. 그래서 인하라고 부르는 거야.

할머니 2 우리 큰 아들도 나를 원망해. 왜 한국말 안 가르쳐 줬냐고.

음식에 대해….

임 목사 아직도 한국음식 드세요?

할머니 1 반반. 여기 많은 나라 종류의 음식이 있어서 다 섞는단 말야.

인터뷰어 김치는 그럼 어떻게 드세요?

할머니 1 여기 있는 다른 종족들이 우리보다 더 김치 잘 먹기도 하는데.

인터뷰어 매일 드세요?

할머니 1 난 별로.

할머니 3 나는 그래. 매운 거 없으면 안 먹어. 맛없어.

인터뷰어 아들, 딸들은 아직도 한국식으로 먹나요?

할머니 2 만들어 놓으면 먹지.

할머니 1 우린 한국 음식 사거든.

인터뷰어 아직도 한국 명절을 보내시나요? 예를 들어서 추석이라든지….

할머니 123 아니요.

할머니 2 우리 어렸을 때 했어. 근데 지금은….

할머니 1 우리 어릴 때 3·1절은 큰 명절이었어.

할머니 2 한복 입고.

할머니 3 대한독립 만세!

한글학교 단체사진. 박동완은 와히아와 한인기독교회 부설 한글학교에 열정을 다하였으며 우리말과 문화, 역사를 동포와 동포 자녀에게 가르치며 기독교를 통한 민족의식 함양에 힘썼다.

인터뷰어 아직도 3·1절을 보내나요?

할머니 1,2,3 아니.

할머니 어렸을 땐 그렇게 했어. 하와이엔 명절이 너무 많아. 우리 애들은 아직도 원망해.

인터뷰어 한국 지금은 많은 변화가 있었어요.

할머니 2 사람들이 부자 되고….

인터뷰어 예전 같지가 않아요.

임 목사 예전에는 북한이 더 잘 살았는데 지금은 바뀌어서 남한이 잘 살고 북한에 굶는 사람이 더 많은데 같은 동족으로써 그런 이야기를 들으면 가슴이 아프세요?

인터뷰어 예전엔 남한이 못 살았는데 지금은 바뀌어서 북한이 더 못 산대요.

할머니 1 그 이유는 북한이 군대에 돈을 다 써서 그렇지.

할머니 2 남한엔 미군이 아직도 있잖아. 그들이 없었다면 북한에 사로 잡혔어.

인터뷰어 같은 동족으로서 마음이 아프지 않나요?

할머니 1,2,3 그렇지.

할머니 1 하지만 1980년 때인가, 38선에 갔는데 북한 사람들이 망원경으로 보고 있는 거야. 우리도 봤지. 이제는 못하잖아.

인터뷰어 이 교회의 예전의 이름은 Wahiawa Korean Christian Church였죠?

할머니 1,2,3 맞아.

(잡담 후…다시 시작)

인터뷰어 우리가 하와이에서 이 교회를 들리기 전에 많은 것이 바뀌고 역사가 없어졌을 거라 걱정을 많이 했어요. 하지만 많은 것들이 아직도 보존되어 있어서 놀랐어요.

할머니 2 하지만 우리가 마지막이야.

할머니 1 우리 후엔… 없어질 거야.

할머니 3 우리 후엔, 더 이상 없어.

할머니 1 손 목사님(현재 담임 목사-필자 주)은 한국인이지만 한국말을 못한단 말이야.

인터뷰어 역사는 계속될 것이네요.

할머니 1 우리 애들에게 이야기도 해줬어. 새로 들어오는 사람들보다 우리 애들이 역사에 대해서 더 잘 알거라구. 나중에 들어온 사람들은 역사를 잘 모를 거야. 교회가 어떻게 시작되었는지 뭐가 일어났는지. 그러나 아직 살아 있는 우리들한테는 아이들이 있어. 걔네들이 알지. 그래서 우리 애들이 이어 갈 거라 알고 이 역사를 연결시킬 거야.

할머니 2 그래서 우리 아이들은, 그녀(할머니 1)에게는 딸이 하나 있는데, Keanu에서 살아요. 그래도 매주 일요일 와요.

할머니 3 산 넘어.

할머니 2 또 우리 아들도 호놀룰루에서 살아. 그래도 대부분 여기로 와.

박 목사 아 주일에 교회 나오신 분이요? 큰 아들…대법원장이셨다는…?

할머니 2 응, 맞아. 대법원장이었어. 큰 아들이….

(잡담 후…다시 시작)

인터뷰어 오기 전에 박동완 목사님에 대해 전혀 아무것도 몰랐어요. 모든 것을 상상으로 했었거든요. 하지만 지금은 이 인터뷰를 통해 매우 영광스럽고 만족스러운 인터뷰를 했습니다. 박동완 목사님께서 여기 같이 계신다는 느낌도 드네요.

할머니 1 우리가 알아야 할 거를 모른다고 하니 아쉽기도 하네. 우리가 너무 어렸어. 그 당시에 별로 신경을 안 썼어.

인터뷰어 정말 많은 도움이 됐어요.

할머니 1 우리도 고맙지. 우리가 알고 있는 것 보다 더 많은 걸 알게 돼서.

인터뷰어 박동완 목사님께서 한국 역사 교과서에 나오시는 분이세요. 박재상 목사님의 딸이 할아버지에 관해서 교과서에서 봤긴 몇 번 봤는데 실제로 이렇게 할아버지에 관한 이야기를 들을 수 있는 기회는 없었대요. 그래서 너무 감격스럽고 신기하기도 하고. 지금은 많은 것을 알게 된 거죠. 박재상 목사님께서 하시는 말씀이 여기 교회 온 건 처음인데 모교회 같다고 말씀을 하시네요. 그리고 임미선 목사님은 박동완 목사님께서 한국에 계셨다면 가족들하고 행복하게 사실 수 있었을 텐데…나라의 독립을 위해서 개인의 행복을 희생하고 이곳에 오셨는데…여기 오셔서는 나름대로 편안하게 사신 줄 아셨는데…행복하고 좋은 인생을 여기 하와이에서 사신 줄 아셨는데… 알고 보니 너무 고생만 하시다 돌아가셔서 마음이 아프시답니다.

할머니 2 그렇게 생각하는 사람들이 많지. 이렇게 하와이 오면 그냥 잘 살고….

인터뷰어 박동완 목사님께서는 혁명적인 그리고 신앙적인 인물이었는데 와히아와서 목자로 일하셨습니다. 박재상 목사님께서 감격하셨다네요. 박동완 목사님께서 모든 것을 목자로 힘 쓰셨다는 게.

할머니 1 우리 같이 박동완 목사님을 알았던 늙은이들은 그가 목자 그리고 학교 선생님이라는 걸 알고 있어. 우린 아직도 그를 기억하지. 그는 우리 인생의 한 부분이야. 하지만 우리보다 더 앞의 사람들은 그를 정말 그리워한단 말이야. 그는 정말 특별한 분이었어.

할머니 2 이 사진들을 어린 아이들은 다 내버리라고 했어. 그래서 우린 다섯 개로 줄인 거야. 너희 가족들이 온다고 해서 올려놓은 거야. 오는 걸 전혀 몰랐지. 하지만 그걸 생각하면 하나님이 계셔…일단은…. 우리 아이들은 몰라. 우리 아이들은 다 내버리라고 하는데. 난 그냥 놔두라고 그래. 근데 우리 죽으면 다 내다 버릴 거야. 아마.

임 목사 하와이 대학에 기증하세요. 하와이 주립대학에 한국연구소가 있는데 거기에 기증하시면 좋겠네요.

박 목사 전부 돌아가셔도 교회는 단절되는 것이 아니라 앞으로도 계속될 거에요. 쭉 계속.

| 부록 2 |

나의 할아버지 박동완 목사님

할아버지는 1919년 3월 1일 3 · 1독립운동 민족대표 33인 중 한 분이시다. 금년은 3 · 1운동 100주년이다. TV에서 많은 분들이 3 · 1정신에 대해 말씀하는 것을 들으면 어렸을 때 생각이 많이 떠오른다.

1945년 8월 15일(당시 내 나이 9살) 우리나라가 해방되고 3 · 1절을 맞아 서울운동장에서 기념식을 행하던 때의 일을, 그리고 해마다 3 · 1절이 되면 서울운동장 단상의 유족석에 올라 앉아 기념식을 행하던 일이 엊그제 일 같이 생각난다. 3 · 1절이 돌아오면 나는 명절을 만난 것 같이 기쁘고 즐거웠다. 그날엔 큰 이모, 작은 이모, 외가 식구들도 만나고 내가 알지 못하는 어른들이 내 머리를 쓰다듬어 주시며 예뻐해 주시던 생각도 떠오른다. 일곱 살 때 중국 봉천(심양)에서 엄마가 돌아가시고 엄마가 그리웠는데 엄마 얼굴 닮은 이모를 만나면 엄마 만나는 것처럼 반갑고 좋았다.

3 · 1절 기념식 때 마다 몹시 추웠던 것도 생각난다. 식이 끝나면 명월관(혹 태화관)에서 곰국을 먹었는데 그때 참으로 맛이 있었다. 어려서 그런지 그때는 애국이니 독립이니 무슨 뜻인지도 모르고 그리운 사람들 만나는 것만 좋았었다. 해방 전에 할머니께서 밤이 되면 방문마다 방장을 치고 촛불 밑에서 한글을 가르쳐 주셨다. 해방 후에 선생님도 학교 친구들도 모르는 한글을 나 혼자 안다고 우쭐대던 때가 있었다. 아버지께서 "유관순"이라는 책을 사주셔서 읽고 어린 마음에 많은 감동을 받고 나도 커서 유관순 같은 사람이 되고 싶었다. 학교에서 선생님이 박재수 할아버님은 우리

나라의 훌륭하신 애국자시다 라고 말씀하시면 얼굴이 빨개져서 어쩔 줄 몰라 했던 일들도 생각난다.

1978년 8월 미국에 이민 왔는데 성결교회 이보현 목사님께서 태평양 선교지를 내는데 할아버지에 대한 글을 써달라고 하셨을 때 무척 당황하였다. 내가 세상에 태어나기 전 할아버지께서는 하와이로 망명하셨고, 손녀가 태어났다는 소식을 들으시고 在秀(재수)라는 내 이름을 지어 주셨다. 이름 때문에 친구들에게 많이 놀림을 당했었다. 어렴풋이 기억되는 할아버지 장례식 광경과 당시 보기 드문 자동차들이 많이 와서 동네사람들이 구경하던 일도 생각난다. 하지만 자라면서 들은 할아버지에 대한 몇 가지 이야기가 전부였다.

걱정이 많았는데 아버지께서 할아버지 약력을 써 주셨다. 그 후 하와이 백향목교회 담임이신 김덕환 목사님께서 우리 교회에 부흥회를 인도하러 오셨는데 나에게 할아버지 전기문을 써보라고 권유하셨다. 그러나 자신이 없어 포기하고 있던 중 내 사촌동생이 할아버지 뜻을 받들어 목사가 되고 할아버지의 생애와 사상에 대한 글을 쓰겠다고 하여 내가 가지고 있던 사진 몇 장과 할아버지 약력 등을 보냈다. 이후 근 10년간을 고생하며 할아버지의 발자취를 찾아 마치 유적지에서 유물과 골동품을 찾듯이 "민족대표 근곡 박동완(槿谷 朴東完)의 생애와 기독교 민족운동 연구"(임미선)와 "민족대표 근곡(槿谷) 박동완의 기독교 민족주의 연구"(박재상)를 주제로 박사학위 논문을 출간하였다. 이것을 바탕으로 이 책을 출간하게 되었다.

동생 내외 박재상 목사와 임미선 목사에게 고맙고 고마운 마음 이루 말할 수 없다. 또한 하나님께 영광과 감사를 드린다.

미국 오레곤주 포틀랜드에서

박재수

(박동완 선열의 장손녀, 1937년생)

찾아보기

환한 말씀 이 땅에 가득하길 꿈꾼 독립운동가

근곡 박동완의 생애와 기독교 민족주의 연구

초판 발행 2019년 2월 15일
초판 인쇄 2019년 2월 25일

지은이 | 박재상 임미선
펴낸이 | 천정한
편집 | 김선우
디자인 | 정보환 박애영

펴낸곳 | 도서출판 정한책방
출판등록 | 2014년 11월 6일 제2015-000105호
주소 | 서울 마포구 모래내로7길 38 서원빌딩 301-5호
전화 | 070-7724-4005 팩스 | 02-6971-8784
블로그 | http://blog.naver.com/junghanbooks
이메일 | junghanbooks@naver.com

ISBN 979-11-8768-5319 93910

책값은 뒷면 표지에 적혀 있습니다.
잘못 만든 책은 구입하신 서점에서 바꾸어 드립니다.

이 도서의 국립중앙도서관 출판예정도서목록(CIP)은 서지정보유통지원시스템 홈페이지(http://seoji.nl.go.kr)와 국가자료종합목록시스템(http://www.nl.go.kr/kolisnet)에서 이용하실 수 있습니다. (CIP제어번호 : CIP2019004161)